Mastery
in
Servitude

*Lawrence Reiter*

MEHER BABA, 1956

# DIO PARLA

*Il tema della Creazione e il suo scopo*

## Meher Baba

SUFISM REORIENTED

Titolo originale: *GOD SPEAKS - The Theme of Creation and Its Purpose*

Copyright © 1955, 1973 Sufism Reoriented, Inc.
Walnut Creek, California, USA


Traduzione in italiano della seconda edizione (1973), terza ristampa (1997):
Donata Mazzola, con la collaborazione della Fundación para las Artes
Amigos del Amigo Avatar Meher Baba, 2024.

Copyright traduzione italiana © 2024 Sufism Reoriented, Inc.
Walnut Creek, California, USA


2024 Companions Books, USA
ISBN 978-0-9565530-7-2

*Dedica*

All'Universo,
l'Illusione che sostiene la Realtà

# Grafici

**Nota:** l'originale in inglese di questa traduzione è la ristampa della seconda edizione riveduta e ampliata, stampata per la prima volta nel 1973. Il contenuto effettivo del libro è rimasto invariato, mentre la grafica e l'impaginazione sono stati aggiornati. Il formato è stato leggermente modificato ai fini di una maggior coerenza grammaticale e stilistica.

# Indice

# Prefazione alla prima edizione

Durante la redazione e la cura editoriale di questo volume sono subentrati diversi fattori che richiedono alcune parole di spiegazione.

Per mezzo della sua tavola alfabetica, Meher Baba ha dettato nella sua totalità il contenuto della maggior parte di quest'opera, vale a dire dalla parte 1 alla 8.

Le parti 9 e 10, "I dieci stati di Dio" e la "Conclusione" sono state scritte da Eruch B. Jessawala a partire dagli appunti dettatigli da Meher Baba, e sono una ricapitolazione delle sezioni precedenti dettate direttamente da Meher Baba.

Alcune note a fondo pagina sono state aggiunte dai curatori usando dichiarazioni di Meher Baba precedentemente pubblicate o inedite e citazioni illustrative di grandi poeti mistici d'Oriente liberamente tradotte. Inoltre, diverse note a fondo pagina e il Supplemento di quest'opera includono appunti presi da alcuni discepoli di Meher Baba, tra cui il compianto Dr. Abdul Ghani Munsiff, discepolo sufi di Baba per più di venticinque anni; essi si basano su spiegazioni di Baba e sono stati riportati con il suo permesso. La versione inglese della poesia persiana "L'anima ascendente" (The Ascending Soul) a pagina 29 è ripresa da *Rumi, Poet and Mystic* di Reynold A. Nicholson, pubblicato da George Allen & Unwin Ltd. La versione inglese della citazione dalla *Bhagavad Gita* a pagina XXI dell'Introduzione è ripresa da *The Song Celestial* pubblicata da Routledge & Kegan Paul Ltd. Si ringraziano sentitamente gli editori sopraccitati per aver permesso di usare queste versioni. Tutto il contenuto di *Dio parla* è stato attentamente corretto e approvato da Meher Baba.

La funzione degli attuali curatori è stata principalmente quella di occuparsi di alcuni dettagli tecnici necessari alla messa a punto finale di un'opera prima della pubblicazione. Essi non si sarebbero di certo assunti nemmeno questo compito secondario nei confronti di un documento così fondamentale se ciò non fosse stato specificamente richiesto loro dall'autore.

La loro personale relazione con "Sufism Reoriented" non dovrebbe essere fraintesa da quelle poche persone che sono al corrente della connessione. Le dichiarazioni di Meher Baba sono sempre state prive di obiettivi o tendenze settari. Egli ha spesso affermato esplicitamente di apprezzare tutti gli "ismi" (sufismo, vedantismo, cristianesimo, zoroastrismo, buddismo, ecc.) e i movimenti religiosi e politici per le molte cose buone che cercano di raggiungere, ma di non appartenere e non poter appartenere a nessuno di essi. Meher Baba afferma che la Verità Assoluta li include e li trascende tutti, che la sua funzione è staccata da tutti questi sentieri divini e volta a risvegliare i seguaci di questi sentieri al loro reale significato e al loro vero spirito. "L'unità di tutta la vita è integrale e indivisibile. Rimane incontestabile e inviolabile, a dispetto di tutte le differenze ideologiche."

Il lettore si accorgerà presto del fatto che numerosi passaggi di *Dio parla* sono chiaramente ripetitivi. Se questo lavoro avesse il proposito di chiarire o riaffermare qualche noto teorema della cultura corrente, sarebbe forse auspicabile strutturare l'opera in una semplice sequenza logica e permettere alla tesi di svilupparsi in maniera breve e diretta. Tuttavia, *Dio parla* non solo raccoglie i frammenti di molti concetti precedenti di verità spirituale e li sistema in maniera ordinata e mutuamente compatibile, ma porta anche l'intero tema ben più avanti rispetto al passato e stabilisce molti nuovi e dettagliati schemi di pensiero.

Per fare questo in maniera efficace sembra necessario esaminare il tema ripetutamente da diversi angoli e con crescente proliferazione concettuale. Illustrazioni e aneddoti sono spesso ripetuti in queste varie circostanze affinché ogni parte possa essere indipendente, evitando così al lettore la necessità di riferirsi a passaggi precedenti per dettagli che potrebbero essere omessi in un contesto successivo.

Il risultato finale non è diverso dall'effetto ottenuto musicalmente nel tema costantemente ripetuto del "Bolero" di Ravel o di una fuga di Bach del "Clavicembalo ben temperato".

Sebbene in un primo momento possa sembrare un dettaglio di minore importanza, una delle questioni più problematiche nella cura editoriale di quest'opera è stata quella di stabilire una norma coerente per l'uso delle maiuscole. La normale procedura di riservare tale uso ai nomi propri, alla Divinità e ai Suoi immediati attributi sarebbe sfociata in uno spiacevole dilemma in un'opera che ha come sua tesi principale la divinità di tutta la creazione. Applicare alla lettera una tale norma avrebbe portato a una valanga di maiuscole che non solo non avrebbe aiutato a mettere in risalto una tale tesi ma avrebbe anche ostacolato il processo di lettura.

La questione è resa ancora più complessa dalla sottile maniera in cui Meher Baba porta gradualmente la coscienza del lettore dal concetto di Dio nei Suoi stati immanifesti a quegli stadi di sviluppo in cui l'anima individualizzata è apparentemente lontanissima dal realizzare la sua essenziale unità eterna con Dio. Una norma strettamente razionale sull'uso delle maiuscole durante una tale progressione di sviluppo, che termina con un ritorno definitivo alla piena unione con il Padre, è apparentemente impossibile da trovare e perciò i curatori hanno adottato la regola più pratica di usare le maiuscole per la Divinità e i Suoi immediati attributi, dopodiché le hanno usate principalmente per dare risalto e per aiutare il lettore a distinguere facilmente tra le condizioni associate con i piani più elevati e quelle dei piani più grossolani (ossia l'Energia dei piani sottili rispetto all'energia nucleare).

Problemi analoghi sono sorti in un processo così meccanico come la punteggiatura. Nelle questioni complesse che Meher Baba ha scelto di chiarire meticolosamente, una stretta aderenza alle regole classiche della punteggiatura avrebbe generato una ridda quasi intollerabile di virgole, due punti, trattini e punti e virgola. Qui ancora una volta i curatori hanno adottato la norma arbitraria di evitare deliberatamente l'uso meticoloso della punteggiatura all'interno di una frase fintanto che il pensiero scorreva facilmente.

In molte occasioni Meher Baba ha coniato dei termini per esprimere un concetto specifico. È sembrato preferibile assicurare l'esatta comprensione del suo intento piuttosto che rendere l'opera più convenzionale usando in sostituzione una terminologia consolidata che avrebbe espresso **quasi del tutto** il contenuto della frase coniata. Anche la struttura invertita e complessa delle frasi è stata mantenuta negli innumerevoli casi in cui la reinversione della struttura o l'accorciamento delle frasi sembravano portare a una possibile ambiguità o a un'interruzione del flusso del pensiero.

In breve, la funzione del curatore è di dare a un'opera una forma convenzionale e di facilitarne l'assimilazione. In tutti i casi in cui gli attuali curatori hanno ritenuto che ciò fosse incompatibile con l'obiettivo principale dell'opera, l'uso convenzionale e la semplicità dello stile sono stati volentieri sacrificati per la specificità dell'intento.

Non sarebbe opportuno concludere questa parte tecnica senza avvisare il lettore che la maggior parte degli scrittori distinguono tra i termini "conoscenza" e "saggezza", assegnando al secondo una funzione di maggior valore o spirituale. Meher Baba non fa una tale distinzione e usa "conoscenza" piuttosto nel senso di "vera conoscenza".

Dopo essersi concentrati intensamente su questo volume, alcuni lettori potrebbero desiderare di ampliare la loro conoscenza del punto di vista di Meher Baba sul tema del finito e dell'infinito. Altro prezioso materiale è contenuto nei suoi *Discourses* (Discorsi) in cinque volumi, pubblicati da Meher Publications, Ahmednagar, India,[1] nonché nella prefazione di Meher Baba a *The Wayfarers*[2] del Dr. William Donkin, così come nel Capitolo I di quest'opera.

Washington, D.C.                                        IVY O. DUCE
23 gennaio 1955                                      DON E. STEVENS

---

[1] Ripubblicato in un volume da Sheriar Press, 1987. La versione italiana Discorsi è stata pubblicata da Companion Books e Orizzonti Edizioni nel 2000.

[2] Ristampato da Sheriar Press, 1988.

# Introduzione alla prima edizione

Dio non ha mai parlato in mia presenza, ma sono sicuro di averlo visto agire in forma umana. È la sola maniera in cui mi posso spiegare l'incredibile sensibilità di azione e reazione che caratterizzavano Meher Baba in quei momenti di un sabato pomeriggio a New York quando lo vidi in azione per la prima volta.

Stava raccontando la storia di un cercatore della Verità che era stato chiamato a sopportare atti di arbitrarietà e di durezza estreme prima che il suo maestro lo accettasse. Mentre le dita di Meher Baba volavano sulla tavola alfabetica che usava per comunicare e le sue mani si alzavano di tanto in tanto per un breve gesto, mi ritrovai ancor più rapito dal narratore e dalla maniera di narrare che dalla storia.

Seduto in disparte e fuori dalla sua visuale alzai la mano quasi involontariamente unendo il pollice e l'indice per formare l'antico cerchio della perfezione. Appena cominciai a farlo fui piacevolmente sorpreso nel vedere Meher Baba volgere il suo sguardo dritto verso di me e alzare la sua mano con lo stesso identico gesto. Gli esseri umani non sono molto spesso consapevoli dei sentimenti degli altri, e meno ancora sensibili a essi, e fui quindi sorpreso di essere in presenza di qualcuno che possedesse una tale sensibilità.

Dimenticai l'episodio fino a quando, a fine giornata, mentre Meher Baba si avviava verso l'ascensore e io mi trovavo in un gruppetto di persone accanto a dove stava passando, alzai di nuovo la mano in un gesto analogo, chiedendomi deliberatamente se lo avrebbe notato vista la posizione ancora meno visibile in cui mi trovavo. Di nuovo, non appena cominciai a fare il gesto lui si voltò fino a guardarmi direttamente in viso e ripeté la risposta. Questa volta ero addirittura più sorpreso che felice davanti a ciò che cominciava ad assumere le proporzioni di un fenomeno inesplicabile. Mentre Meher Baba proseguiva nella hall e alla fine entrava nell'ascensore, alzai la mano velocemente una terza volta per formare il cerchio della perfezione. Questa volta si voltò con tutto il corpo e rifece accuratamente il gesto.

Non penso che questo sia un episodio banale per introdurre un argomento così importante come lo scopo e i meccanismi fondamentali della Creazione e l'autore di questo trattato. Meher Baba è memorabile ed estremamente appagante non per il suo indiscusso genio nel campo della filosofia e della meccanica universale, ma perché ha la capacità di riempire il cuore di gioia come probabilmente nessun altro essere vivente sa fare.

Alla fine ognuno di noi è alla ricerca di un profondo senso interiore di soddisfazione e di pace, della sensazione di essere avvolti in una presenza affidabile e amorevole che comprenda e risponda spontaneamente alle nostre più intime necessità. Più di tutto abbiamo bisogno di essere noi stessi e di essere accettati completamente per quello che siamo. La profonda risposta che Meher Baba suscita in così tante persone è dovuta a quell'incredibile sensibilità verso il sé più profondo di ognuno.

Ci sono tante cose di natura molto più sorprendente che potrei estrarre dal vasto repertorio che si è accumulato intorno alla sua figura nei quattro decenni trascorsi da quando ha raggiunto la sua attuale statura spirituale. Ma tutte offuscherebbero l'unica questione centrale, la sua totale capacità non solo di capire ma, in qualche modo, di **essere** il nostro proprio sé. Non chiedetemi di descrivere un tale fenomeno né di spiegarlo. Bisogna farne l'esperienza per crederci.

Ci si aspetta tuttavia che una tale sensazione di benessere svanisca gradualmente dopo che ci si è allontanati dalla sua fonte. Persino la più estatica delle esperienze normalmente si affievolisce e diventa un ricordo, come succede anche con un incubo. Ma qui risiede un altro degli inesplicabili misteri del contatto con un uomo come lui. Mentre sedevo nell'aereo che mi riportava a casa dopo un fine settimana carico di eventi, cominciai a riprendere contatto con il mio abituale contesto di realtà. Ritornando con la mente a un paio delle mie preoccupazioni principali, mi resi conto improvvisamente che non mi impensierivano più.

Non essendo uno che si precipita facilmente verso conclusioni affrettate, passai in rassegna diversi altri problemi e rimasi totalmente perplesso nello scoprire che in alcuni casi potevo trovare risposte dove prima non ne avevo trovata nessuna e che in altri non provavo più alcun senso di agitazione. Francamente, mi aspettavo proprio di ristabilire la mia usuale relazione problematica con questi difficili temi una volta tornato a casa, ma col trascorrere dei giorni, delle settimane, dei mesi e infine degli anni cominciai a realizzare che un solo breve fine settimana in compagnia di un uomo come lui aveva compiuto un'importante operazione chirurgica sulla mia anatomia emotiva e aveva eliminato la mia capacità di preoccuparmi.

Se descrivo questi fatti non è per orgoglio né per fare sensazione. Sono due eventi che sono accaduti nella mia vita e sarei negligente se non li mettessi nella piccola cornice che sono stato incaricato di costruire intorno al capolavoro creato nelle pagine seguenti. Sono sicuro di non aver mai consapevolmente udito Dio parlare, ma sono sicuro che nella mia vita l'ho visto agire.

Nella scelta del titolo per il suo libro *Dio parla*, Meher Baba ha enunciato concisamente tanto la tesi principale che avrebbe elaborato quanto il suo diritto di parlare autorevolmente di temi che possono essere trattati solo dai più avanzati della nostra era. Prima di discutere il diritto dell'autore di suggerire una fonte tanto sublime per la sua opera, sarebbe bene esaurire la complessità della questione affermando semplicemente che la maggior parte dei discepoli e dei seguaci di Meher Baba di tutto il mondo lo considerano l'*Avatar* dell'Epoca. Tradotto in termini occidentali, significa che lo considerano il Cristo dei nostri tempi, il successore della tradizione di Muhammad, Gesù, Budda, Krishna, Rama, Zoroastro, e così via a ritroso nell'oscuro passato, e l'identica natura che si è reincarnata in quelle specifiche e successive personalità.

Se Meher Baba occupa una tale posizione suprema nella struttura spirituale della nostra civiltà, allora non ci sono dubbi sul suo diritto di parlare con certezza e autorità dei meccanismi più profondi della Creazione. Ma la questione più semplice della sua Origine Divina diventa allora quella molto più importante della legittimità della sua funzione nel ruolo chiave di una gerarchia religiosa che a sua volta è messa in dubbio o apertamente rifiutata da molte persone.

In due paragrafi abbiamo sollevato un problema enorme e impegnativo. Un problema che per essere veramente risolto necessita di altri mezzi che le parole scritte di un'introduzione. Alla fine ci sono solo due risposte attendibili alla domanda fondamentale se un determinato uomo sia il Messia. La risposta soggettiva può essere il contatto personale. Nel momento in cui scrivo, ciò è ancora fisicamente possibile e in molti si sono già avvalsi di questo approccio diretto alla questione. Numerose persone hanno risposto alla domanda in modo affermativo, una parte sorprendentemente piccola è giunta a una conclusione chiaramente negativa e un'altra parte ha confessato di provare un profondo disorientamento in cui piacere e gioia sono due ingredienti principali, ma di essere ancora apparentemente incapace di giungere a una conclusione definitiva sulla questione centrale.

La risposta ampia e a lungo termine deve essere la netta valutazione da parte della società, nelle generazioni a venire, delle forze messe in moto. Se le parole dette e i concetti proposti sembreranno crescere in vitalità e realtà, allora si riconoscerà automaticamente a posteriori che l'uomo è stato il grande scultore della forma divina per la sua epoca.

Ma nessuna somma di argomentazioni anticipate o di dimostrazioni può convincere la società. È come se i concetti avessero la propria vitalità e diventassero patrimonio e motto dell'umanità a prescindere dagli sforzi per condividerne o combatterne lo scopo.

Per molti, tuttavia, non ci sarà più la possibilità di un contatto personale né di un'accettazione o un rifiuto di persona. E poiché questi eventi stanno accadendo nella nostra epoca, nessuno di noi può contare sul consenso di valutazione che la società avrà fatto nelle generazioni a venire. Per quelli che si trovano in questa posizione è quindi necessario leggere attentamente, pensare e riflettere con mente aperta, perché qui ci potrebbe davvero essere un'immensa miniera di Verità e Realtà che ciascuno di noi cerca per tutta la vita. Non è necessario giungere a una crisi di accettazione o rifiuto, ma piuttosto permettere ai concetti descritti di sobbollire nella propria "pentola mentale". Gradualmente, il nostro senso profondo di ciò che è sufficiente, oltre alla pura fattualità della vita stessa, corroborerà o confuterà i punti essenziali descritti.

Durante i cinque anni trascorsi tra il momento in cui venni a sapere che esisteva qualcuno chiamato Meher Baba e il mio primo incontro con lui a New York, ebbi ampie opportunità di mettere in dubbio numerose questioni controverse della sua vita, di ribellarmi e di tornare alla posizione neutrale di "non lo so". Meher Baba non è un uomo facile né da accettare né da rifiutare.

Quell'unico fine settimana in cui ebbi varie occasioni di vederlo in azione fu sufficiente a convincermi che lui era senza dubbio il miglior narratore con un delicato senso dell'umorismo (anche con lo svantaggio di una tavola alfabetica) che avessi incontrato, la miglior mente imprenditoriale in cui mi fossi imbattuto in una vita trascorsa lavorando nelle grandi imprese, il miglior filosofo che avessi conosciuto e l'individuo più sensibilmente umano e amorevole con cui avessi avuto il piacere di stare.

Questa è certamente una serie abbastanza formidabile di qualità, ma voi obietterete immediatamente che la somma di quantità finite non può mai produrre l'infinito. Avevo deciso che lui era davvero l'*Avatar* dell'Epoca?

Francamente non ne ho la più vaga idea, e per me la questione è irrilevante. Sono sicuro che non avrei alcun mezzo per giudicare i requisiti e i conseguimenti dell'Avatarità e, in più, avevo scoperto che Meher Baba superava tutti i miei precedenti parametri di eccellenza in aree in cui mi sentivo competente a giudicare. Una volta che il razzo ha lasciato la mia sfera terrestre non ho mezzi concreti per individuare la sua posizione nello spazio stellare. Posso però affermare questo: la mia intuizione mi dice che non incontrerò mai più un individuo con quelle profonde capacità e quell'inspiegabile abilità di appagarmi interiormente che ho trovato in Meher Baba.

Non posso fare a meno di ricordare un'affermazione che uno dei miei compagni di ricerca fece alcuni anni fa dopo aver ascoltato una brillante discussione sul vero Cristo fatta da un dirigente della Chiesa mormone. "Ho l'impressione", disse, "che se Cristo fosse sulla terra oggi, quasi nessuno di noi lo riconoscerebbe o lo accetterebbe".

Adesso quelle parole hanno un significato particolare per me perché hanno un contenuto molto più profondo dell'apparente cinismo che mostrano in superficie. Quasi nessuno di noi lo riconoscerebbe non solo a causa dei nostri radicati pregiudizi, ma anche perché nessuno di noi ha sviluppato i parametri interiori di misura in grado di valutare la vera dimensione di un tale essere. La sua portata e la sua statura si elevano fino a regni che siamo incapaci di comprendere e così ammettiamo di non essere in grado di giudicare, anche se non abbiamo ancora ceduto alla tentazione praticamente insormontabile del rifiuto.

Uno dei nostri più frequenti appigli nella valutazione del probabile calibro spirituale di un uomo è andare in cerca di miracoli a lui attribuiti. "Quali miracoli ha compiuto Meher Baba per corroborare la sua statura?", chiederete. Ci sono molte storie al riguardo, e io ho personalmente assistito a fatti che hanno stravolto la mia nozione compassata di normalità degli eventi. Tuttavia, cominciare a valutare miracoli ci porterebbe ben lontano dai fatti e offuscherebbe la realtà con inezie. L'importanza dell'avvento di un'anima spiritualmente avanzata non è in ciò che apparentemente fa al di fuori delle leggi naturali, ma che cosa è e fa all'interno di esse. Un tale individuo non viene come una sorta di acclamato uomo di spettacolo, per sorprendere realizzando imprese incredibili. Ciò non farebbe altro che lasciarci per un po' a bocca aperta per lo stupore, piuttosto che influire sugli schemi fondamentali delle nostre vite e darci un parametro con il quale poter misurare i nostri risultati, riaffermando la capacità di ogni essere umano di raggiungere un tale stile di vita.

Queste figure chiave nella storia della vita spirituale si assumono il compito sovrumano di fornire un esempio vivente di perfezione, in mezzo a tutte le restrizioni e i limiti con cui noi esseri umani più comuni ci confrontiamo. Fornire un tale esempio ricorrendo a forze al di fuori della nostra portata, o senza l'ostacolo di molte delle restrizioni con cui noi lottiamo, non sarebbe evidentemente giusto e avremmo ogni diritto di dissociarci da un tale irrealistico metodo.

Tuttavia, quando l'esempio è fornito in un mondo aspro di dure realtà, soggetto a tutte le condizioni di queste realtà, e si rivela comunque incredibilmente perfetto, allora c'è davvero ragione di avere speranza e lottare per la stessa cosa. Questa è una delle funzioni di tali individui. Uno dei principi più consolidati di un insegnamento efficace è quello di fornire una dimostrazione pratica del tema, sia attraverso un esperimento al banco sia con un'esperienza sul campo. Il fatto che Dio Stesso usi la medesima tecnica per la dimostrazione delle Sue realtà non dovrebbe sorprendere nessuno.

Queste sono cose straordinarie e non dobbiamo essere avventati nei nostri giudizi al riguardo.

Ci si potrebbe chiedere a questo punto in quali circostanze un Dio-Uomo si manifesta. Ciò sembra seguire una fondamentale legge naturale del bisogno simile alla legge economica della domanda e dell'offerta. Quando il filo del riconoscimento della verità spirituale comincia a sfilacciarsi, questo aspetto di Dio risponde al bisogno e nasce il grande Risvegliatore che risveglierà l'umanità. Di conseguenza, l'avvento di grandi maestri spirituali è sempre stato associato a crisi nelle vicende del mondo ed è stato seguito da una ripresa dello sviluppo umano in alcuni campi che prima erano quasi incolti.

È bene sapere che quando l'*Avatar* viene, viene per mostrarci la realtà del nostro sé, attraverso leggi e tecniche che sono intrinseche nella natura. È bene sapere che queste cose sono calorose, spontanee e come minimo tridimensionali, anziché lontane, ultraterrene, pallide e bidimensionali. È bene sapere che quando un maestro spirituale autentico assegna un compito o una disciplina, è efficace perché si basa su una profonda conoscenza dei meccanismi con i quali la natura produce un cambiamento e dei bisogni della natura individuale. La spiritualità diventa allora qualcosa di stimolante in una solida vita quotidiana piuttosto che una disciplina restrittiva acquisita la domenica e progressivamente persa durante la settimana.

Non sarebbe giusto accennare a vari momenti salienti della storia di Meher Baba senza discutere diversi aspetti controversi della sua natura. Ad esempio, cambia spesso i suoi piani in corso d'opera, o dice che intende fare una cosa in un determinato momento e poi la rimanda o apparentemente non la fa mai. Non è una cosa irresponsabile e avventata, provenendo da un personaggio così grande?

Il metodo di Meher Baba dei capovolgimenti repentini è sicuramente arduo, ma produce preziosi risultati. Coloro che hanno vissuto a lungo con Meher Baba sono quasi universalmente riconosciuti per la loro resilienza e adattabilità. Oltre a questo ci sono indubbiamente altre ragioni fondamentali che hanno a che vedere con l'assoluta indeterminatezza del libero arbitrio dell'essere umano comune, oltre che con l'azione di un Maestro Perfetto su livelli di esistenza diversi dal nostro.

Non posso fare a meno di ipotizzare che le lezioni apprese nel mondo materiale si trasferiscano direttamente nella sfera dello sviluppo spirituale. Non è forse vero che l'individuo che non si è mai fossilizzato in una rigida routine materiale, ma è invece vigile e adattabile, avrà una simile capacità di adattamento davanti agli innumerevoli cambiamenti che lo sviluppo interiore richiede?

Il fatto che Meher Baba digiuni frequentemente è incomprensibile per molte persone che non conoscono il suo modo di lavorare. Baba ha sempre digiunato a intermittenza per brevi e lunghi periodi, e questa pratica è un aspetto costante e importante del suo lavoro. Ciò è stato a volte frainteso come un atto buono e santo compiuto per sé stesso, per penitenza o beneficio spirituale. Non è invece per lui, bensì per il suo lavoro sulla terra. Come Krishna disse ad Arjuna nella Bhagavad Gita:

O figlio di Pritha! Nei tre vasti mondi
non c'è nulla che io debba fare,
non ci sono più altezze da scalare,
non c'è più nulla da ottenere,
eppure continuo ad agire!
*Canto 3 – 22*

Il silenzio di Meher Baba in questi tre decenni e l'uso di una tavola alfabetica come mezzo di comunicazione sono altrettanto incomprensibili. Molte persone possono ritenere improduttivo l'uso di una tavola alfabetica e altre addirittura considerarlo un sotterfugio.

Meher Baba e altre persone si sono espressi a più riprese sulle ragioni di questo prolungato silenzio. Non intendo qui inoltrarmi nelle varie spiegazioni possibili, ma piuttosto richiamare l'attenzione sul fatto più sorprendente di tutti. A dispetto di un tale grave svantaggio, che equivale ad avere una mano legata dietro la schiena, Meher Baba ha pianificato minuziosamente e personalmente le imprese più complesse, ha dato insegnamenti a centinaia di persone e ne ha benedette migliaia, ha diretto attività e offerto parole di incoraggiamento a persone lontane e ha "dettato" in un periodo di tempo relativamente breve un'opera monumentale come questo libro.

I metodi di Meher Baba provocano spesso esasperazione. Ci sono molte cose nel suo operato che sfidano la comprensione, ma lui continua allegramente il suo lavoro senza preoccuparsi di offrire una spiegazione. Per quel che mi riguarda, ammiro molto qualcuno che non si ferma a ogni piè sospinto per giustificarsi, ma ci sono apparentemente delle ragioni molto valide per un tale comportamento in quanto non c'è tempo per continue spiegazioni, né c'è probabilmente in noi la comprensione necessaria per accettare un'eventuale spiegazione delle fasi più incomprensibili.

Meher Baba è nato il 25 febbraio 1894 a Poona, in India, da genitori persiani che gli hanno dato il nome di Merwan Sheriar, mentre il cognome di famiglia era Irani. Nel 1914 ha realizzato Dio[1] in seguito a un bacio sulla fronte datogli dal grande Maestro sufi Hazrat Babajan. Nel 1915 ha incontrato il suo secondo maestro, Upasni Maharaj, e nel 1921 è diventato un Maestro Perfetto. Nel 1925 ha iniziato il suo silenzio, usando come mezzo di comunicazione una tavoletta rettangolare su cui erano dipinte le lettere dell'alfabeto. Baba formava velocemente le parole indicando in successione le lettere sulla tavoletta. Aveva radunato fino ad allora un piccolo gruppo di discepoli che lo chiamavano "Meher Baba". Nel 1931 si è recato nel mondo occidentale e ha stabilito i suoi primi contatti con l'Occidente. Nel 1932 è stato celebrato da molti di quelli che voi e io consideriamo forse i più grandi personaggi di Hollywood. A cinquantotto anni si è fratturato una gamba e un braccio in un grave incidente automobilistico in Oklahoma. Adesso, all'età di sessantun anni, Meher Baba è dinamico, attivo, acutamente consapevole di tutto ciò che avviene intorno a lui.

Non ho cercato di illustrare nei dettagli gli eventi della prima parte della vita di Meher Baba perché sono stati abilmente descritti in *The Perfect Master*[2] di C. B. Purdom, seguito più recentemente da *Avatar*[3] di Jean Adriel. Il profilo biografico riportato qui vuole semplicemente essere un elemento orientativo per poter continuare a discutere diverse

---

[1] L'*Avatar* è in realtà uno con Dio, ma viene nel mondo fisico con un velo che deve essere tolto da un Maestro Perfetto quando il tempo è maturo. Hazrat Babajan ha svolto questa funzione per Baba.

[2] C.B. Purdom, *The Perfect Master*, Myrtle Beach, SC, Sheriar Press, 1976.

[3] Jean Adriel, *Avatar*, Berkeley, CA, John F. Kennedy University Press, 1971.

questioni chiave legate alla vita di Baba che sono intrinsecamente complesse e forse alla fine impossibili da interpretare.

Si è speculato tanto sulle ragioni di molte delle azioni e dei viaggi di Baba, ma la maggior parte rimane ancora in parte avvolta nel mistero. In una situazione del genere la prassi corrente è dichiarare l'individuo irrazionale e considerare le sue azioni deliranti. Questo non viene fatto con Baba per la semplice ragione che si riconosce che un buon numero dei suoi sforzi e delle sue proposte si basa su una conoscenza della forma delle cose che va ben oltre la comprensione umana media. Spesso ciò diventa evidente dopo poche ore. A volte, invece, il verdetto degli eventi non giunge prima di settimane, mesi o addirittura anni.

Tuttavia, questa straordinaria conoscenza porta coloro che hanno investito più di qualche minuto di critica superficiale a mantenere la calma e a essere preparati a trovare la giusta risposta a lungo termine per qualsiasi azione di Baba, per quanto imponderabile possa apparire al momento.

C'è un'altra ragione per dare credito alle azioni e alle proposte di Baba. Sarebbe molto difficile trovare una sola situazione in cui la sua influenza abbia arrecato danno all'individuo in questione. Baba spinge spesso una persona sull'orlo dell'esaurimento o persino della disperazione per incrementarne le capacità. Ma c'è una sottile linea del possibile che non oltrepassa mai.

Uno dei periodi della vita di Baba in cui il dramma si mischia al pathos[4] è quello della fondazione della sua scuola per ragazzi di tutte le sette e caste. Fondata nell'estate del 1927, arrivò ad accogliere un totale di 102 ragazzi, di cui 49 indù, 20 musulmani, 32 zoroastriani e 1 cristiano.

Uno degli allievi preferiti di Baba, Ali, fu ritirato dalla scuola da suo padre quando questi si allarmò per delle voci secondo le quali molti dei ragazzi della scuola avevano periodiche crisi di pianto incontrollato. Queste erano apparentemente collegate in qualche modo con le meditazioni giornaliere che i ragazzi facevano.

Tre volte il padre di Ali ritirò il figlio dalla scuola e lo riportò a casa a Bombay. Tre volte il ragazzo sfuggì alla più attenta sorveglianza e ritornò, in gran parte a piedi, alla scuola, tanto era profondo il suo attaccamento a Baba. Poco dopo il quarto ritiro di Ali, i ragazzi della

---

[4] Meravigliosamente descritto da Ramjoo Abdulla in "Sobs and Throbs", incluso in *Ramjoo's Diaries*, 1922-1929, ed. Ira G. Deitrick, Walnut Creek, CA, Sufism Reoriented, 1979.

scuola furono tutti temporaneamente mandati a casa da Meher Baba e agli inizi del 1929 la scuola fu definitivamente chiusa. Poco dopo cominciò il periodo dei lunghi viaggi internazionali, e in soli sette anni Baba ne fece sette in Occidente e due intorno al mondo.

Questi furono accompagnati da un po' di pubblicità favorevole e da molta pubblicità critica o addirittura diffamatoria. Baba non ha mai tentato di avere una "stampa" favorevole. Ha sempre affermato che quelli che lo attaccano sostengono il suo lavoro quanto quelli che lo elogiano. La costanza con la quale si è sempre rifiutato di difendersi o di correggere gli errori quando si citano le sue "osservazioni", o persino di rettificare semplici fraintendimenti, è un fatto eccezionale in un momento in cui il mondo è convinto della necessità di giustificarsi agli occhi della società. Si potrebbe sicuramente attribuire un'indifferenza così totale a una mancanza di senso pratico, ma si finisce per intuire che Baba agisce secondo una profonda conoscenza interiore e sa che i risultati arriveranno a prescindere dall'interpretazione. Grandi ricevimenti sono stati organizzati per lui in Europa e in America, e la pubblicità che è rimbalzata da una parte all'altra in occasione del suo arrivo a Hollywood ha dato origine a una marea di affermazioni che non saranno mai completamente assimilate.

Questi viaggi in Occidente hanno prodotto una miniera di eventi densi di umana emozione. Uno che mi ha sempre profondamente interessato è l'incontro di Baba con una signora russa, estremamente turbata dalla sua incapacità di instaurare una relazione calorosa con la figlia, che all'epoca aveva una ventina d'anni. Baba le accarezzò la mano e le disse che l'avrebbe aiutata. Alcuni giorni dopo, svegliandosi al mattino, la signora si sentì inondata da un profondo e caldo sentimento d'amore per la figlia, un sentimento che non aveva mai provato prima. Le chiese immediatamente perdono per come l'aveva trattata in passato e da quel momento si instaurò tra di loro una relazione profonda e di fiducia.

Un'altra vicenda che ha il sapore magico delle emozioni umane è l'incontro in Italia tra Baba e un inquieto e brillante professore universitario che gli espose la propria conoscenza della filosofia esoterica. Dopo essere giunto a completa frustrazione nello sforzo di comporre i pezzi del sapere di una vita a dispetto dell'ascolto paziente di Baba, alla fine l'uomo alzò le braccia sconsolato e chiese a Baba di potersi semplicemente sedere con lui in silenzio e meditazione.

Baba sorrise e posò la sua mano su quella del professore, e coloro che erano presenti raccontano del profondo senso di pace che pervase la stanza e a poco a poco cancellò l'espressione disperata dal volto dell'uomo. Dopo alcuni minuti di silenzio, questi improvvisamente esclamò: "Adesso so che la Verità è Amore".

Ci sono racconti miracolosi sulla permanenza di Baba nella grotta in cui San Francesco d'Assisi aveva un tempo meditato, o su un incontro della gerarchia in una montagna delle Alpi svizzere durante il quale era scoppiato un violento temporale che aveva lasciato Baba completamente asciutto sotto una colonna di luce che trapassava le nuvole ribollenti, mentre quelli che l'accompagnavano si erano bagnati fino alle ossa aspettandolo a pochi metri di distanza.

Seguirono alcuni anni passati a occuparsi dei malati di mente e poi delle anime spiritualmente ebbre. Un cosiddetto "ashram dei malati di mente" fu fondato a Rahuri nel 1936; qui Baba e i suoi discepoli portarono diversi individui realmente malati di mente. Successivamente il lavoro di Baba si concentrò sempre di più sugli "spiritualmente ebbri", coloro che avevano perso il normale contatto cosciente con l'ambiente in seguito all'ebbrezza provocata dal loro amore divino.

In India si riconosce la differenza tra la pazzia convenzionale e la perdita della coscienza normale come conseguenza dell'estasi spirituale, e per tradizione la gente si prende cura di questi *"mast"*, come sono chiamati. Il lavoro di Baba in questo campo rievoca la funzione svolta per lui durante sette anni da Upasni Maharaj, il Maestro Perfetto che lo riportò gradualmente alla piena coscienza del suo ambiente dopo che il bacio sulla fronte datogli dal Maestro sufi Babajan aveva strappato il velo. Entrambi questi Maestri Perfetti scelsero Meher Baba come il loro rappresentante spirituale (erede spirituale), una funzione unica che unisce il meglio delle tradizioni indù e islamica.

Il lavoro di Meher Baba con i *mast* nell'ashram di Rahuri si ampliò sempre di più e nel corso degli anni seguenti Baba fece sempre più viaggi nel cuore e negli angoli remoti dell'India, contattando anche solo per un breve istante tutti i *mast* e i santi possibili. Il racconto di questi viaggi è colmo di episodi di grave difficoltà e di grandi sforzi da parte di tutti i partecipanti.[5]

Ancora una volta si possono solo fare supposizioni sulle implicazioni di tali contatti. Se dovessi azzardare un'ipotesi direi che si sia svolta una duplice funzione. Delle anime così avanzate spiritualmente di certo controllano o hanno a disposizione una sorta di energia psichica

---

[5] Per ulteriori dettagli vedi William Donkin, *The Wayfarers*, Myrtle Beach, SC, Sheriar Press, 1988.

o cosmica di base, o come la si voglia chiamare. Complessivamente, agiscono come api operaie e l'India funge in qualche modo da favo.

Baba, come patriarca reale dell'alveare, stabiliva i contatti per attingere a questa vasta riserva di energia, e indubbiamente in cambio dava a ciascun *mast* o santo un'ulteriore spinta nel suo percorso spirituale. Questa presa di contatto con i *mast* raggiunse l'apice nel periodo tra il 1946 e il 1948, e fu seguita dai due anni di quella che Baba chiamò la fase della sua "Nuova Vita", cominciata il 16 ottobre 1949. Questa è senza dubbio la più imponderabile di tutte le cose imponderabili con cui il cercatore si deve confrontare. Prima della Nuova Vita Baba smantellò tutti gli ashram creati per i *mast* e per i discepoli stretti più o meno fissi, nonché per il costante flusso di persone la cui permanenza poteva variare da un breve colloquio a un periodo di settimane, mesi o anni.

Furono prese misure per la cura di coloro che erano a carico, e poi Baba cercò dei volontari disposti a seguirlo in una serie di viaggi, spesso a piedi e implicanti le più severe difficoltà. Furono stabilite rigide regole di disciplina e rinuncia prima di chiedere ai discepoli di seguire Baba volontariamente in questa nuova fase, la sua Nuova Vita, che era di esilio, assenza di aiuto e rinuncia. Alla fine, i selezionati che partirono con Baba furono venti.

I viaggi e le discipline spirituali di quei due anni furono tra i più ardui che i discepoli di Baba avessero mai affrontato. Coloro che avevano partecipato ai viaggi erano stanchi, magri e tirati quando ne uscirono verso la fine del 1951. La descrizione dettagliata degli eventi e del loro significato deve attendere un lavoro più esteso, ma l'osservatore non può fare a meno di concludere che in questa fase imperscrutabile fu tracciato un piano generale per il futuro sviluppo individuale e sociale della razza umana. Il 16 ottobre 1950 Baba aveva dichiarato a Mahabaleshwar: "La mia vecchia vita mi colloca sull'altare della Divinità e della perfezione divina. La mia Nuova Vita mi fa prendere la posizione di un umile servitore di Dio e della Sua gente. Nella mia Nuova Vita sono il cercatore, l'amante e l'amico. Entrambi questi aspetti – perfetta divinità e perfetta umiltà – sono stati la volontà di Dio ed entrambi sono per sempre legati alla vita eterna di Dio."

Il 13 febbraio 1951 Baba aveva iniziato un periodo di isolamento a Mahabaleshwar di circa 100 giorni, alla fine del quale dichiarò che il 16 ottobre sarebbe stato necessario per lui cominciare un'altra fase del suo lavoro. Quest'ultima divenne nota come il periodo di *"manonash"* (annientamento della mente). Questo lavoro durò quattro mesi e terminò il 16 febbraio 1952.

Baba annunciò quindi che lui e alcuni discepoli sarebbero partiti presto per gli Stati Uniti e che avrebbe condotto dal 21 marzo al 10 luglio 1952 una vita "complicatamente libera" in cui la debolezza avrebbe predominato sulla forza, dal 10 luglio al 15 novembre una vita "completamente libera" in cui la forza avrebbe predominato sulla debolezza, e dal 15 novembre una vita "fieramente libera" in cui forza e debolezza si sarebbero consumate nel fuoco della divinità.

Il 20 aprile 1952 Baba arrivò a New York con sei discepoli e sei discepole di origine orientale e occidentale. Si recarono direttamente a Myrtle Beach, nella Carolina del Sud, dove era stata dedicata a Baba una proprietà, e qualche settimana dopo Baba ricevette molti seguaci vecchi e nuovi, in particolare il 17 maggio, quando una vasta folla proveniente da tutti gli Stati Uniti si riunì per incontrarlo.

In seguito il gruppo partì in auto per la California, dov'era prevista un'altra serie di incontri. Mentre attraversavano l'Oklahoma, la macchina che trasportava Baba fu investita e quattro dei cinque occupanti rimasero gravemente feriti in uno di quegli strazianti incidenti così comuni sulle nostre strade.

Nella vicina cittadina di Prague, in Oklahoma, esisteva, per gran fortuna, un piccolo ospedale privato diretto dal Dr. Burleson. Gli sforzi di quest'uomo e del suo ridottissimo staff, che si trovarono di fronte a una gran quantità di ferite sanguinanti e abiti imbrattati in cui erano intrappolati un maestro silenzioso e i suoi compagni feriti, costituiscono sicuramente un episodio memorabile nel dramma continuo del mondo della medicina nella sua incessante battaglia per alleviare la sofferenza e allungare la vita. Mentre il groviglio di sofferenza veniva a poco a poco districato, divenne chiaro che nessuno si trovava in pericolo immediato, ma il numero di ossa rotte, di ferite aperte e abrasioni era impressionante. Per giorni la monotona e cupa routine di ricomposizione, pulizia, fasciatura e infusione di nuova vita continuò. La gamba e il braccio sinistri rotti di Baba e le gravi contusioni al volto non erano le ferite più gravi, ma tra le più dolorose. Due settimane dopo il gruppo ritornò in ambulanza nella Carolina del Sud per un periodo di recupero.

Come poteva una grande figura spirituale permettere che un incidente del genere capitasse a lui e ai suoi discepoli? Non avrebbe potuto prevederlo e prevenirlo? Mi chiedo quante volte queste domande siano state poste. In realtà, Baba aveva predetto fin dal 1928 che gli sarebbe capitato un simile incidente e che ciò era necessario. Aveva anche occasionalmente menzionato che sarebbe stato necessario che "versasse" il suo sangue in America. Ma se affermassi che "lui l'aveva sempre saputo", ciò non avrebbe niente a che vedere con la questione centrale. Le grandi figure spirituali di ogni epoca non hanno mai cercato di evitare le disavventure legate all'incoscienza e all'incuranza della civiltà. Hanno infatti accettato la loro parte di sventura umana e l'hanno vissuta senza ricorrere all'uso arbitrario del potere cosmico a loro disposizione. La suprema funzione delle grandi figure spirituali non è di agire al di fuori della legge del nostro mondo fisico ma di agire al suo interno.

Nel 1937[6] Baba aveva spiegato questa funzione dei Maestri Perfetti: "Un Maestro Perfetto, che deve assumersi i fardelli del mondo per assorbirli, deve necessariamente avere delle reazioni fisiche e di conseguenza deve soffrire fisicamente, come gli esseri umani comuni.

Sottomettendosi alla legge di azione e reazione, i Maestri Perfetti stabiliscono questa legge e ne sono altruisticamente e volontariamente soggetti. Ma nonostante si sottomettano a questa legge, stanno sopra la legge e potrebbero liberarsi delle reazioni fisiche. Ma quale sarebbe allora il significato e lo scopo di 'azione e reazione'?

I Maestri Perfetti assorbono il duplice effetto dell'"illusione universale' portando l'umanità fuori dall'illusione, liberando gli uomini dai vincoli dell'azione e della reazione.

Il Maestro Perfetto assorbe la dualità nella sua vera esistenza, al fine di sublimarla."

Dopo altri giorni di colloqui a New York, Baba partì in aereo per una visita in Europa dove l'aspettavano vecchi e nuovi seguaci, e tornò in India nel tardo agosto del 1952. Quasi subito partì per altri viaggi attraverso questo paese per contattare ancora qualche *mast*, ma da lì in poi le sue attività si concentrarono maggiormente sulla benedizione spirituale alle grandi masse che accorrevano ai luoghi dove erano annunciate le sue apparizioni pubbliche. Questi *darshan* di massa culminarono nel settembre 1954 quando Baba chiamò i suoi seguaci uomini di tutto il mondo a riunirsi nel suo ashram di Ahmednagar per un "ultimo" raduno spirituale. Giunsero circa un migliaio di persone

---

[6] A quell'epoca Baba non aveva ancora fatto nessuna dichiarazione pubblica riguardo alla sua Avatarità ed era generalmente ritenuto un Maestro Perfetto (*Sadguru*). Comunque, nel capitolo 30 del Supplemento Baba spiega la differenza tra i ruoli dell'*Avatar* e quelli del Maestro Perfetto. [N.d.C.]

provenienti da diverse parti dell'India e dagli angoli più remoti di Asia, Europa e America. I primi arrivati assistettero il 12 settembre al raduno di sessantamila anime venute dalla regione intorno ad Ahmednagar per ricevere la benedizione di Baba in forma di *prasad*.

Dopo questo variopinto e commovente evento, ogni pomeriggio Baba istruiva personalmente i viaggiatori. Il 29 settembre Baba si rivolse al migliaio di persone che avevano risposto alla sua chiamata, le benedì e le rimandò a casa. Il 7 ottobre abbandonò anche l'uso della tavola alfabetica, dipendendo poi solo dai gesti per comunicare. (È interessante notare che i gesti che Baba usa per comunicare non sono i segni alfabetici A B C D..., come quelli che formerebbe con le dita una persona che non parla, e nemmeno una lingua dei segni come quella usata dai sordi, ma gesti liberi, semplici e un po' enfatici che appartengono solo a lui e che descrivono molto vividamente ciò che desidera comunicare.)

Ancora una volta Baba annunciò che la rottura del suo silenzio, la sua manifestazione e la sua morte erano tutte vicine. Baba ha detto che quando romperà il silenzio pronuncerà una sola parola, la Parola delle parole, che penetrerà nel cuore degli uomini.

In collaborazione con Murshida Duce, ho così cercato di aggiornare ancora una volta il racconto della vita densa di avvenimenti di *Avatar* Meher Baba. Spetterà alla storia chiarire e valutare nella prospettiva degli eventi il significato della sua vita e delle sue azioni. Noi che siamo parte dell'immediato possiamo solo offrire la misura del nostro amore e della nostra lealtà umana e manifestare la nostra gratitudine per questa cosa straordinaria che è entrata nelle nostre vite.

DON E. STEVENS

# Introduzione alla seconda edizione

Nei diciotto anni che sono trascorsi dalla pubblicazione della prima edizione di *God Speaks* (*Dio parla*), l'onda sollevata dalla presenza di Meher Baba si è propagata nel mondo e il suo nome è diventato un simbolo di speranza e fede per milioni di persone. Alla fine di gennaio di quattro anni fa Baba ha lasciato il suo corpo, che adesso è sepolto nella tomba preparata già da molti anni secondo le sue minuziose istruzioni a Meherabad, vicino ad Ahmednagar, in India.

In questo periodo abbiamo potuto assistere all'impatto provocato dall'universalità dell'approccio di Meher Baba ai problemi del mondo, nonché all'uniformità della risposta di persone di tutte le fedi e sette al suo amore. Sin dai primissimi tempi, Meher Baba aveva sottolineato che non apparteneva a nessun gruppo religioso particolare e che il suo obiettivo era piuttosto di infondere vitalità nelle parole di verità annunciate da tutte le grandi fedi del mondo. Con ripetute dichiarazioni, chiare e concise, ha sottolineato la sua indipendenza d'azione e l'universalità del suo approccio:

"Io non ho legami con la politica. Tutte le religioni sono uguali per me. E tutte le caste e i credi mi sono cari. Ma benché io apprezzi tutti gli 'ismi', le religioni e i partiti politici per le molte cose buone che cercano di raggiungere, non appartengo e non posso appartenere a nessuno di questi 'ismi', religioni o partiti politici, perché la Verità assoluta, che li include nella stessa misura, li trascende tutti e non lascia spazio a divisioni separative, che sono tutte ugualmente false. L'unità di tutta la vita è integrale e indivisibile. Rimane incontestabile e inviolabile nonostante tutte le differenze ideologiche concepibili."

"Io sono ugualmente accessibile a tutti, grandi e piccoli,
ai santi che si elevano e ai peccatori che cadono,
tramite tutti i vari Sentieri che danno la Chiamata Divina.
Io sono accessibile tanto al santo che adoro
quanto al peccatore che sostengo,
e in ugual modo tramite sufismo, vedantismo, cristianesimo,
o zoroastrismo e buddismo, e altri 'ismi' di ogni tipo,
e anche direttamente senza il tramite di alcun 'ismo'…"[1]

---

[1] Dai messaggi dati durante la "Vita fieramente libera", 1952.

Anche la spinosa questione dell'Avatarità (lo status di Cristo, di Messia) di Meher Baba si è enormemente chiarita in questi anni. Quando la prima edizione di *God Speaks* (*Dio parla*) fu presentata al pubblico nel 1955, la realtà della funzione *avatarica* di Baba era stata descritta a persone che non fossero i suoi discepoli stretti solo da pochi anni. Prima di allora la maggior parte lo aveva considerato un grande santo o un Maestro Perfetto, senza immaginare l'ulteriore significato della sua missione.

Nel 1954, tuttavia, Baba dichiarò chiaramente e per la prima volta pubblicamente di essere l'*Avatar* dell'Epoca. Avendolo già riconosciuto come un Maestro Perfetto, i devoti non ebbero problemi ad accettare questa estensione di responsabilità universale.

Per i profani, affascinati dal calibro di Meher Baba ma privi dell'opportunità di venir assorbiti nel suo essere attraverso l'abbandono personale, era ancora presto per provare a giudicare le attività esteriori e i risultati del ruolo *avatarico*. Sorprendentemente, pochissime persone presero una forte posizione pubblica di divergenza con la dichiarazione di Baba di essere l'*Avatar* dell'Epoca. Molti, leggendo *Dio parla*, si convinsero che una tale opera poteva provenire solo da qualcuno che aveva raggiunto il più alto status spirituale e che quindi sarebbe stato meglio aspettare e osservare prima di formulare qualsiasi giudizio.

Stranamente, tra coloro che non avevano incontrato Baba di persona, non furono quelli tradizionalmente inclini alla spiritualità che cominciarono per primi ad accettarlo come l'Antico. Furono i giovani, i ribelli, gli sperimentalisti, alla ricerca di risposte che dessero un senso a una vita di confusione e frustrazione, che improvvisamente cominciarono a riconoscere l'immagine e le parole di questo Maestro silenzioso. Il loro istinto, acuito dal bisogno ed esasperato da ripetuti approcci fallimentari, trovò improvvisamente la risposta in una foto di Baba, in un libro dei suoi discorsi, in un aforisma sulla vita stampato su una cartolina.

Come Baba aveva spesso dichiarato nei decenni precedenti, l'avvento dell'*Avatar* e l'accettazione della sua parola vengono precipitati dai bisogni della Creazione. Quando il bisogno è grande, l'*Avatar* viene. E la sua parola è accettata perché è l'unica cosa che può soddisfare. La ricerca da parte dell'umanità di obiettivi validi e attendibili è cresciuta per generazioni. Ai nostri giorni è diventata così insistente che è esplosa in ondate successive di turbolenza sociale.

In questo fermento sociale interviene Meher Baba con una chiara enunciazione dello scopo della Creazione e con un amore universale così potente che le ferite vive del bisogno sono lenite in modo tanto repentino da portare al silenzio e a lacrime di sollievo. Baba descrive ripetutamente la Creazione come il veicolo con cui l'impulso di Dio a conoscere coscientemente la propria divinità si realizza. In *Dio parla* descrive con accurate affermazioni il modo in cui si sviluppa il meccanismo di generazione della coscienza. La realtà dell'unità infinita e della coscienza che si è evoluta risolvendo le infinite sfide nella dualità della Creazione è tracciata nei minimi particolari. La forma fisica che funge da mezzo per sperimentare gli opposti della Creazione è mostrata come un sottoprodotto sempre più complesso di questa volontà di Dio di conoscere Sé stesso coscientemente. La forza stessa di evoluzione della forma diventa non una casuale selezione del più adatto, ma un risultato della necessità per i residui di esperienza di esprimersi attraverso strumenti sempre più complessi. L'evoluzione e il perfezionamento della coscienza sono descritti come l'intero scopo della Creazione:

> E riguardo al processo evolutivo, è bene ricordare sempre che l'inizio è un inizio nella coscienza, l'evoluzione è un'evoluzione nella coscienza, la fine, se c'è una fine, è una fine nella coscienza…[2]

Queste cose, oltre alle moltissime indicazioni equilibrate e pratiche sulla vita di tutti i giorni date da Meher Baba nel corso dei decenni, sono state ciò che i giovani hanno chiesto a gran voce. Essi riconoscono Baba empiricamente per ciò che è: la risposta al dilemma della vita moderna. Questo è esattamente ciò che Baba aveva dichiarato che l'*Avatar* deve essere. Così il guanto calza perfettamente sulla mano. Alla luce di questa corrispondenza, non si possono avere dubbi sul fatto che Baba sia esattamente ciò che ha detto di essere: l'*Avatar* dell'Epoca.

Ma cos'è accaduto nella vita personale di Meher Baba in questo periodo? Nonostante il suo grave incidente d'auto da lungo tempo predetto, avvenuto vicino a Prague, in Oklahoma, nel 1952, e uno successivo ancora più grave, vicino a Satara, in India, nel dicembre del 1956, nel quale lui si fratturò l'anca e il Dr. Nilu rimase ucciso sul colpo, questi quindici anni sono stati caratterizzati da molto intenso lavoro, interiore ed esteriore. Per quanto riguarda questi due incidenti, è bene tener presente che quello in cui viviamo è un mondo di equilibri sistematici, senza le magie di una bacchetta magica. L'*Avatar* stesso ristabilisce l'equilibrio attraverso il processo di sofferenza a cui si sottopone

---

[2] *The Awakener*, vol. VIII, n. 4, 1962.

volontariamente. In queste due occasioni ha versato il suo sangue in due continenti in nome di ciò che sapeva doveva essere fatto.

Nel 1956 Baba fece un viaggio in Europa e in America e poi intorno al mondo, visitando l'Australia per la prima volta. Questa dodicesima visita in Occidente è ampiamente narrata nella rivista *The Awakener* (vol. IV, n. 1 e vol. V n. 2) e in altre opere.

Il suo tredicesimo viaggio in Occidente nel 1958, questa volta limitato solo all'Australia e all'America, produsse un'intensa atmosfera di reciproco gioco d'amore tra amanti e amato (*The Awakener*, vol. V, nn. 3 e 4). In quell'occasione fu chiaro che Baba era destinato a coloro che conoscevano il canto del loro cuore. Non si scoraggiò il pubblico dal cercare la presenza di questo essere affascinante, ma non si fece nessuna pubblicità alla visita. Fu un vero vivere alla presenza dell'Amato. A posteriori, si comprende che Baba sapeva che per molti questo sarebbe stato l'ultimo contatto personale. Infatti lo affermò, ma noi non lo udimmo.

Nel 1962 Meher Baba compì di nuovo la magia di attirare a sé le persone a lui vicine, ma questa volta in una forma significativamente nuova. Nel passato c'era stato un contatto solo molto limitato tra i suoi seguaci orientali e quelli occidentali. Nel 1962, invece, l'incontro fu deliberato e su larga scala.

In centinaia si riversarono nel luogo del raduno a Poona, in India, da Europa, America e Australia. Altre migliaia vennero da Iran, Pakistan e India. L'"East-West Gathering" (Raduno Oriente-Occidente) del 1962 nella splendida residenza di Guruprasad a Poona fu un momento memorabile di confluenza di correnti d'amore provenienti dalle più diverse sorgenti culturali. Per cinque giorni Meher Baba rimase con questo gruppo chiuso di alcune migliaia di invitati e mischiò gli elementi di disparità nel solvente che produce la sola vera unità: l'amore supremo.

Ci si chiede come questo essere incredibile sia stato capace di tirar fuori da un corpo seriamente provato da lunghi, intensi sforzi e da incidenti invalidanti le risorse fisiche per accogliere e benedire la moltitudine per lunghe ore ogni giorno e fino a notte inoltrata. Il sesto giorno andò addirittura oltre. I cancelli di Guruprasad furono spalancati e si permise alla folla di andare da lui per la tanto desiderata benedizione spirituale. Dall'alba al tramonto il fiume di gente passò davanti a lui e quando a sera i cancelli furono infine chiusi, una lunga colonna di persone in fila per quattro si snodava ancora fino in lontananza, continuando a sperare in uno sguardo o in un tocco.

Da allora, con delle brevi eccezioni nel 1963 e nel 1965 per i suoi devoti indiani, Meher Baba entrò in un isolamento sempre più stretto. Infine, nell'agosto del 1966, diede istruzione che nessuno potesse vederlo, se non su suo espresso invito. Ci furono pochissimi inviti, e ancora meno eccezioni. Fece sapere a tutti che era nella fase culminante del suo lavoro universale e, infine, che quel lavoro era stato completato al 100 per cento a sua soddisfazione.

Questo avrebbe dovuto essere il segnale per i suoi devoti seguaci. Ma una persona non pensa mai al giorno in cui l'amato non sarà più fisicamente presente. Il 1° febbraio 1969 si sparse velocemente in tutto il mondo, attraverso la rete di profonda devozione, la notizia che Meher Baba aveva lasciato il suo corpo il giorno precedente poco dopo mezzogiorno. Per sette giorni le sue spoglie riposarono avvolte da ghirlande e cosparse di fragranti petali di rosa nella tomba da tempo preparata per l'occasione, la testa sostenuta da un leggero cuscino, "in modo che possa dare *darshan* ai miei amanti senza dovermi alzare". Baba aveva previsto cosa sarebbe stato necessario e, come sempre, lo aveva fatto preparare. I suoi devoti riconobbero "il trapassare dell'Infinito come Infinito nella propria Infinitudine". La sepoltura fu seguita, nei mesi di aprile, maggio e giugno, dalle visite di gruppi numerosi provenienti dall'Oriente e dall'Occidente a Guruprasad, a Meherazad – la residenza – e a Meherabad – la tomba. Non sappiamo come si possa descrivere ciò che accadde. Il solo modo per saperlo è farselo raccontare da qualcuno che si trovava là. Francis Brabazon ha narrato in maniera bellissima questo grande evento in un libretto intitolato *Three Talks* pubblicato da Meher House Publications, Sydney, Australia, nel 1969.

Questa edizione riveduta di *Dio parla* contiene dei nuovi punti e delle correzioni indicati da Meher Baba. Ci sono anche alcune aggiunte al Supplemento. Sono state apportate piccole ma necessarie modifiche a diversi grafici e ne sono stati aggiunti altri cinque. Un grafico è stato realizzato come atto d'amore da Ludwig Dimpfl e riguarda i "Termini mistici, sufi e vedantici relativi ai piani di coscienza come usati in *Dio parla*". Questo grafico fu mandato a Meher Baba diversi anni prima che lasciasse il suo corpo. Eruch B. Jessawala ci racconta che Baba lo controllò meticolosamente, facendo due o tre correzioni, ed espresse completa soddisfazione al riguardo, approvandone l'uso per *Dio parla*. Era così grande che è stato incluso separatamente. Sono state aggiunte al testo ulteriori note a fondo pagina basate su singole informazioni che Meher Baba aveva dato di quando in quando.

Si dovrebbe anche precisare qui che in certi casi alcuni dei termini indicati come mistici, sufi e vedantici non sono i termini classici usati in queste tre discipline. Sono piuttosto termini adottati per permettere uno studio comparativo e una migliore comprensione del tema da parte del lettore. Un glossario completo compilato da Ludwig Dimpfl fu approvato da Meher Baba prima che lasciasse il suo corpo.

Concludendo, non possiamo fare a meno di menzionare l'inevitabile corollario della vita e delle parole di Meher Baba. Benché vivesse per l'uomo interiore, affinché questi potesse spezzare le catene delle percezioni illusorie della realtà con cui si era imprigionato, Meher Baba ha dato chiarimenti di grande importanza anche per le scienze fisiche. Leggendo le varie opere che "Il Più Alto degli Alti" dei nostri tempi ci ha lasciato, ci si rende conto che le loro implicazioni sono fondamentali e rivoluzionarie per ogni tipo di scienza. Quando gli esperti nei campi della fisica, della chimica, della geologia, della psicologia e di molte altre discipline studieranno la vita e le dichiarazioni di Meher Baba, le applicheranno dapprima a buon diritto ai bisogni della propria natura interiore. Tuttavia, mentre le sue parole svolgeranno il compito primario di dare un senso alla vita e un sostegno assicurato, una seconda fase significativa comincerà inevitabilmente ad affermarsi. La vita comincerà a muoversi. E si muoverà tanto interiormente quanto esteriormente. I rapidi e continui riconoscimenti di verità che si faranno largo internamente saranno seguiti da corrispondenti comprensioni del funzionamento del mondo esteriore.

Le affermazioni semplici e quasi evidenti di Meher Baba si ramificano in un caleidoscopio di implicazioni essenziali e appassionanti. Baba era parco di parole. Non entrava nei dettagli. Ha dato solo una vitale reinterpretazione della verità fondamentale. Da essa sgorga una moltitudine di inevitabili conclusioni. Il fisico, una volta che avrà messo in moto gli ingranaggi per riscoprire il proprio sé essenziale, comincerà anche a scoprire l'impatto di Meher Baba sul suo campo della fisica.

Meher Baba è così. Scorre calmo attraverso tutti gli aspetti della vita e, prima che ci si renda conto, tutta la vita non sarà diventata altro che l'affascinante gioco di guardare Meher Baba occuparsi di Meher Baba. Questo è sicuramente il massimo dell'universalità.

San Francisco, California
Aprile 1973

IVY O. DUCE
DON E. STEVENS

Non sono venuto per fondare un culto, una società o un'organizzazione e nemmeno per fondare una nuova religione. La religione che porterò insegna la Conoscenza dell'Uno dietro ai molti. Il libro che farò leggere alla gente è il libro del cuore che possiede la chiave del mistero della vita. Provocherò un felice connubio fra la testa e il cuore. Rivitalizzerò tutte le religioni e i culti e li riunirò come perle su un filo.

– MEHER BABA

# DIO PARLA

# PARTE 1

## *Stati di coscienza*

Tutte le anime (*atma*) erano, sono e saranno nell'Anima Universale
   (*Paramatma*).
Le anime (*atma*) sono tutte Una.
Tutte le anime sono infinite ed eterne. Sono senza forma.
Tutte le anime sono Una; non c'è differenza nelle anime o nella loro
essenza ed esistenza come anime.
   C'è differenza nella coscienza delle anime;
c'è differenza nei piani di coscienza delle anime;
c'è differenza nell'esperienza delle anime e perciò
c'è differenza nello stato delle anime.
   La maggior parte delle anime è cosciente del corpo **grossolano**
(*sthul sharir*);
alcune anime sono coscienti del corpo **sottile** (*pran*);
poche anime sono coscienti del corpo **mentale** (mente o *mana*);
e
pochissime anime sono coscienti del Sé.
   La maggior parte delle anime ha esperienza della sfera (mondo)
grossolana;
alcune anime hanno esperienza della sfera (mondo) sottile;
poche anime hanno esperienza della sfera (mondo) mentale; e
pochissime anime hanno esperienza dell'Anima Universale.
   La maggior parte delle anime è nel piano grossolano (*anna bhumika*);
alcune anime sono nel piano sottile (*pran bhumika*);
poche anime sono nel piano mentale (*mano bhumika*); e
pochissime anime sono nel piano al di là del piano mentale (*vidnyan*).
   La maggior parte delle anime ha molti vincoli; alcune anime hanno
pochi vincoli; poche anime hanno pochissimi vincoli; e pochissime
anime non hanno assolutamente vincoli.
   Tutte queste anime (*atma*) di differente coscienza, di differenti esperienze, di differenti stati sono nell'Anima Universale (*Paramatma*).
   Se tutte le anime sono nell'Anima Universale e sono tutte Una,
allora perché c'è differenza nella coscienza, nei piani, nelle esperienze
e negli stati?

1

La causa di questa differenza è che le anime hanno differenti e diverse impressioni (*sanskara*).[1]

La maggior parte delle anime ha impressioni **grossolane**; alcune anime hanno impressioni **sottili**; poche anime hanno impressioni **mentali**; e pochissime anime non hanno **nessuna** impressione.

Le anime che hanno impressioni grossolane, le anime che hanno impressioni sottili, le anime che hanno impressioni mentali e le anime che non hanno nessuna impressione sono tutte anime nell'Anima Universale e sono tutte Una.

Le anime con impressioni grossolane hanno coscienza del corpo grossolano (*sthul sharir*) e hanno esperienza della sfera grossolana.

Le anime con impressioni sottili hanno coscienza del corpo sottile (*pran*) e hanno esperienza della sfera sottile.

Le anime con impressioni mentali hanno coscienza del corpo mentale (*mana* o mente) e hanno esperienza della sfera mentale.[2]

Le anime senza nessuna impressione hanno coscienza del Sé (anima, *atma*) e hanno esperienza dell'Anima Universale (*Paramatma*).

Così le anime con impressioni grossolane sperimentano la sfera grossolana attraverso il corpo grossolano; ossia sperimentano differenti e diverse esperienze come vedere, udire, odorare, mangiare, dormire, evacuare l'intestino e urinare. Queste sono tutte esperienze della sfera grossolana.

Le anime con impressioni sottili sperimentano consecutivamente tre piani della sfera sottile attraverso il corpo sottile, e in questi tre piani hanno solo le esperienze di vedere, odorare e udire.

---

[1] Vedi anche Meher Baba, "The Formation and Function of *Sanskaras*", *Discourses*, 7th ed., Myrtle Beach, SC, Sheriar Press, 1987, pp. 32-39. [N.d.C.]

[2]

| SFERA | CORPO | | |
|---|---|---|---|
| **Mistico** | **Mistico** | **Sufi** | **Vedantico** |
| Sfera (mondo) grossolana | Corpo grossolano | *Jism-e-Kasif* | *Sthul Sharir* |
| Sfera (mondo) sottile | Corpo sottile | *Jism-e-Latif* | *Sukshma Sharir (Pran)* |
| Sfera (mondo) mentale | Corpo mentale | *Jism-e-Altaf* | *Karan Sharir (Manas)* |

Le anime con impressioni mentali, attraverso il corpo mentale o **mente**, hanno nella sfera mentale solo l'esperienza di vedere, e questa visione è la visione di Dio.

Le anime senza impressioni sperimentano attraverso il Sé il potere infinito, la conoscenza infinita e la beatitudine infinita dell'Anima Universale.

L'anima che è cosciente del corpo grossolano **non** è cosciente del corpo sottile, **non** è cosciente del corpo mentale e **non** è cosciente del Sé.

L'anima che è cosciente del corpo sottile **non** è cosciente del corpo grossolano, **non** è cosciente del corpo mentale e **non** è cosciente del Sé.

L'anima che è cosciente del corpo mentale **non** è cosciente del corpo grossolano, **non** è cosciente del corpo sottile e **non** è cosciente del Sé.

L'anima che è cosciente del Sé **non** è cosciente del corpo grossolano, **non** è cosciente del corpo sottile e **non** è cosciente del corpo mentale.

L'anima che ha esperienza del mondo grossolano non ha esperienza del mondo sottile, né esperienza del mondo mentale, né esperienza dell'Anima Universale.

L'anima che ha esperienza del mondo sottile non sperimenta il mondo grossolano, né ha esperienza del mondo mentale, né ha esperienza dell'Anima Universale.

L'anima che ha esperienza del mondo mentale non sperimenta il mondo grossolano, né sperimenta il mondo sottile, né ha esperienza dell'Anima Universale.

L'anima che ha esperienza dell'Anima Universale non sperimenta il mondo grossolano, né sperimenta il mondo sottile, né sperimenta il mondo mentale. Ossia, l'anima che è cosciente del Sé e che ha esperienza dell'Anima Universale non è cosciente del corpo grossolano, del corpo sottile e del corpo mentale e non sperimenta le sfere (mondi) grossolana, sottile e mentale.

Questo significa che, per avere coscienza del Sé e avere l'esperienza dell'Anima Universale, l'anima deve perdere coscienza dei corpi grossolano, sottile e mentale. Ma finché l'anima è impressionata dalle impressioni grossolane, sottili o mentali, l'anima ha costantemente e rispettivamente coscienza del corpo grossolano, del corpo sottile o del corpo mentale, e le esperienze grossolane, sottili e mentali sono continuamente e necessariamente attraversate.

L'ovvia ragione di questo è che finché la coscienza dell'anima è impressionata da impressioni grossolane non c'è nessuna via d'uscita se non sperimentare queste impressioni grossolane attraverso il corpo grossolano.

Analogamente, finché la coscienza dell'anima è impressionata da impressioni sottili, non c'è nessuna via d'uscita se non sperimentare queste impressioni sottili attraverso il corpo sottile.

Analogamente, finché la coscienza dell'anima è impressionata da impressioni mentali, non c'è nessuna via di fuga se non sperimentare queste impressioni mentali attraverso il corpo mentale.

Quando le impressioni grossolane, sottili e mentali svaniscono o scompaiono completamente, la coscienza dell'anima è automaticamente e ovviamente rivolta e incentrata verso sé stessa, e quest'anima allora non ha inevitabilmente altra scelta che assorbire l'esperienza dell'Anima Universale.

Ora, i corpi grossolano, sottile e mentale non sono nient'altro che le **ombre dell'anima**. Le sfere (mondi) grossolana, sottile e mentale non sono nient'altro che le **ombre dell'Anima Universale**.

I corpi grossolano, sottile e mentale sono finiti, hanno forme e sono mutevoli e distruttibili. I mondi grossolano, sottile e mentale sono falsi; sono zero, immaginazione e sogni vacui. L'unica realtà è l'Anima Universale (*Paramatma*).

Perciò, quando l'anima con i suoi corpi grossolano, sottile e mentale sperimenta i mondi grossolano, sottile e mentale, di fatto l'anima sperimenta in realtà le ombre dell'Anima Universale con l'aiuto delle proprie ombre.

In altre parole, l'anima con la sua forma finita e distruttibile sperimenta falsità, zero, immaginazione e un sogno vacuo.

Solo quando l'anima sperimenta l'Anima Universale con il suo Sé sperimenta realmente il Reale.

Quando l'anima è cosciente del suo corpo grossolano, allora quest'anima si identifica con il corpo grossolano e si ritiene il corpo grossolano.

Questo significa che l'anima infinita, eterna e senza forma si scopre finita, mortale e avente forma.

Le impressioni (*sanskara*) sono la causa di questa ignoranza. All'inizio l'anima, che è eternamente nell'Anima Universale, acquisisce dapprima ignoranza attraverso le impressioni anziché acquisire Conoscenza.

Quando l'anima acquisisce una particolare forma (corpo o *sharir*) secondo particolari impressioni, si sente e sperimenta sé stessa come se fosse quella particolare forma.

L'anima nella sua forma di pietra sperimenta sé stessa come pietra. Di conseguenza, a tempo debito, l'anima sperimenta e sente di essere metallo, vegetale, verme, pesce, uccello, animale, uomo o donna. Qualunque sia il tipo della forma grossolana e qualunque sia l'aspetto della forma, l'anima si associa spontaneamente con quella forma, figura e aspetto, e sperimenta di essere lei stessa quella forma, figura e aspetto.

Quando l'anima è cosciente del corpo sottile, allora quest'anima sperimenta di essere il corpo sottile.

Quando l'anima diventa cosciente del corpo mentale, allora quest'anima sperimenta di essere il corpo mentale.

**È solo a causa delle impressioni** (*nuqush-e-amal* o *sanskara*) che l'anima senza forma, l'Anima Infinita, sperimenta di essere veramente un corpo grossolano (*sthul sharir*), o un corpo sottile (*pran*) o un corpo mentale (*mana* o mente).

Mentre sperimenta il mondo grossolano attraverso le forme grossolane, l'anima si associa con innumerevoli forme grossolane e se ne dissocia. L'associazione con le forme grossolane e la dissociazione da esse sono chiamate rispettivamente **nascita** e **morte**.

È solo a causa delle impressioni che l'anima eterna e immortale, che in realtà esiste senza nascite e senza morti, deve sperimentare nascite e morti innumerevoli volte.

Mentre l'anima deve attraversare quest'esperienza di innumerevoli nascite e morti a causa delle impressioni, non solo deve sperimentare il mondo grossolano, che è un'ombra dell'Anima Universale e che è falso, ma allo stesso tempo deve anche sperimentare la felicità e l'infelicità, la virtù e il vizio del mondo grossolano.

È solo a causa delle impressioni che l'anima – che è oltre la felicità e l'infelicità, la virtù e il vizio e libera da essi – deve necessariamente attraversare le esperienze di infelicità e felicità, vizio e virtù.

A questo punto è chiaro che le esperienze di nascite e morti, felicità e infelicità, virtù e vizio sono sperimentate solo dalla forma grossolana dell'anima mentre sperimenta il mondo grossolano; ma la forma grossolana dell'anima è un'ombra dell'anima e il mondo grossolano è un'ombra dell'Anima Universale.

Perciò tutte le esperienze di nascite e morti, virtù e vizio, felicità e infelicità sperimentate dall'anima non sono nient'altro che le esperienze dell'ombra. Di conseguenza tutto ciò che è sperimentato è falso.

### L'atma nella Realtà è *Paramatma*

Per chiarire la relazione *"atma-Paramatma"* paragoniamo *Paramatma* a un oceano infinito, un oceano senza limiti, e l'*atma* a una goccia in questo oceano. L'*atma* non è mai fuori da questo oceano senza limiti (*Paramatma*).

L'*atma* non può mai essere fuori da *Paramatma* perché *Paramatma* è infinito e illimitato. Come può l'*atma* uscire, o avere un posto fuori dall'illimitatezza dell'illimitato? Perciò l'*atma* è in *Paramatma*.

Dopo aver stabilito il fatto primario che l'*atma* è **in** *Paramatma*, facciamo un passo avanti e diciamo che l'*atma* **è** *Paramatma*. Come?

Ad esempio, immaginiamo un oceano illimitato. Immaginiamo anche di separare o estrarre uno iota di oceano dalla distesa senza limiti di questo oceano illimitato. Ne consegue allora che questo iota di oceano, quando è nell'oceano senza limiti prima della separazione, è oceano stesso e non si trova nell'oceano senza rive come uno iota dell'oceano perché ogni iota di oceano, quando non è limitato dai limiti di una goccia, è oceano illimitato.

È solo quando uno iota di oceano è separato dall'oceano illimitato, o quando è estratto dall'oceano illimitato come goccia, che questo iota di oceano ottiene la sua esistenza separata come goccia dell'oceano senza rive, e che questo iota di oceano comincia a essere considerato come una goccia dell'oceano illimitato.

In altre parole, l'oceano stesso, infinito, illimitato e senza limiti, è ora considerato soltanto una goccia di quell'oceano infinito, illimitato e senza limiti. E rispetto a quell'oceano infinito, illimitato e senza limiti, questo iota di oceano, o questa goccia dello iota di oceano, è finitissimo e limitatissimo con limiti infiniti. Ossia, lo iota infinitamente libero si ritrova infinitamente vincolato.

Analogamente, l'*atma*, che abbiamo paragonato a una goccia dell'oceano infinito, ottiene un'apparente esistenza separata, anche se in realtà non può mai essere fuori dall'illimitatezza del *Paramatma* infinito e senza limiti che abbiamo paragonato all'oceano infinito, illimitato e senza limiti.

Ma proprio come lo iota di oceano acquisisce i suoi limiti come goccia quando si trova sotto forma di bolla sulla superficie dell'oceano, e la bolla conferisce allo iota di oceano un'esistenza apparentemente separativa dall'oceano infinito, allo stesso modo l'*atma*, che è **in** *Paramatma* ed **è** *Paramatma*, sperimenta apparentemente un'esistenza separativa dall'infinito *Paramatma* attraverso i limiti di una bolla (di ignoranza) con la quale l'*atma* avvolge sé stessa. Non appena la bolla di ignoranza scoppia, l'*atma* non solo si ritrova **in** *Paramatma* ma sperimenta sé stessa **come** *Paramatma*.

Attraverso questa limitazione, formata dalla bolla di ignoranza autocreata dall'*atma*, l'*atma* eredita apparentemente un'esistenza separativa da *Paramatma*. E a causa di questa autocreata separatività dall'infinito *Paramatma*, l'*atma*, che è di per sé infinita, illimitata e senza limiti, sperimenta apparentemente sé stessa come finitissima con limiti infiniti.

PARTE 2

# L'impulso iniziale e il viaggio della coscienza in evoluzione

Pensiamo ora a un'anima incosciente.

Al principio l'anima non aveva impressioni (*sanskara*) e non aveva coscienza.

Perciò, in quello stadio o in quello stato, l'anima non aveva una forma o un corpo grossolano, un corpo sottile o un corpo mentale, **perché solo l'esistenza di impressioni (*sanskara*) grossolane, sottili e mentali può dare esistenza a corpi grossolani, sottili e mentali**, e solo l'esistenza di questi corpi può rendere possibile l'esistenza di mondi grossolani, sottili e mentali.

Pertanto, al principio l'anima non aveva coscienza di corpi grossolani, sottili e mentali ed era anche incosciente del proprio sé, e di conseguenza l'anima non aveva naturalmente esperienza dei mondi grossolano, sottile e mentale e non aveva neanche esperienza dell'Anima Universale (*Paramatma*).

Questo stato infinito, senza impressioni, incosciente e tranquillo dell'anima vibrò con un impulso che chiamiamo IL PRIMO IMPULSO (il primo impulso a conoscere Sé stessa).

Il primo impulso era latente in *Paramatma*.

Quando paragoniamo *Paramatma* a un oceano infinito e illimitato e quando diciamo che *Paramatma* ebbe il primo impulso, si potrebbe anche dire in termini di paragone che l'oceano infinito e illimitato ebbe il primo impulso o IL CAPRICCIO.[1]

Nell'Infinito sono inclusi tanto il finito quanto l'infinito.

Ora, questo primo impulso era infinito o finito, ed era prima finito e poi infinito o viceversa?

Il primo impulso era finitissimo, ma questo primo impulso era dell'Infinito.

Questo primo impulso finitissimo era dell'Oceano-*Paramatma* infinito, e la manifestazione di questo primo impulso finitissimo latente

---

[1] Vedi anche Meher Baba, "The Whim from the Beyond", *Beams from Meher Baba on the Spiritual Panorama*, San Francisco, Sufism Reoriented, Inc., 1958, pp. 7-11. [N.d.C.]

dell'Infinito era ristretta a un punto finitissimo nell'Oceano infinito e illimitato.

Ma poiché questo punto finitissimo di manifestazione del primo impulso latente, che era anche finitissimo, era nell'Oceano infinito e illimitato, questo punto finitissimo di manifestazione del primo impulso era anche illimitato.

Attraverso questo punto finitissimo di manifestazione del primo impulso (anch'esso finitissimo), l'ombra dell'Infinito (ombra che, quando è della Realtà, è infinita) apparve[2] gradualmente e continuò a espandersi.

Questo punto finitissimo di manifestazione del primo impulso latente è chiamato il **Punto "Om"** o **Punto di Creazione** e questo punto è illimitato.

Simultaneamente alle riverberazioni del primo impulso, emerse la prima impressione più grossolana, oggettivando l'anima come l'opposto più assoluto e la controparte grossolana più finita dell'Infinito.

A causa di questa prima impressione grossolanissima del primo impulso, l'Anima infinita **sperimentò** per la prima volta. Questa prima esperienza dell'Anima infinita fu di sperimentare una contrarietà nella sua identità con il suo stato infinito, senza impressioni e incosciente.

Questa esperienza di contrarietà generò mutevolezza nella stabilità eterna e indivisibile dell'Anima infinita, e spontaneamente avvenne una sorta di eruzione che turbò l'equilibrio indivisibile e la tranquillità incosciente dell'Anima infinita con **un contraccolpo, o tremenda scossa**, che impregnò l'incoscienza dell'Anima incosciente con la prima coscienza della sua apparente separatezza dallo stato indivisibile di *Paramatma*. Ma essendo l'Anima infinita, la prima coscienza che trasse dal contraccolpo, o scossa, di una prima impressione assolutamente opposta e grossolanissima della sua apparente separatezza fu naturalmente e necessariamente la prima coscienza **finita**.

Questa prima coscienza ottenuta dall'Anima è ovviamente la più, più finita in rapporto all'esperienza degli opposti assoluti del suo stato originario infinito.

Ciò significa che al principio, quando l'Anima infinita senza impressioni fu impressionata per la prima volta, ricevette come sua prima impressione un'impressione assolutamente grossolana. E la prima coscienza che lei (l'Anima) ottenne fu la più, più finita.

---

[2] Il senso che deve essere trasmesso è che l'ombra dell'Infinito trapelò, o fuoriuscì, dal punto più finito.

Simultaneamente, in quell'istante, l'incoscienza dell'Anima infinita sperimentò effettivamente la prima coscienza più, più finita della prima impressione più grossolana.

Quest'Anima infinita ed eterna acquisì coscienza, ma questa coscienza per impressione non era del suo stato **eterno** o del suo Sé infinito, ma era del finitissimo, ad opera dell'impressione più grossolana.

Ora, come sarà spiegato più avanti, se l'anima è cosciente di impressioni (*sanskara*), allora l'anima **deve necessariamente sperimentare queste impressioni,** e per sperimentare le impressioni la coscienza dell'anima deve sperimentarle attraverso mezzi appropriati.

Come sono le impressioni, così sono le esperienze delle impressioni e così devono essere i mezzi per sperimentare le impressioni. In altre parole, le impressioni danno origine alle esperienze, e per sperimentare le impressioni è necessario l'uso di mezzi appropriati.

Di conseguenza, poiché l'Anima infinita, eterna e senza forma ha ora la prima coscienza più, più finita della prima impressione più, più grossolana, in maniera piuttosto ovvia e necessaria questa prima coscienza, la più, più finita, dell'anima deve usare il **primo** mezzo più, più finito e più, più grossolano per sperimentare la prima impressione più, più grossolana.

A questo stadio è sufficiente menzionare qui per la limitata comprensione umana che, mentre sperimentava la prima impressione più, più grossolana, la prima coscienza più, più finita dell'anima si è incentrata sul mezzo appropriato più, più finito e più, più grossolano portando impercettibilmente l'Anima (senza forma) ad associare e identificare il suo Sé infinito ed eterno con questa forma limitata, la più, più grossolana e più, più finita, come suo primo mezzo.

La prima coscienza dell'Anima indivisibile, sperimentando la prima impressione attraverso il primo mezzo, crea nell'anima una tendenza ad associare e identificare il suo Sé eterno e infinito con la prima forma, la più finita e più grossolana, che è come il seme della contrarietà, seminato spontaneamente dalle riverberazioni del primo impulso, germinato impercettibilmente e manifestatosi per la prima volta sotto l'aspetto della dualità. Quando è portata dalla sua coscienza appena acquisita ad associarsi e identificarsi con la forma, o mezzo, finita e grossolana, la coscienza dell'anima fa effettivamente sperimentare all'Anima infinita, eterna, indivisibile e senza forma di essere quella forma finita e grossolana.

Così, la coscienza acquisita dall'anima incosciente, invece di sperimentare la **realtà** attraverso l'unità e l'identità con l'Anima Universale, sperimenta l'**illusione** attraverso la dualità e l'identificazione con la forma grossolana, moltiplicando innumerevoli impressioni diverse in una serie di esperienze mentre si associa con la forma grossolana e acquisisce o sviluppa gradualmente sempre più coscienza.

Per comprendere in modo più chiaro e concreto come la coscienza acquisita dall'anima si sviluppa gradualmente attraverso il processo di evoluzione, esaminiamo quello stato dell'anima cosciente in cui la coscienza dell'anima si associa con la forma di pietra come il mezzo più finito e più grossolano, e l'anima comincia così a identificarsi con la pietra.

In realtà, la coscienza dell'anima usa la forma di pietra solo dopo innumerevoli cicli ed ere di diverse esperienze attraverso diverse specie di forme, di cui ci sono **sette principali** tipi diversi di forme gassose, le più, più finite e più, più grossolane, che non possono nemmeno essere concretamente afferrate o immaginate dagli esseri umani comuni.

È solo per praticità che partiamo dallo stato dell'anima cosciente quando sta cominciando ad associarsi e identificarsi con la forma di pietra.

Anche nella forma di pietra ci sono varie specie, e la coscienza dell'anima deve usare tutte quante queste specie come mezzi appropriati, una dopo l'altra, conformemente alla diversità di impressioni dell'anima, per sperimentare varie e innumerevoli impressioni raccolte una dopo l'altra nella forma di pietra.

Se prendiamo la pietra come un mezzo per le impressioni più grossolane, ne consegue che l'anima, che è eternamente nell'Anima Universale, ora che ha la coscienza più finita sperimenta le impressioni più grossolane attraverso il mezzo della forma di pietra.

Così l'anima infinita, indivisibile ed eterna (senza forma) che è eternamente nell'Anima Universale, mentre sperimenta le impressioni grossolane più finite attraverso la propria coscienza più finita usa il mezzo grossolano più finito della primissima specie di pietra ("primissima" significa qui la primissimissima), e l'anima è quindi impercettibilmente, benché spontaneamente, indotta a identificarsi con la pietra.

Col passare delle ere e dei cicli, la coscienza grossolana più finita diventa gradualmente molto più evoluta nell'anima grazie a innumerevoli e varie esperienze delle impressioni finite più grossolane attraverso l'identificazione dell'anima con la primissima specie di pietra. Alla fine, quando è raggiunto un limite nell'acquisizione di esperienze, l'anima si dissocia gradualmente dall'identificazione con la primissima specie di pietra e quella forma di pietra è abbandonata.

L'anima resta ora per un periodo senza alcun mezzo, sebbene la coscienza più finita che è stata sviluppata rimanga, insieme alle impressioni finite più grossolane della primissima specie di forma di pietra appena lasciata.

Così l'anima, ora senza alcun mezzo, o forma, è cosciente delle impressioni più finite (*sanskara*). Ma fintanto che la coscienza è incentrata sulle impressioni, l'anima deve necessariamente sperimentare quelle impressioni.

Di conseguenza, per sperimentare le impressioni della primissima specie di forma di pietra abbandonata, la coscienza dell'anima incentrata sulle impressioni della forma di pietra abbandonata comincia ad associarsi con la specie più prossima di forma di pietra. L'anima si identifica con questa specie di pietra e la coscienza dell'anima comincia a sperimentare, attraverso l'associazione con il nuovo mezzo della specie più prossima di forma di pietra, le impressioni della primissima specie di forma di pietra.

Il punto più importante che deve essere compreso qui è che quando la coscienza dell'anima si dissocia dalla sua identificazione con una forma, o mezzo, e conserva solo le impressioni della forma da cui si è dissociata, queste impressioni sono sperimentate attraverso un altro mezzo appropriato quando la coscienza dell'anima si associa con il mezzo, o forma, successivo. Ma questo mezzo, o forma, successivo è sempre creato e modellato con le impressioni consolidate dell'ultima specie di forma con cui l'anima si era associata e identificata, impressioni che erano state conservate dalla coscienza dell'anima anche quando era dissociata dalla forma.

Così, innumerevoli esperienze diverse di incalcolabili impressioni sperimentate dalla coscienza dell'anima attraverso diverse specie di forme di pietra, una dopo l'altra, portano alla maggiore evoluzione della coscienza dell'anima.

Alla fine è raggiunto uno stadio, dopo ere e cicli di esperienze, in cui la coscienza dell'anima ha la tendenza a far dissociare l'anima anche dall'ultimissima specie di forma di pietra; e sebbene l'anima abbia abbandonato l'ultimissima specie di forma di pietra, o se ne sia dissociata, la coscienza più finita che si è evoluta fino a quel punto rimane, insieme alle impressioni grossolane più finite dell'ultimissima specie di forma di pietra abbandonata.

L'anima, adesso senza alcun mezzo, o forma, è cosciente delle impressioni grossolane più finite (*sanskara*) dell'ultimissima specie di forma di pietra. L'anima deve necessariamente sperimentare queste impressioni.

Ora, per sperimentare le impressioni dell'ultimissima forma di pietra, l'anima si associa e si identifica con un altro mezzo: la forma di metallo. Questo mezzo della forma di metallo non è altro che il calco delle impressioni dell'ultimissima specie di forma di pietra. In altre parole, la primissima specie di forma di metallo è creata e modellata con le impressioni dell'ultimissima specie di forma di pietra.

Così l'anima infinita, eterna e senza forma, che è eternamente nell'Anima Universale, sperimenta attraverso la coscienza evoluta le impressioni finite più grossolane dell'ultimissima specie di forma di pietra mentre si associa e si identifica con la primissima specie di forma di metallo.

Ci sono diverse specie di forma di metallo, proprio come ce ne sono di forma di pietra, e la coscienza dell'anima usa queste innumerevoli specie diverse di forma di metallo come mezzi attraverso i quali sperimentare le diverse e innumerevoli impressioni raccolte. Così l'evoluzione della coscienza dell'anima accelera in proporzione alle diverse e multiple esperienze di varie e innumerevoli impressioni, attraverso differenti mezzi o specie di forme.

È così che i cicli di evoluzione della coscienza dell'anima continuano a sviluppare un'ulteriore e maggiore coscienza con l'evoluzione di forme di specie sempre più elevate, mentre vengono sperimentate ed esaurite le impressioni delle forme delle specie inferiori da cui la coscienza dell'anima si è dissociata.

La coscienza dell'anima sperimenta ed esaurisce tutte le impressioni dell'ultimissima specie di forma di pietra attraverso il mezzo della primissima specie di forma di metallo. Quando tutte le impressioni dell'ultimissima specie di forma di pietra sono esaurite, la coscienza dell'anima si dissocia dalla primissima specie di forma di metallo e abbandona quella forma. Ma la coscienza conserva ora le impressioni della primissima specie di forma di metallo.[3]

Queste impressioni della primissima specie di forma di metallo sono ora sperimentate dall'anima cosciente attraverso la sua associazione e identificazione con la specie più prossima di forma di metallo.

---

[3] Il lettore non dovrebbe pensare che i ricorrenti superlativi, come primissimo, prossimissimo o il più prossimo, finitissimo o il più finito, siano superflui o ridondanti, perché ogni specie di una certa forma – la pietra, ad esempio – ha numerose ripetizioni con sottili variazioni prima di passare alla specie più prossima della stessa forma; è quindi sembrato necessario differenziare. "Ultimissimo" è usato per indicare la forma più recente incontrata, ossia la più elevata e ultima forma evolutiva della specie, e non dovrebbe essere interpretata come la forma più in basso nella scala. [N.d.C.]

Questa forma non è altro che il calco consolidato delle impressioni della primissima specie di forma di metallo che l'anima cosciente ha abbandonato, o da cui si è dissociata. Si crea così una catena di varie specie di forme di metallo e l'anima (o, per essere più precisi, la coscienza dell'anima) si associa con ogni specie di forma di metallo e se ne dissocia, esaurendo e acquisendo diverse impressioni. Mentre sperimenta queste impressioni, l'anima sviluppa sempre più coscienza, simultaneamente all'evoluzione di specie di forme sempre più elevate. Dopo ere e cicli, alla fine la coscienza dell'anima si associa e si identifica con l'ultimissima specie di forma di metallo per sperimentare le impressioni della penultimissima specie di forma di metallo che l'anima ha appena abbandonato, o da cui si è appena dissociata.

Quest'anima, eternamente nell'Anima Universale, pur essendo infinita e senza forma, si scopre metallo.

Mentre si identifica con le diverse specie di forma di metallo, l'anima comincia a sperimentare simultaneamente il mondo grossolano conformemente e in proporzione alle proprie esperienze della forma di pietra e della forma di metallo.

La forma di metallo, che include una serie di diverse specie di metallo, è tanto inorganica, inanimata e solida quanto la forma di pietra, che include una serie di diverse specie di pietra.

L'anima, o più precisamente la coscienza dell'anima, mentre si identifica con le specie di forme di pietra e di metallo si ritrova una con la forma di pietra o di metallo e così si percepisce come inorganica, inanimata e solida, e sperimenta questi stati inorganici, inanimati e solidi lungo l'intera evoluzione delle forme di pietra e di metallo nel mondo grossolano.

Lo stato solido e inanimato dell'anima è uno stato nel quale la vita e l'energia sono ancora assopite, nonostante la maggior evoluzione della coscienza. Perciò le forme in questo stato solido non possono muoversi spontaneamente da sole (ossia non possono avere moto volontario) e quindi la coscienza dell'anima, associandosi con queste forme solide che sono inanimate e inorganiche e nelle quali la vita e l'energia sono ancora assopite, tende ad assumere delle posizioni giacenti e orizzontali, piuttosto che assumere posizioni verticali, diritte o erette nel mondo grossolano.

Dopo ere e cicli di varie, innumerevoli esperienze grossolane di diverse e innumerevoli impressioni attraverso una varietà di specie di forme di metallo, alla fine la coscienza dell'anima si dissocia anche dall'ultimissima specie di forma di metallo. Così l'identificazione dell'anima con l'ultimissima specie di forma di metallo è abbandonata e, come di consueto, l'anima cosciente è ora ancora una volta temporaneamente senza identificazione con una qualsiasi forma (ossia l'anima è ora senza alcuna forma).

In questo stato dell'anima cosciente, nel quale non c'è nessuna forma con cui associarsi, la coscienza dell'anima è incentrata solo sulle impressioni dell'ultimissima specie di forma di metallo, che è stata ora abbandonata.

Perciò l'anima cosciente in questo stato – senza una forma con cui identificarsi – è cosciente solo delle impressioni dell'ultimissima specie di forma di metallo.

L'anima cosciente deve esaurire queste impressioni dell'ultimissima specie di forma di metallo tramite la coscienza dell'anima che sperimenta queste impressioni attraverso dei mezzi appropriati. E il mezzo appropriato per consumare o esaurire queste impressioni dell'ultimissima specie di forma di metallo è la primissima specie di forma di vegetale. Questa specie di forma di vegetale non è altro che il calco consolidato delle impressioni dell'ultimissima specie di forma di metallo.

Quando la coscienza dell'anima a questo punto si associa con la primissima specie di forma di vegetale, l'anima, così cosciente, tende a identificarsi con quella forma e di fatto si scopre come quella specie di forma di vegetale, completamente immemore della realtà che lei (l'anima) è infinita, eterna e senza forma – eternamente nell'Anima Universale (*Paramatma*).

In questo stato della primissima specie di forma di vegetale, la coscienza dell'anima sperimenta il mondo grossolano conformemente e in proporzione alle impressioni, rispettivamente, delle forme di pietra, delle forme di metallo e delle forme di vegetale che ha sperimentato e sperimenta.

Mentre sta così sperimentando il mondo grossolano, questa coscienza dell'anima, identificata con la forma di vegetale, realizza ora di essere un vegetale e di avere attributi per metà inanimati e per metà animati. Attraverso questa forma di vegetale, l'anima cosciente assume ora nel mondo grossolano una posizione verticale ed eretta. Sebbene questa forma non possa reggersi da sola in maniera indipendente, usa il supporto di altri mezzi per assumere una posizione verticale. Questa forma non è comunque ancora in grado di dare l'esperienza del movimento volontario alla coscienza dell'anima.

Dopo che le impressioni dell'ultimissima specie di forma di metallo sono state esaurite dalla coscienza dell'anima attraverso la primissima specie di forma di vegetale, questa primissima specie di forma di vegetale è abbandonata (ossia, la coscienza dell'anima si dissocia da questa primissima specie di forma di vegetale).

Di nuovo l'anima cosciente realizza di essere senza una forma, sebbene la coscienza evoluta sia presente. Questa coscienza evoluta dell'anima è ora incentrata sulle impressioni della primissima specie di forma di vegetale che ha appena abbandonato, o da cui si è dissociata.

Per sperimentare queste impressioni della primissima specie di forma di vegetale, la coscienza dell'anima, adesso senza alcuna forma, usa un mezzo appropriato, che è la specie più prossima di forma di vegetale. Questa prossimissima specie di forma di vegetale non è altro che il calco consolidato delle impressioni della primissima specie di forma di vegetale.

Attraverso l'associazione con il mezzo della specie più prossima di forma di vegetale, la coscienza dell'anima sperimenta nel mondo grossolano le impressioni di quell'ultima specie di forma di vegetale appena abbandonata. Quando queste impressioni sono esaurite attraverso diverse esperienze, la coscienza dell'anima lascia la sua associazione con la specie più prossima di forma di vegetale e sperimenta di nuovo che lei (l'anima) è senza una forma grossolana e che la sua coscienza è incentrata solo sulle impressioni di quella specie di forma appena abbandonata. Di nuovo, per sperimentare queste impressioni la coscienza dell'anima porta l'anima a identificarsi con la successiva specie di forma di vegetale. Questa catena di impressioni, esperienze e specie di forma, da una forma all'altra, è così connessa da essere apparentemente senza fine; e la coscienza dell'anima, al fine di evolversi pienamente e completamente, non ha altra scelta che rimanere intrappolata in questo circolo vizioso finché, per forza, la coscienza dell'anima così acquisita fa realizzare all'anima di essere infinita, eterna ed eternamente nell'Anima Universale, e fa sperimentare all'anima potere, conoscenza e beatitudine infiniti.

Il punto importante che dev'essere considerato attentamente è che, mentre il ciclo di evoluzione della coscienza dell'anima prosegue incessantemente e un'ulteriore e maggiore coscienza si sviluppa attraverso esperienze di ulteriori e maggiori impressioni, questa evoluzione della coscienza sviluppa inavvertitamente una serie di forme di specie sempre più elevate mentre esaurisce le impressioni delle specie inferiori che vengono abbandonate, o lasciate, o da cui l'anima si dissocia.

Così il divario tra l'inizio e la fine di una serie di specie di una particolare forma, come la forma di pietra, la forma di metallo, la forma di vegetale o altre forme, ossia tra la più bassa o più grezza primissima specie di una forma di un particolare tipo e la più elevata o sublime ultimissima specie di forma di quel particolare tipo, è progressivamente colmato dall'evoluzione di forme di tipi sempre più elevati che sono adeguate alle impressioni e aiutano la coscienza dell'anima ad acquisire una coscienza sempre più elevata. In breve, tra la primissima e l'ultimissima **specie** di forma di una particolare forma ci sono diverse specie di forme di quella particolare forma, che si sono evolute per soddisfare le esigenze della coscienza in evoluzione dell'anima.

Arrivando al punto, quando la coscienza dell'anima si associa con l'ultimissima specie di forma di vegetale, l'anima cosciente si identifica con questa ultimissima specie di forma di vegetale e sperimenta le impressioni della penultimissima specie di forma di vegetale appena lasciata.

Quando tutte le impressioni di questa penultimissima specie di forma di vegetale sono esaurite, l'anima cosciente non si identifica più con l'ultimissima specie di forma di vegetale perché la coscienza dell'anima si è dissociata da quell'ultimissima specie di forma di vegetale. Anche quest'ultimissima specie di forma di vegetale è alla fine abbandonata dall'anima cosciente dopo ere e cicli di esperienze dell'intero regno vegetale nel mondo grossolano, sulla terra e nelle acque.

Benché l'ultimissima specie di forma di vegetale sia stata abbandonata dall'anima cosciente e l'anima sia ora senza alcuna forma, la coscienza evoluta è tuttavia presente e attraverso questa coscienza l'anima (pur senza forma) è cosciente delle impressioni dell'ultimissima specie di forma di vegetale appena lasciata.

Queste impressioni devono essere necessariamente consumate o esaurite.

Al fine di sperimentare queste impressioni, la coscienza dell'anima si associa ora con un mezzo appropriato che le permette di sperimentare queste impressioni dell'ultimissima specie di forma di vegetale. Di conseguenza, la coscienza dell'anima porta l'anima a identificarsi con la primissima specie di forma di verme. Bisogna ricordare che questa forma della primissima specie di forma di verme non è altro che il calco consolidato delle impressioni dell'ultimissima specie di forma di vegetale.

Mentre l'anima cosciente si identifica così con questa primissima specie di forma di verme, l'anima realizza di essere effettivamente un verme e diventa cosciente di essere verme.

Nonostante tutta la coscienza sviluppata fino a questo punto, l'anima non è ancora cosciente della sua realtà, del suo stato originario, infinito ed eterno, eternamente nell'Anima Universale. Benché l'anima sia eternamente nell'Anima Universale e sia infinita e senza forma, quest'anima parzialmente cosciente sperimenta sé stessa effettivamente come un verme nel mondo grossolano. Questa è ignoranza. Questa ignoranza permane fintanto che la coscienza dell'anima non è pienamente evoluta, ma anche quando l'anima è giunta alla piena coscienza la si dice ancora avvolta dall'ignoranza, perché questa coscienza pienamente evoluta non rende l'anima istantaneamente cosciente del Sé. Al contrario, quando la coscienza dell'anima è pienamente evoluta l'anima comincia a identificarsi con l'essere umano.

Mentre si associa con la primissima specie di forma di verme, la coscienza dell'anima sperimenta ed esaurisce le impressioni dell'ultimissima specie di forma di vegetale. Quando tutte le impressioni dell'ultimissima specie di forma di vegetale sono completamente esaurite o consumate attraverso le diverse esperienze avute dall'anima mentre si identificava con la primissima specie di forma di verme, l'anima abbandona allora questa primissima specie di forma di verme, o se ne dissocia, e si trova ancora una volta senza alcuna forma, sebbene sia cosciente delle impressioni della primissima specie di forma di verme.

Queste impressioni della primissima specie di forma di verme devono essere sperimentate ed esaurite. Di conseguenza la coscienza dell'anima si associa con un altro mezzo appropriato e porta l'anima a identificarsi con la specie più prossima di forma di verme. Questo mezzo della specie più prossima di forma di verme non è altro che il calco consolidato delle impressioni della primissima specie di forma di verme.

Una dopo l'altra, le specie di forma di verme vengono così modellate e abbandonate mentre la coscienza dell'anima si evolve rapidamente sperimentando le varie impressioni di forme di verme attraverso diverse specie di forme di verme.

Quando l'anima cosciente è cosciente di essere verme e sperimenta sé stessa come un verme nel mondo grossolano, la coscienza dell'anima ha anche per la prima volta l'esperienza del movimento volontario e sperimenta inoltre di essere una creatura animata. Nel travaglio per acquisire una maggiore e più vasta coscienza, quest'anima cosciente di essere verme sperimenta inoltre sé stessa nel mondo grossolano come un invertebrato e, in uno stadio successivo, sperimenta altri stati di forme di verme vertebrato, senza arti e strisciante, di diverse specie. In altre diverse specie di forma di verme la coscienza dell'anima passa per ulteriori varie esperienze di movimento volontario tramite lo strisciare, tramite paia di zampe, a volte tramite più paia di zampe, e a volte tramite paia di zampe e paia di ali. A volte l'anima cosciente di essere verme in varie specie di forma di verme realizza di avere una superficie pelosa, a volte liscia e setosa e a volte ruvida o squamosa (pelle). L'anima cosciente di essere verme realizza inoltre più intensamente che deve combattere per il suo sostentamento e anche per la sua sopravvivenza, e che è dotata di sensazione e di vita.

Con un'ulteriore evoluzione della coscienza attraverso innumerevoli esperienze più vaste e varie di varie e molteplici impressioni di varie specie di forma di verme, quest'anima cosciente di essere verme sperimenta e realizza anche di essere un anfibio, che ha non solo movimento volontario sulla terra ma anche libertà e mobilità nell'acqua.

Per facilitare una comprensione più chiara dell'evoluzione della coscienza, includiamo nella forma di verme le varie specie di vermi, le varie specie di insetti, le varie specie di rettili e le varie specie di anfibi. In breve, includiamo nella forma di verme tutte le specie che tendono a strisciare o che strisciano nonostante abbiano arti, zampe e ali, o che sono altrimenti distinte dagli uccelli e dai quadrupedi.

Le forme di pietra e di metallo non avevano una posizione verticale o eretta. Erano forme giacenti. La loro posizione era piana e orizzontale. La forma di vegetale aveva una posizione verticale ed eretta. Adesso la forma di verme è di nuovo del tipo di forma giacente che non ha una posizione verticale o eretta, ma è incline ad avere una posizione prona.

Quando la coscienza dell'anima si associa con l'ultimissima specie di forma di verme dopo aver sperimentato tutte le impressioni delle varie specie di forma di verme, e quando l'anima cosciente infine abbandona o lascia questa ultimissima specie di forma di verme dopo ere e cicli di molteplici e diverse esperienze nel mondo grossolano, l'anima cosciente si trova di nuovo senza alcuna associazione o identificazione con forme. Tuttavia, la coscienza dell'anima è ora incentrata sulle impressioni dell'ultimissima specie di forma di verme appena lasciata. Queste impressioni devono essere necessariamente esaurite attraverso l'esperienza, e per avere l'esperienza è necessario un mezzo adeguato.

Così la coscienza dell'anima, essendo incentrata sulle impressioni dell'ultimissima specie di forma di verme, si associa con un mezzo appropriato e porta l'anima a identificarsi con la primissima specie di forma di pesce per sperimentare ed esaurire le impressioni dell'ultimissima specie di forma di verme. Questa primissima specie di forma di pesce non è altro che il calco consolidato delle impressioni dell'ultimissima specie di forma di verme.

Non appena le impressioni dell'ultimissima specie di forma di verme sono esaurite attraverso le esperienze, la primissima specie di forma di pesce è abbandonata o lasciata perché la coscienza dell'anima si dissocia da questa primissima specie e l'anima cosciente non si identifica più con questa specie.

Benché l'anima cosciente sia ora di nuovo temporaneamente senza forma, la coscienza dell'anima è tuttavia incentrata sulle impressioni della primissima specie di forma di pesce.

Per sperimentare queste impressioni della primissima specie di forma di pesce, la coscienza dell'anima si associa con un mezzo adeguato e porta l'anima cosciente a identificarsi con la specie più prossima di forma di pesce. Questa specie non è altro che il calco consolidato delle impressioni della primissima specie di forma di pesce.

Dopo ere e cicli, e dopo che innumerevoli varie impressioni di diverse specie di forma di pesce sono state sperimentate ed esaurite, la coscienza dell'anima alla fine si associa con l'ultimissima specie di forma di pesce per sperimentare ed esaurire tutte le impressioni della penultimissima specie di forma di pesce.

Così l'anima cosciente di essere pesce, identificandosi con varie specie di forma di pesce, sperimenta nel mondo grossolano di essere una creatura vivente nell'acqua, un vertebrato dotato di vita, sensazione e movimento volontario, una creatura animata con arti (se presenti) modificati in pinne, e di dover combattere per il sostentamento e la sopravvivenza. L'anima cosciente di essere pesce non sperimenta una posizione verticale ed eretta ma sperimenta sé stessa come un essere con forma orizzontale che non può mai mantenere la testa alta ed eretta né assumere una posizione verticale nel mondo grossolano.

L'anima cosciente di essere pesce alla fine lascia o abbandona la sua identificazione con l'ultimissima specie di forma di pesce non appena la coscienza dell'anima ha sperimentato ed esaurito tutte le impressioni della penultimissima specie di forma di pesce. Così l'anima cosciente si ritrova ancora una volta senza identificazione con una qualsiasi forma. Tuttavia, la coscienza dell'anima è cosciente delle impressioni dell'ultimissima specie di forma di pesce.

Queste impressioni dell'ultimissima specie di forma di pesce devono essere sperimentate ed esaurite e, di conseguenza, la coscienza dell'anima si associa ora con un altro mezzo adeguato e porta così l'anima a identificarsi con la primissima specie di forma di uccello, che non è altro che il calco consolidato delle impressioni dell'ultimissima specie di forma di pesce.

Nella primissima specie di forma di uccello la coscienza dell'anima sperimenta ed esaurisce le impressioni dell'ultimissima specie di forma di pesce.

Quando tutte le impressioni sono così esaurite, la coscienza dell'anima si dissocia dalla primissima specie di forma di uccello e l'anima cosciente abbandona o lascia la sua identificazione con la primissima specie di forma di uccello (ossia la primissima specie di forma di uccello è abbandonata).

L'anima cosciente è ancora una volta senza forma ma ha la coscienza incentrata sulle impressioni della primissima specie di forma di uccello appena abbandonata.

Queste impressioni devono essere sperimentate ed esaurite e, di conseguenza, la coscienza dell'anima si associa automaticamente con la specie più prossima di forma di uccello e porta l'anima cosciente a identificarsi con la specie più prossima di forma di uccello, che non è altro che il calco consolidato delle impressioni della primissima specie di forma di uccello.

Senza sosta, ere dopo ere e cicli dopo cicli, questa catena di associazioni consecutive con varie specie di una particolare forma e dissociazioni da esse va avanti costantemente e progressivamente, e produce innumerevoli impressioni diverse che devono essere sperimentate dall'anima cosciente. Direttamente e indirettamente, queste associazioni e dissociazioni della coscienza dell'anima sono assolutamente essenziali per continuare a far girare la ruota dell'evoluzione della coscienza. L'evoluzione delle forme grossolane non è altro che un sottoprodotto nella fabbrica universale dell'evoluzione della coscienza.

L'anima cosciente di essere uccello si identifica con una specie, poi con la successiva, e di nuovo con la successiva specie di forma di uccello, una dopo l'altra, in successione regolare finché la coscienza dell'anima, alternativamente, si è associata con tutte le specie di forma di uccello e se ne è dissociata, sperimentando molteplici impressioni nel mondo grossolano; così la coscienza evoluta dell'anima cosciente porta l'anima a realizzare sé stessa come uccello in ogni specie della forma di uccello. Benché l'anima sia eternamente senza forma e nell'Anima Universale, l'anima cosciente di essere uccello realizza costantemente di non essere altro che un uccello nel mondo grossolano che sperimenta impressioni di uccello sulla terra, sull'acqua e nell'aria. Realizza sé stessa come un vertebrato pennuto capace di volare nell'aria e, con l'aiuto di due zampe, di mantenere una posizione eretta.

Alla fine, dopo ere e cicli di esperienze di varie specie di forma di uccello, l'anima cosciente di essere uccello lascia o abbandona l'ultimissima specie di forma di uccello non appena la coscienza dell'anima si dissocia dall'ultimissima specie di forma di uccello. La coscienza dell'anima si dissocia dall'ultimissima specie di forma di uccello non appena la coscienza sperimenta ed esaurisce completamente tutte le impressioni della penultimissima specie di forma di uccello nell'ultimissima specie di forma di uccello.

Ancora una volta, l'anima cosciente sperimenta di essere temporaneamente senza alcuna forma, sebbene la coscienza, ulteriormente e maggiormente evoluta, sia sempre presente (una volta che la coscienza è acquisita dall'anima, questa coscienza continua a evolversi sempre di più e non può mai essere persa o regredire). Questa coscienza dell'anima senza forma si incentra ora sulle impressioni dell'ultimissima specie di forma di uccello appena abbandonata. Queste impressioni devono essere necessariamente consumate o esaurite dalla coscienza dell'anima. Perciò la coscienza si associa con un mezzo adeguato e porta così l'anima cosciente a identificarsi con la primissima specie di forma di animale. Attraverso questa primissima specie di forma di animale, la coscienza dell'anima sperimenta le impressioni dell'ultimissima specie di forma di uccello che ha abbandonato, o dalla quale si è dissociata. Questa primissima specie di forma di animale non è altro che il calco consolidato delle impressioni dell'ultimissima specie di forma di uccello lasciata.

Dopo innumerevoli esperienze diverse delle impressioni dell'ultimissima specie di forma di uccello attraverso la forma della primissima specie di forma di animale, la coscienza dell'anima esaurisce completamente le impressioni dell'ultimissima specie di forma di uccello e poi automaticamente si dissocia dall'identificazione con la primissima specie di forma di animale. In questo modo la forma di quella specie è abbandonata dall'anima cosciente, oppure si dice che la forma di quella specie è stata abbandonata o che è morta.

Ancora una volta l'anima cosciente, con una coscienza maggiormente evoluta, si ritrova senza una forma, sebbene la coscienza dell'anima sia incentrata sulle impressioni della forma (appena scartata o abbandonata) della primissima specie di forma di animale.

Queste impressioni della forma (appena abbandonata) della primissima specie di forma di animale devono essere sperimentate o esaurite dalla coscienza dell'anima affinché l'anima cosciente non sia più consapevole di alcuna impressione di alcuna forma, ma cosciente solo della **realtà** del proprio stato infinito ed eterno, senza forme o impressioni, e affinché attraverso la conoscenza sperimenti l'Anima Universale. Durante tutto il travaglio dell'anima per acquisire per sé stessa quella coscienza che le farebbe realizzare la realtà del suo Sé, l'anima cosciente va avanti senza sosta in una catena apparentemente interminabile, con la sua coscienza che si sforza incessantemente di sperimentare ed esaurire tutte le impressioni su cui si incentra, deviando così dalla realtà dello stato eterno e infinito del Sé (eternamente nell'Anima Universale) verso la coscienza della dualità dell'illusione del mondo grossolano. Così la coscienza dell'anima, nello sforzo di acquisire coscienza della realtà del Sé, è costantemente avvolta in un involucro di ignoranza.

Di conseguenza, affinché la coscienza dell'anima sperimenti e così esaurisca le impressioni della primissima specie di forma di animale, la coscienza dell'anima si associa ora automaticamente con un mezzo appropriato che le permetterà e la aiuterà a sperimentare le impressioni della primissima specie di forma di animale. Questa associazione della coscienza dell'anima porta necessariamente l'anima cosciente a identificarsi con la specie più prossima di forma di animale. Questa prossimissima specie di forma di animale non è altro che il calco consolidato delle impressioni della primissima specie di forma di animale.

Non appena le impressioni sono sperimentate ed esaurite attraverso la specie più prossima di forma di animale, questa specie è abbandonata dall'anima cosciente. L'anima ancora una volta sperimenta di non essere identificata con alcuna forma grossolana del mondo grossolano.

Quando l'anima cosciente di essere animale è senza alcuna forma, la coscienza dell'anima è incentrata sulle impressioni della specie più prossima di forma di animale appena abbandonata o lasciata.

23

Anche queste impressioni devono essere sperimentate per poter essere esaurite e perciò la coscienza dell'anima si associa automaticamente con un altro mezzo; questo porta necessariamente l'anima cosciente a identificarsi con la specie più prossima della successiva specie di forma di animale.

Dopo ere e cicli di varie e innumerevoli associazioni con diverse specie di forma di animale e dissociazioni da esse, alla fine la coscienza dell'anima si associa con quel mezzo che porta l'anima cosciente a identificarsi con l'ultimissima dell'ultima specie di forma di animale.

Durante tutte le esperienze dell'anima cosciente di essere animale, l'anima si è identificata (attraverso la sua coscienza) con varie specie di animali nel mondo grossolano – nell'acqua, sulla terra e sotto la superficie della terra – e ha vissuto le esperienze di una creatura animata, normalmente sotto forma di quadrupede, che era dotata di vita, sensazione e movimento volontario e che per tutto il tempo ha dovuto lottare per il sostentamento e la sopravvivenza, a volte come una creatura erbivora e a volte come una creatura carnivora. La forma di animale non ha una posizione eretta o verticale e ha la tendenza a guardare in basso con la testa china. Le scimmie antropomorfe, tuttavia, sono i tipi di animali più evoluti, e tendono a stare eretti come gli esseri umani.

Alla fine, dopo ere e cicli, quando tutte le impressioni della penultimissima specie di forma di animale sono sperimentate ed esaurite attraverso il mezzo dell'ultimissima specie di forma di animale, la coscienza dell'anima si dissocia dall'ultimissima specie di forma di animale e l'anima cosciente non si identifica più con questa ultimissima specie di forma di animale. La coscienza dell'anima si dissocia da questa forma, che viene abbandonata o lasciata. Tuttavia, sebbene l'ultimissima specie di forma di animale sia abbandonata o lasciata, le impressioni dell'ultimissima specie di forma di animale rimangono o sono conservate, e la coscienza dell'anima è incentrata o focalizzata sulle impressioni dell'ultimissima specie di forma di animale. L'anima cosciente è ancora una volta senza forma.

Queste impressioni devono necessariamente essere sperimentate ed esaurite, perciò la coscienza dell'anima si associa ora con un altro mezzo adeguato e l'anima tende necessariamente a identificarsi attraverso la propria coscienza con la primissima forma umana. Questa forma umana non è altro che il calco o lo stampo consolidato delle impressioni dell'ultimissima specie di forma di animale.

Attraverso la primissima forma umana la coscienza dell'anima sperimenta ed esaurisce le impressioni dell'ultimissima specie di forma di animale.

Quando tutte le impressioni dell'ultimissima specie di forma di animale sono sperimentate ed esaurite dalla coscienza dell'anima, allora la coscienza dell'anima si dissocia dalla primissima forma umana e l'anima cosciente abbandona o lascia automaticamente l'associazione con il corpo. Questo viene chiamato la **morte** della primissima forma umana. Ma la coscienza dell'anima è ora focalizzata o incentrata sulle impressioni della primissima forma umana e l'anima è ora temporaneamente senza una forma.

Affinché le impressioni della primissima forma umana possano essere sperimentate ed esaurite, la coscienza dell'anima si associa con un altro mezzo appropriato e l'anima cosciente tende così a identificarsi con la forma umana più prossima, la quale non è altro che il calco o lo stampo consolidato delle impressioni della primissima forma umana appena abbandonata o lasciata. Questa identificazione dell'anima cosciente con la forma successiva e con quelle seguenti è detta la **nascita** di un essere umano.

Non appena la coscienza dell'anima si associa con la primissima forma umana, L'EVOLUZIONE DELLA COSCIENZA È PIENA E COMPLETA.[4] Poiché la coscienza (1)[5] dell'anima è pienamente sviluppata nella forma umana, anche l'evoluzione della forma è completa e, una volta che l'anima cosciente si identifica con la primissima forma umana, non si sviluppano ulteriori forme più elevate. In breve, nella forma umana la coscienza dell'anima è piena e completa. Il processo di evoluzione della coscienza si arresta. La forma umana è la più elevata e la più sublime forma sviluppatasi durante l'evoluzione della coscienza. Perciò nell'essere umano la coscienza è pienamente sviluppata e la forma modellata e plasmata

---

[4] Meher Baba afferma che tali argomenti non dovrebbero più essere lasciati indefiniti, anche se riconosce che la credenza o la non-credenza nell'evoluzione e nella reincarnazione non accelerano o ostacolano in nessun modo il progresso spirituale dell'uomo. Meher Baba ci spiega il valore spirituale dell'evoluzione e della reincarnazione con le seguenti parole: "È la lotta evolutiva che permette all'anima di sviluppare piena coscienza come nella forma umana e, una volta che l'obiettivo è stato raggiunto, le questioni secondarie o sottoprodotti del viaggio evolutivo (*nuqush-e-amal* o *sanskara*) devono essere eliminati, conservando intatta la coscienza. Il processo di reincarnazione permette quindi all'anima di eliminare i *sanskara* passando attraverso il fuoco del dolore e del piacere." [N.d.C.]

[5] Tutti i riferimenti così numerati sono contenuti nel Supplemento.

dopo ere e cicli è la forma, o mezzo, più perfetta. La coscienza dell'anima usa così questo mezzo perfetto per sperimentare ed esaurire **completamente** tutte le impressioni, affinché l'anima pienamente cosciente diventi assolutamente priva di qualsiasi impressione e sia così in grado di realizzare il proprio stato reale, eterno e infinito nell'Anima Universale.

PARTE 3

# Caratteristiche dei differenti regni

Per raggiungere il completo sviluppo della coscienza nella forma umana, il processo evolutivo ha dovuto fare sette balzi principali, ovvero da pietra a metallo, da metallo a vegetale, da vegetale a verme, da verme a pesce, da pesce a uccello, da uccello ad animale e infine da animale all'essere umano, ognuno con differenti caratteristiche.

## Caratteristiche del regno delle pietre e del regno dei metalli

Nelle forme di pietra e nelle forme di metallo, l'anima ha le sue esperienze iniziali del mondo grossolano. Il regno dei metalli, come il regno delle pietre, è inorganico e solido. Entrambi i regni comprendono nella loro gamma una ricca varietà di specie. Negli stati solidi delle pietre e dei metalli, la vita e l'energia sono assopite. Di conseguenza sono considerati inanimati. Le forme di pietra e le forme di metallo non possono muoversi da sole, ossia non hanno movimento volontario. Per questa ragione, la coscienza che si associa con queste forme tende ad affermarsi attraverso una posizione giacente e orizzontale (piuttosto che attraverso una posizione eretta o verticale) nel mondo grossolano.

## Caratteristiche del regno vegetale

Nel regno vegetale, la coscienza realizza sé stessa come per metà animata e per metà inanimata. L'accresciuta coscienza della forma di vegetale afferma la sua esistenza nel mondo grossolano attraverso una posizione verticale o eretta. Le forme di vegetale devono ricevere l'aiuto di qualche altra cosa come la terra o la roccia per mantenere una posizione eretta. Non possono né stare erette da sole né muoversi volontariamente da un posto all'altro perché sono radicate in un punto.

**Caratteristiche del regno dei vermi**

Nella coscienza di verme l'anima acquisisce esperienze di movimento volontario. Sperimenta sé stessa come animata. Nel suo travaglio per acquisire maggiore e ulteriore coscienza, l'anima cosciente di essere verme sperimenta sé stessa nel mondo grossolano prima come un invertebrato e poi come un vertebrato, e continua a strisciare in diverse specie di vermi. I movimenti volontari sono ottenuti strisciando tramite paia di zampe, a volte tramite più paia di zampe e a volte tramite paia di zampe e paia di ali. I vermi possono avere superfici che sono pelose, lisce, setose, ruvide o a scaglie. Il verme deve lottare per l'esistenza e la sopravvivenza ed è dotato di sensazione e di vita. A volte è un anfibio, ossia non solo ha movimento volontario sulla terra ma ha anche mobilità nell'acqua. Ai fini di questa spiegazione, la forma di verme comprende tutti i vermi, gli insetti, i rettili e gli anfibi delle loro specie. Anche quando hanno zampe e ali hanno una tendenza a strisciare e sono distinti dagli uccelli e dagli animali quadrupedi. La forma di verme è giacente, non ha una posizione verticale o eretta e tende a rimanere prona.

**Caratteristiche del regno dei pesci**

L'anima cosciente di essere pesce si identifica con varie specie di pesci e sperimenta il mondo grossolano come una creatura vivente nell'acqua (un vertebrato dotato di vita, sensazione e movimento volontario) e con le pinne. Deve lottare per il sostentamento e la sopravvivenza. L'anima cosciente di essere pesce non afferma la sua esistenza nel mondo grossolano attraverso una posizione eretta, ma sperimenta sé stessa come avente forma orizzontale con la testa mai alta ed eretta.

**Caratteristiche del regno degli uccelli**

La forma di uccello arricchisce (illumina) la coscienza con nuove esperienze perché, come vertebrato pennuto, è capace di volare nell'aria e, con l'aiuto delle sue due zampe, di mantenere una posizione eretta nel mondo grossolano.

## Caratteristiche del regno degli animali

La forma di animale porta alla coscienza un'ulteriore espansione perché può fornire nuove esperienze attraverso le maggiori varietà esistenti nel regno degli animali. Dotati di vita, sensazione e facoltà di locomozione volontaria, gli animali quadrupedi devono lottare per l'esistenza e la sopravvivenza. Sono a volte erbivori e a volte carnivori. La coscienza animale non afferma la sua esistenza nel mondo grossolano attraverso una posizione eretta o verticale, ma ha una tendenza a guardare in basso con la testa china. Le scimmie antropomorfe, tuttavia, sono il tipo più evoluto di animali e tendono a stare erette come gli esseri umani.

## Caratteristiche del regno degli esseri umani

Nella forma umana la coscienza in evoluzione dell'anima raggiunge il suo pieno sviluppo. Il processo di evoluzione della coscienza giunge al termine nella forma umana. Qui la coscienza è piena e completa.

Quando nasce, un essere umano può solo stare disteso e continua a sperimentare questo stato per un periodo abbastanza lungo. Ma presto esprime una tendenza prima a sedersi eretto e poi ad alzarsi in piedi. La coscienza umana pienamente sviluppata dell'anima alla fine afferma la sua esistenza nel mondo grossolano attraverso una posizione verticale.[1]

---

[1]      *L'anima ascendente*

Morii come minerale e divenni una pianta,
morii come pianta e mi innalzai ad animale,
morii come animale e fui uomo.
Perché dovrei temere? Son mai venuto meno, morendo?
Una volta di più morirò come uomo per innalzarmi
con gli angeli benedetti; ma anche lo stato angelico
devo trascendere; tutto perisce eccetto Dio.
Quando avrò sacrificato la mia anima di angelo
diverrò ciò che nessuna mente ha mai concepito.
Oh! Che io possa non esistere! Perché la Non esistenza
proclama con toni d'organo: "A Lui ritorneremo!"
                                                         – Rumi

PARTE 4

## La reincarnazione e l'equilibrio
## senza impressioni della coscienza

Durante il corso dell'evoluzione della sua coscienza, l'anima (*atma*), mentre si identificava **coscientemente** con varie forme finite grosso-lane, si identificava anche simultaneamente, sebbene **inconscia-mente**, con la sua forma finita sottile e la sua forma finita mentale, che erano associate all'anima in un'alleanza compatta, omogenea e inco-sciente durante l'intero corso dell'evoluzione della coscienza, fin dal primo impulso.

Benché l'anima si sia frequentemente e coscientemente dissociata dalle forme finite grossolane che fungevano da mezzi per sperimentare le impressioni acquisite nel corso dello sviluppo di una coscienza più vasta e più elevata, l'anima non si è mai potuta dissociare, cosciente-mente o inconsciamente, direttamente o indirettamente, dalla sua forma finita sottile e dalla sua forma finita mentale.

Al contrario, mentre l'anima si dissociava dalla sua identificazione con un qualsiasi mezzo di forma finita grossolana era l'associazione incosciente dell'anima con la sua forma finita sottile che fortificava l'anima (in quel momento senza alcun mezzo grossolano) con energia finita (la forza trainante) per dare alla coscienza dell'anima una pro-pensione a identificarsi con il mezzo successivo della forma finita grossolana successiva, al fine di sperimentare le impressioni dell'ul-tima forma finita grossolana da cui l'anima si era dissociata, impres-sioni conservate e riflesse dalla forma finita mentale di quest'anima.

È del tutto naturale che, insieme allo sviluppo di una coscienza dell'anima più elevata e più vasta, abbia luogo anche l'evoluzione della forma finita sottile dell'anima per fortificare l'anima con una maggiore energia finita, al fine di indurre la coscienza dell'anima sempre più cosciente del grossolano a identificarsi con tipi sempre più elevati di forme finite grossolane sviluppate grazie alle impressioni dell'ultima forma finita grossolana inferiore.

Allo stesso modo, ha luogo simultaneamente anche l'evoluzione della forma finita mentale dell'anima per accogliere, conservare e riflettere le sempre più innumerevoli e varie impressioni acquisite e raccolte grazie allo sviluppo di una coscienza sempre maggiore dell'anima.

Così, quando l'anima tende a identificarsi con varie specie di forme di vegetale, la forma finita sottile evoluta e la forma finita mentale evoluta dell'anima cominciano a mostrare maggiori e visibili segni dell'associazione dell'anima con la sua forma finita sottile e la sua forma finita mentale assai evolute sotto l'aspetto di vari, rapidi cicli di cambiamenti che avvengono nelle forme di vegetale e anche sotto l'aspetto di forme di vegetale che mostrano i primi segni di peculiari, varie e significative tendenze di autoconservazione e di selezione naturale.

Nelle forme di verme, uccello e pesce, questa tendenza della forma finita mentale dell'anima si trasforma gradualmente e costantemente in istinto, finché nella forma di animale questo istinto si manifesta pienamente come uno degli aspetti finiti della forma finita mentale dell'anima. Gradualmente, questo istinto si trasforma ulteriormente e completamente in intelletto, che è l'aspetto finito più elevato della manifestazione della forma mentale nella forma umana dell'anima umana cosciente del grossolano che sperimenta il mondo grossolano.

È quindi solo nella forma umana che il corpo sottile e il corpo mentale sono pienamente sviluppati, per cui l'anima, associandosi coscientemente con la forma umana, è per così dire pienamente equipaggiata con un corpo umano, un corpo sottile e un corpo mentale, insieme a una piena coscienza del grossolano.

Sebbene l'anima abbia acquisito coscienza nella forma umana e sperimenti così il mondo grossolano, l'anima umana cosciente del grossolano è tuttavia incosciente del corpo sottile e non può quindi sperimentare il mondo sottile. È incosciente anche del corpo mentale e perciò non può sperimentare il mondo mentale.

Benché l'anima abbia solo coscienza grossolana e sia incosciente del sottile e del mentale, agisce attraverso i corpi sottile e mentale, anche se indirettamente, sul piano grossolano. Sebbene l'anima umana cosciente del grossolano sia incosciente dei suoi corpi sottile e mentale e dei loro rispettivi mondi sottile e mentale, e di conseguenza non realizzi l'energia del sottile e la mente del mentale, può tuttavia **usare** l'energia attraverso vari aspetti grossolani di energia, come l'energia nucleare. E può **usare** la mente attraverso vari aspetti grossolani della mente come i desideri, le emozioni e i pensieri. Tra questi, i **desideri** sono l'aspetto predominante della mente.

Così quest'anima, ora pienamente cosciente del grossolano nella primissima forma grossolana umana e ancora incosciente del sottile e del mentale, sperimenta nel mondo grossolano le impressioni dell'ultimissima forma grossolana animale da cui si è dissociata, o che ha abbandonato.

Quando tutte le impressioni dell'ultimissima forma grossolana animale sono esaurite, è del tutto naturale che la primissima forma grossolana umana si dissoci dall'anima. Questa esperienza dell'anima è universalmente chiamata la morte dell'essere umano.

Come spiegato in precedenza, sebbene quest'anima si dissoci dalla primissima forma grossolana umana, non si dissocia **mai** dalle sue forme, o corpi, sottili o mentali.

È stato anche precedentemente spiegato che, benché quest'anima sia dissociata dalla sua primissima forma grossolana umana, l'anima conserva e sperimenta attraverso i corpi sottile e mentale le impressioni della primissima forma umana che ha abbandonato, o da cui si è dissociata, e di nuovo l'anima si associa con la forma umana più prossima per sperimentare le impressioni della precedente forma umana abbandonata. In effetti, la forma umana più prossima non è altro che il calco consolidato delle passate impressioni conservate del corpo o della forma precedente che si è dissociata dall'anima. L'associazione dell'anima con la forma umana più prossima è universalmente chiamata la nascita di un essere umano.

L'apparente intervallo tra la morte e la nascita di un essere umano è quel periodo in cui l'anima cosciente del grossolano, nella sua associazione con i suoi corpi sottile e mentale pienamente sviluppati, rivive le esperienze della parte predominante delle impressioni opposte raccolte dalla forma umana da cui si è recentemente dissociata. Questo stato dell'anima nell'apparente intervallo tra la morte e la nascita è generalmente chiamato inferno o paradiso, e questo processo di associazione e dissociazione intermittenti della coscienza dell'anima cosciente nella forma umana, ora pienamente cosciente, è chiamato "processo di reincarnazione".

Se la parte predominante delle impressioni degli opposti (come virtù e vizio, bene e male, maschio e femmina, ecc.) sperimentate di nuovo dall'anima, ora associata solo con il sottile e il mentale, è di virtù o di bontà (ossia l'aspetto positivo delle impressioni opposte), allora si dice che l'anima è in paradiso. Se è di vizio o di malvagità (ossia l'aspetto negativo delle impressioni opposte), allora si dice che l'anima è all'inferno.

Gli stati di paradiso e inferno non sono altro che stati di intense esperienze della coscienza dell'anima, che sperimenta di nuovo una o l'altra delle parti predominanti delle impressioni opposte mentre l'anima è dissociata dal corpo umano, o forma, grossolano. L'anima stessa non va in paradiso o all'inferno, come generalmente si crede, perché è eternamente infinita ed eternamente nell'Anima Universale. È la coscienza dell'anima che sperimenta le impressioni.

Non appena la parte predominante delle impressioni è sperimentata di nuovo ed esaurita, e proprio nel momento in cui sta per essere raggiunto l'equilibrio fra gli opposti delle impressioni dell'ultima forma umana abbandonata, l'anima automaticamente si associa con la forma umana più prossima, modellata con le impressioni consolidate degli opposti che stavano per trovarsi in uno stato di equilibrio.

Così la coscienza grossolana dell'anima, dopo aver sperimentato l'inferno o il paradiso, si associa con la successiva forma umana (nasce un'altra volta) per sperimentare ed esaurire le impressioni opposte residue dell'ultima nascita. Come è già stato detto, questa successiva forma umana dell'anima non è altro che il calco consolidato delle impressioni opposte residue dell'ultima forma.

È in questa maniera che una catena apparentemente interminabile di nascite e morti di forme umane, o esseri umani, continua a formarsi e a diminuire. Questo è il processo di reincarnazione dell'anima in forme umane dopo che essa ha acquisito piena coscienza grossolana attraverso tutta la serie di evoluzione della coscienza grossolana. Dallo stato incosciente dell'anima (paragonabile allo stato di sonno profondo dell'uomo) fino all'acquisizione della piena coscienza grossolana (paragonabile agli occhi completamente aperti dell'uomo in stato di veglia) durante l'esperienza del mondo grossolano, l'anima è Una – indivisibile, infinita, senza forma – ed è eternamente nell'Anima Universale.

Durante l'intero processo di evoluzione, la reincarnazione è stata un risultato assolutamente spontaneo del primo impulso, manifestatosi nell'anima incosciente, a diventare cosciente del suo Sé eterno e infinito.

Come è già stato menzionato, possiamo ora capire che il ciclo di evoluzione della coscienza dell'**anima** ha portato allo sviluppo di un'ulteriore e maggiore **coscienza** parallelamente all'evoluzione di **forme** di tipi sempre più elevati durante l'esaurimento delle impressioni delle forme di tipi inferiori da cui la coscienza dell'anima si era dissociata.

Così l'evoluzione della coscienza dell'anima porta apparentemente l'anima a identificarsi con specie di forme grossolane sempre più elevate del mondo grossolano e ad acquisirne le varie e innumerevoli impressioni.

Le principali forme distinte grossolane concrete (dopo le primissime sette principali forme gassose e fluide più astratte) con cui la coscienza dell'anima si è associata (con ogni balzo di coscienza sempre maggiore) sono separate da sette balzi: da pietra a metallo, da metallo a vegetale, da vegetale a verme, da verme a pesce, da pesce a uccello, da uccello ad animale e infine da animale a essere umano.

La prima impressione più finita del primo impulso ha dato all'anima incosciente la prima coscienza più finita. Gradualmente, le varie impressioni hanno fatto acquisire all'anima una maggiore coscienza finita, e alla fine l'evoluzione della coscienza era completa quando l'anima si è identificata con la primissima forma umana.

Nella forma umana l'anima raggiunge una coscienza piena e completa.

Di conseguenza l'anima, avendo ora acquisito una coscienza piena e completa nella forma umana, non ha bisogno di forme ulteriori o più elevate per sviluppare la coscienza.

Questa coscienza è piena e completa.

Benché quest'anima abbia acquisito una coscienza piena e completa, non è ancora per nulla cosciente del suo Sé come Uno, indivisibile, eterno e infinito e non sperimenta conoscenza, potere e beatitudine infiniti, ma è pienamente cosciente solo della sua identificazione con la forma umana e i suoi vari aspetti e sperimenta appieno il mondo grossolano.

L'anima con piena coscienza è ancora incosciente del suo stato originario infinito a causa dell'indesiderato (anche se necessario) fardello delle impressioni grossolane della forma umana dalla quale la coscienza dell'anima si dissocia non appena questa forma muore. Queste impressioni della forma umana, ora morta, restano ancora attaccate alla piena coscienza acquisita e, come di consueto, la coscienza dell'anima si incentra su queste impressioni grossolane della forma umana appena abbandonata.

Nel tentativo di liberare la coscienza da queste impressioni, la coscienza grossolana dell'anima porta l'anima a sperimentare ed esaurire queste impressioni attraverso innumerevoli esperienze opposte acquisite durante una serie di reincarnazioni. In questo processo di reincarnazione la coscienza dell'anima, mentre cerca di liberarsi dal fardello delle impressioni, rimane ancora più invischiata a ogni stadio di reincarnazione. Proprio quando sta per essere raggiunto un equilibrio totale delle esperienze di impressioni opposte, questo viene turbato dalla coscienza dell'anima che si associa con la nuova forma umana successiva. L'assenza di questa associazione avrebbe altrimenti neutralizzato l'effetto delle impressioni attraverso un equilibrio delle rispettive esperienze opposte e avrebbe così liberato la coscienza dell'anima da tutte le impressioni degli opposti.

Qui sarebbe appropriato il paragone con una "bilancia perfetta". La coscienza acquisita dall'anima durante il processo di evoluzione assomiglia all'asta sul fulcro di una bilancia perfetta, con i due piatti riempiti con i pesi disuguali degli opposti delle impressioni come virtù e vizio, ecc.

In questo modo, comportandosi come l'asta sul fulcro, la coscienza cerca di raggiungere l'equilibrio, cosa impossibile fintanto che esistono impressioni disuguali di opposti che restano da sperimentare. È per questo che la coscienza grossolana dell'anima cerca costantemente di sperimentare le impressioni opposte **predominanti** per raggiungere un equilibrio totale delle impressioni degli opposti.

Ma la tragedia è che, non appena la coscienza grossolana dell'anima tende a raggiungere il punto zero di equilibrio attraverso la graduale esperienza delle impressioni opposte predominanti, si lascia invariabilmente assorbire troppo dall'esperienza delle impressioni opposte predominanti e le sperimenta o le esaurisce a tal punto che queste impressioni opposte predominanti si riducono (attraverso l'esperienza) a un tale livello che quelle impressioni che pesavano meno delle impressioni opposte predominanti originarie diventano ora predominanti. Avviene quindi una grande perturbazione dell'equilibrio o bilanciamento, per cui la coscienza, comportandosi come l'asta sul fulcro, oscilla o passa esattamente nella direzione opposta della sua esperienza originaria.

È in questo frangente che la coscienza dell'anima si volge verso l'esperienza delle impressioni opposte, **divenute ora** predominanti, attraverso un'altra forma umana. Un essere umano prende forma, o nasce, come mezzo per soddisfare l'insistente bisogno della coscienza dell'anima, che cerca ora di esaurire, consumare o sperimentare le impressioni opposte più predominanti.

È del tutto naturale che le qualità predominanti manifestate ora da quest'anima umana siano in conformità con le impressioni opposte predominanti, delle quali questa nuova forma umana non è altro che il calco.

Così, nel processo di reincarnazione, l'anima umana pienamente cosciente del grossolano, fortificata dai corpi sottile e mentale pienamente sviluppati di cui non è tuttavia cosciente, deve necessariamente fare incalcolabili esperienze diverse di impressioni di opposti – le impressioni che sono diametralmente opposte – in una catena di interminabili esperienze.

Attraverso la sua associazione con il corpo grossolano, l'anima cerca di esaurire le impressioni opposte precedentemente accumulate, ma raramente riesce a farlo. Al contrario, spesso accumula **nuove** impressioni di opposti. Quando la forma grossolana sta per esaurire le impressioni che l'hanno portata all'esistenza, viene abbandonata. Le impressioni opposte residue portano l'anima in paradiso o all'inferno, a seconda della preponderanza di virtù o di vizio. Anche nell'esistenza disincarnata tutte le impressioni opposte cercano di essere esaurite attraverso l'esperienza soggettiva di impressioni vivificate. Ma anche qui, nello stato di paradiso o inferno, l'equilibrio dell'assenza di impressioni è generalmente quasi raggiunto ma mancato, e le impressioni opposte residue predominanti spingono la coscienza dell'anima ad associarsi con un nuovo mezzo grossolano. L'equilibrio totale è assente tanto nella morte quanto nella nascita. Può essere raggiunto solo nel mondo grossolano. Di conseguenza, le impressioni residue mantengono un'interminabile catena di vite nella sfera grossolana, finché la coscienza non riesce a stabilirsi in un equilibrio senza impressioni.

A ogni stadio e in ogni stato di reincarnazione, la coscienza dell'anima pienamente cosciente dell'umano si incentra fermamente sulle impressioni sempre più concentrate delle forme umane con le quali si è identificata e dalle quali si è dissociata. Sembra non esserci via di scampo[1] da queste impressioni concentrate. Queste impressioni devono essere sperimentate ed esaurite, e quanto più le impressioni sono sperimentate tanto più le impressioni si concentrano.

---

[1] Sapendo che la Creazione non è un caso fortuito e che ha un significato più profondo di quello che appare ai nostri occhi, i profeti di tutti i tempi hanno ripetutamente attirato l'attenzione del mondo sul fatto che, benché per un certo periodo della sua vita su questo pianeta l'uomo possa identificarsi esclusivamente con la vita dei sensi, il suo destino trascendentale è la realizzazione di Dio.

Maulana Rumi, nel suo *Masnavi*, ha una parabola che lo illustra. A un cucciolo di tigre capitò di essere allevato in un gregge di pecore. Crescendo, sviluppò tutte le caratteristiche delle pecore, pascolava e belava come loro, e quindi non pensò mai di essere qualcosa di diverso dalle pecore. Ma un giorno una tigre della giungla lo avvicinò nel gregge e gli disse: "Sai che sei una tigre come me, e non una pecora?". Poi convinse la tigre smarrita a guardare la propria immagine in un ruscello vicino e riuscì a illuminarla sulla sua vera natura.

La morale di questa favola è che anche l'uomo permette a sé stesso di identificarsi con il mondo dei sensi e sembra non avere via di scampo. Ma una via di scampo c'**è**, perché alla fine appare un Maestro che lo illumina. Allora è salvo e si trova un giorno di fronte alla sua meta finale: la realizzazione di Dio.

L'unica soluzione per "diradare" questa concentrazione di impressioni è che la coscienza dell'anima pienamente cosciente dell'umano sperimenti sempre di più e più rapidamente queste impressioni in modo tale e con una frequenza così grande che ogni impressione sperimentata, e l'impressione che quest'esperienza ha creato, sia in qualche modo controbilanciata da un'impressione opposta.

Durante tutto il processo di reincarnazione questo gioco di bilanciare e controbilanciare gli opposti delle impressioni continua, e su questo gioco poggia il processo di reincarnazione. Da questo gioco dipende l'emancipazione finale dell'anima cosciente dell'umano dalle catene dell'ignoranza, e la realizzazione ultima della coscienza del Sé.

Così, nel processo di reincarnazione, l'anima umana pienamente cosciente del grossolano deve necessariamente sperimentare innumerevoli esperienze diverse di impressioni di opposti (le impressioni che sono diametralmente opposte) in una catena apparentemente interminabile di esperienze adeguate.

Di conseguenza, mentre l'anima umana cosciente del grossolano, ora pienamente cosciente, passa attraverso l'esperienza degli **opposti** nel mondo grossolano, la coscienza dell'anima deve identificarsi (o reincarnare) un certo numero di volte con un uomo, poi con una donna, e viceversa, in caste, credi, nazionalità e colori diversi e in luoghi differenti; una volta nella ricchezza e poi nella povertà; a volte in salute e a volte in malattia, e così via, passando continuamente in rassegna impressioni opposte, creando impressioni opposte, e simultaneamente esaurendole attraverso esperienze opposte.

È solo attraverso queste diverse impressioni opposte e le loro rispettive esperienze opposte che l'anima umana cosciente del grossolano nel mondo grossolano potrà un giorno, dopo milioni di nascite e morti, e attraverso queste esperienze opposte di nascite e morti, essere in grado di equilibrare o diradare le impressioni opposte residue o concentrate.[2]

È questo ciclo di morti e conseguenti nascite di forme umane che finisce per spronare la coscienza pienamente evoluta dell'anima umana cosciente del grossolano a far **involvere** questa coscienza fino a quella

---

[2] *Sarāpā ārzū hone ne bandah kardiyā ham ko*
*Vagarnah ham* <u>khudā</u> *the gar dil-i be mudu'ā hotā.*
                                                        – Mīr Taqī

"Essere oberato di desideri dalla testa ai piedi ha fatto di me uno schiavo;
sarei Dio in realtà, se il mio cuore e la mia mente non avessero desideri."

profondità in cui la coscienza pienamente involuta di quest'anima realizza la realtà dello stato infinito ed eterno del Sé.

Questo processo di involuzione della coscienza avviene gradualmente a mano a mano che le impressioni grossolane degli opposti diventano più deboli e meno concentrate.

A questo stadio la coscienza dell'anima umana cosciente del grossolano si dissocia gradualmente dal mondo grossolano, mentre l'involuzione della coscienza continua, e si dissocia gradualmente dall'esperienza delle impressioni del mondo grossolano.

Questa involuzione della coscienza grossolana è possibile solo quando le impressioni opposte, dopo un processo molto, molto lungo, si diradano gradualmente attraverso il processo ineluttabile della reincarnazione, che porta al limite delle impressioni grossolane degli opposti e delle esperienze grossolane degli opposti.

# PARTE 5

# *I piani*

## L'involuzione della coscienza che si libera

Quando la coscienza dell'anima è matura (2) per districarsi dal mondo grossolano, entra nel sentiero spirituale e si volge verso l'interno. Le sue impressioni grossolane diventano ora meno profonde. Si fanno più deboli o più sottili, con il risultato che l'anima diviene ora **cosciente del sottile**. Questo è il primo passo nell'involuzione della coscienza, che lotta per liberarsi dal fardello delle impressioni. Sono necessari molti cicli di nascite e morti nella forma umana per raggiungere quella maturità dell'esperienza grossolana che alla fine spinge la coscienza dell'anima sul sentiero dell'involuzione liberatrice, lungo il quale le impressioni diventano sempre più deboli e infine scompaiono. Le impressioni grossolane diventano impressioni sottili, le impressioni sottili diventano impressioni mentali, e le impressioni mentali alla fine sono cancellate, lasciando la coscienza libera di riflettere la Verità.

Il processo di involuzione è generalmente graduale. L'uomo eredita la forma e anche le impressioni dagli animali, perciò le impressioni grossolane sono molto forti. In casi estremamente rari, le impressioni grossolane possono scomparire all'improvviso, e la coscienza liberata dell'anima sperimenta l'Anima Universale. Più frequentemente, però, le impressioni grossolane diventano sempre più deboli (convertendosi così in impressioni sottili e mentali) fino a svanire completamente. Di regola l'anima che ha iniziato il suo viaggio di ritorno all'origine non torna indietro al mondo grossolano nel quale si era persa come in una giungla. Questo non significa che l'anima cosciente del sottile non assuma una forma grossolana o non viva nel mondo grossolano con il suo corpo grossolano. Significa che la coscienza dell'anima non è più invischiata nella forma grossolana o nel mondo grossolano, e che è assorta principalmente nel mondo sottile. Di regola, l'anima prima spezza il suo legame con il mondo grossolano, poi con il mondo sottile e infine con il mondo mentale, e arriva a realizzare di essere al di là di tutti questi. Mentre percorre questo sentiero attraversa sei piani, dei quali i primi tre appartengono al mondo sottile, il quarto è al confine tra il mondo sottile e quello mentale, mentre il quinto e il sesto appartengono al mondo mentale. L'anima, che dimora eternamente nell'Anima Universale, è al di là di tutti i piani.

## Primo e secondo piano

Mentre la coscienza grossolana dell'anima umana cosciente del grossolano si involve gradualmente, questa coscienza grossolana in involuzione sperimenta **parzialmente** il primo piano (3) del mondo sottile attraverso il mezzo del corpo sottile pienamente sviluppato dell'anima.

A questo stadio la coscienza grossolana involuta dell'anima umana cosciente del grossolano ha i primi scorci del primo piano del mondo sottile e sperimenta questi scorci o impressioni in parte attraverso il corpo grossolano e in parte attraverso il corpo sottile. Qui sono usati simultaneamente sia i sensi grossolani sia quelli sottili.

Questo è lo stadio in cui si dice che l'anima umana è per così dire sulla linea di demarcazione, come mostrato nel grafico,[1] che delimita il mondo grossolano dal mondo sottile. La coscienza di quest'anima umana sperimenta cose inusuali. Con gli occhi grossolani vede scorci del piano sottile, con le orecchie grossolane ode musica celestiale del piano sottile e con il naso grossolano gode di profumi sottili. In breve, l'anima umana cosciente del grossolano e parzialmente nel primo piano del mondo sottile sperimenta impressioni sottili con i sensi grossolani.

Gradualmente, con un'ulteriore involuzione della coscienza grossolana, l'anima umana cosciente del grossolano sperimenta completamente il primo piano del mondo sottile. Ora l'anima umana cosciente del grossolano non è più cosciente del grossolano ma cosciente del sottile. Quest'anima umana cosciente del sottile diventa gradualmente cosciente del secondo piano (4) del mondo sottile. Questo mondo sottile è il dominio dell'Energia infinita – il potere infinito di Dio – che quando è tradotta nel finito si manifesta nella forma dell'energia infinita del mondo sottile.

Quando nella forma umana l'anima ha coscienza sottile, è incosciente del corpo (grossolano) e della mente (o corpo mentale), ma agisce attraverso il corpo grossolano e attraverso la mente (corpo mentale), non direttamente ma nel piano sottile.

---

[1] Vedi Grafico I, p. 51

Così, sebbene l'anima umana cosciente del sottile sia incosciente del corpo grossolano e del corpo mentale e di conseguenza non realizzi i mondi grossolano e mentale, può usare il corpo grossolano attraverso vari aspetti del grossolano, come mangiare, bere, dormire, vedere, sentire, udire, ecc., e può usare il corpo mentale attraverso vari aspetti della mente (corpo mentale), come desideri, pensieri ed emozioni.

Con una maggior involuzione della coscienza, l'anima umana cosciente del sottile nel secondo piano acquisisce gradualmente coscienza dell'energia infinita del mondo sottile ed è capace di compiere piccoli prodigi, o miracoli minori di grado inferiore. Ad esempio, con un semplice desiderio può far rinverdire un albero secco e viceversa, può fermare treni e automobili, riempire un pozzo secco di acqua fresca e così via. Quest'anima umana cosciente del sottile nel secondo piano sperimenta il mondo sottile con i sensi sottili del suo corpo sottile. È ora totalmente incosciente del mondo grossolano, sebbene all'apparenza rimanga un essere umano comune e agisca come tale (mangia, dorme e ha sensazioni di dolore e piacere, ecc.). Tuttavia, in realtà la sua coscienza in involuzione non sperimenta il mondo grossolano ma quello sottile e crea nuove impressioni sottili soltanto dalle visioni, dai profumi e dai suoni del mondo sottile.

## Terzo piano

L'ulteriore involuzione della coscienza sottile dell'anima umana cosciente del sottile fa sperimentare all'anima il terzo piano (5) del mondo sottile. Qui la coscienza sottile acquisisce maggior coscienza dell'energia infinita del mondo sottile e l'anima sperimenta un maggior potere finito. Qui è capace di compiere grandi miracoli come dare la vista ai ciechi e restituire l'uso degli arti ai menomati. Qui quest'anima umana cosciente del sottile è anche in grado di sperimentare i differenti piani e mondi della sfera sottile, proprio come un'anima umana cosciente del grossolano è in grado di viaggiare dall'Asia all'Australia o all'America usando i veicoli grossolani a sua disposizione. (6)

Il secondo e il terzo piano della sfera sottile sono i due principali piani che sono esclusivamente nel dominio della sfera sottile. Il primo piano è in parte nel dominio della sfera sottile e in parte nella sfera grossolana. Analogamente, il quarto piano è in parte della sfera sottile e in parte della sfera mentale. Questo quarto piano è conosciuto come la soglia della **sfera mentale**.

## Quarto piano

Con un graduale e ulteriore avanzamento nell'involuzione della coscienza dell'anima umana cosciente del sottile, la coscienza dell'anima porta l'anima a sperimentare il quarto piano. Nel quarto piano l'anima è pienamente cosciente dell'**energia infinita**. È la stessa energia infinita che è l'aspetto d'ombra del potere infinito di Dio. Qui l'anima è dotata di pieno potere ed è addirittura capace di resuscitare i morti e di creare nuove forme e mondi[2] viventi. Nel quarto piano non ci sono poteri occulti. Sono poteri divini.

Come mostra il grafico a pagina 51, l'anima umana cosciente del sottile nel quarto piano, che possiede la chiave del deposito del potere infinito, si trova sulla soglia del mondo mentale, di fronte alla piena esplosione di intensi desideri ed emozioni che sono gli aspetti della Mente del mondo mentale. A questo stadio l'anima sperimenta, per così dire, lo stato della notte più oscura. Si trova intrappolata tra il Diavolo e l'abisso. L'irresistibile incitamento degli intensi desideri a servirsi di questa energia infinita e usarla a piacimento si rivela un pericoloso nemico in questo frangente in cui l'involuzione della coscienza di quest'anima umana cosciente del sottile sta infallibilmente e rapidamente progredendo verso l'acquisizione della padronanza di tutti i desideri.

Se questi desideri al loro apice sopraffanno l'anima che si trova nel quarto piano, e se c'è un abuso dei poteri, l'esperienza di liberare quest'energia infinita si rivela invariabilmente fatale in questo frangente per l'anima nel quarto piano. Il risultato è che tutta la coscienza acquisita dall'anima si disintegra violentemente, e l'anima conserva solo la coscienza più finita e si identifica di nuovo con la forma di pietra. Quest'anima deve allora passare attraverso l'intero processo di evoluzione partendo dalla forma di pietra per riacquisire piena coscienza.

L'anima del quarto piano ha impressioni semi-sottili e semi-mentali. È soggetta a tentazioni estremamente allettanti perché ha desideri intensi e irresistibili, buoni o cattivi. Essendo in possesso di un potere enorme, è spinta a farne buono o cattivo uso. Se abusa di questo potere per soddisfare la sua brama, per smania di nome e fama o per qualche altro proposito meschino, c'è una repentina caduta di questa

---

[2] Le anime coscienti di *vidnyan* nello stato di *Qutub*, o Maestri Perfetti, controllano tali eventi e fanno in modo che questi incidenti grossolani non succedano a meno che non siano predestinati.

coscienza dell'anima, che la fa tornare allo stadio di coscienza di pietra. Ma se, superando le sue tentazioni, fa buon uso dei suoi enormi poteri, o non ne fa alcun uso, entra nel quinto piano dove è al sicuro e non ha possibilità di caduta. Se fa buon uso dei poteri, è a volte anche spinta fino al sesto piano dalle anime coscienti di *vidnyan* dello stato di *Qutub*, o Maestri Perfetti (ma non dai *Jivanmukta* né dai *Majzoob*).

Un buon uso del potere nel mondo grossolano può essere diretto verso fini materiali e spirituali. Ad esempio, la ricchezza può essere spesa per il benessere materiale degli altri, come per ospedali caritatevoli, aiuti agli affamati e ai bisognosi, ecc., o per il loro benessere spirituale fornendo istruzione spirituale e opportunità spirituali. Nel quarto piano, tuttavia, un buon uso dei poteri consiste invariabilmente nello sfruttarli solo per il benessere spirituale degli altri. Questi poteri non possono mai essere usati per portare prosperità materiale a qualcuno. Questo è definitivamente un cattivo uso. Potremmo prendere quanto segue come un esempio di buon uso dei poteri del quarto piano. Supponiamo che un pellegrino spirituale stia attraversando un deserto e sia sul punto di morire perché non può spegnere la sua sete. L'anima del quarto piano può apparirgli nel corpo grossolano, dargli sollievo con una brocca d'acqua e poi sparire. Questo può essere definito un buon uso.

I poteri possono essere usati per il bene individuale o collettivo. **Ma persino un buon uso crea dei vincoli e frena l'ulteriore progresso dell'anima**. È per questo che il quarto piano è il più difficile da attraversare ed è irto di enormi pericoli. La persona che è situata nel quarto piano trova estremamente difficile astenersi dall'esercitare i poteri straordinari di cui dispone per esaudire i suoi irresistibili desideri.

Il quarto piano è la soglia del mondo mentale. In questo piano, più che in qualsiasi altro piano sottile, il pellegrino spirituale corre il grosso rischio di fare una caduta rovinosa. La crisi che l'anima del quarto piano affronta è grave e pericolosa, perché entra in possesso di immensi poteri divini prima di aver portato la mente a completo assoggettamento. Non può controllare completamente la mente perché, prima di aver raggiunto il quinto piano, che è del mondo mentale, non può sperimentare o usare la mente in modo diretto. Come l'anima umana cosciente del grossolano, anche l'anima cosciente del sottile del quarto piano usa la mente in modo indiretto. In questo quarto piano la mente è ora pienamente attiva. Funziona sotto tutti gli aspetti pienamente sviluppati dei pensieri, dei sentimenti e dei desideri, che sono all'apice della loro travolgente intensità. Da una parte, l'anima cerca di acquisire la padronanza della propria mente ribelle e di soggiogare le forze sovversive dei desideri incontrollati; dall'altra, l'energia senza limiti dei piani è completamente a sua disposizione e cerca continuamente di esprimersi o di essere usata.

Se l'anima cede alle irresistibili tentazioni di fare un uso sbagliato dei suoi poteri, avviene un enorme crollo psichico di inimmaginabile portata. Le forze esplosive così liberate portano a una completa disintegrazione della coscienza e a una **catastrofica caduta dalle altezze della coscienza sottile del quarto piano ai più infimi abissi della coscienza rudimentale della pietra** che l'anima aveva sperimentato all'inizio dell'evoluzione. Questa catastrofe psichica di disintegrazione è paragonabile allo scoppio di una lampadina elettrica a causa di un irreparabile corto circuito. L'anima caduta non ha ora altra possibilità se non quella di passare di nuovo attraverso la lunga e faticosa ascesa della coscienza in evoluzione, attraverso ere di evoluzione e reincarnazione attraverso innumerevoli forme, e poi salire di nuovo gradualmente e pazientemente i piani.

Questa disintegrazione della coscienza avviene solo nel caso della coscienza del quarto piano e per di più raramente, solo quando c'è un abuso dei poteri del quarto piano. È normalmente un fatto che, una volta acquisita, la coscienza non può mai essere persa, e il caso della coscienza del quarto piano costituisce l'unica eccezione.

Se l'anima non abusa dei poteri di cui dispone ma li usa per il bene senza essere sopraffatta dai desideri, allora, con un'ulteriore involuzione della coscienza, la coscienza dell'anima umana cosciente del sottile talvolta sperimenta direttamente il sesto piano del mondo mentale e salta le esperienze del quinto piano del mondo mentale.[3]

Ma se questa coscienza dell'anima nel quarto piano di coscienza non usa i poteri del quarto piano né ne abusa, allora gradualmente, con un'ulteriore involuzione della coscienza, l'anima umana cosciente del sottile nel quarto piano varca la soglia del quarto piano ed entra nel mondo mentale del quinto piano.

---

[3] L'entrata nel mondo mentale, che comprende il quinto e il sesto piano, può essere paragonata all'entrata in una stanza dopo aver varcato la soglia, il quarto piano di coscienza.

## Quinto e sesto piano

Con una maggiore involuzione della coscienza dell'anima umana cosciente del sottile nel quarto piano, la coscienza dell'anima umana cosciente del sottile si identifica con la Mente dei piani mentali e sperimenta il mondo mentale.

Questa Mente dei piani mentali ha due parti. Nella prima parte lo stato della Mente è inquisitivo o riflessivo. In questo stato la Mente funziona sotto forma di pensieri: pensieri elevati, pensieri meschini; pensieri buoni, pensieri cattivi; pensieri materiali, pensieri spirituali; e così via.

Nella seconda parte lo stato della Mente è impressionabile o comprensivo. In questo stato la Mente funziona sotto forma di sentimenti: sentimenti di sofferenza, di emozione; sentimenti di desiderio, di brama; sentimenti di tormento, di separazione; e così via.

Poiché la Mente del mondo mentale ha funzioni duali distinte è inevitabile che anche le esperienze nel campo della Mente (ossia il mondo mentale) siano distintamente di due tipi.

Così il mondo mentale ha due domini: il dominio del quinto piano di coscienza dei **Pensieri** e il dominio del sesto piano di coscienza dei **Sentimenti.**[4]

Di conseguenza, la coscienza dell'anima umana cosciente del mentale nel quinto piano (7) si identifica solo con la prima parte della Mente ed è cosciente di quello stato della Mente che è la Mente inquisitiva o riflessiva. Così quest'anima umana cosciente del mentale del quinto piano è la creatrice e la padrona dei pensieri ed è capace di controllare **solo i pensieri** di tutte le anime coscienti del grossolano e del sottile. Questo viene spesso frainteso come **controllo delle menti** di tutte le anime coscienti del grossolano e del sottile (essa non controlla la mente nella sua totalità ma controlla solo quello stato della Mente che funziona unicamente sotto forma di pensieri).

Mentre si identifica con la Mente inquisitiva o riflessiva, l'anima umana cosciente del mentale nel quinto piano di coscienza emana solo pensieri, non si identifica con il secondo stato della Mente e non è quindi in grado di padroneggiare sentimenti, emozioni e desideri.

---

[4] La differenza tra la coscienza in involuzione del quinto piano e quella del sesto può essere paragonata alla differenza tra gli angoli visuali di un uomo che entra in una stanza, il mondo mentale. Entrando nella stanza, se l'uomo guarda dritto davanti a sé, **vede** spontaneamente Dio faccia a faccia, acquisendo così direttamente la coscienza del sesto piano; ma se il suo sguardo si concentra su uno degli angoli della stanza, allora acquisisce dapprima solo la coscienza del quinto piano.

Tuttavia, con una maggior involuzione della coscienza, l'anima umana cosciente del mentale nel quinto piano acquisisce la coscienza del secondo stato della Mente del mondo mentale nel sesto piano e tende così a identificarsi con la Mente nel secondo stato, la Mente impressionabile o comprensiva. Così la coscienza dell'anima umana cosciente del mentale ha acquisito per involuzione la coscienza del sesto piano del mondo mentale.

L'anima umana cosciente del mentale del sesto piano di coscienza sperimenta il mondo mentale attraverso la completa coscienza dei sentimenti e perciò non ha più nessun pensiero, ma sente realmente di essere cosciente del sentimento di vedere Dio faccia a faccia continuamente in ogni cosa e in ogni luogo. "Vede"[5] Dio continuamente ma non può vedere sé stessa in Dio come Dio. Di conseguenza non può riconciliare il suo sentimento-di-vedere Dio con la propria identità con Dio, e così desidera ardentemente, cerca, sospira l'unione con Dio che "vede" faccia a faccia. Questa identificazione con il secondo stato della Mente – il sentimento – è l'aspetto predominante dell'amore divino che alla fine porta all'unione con Dio.

Il quinto piano del mondo mentale è lo stato di piena coscienza del pensiero e quindi è acquisita solo la padronanza del controllo e della creazione dei pensieri, mentre non sono acquisiti né la padronanza né il controllo dei sentimenti o delle emozioni e dei desideri.

Il sesto piano del mondo mentale è lo stato di piena coscienza del sentimento; la padronanza del controllo e della creazione dei sentimenti è quindi acquisita e non rimane più la possibilità nemmeno per un singolo pensiero di penetrare nel dominio dei sentimenti. La coscienza del sesto piano è senza pensiero e governa i sentimenti delle anime coscienti del grossolano e del sottile. Questo viene spesso frainteso come la padronanza dei cuori di tutte le anime coscienti del grossolano e del sottile (un'anima con coscienza del sesto piano non governa né regola il cosiddetto cuore ma controlla e governa quello stato della Mente nel piano mentale che emana sentimenti di emozione e desideri).

---

[5] Questo non deve essere confuso con il nostro modo comune di vedere un oggetto con i nostri occhi comuni. "Vedere" Dio faccia a faccia è comprendere Dio con il solo e unico senso del piano mentale, che è quello della "visione". Qui il pellegrino riconosce Dio intuitivamente.

L'amore per Dio e l'ardente desiderio di unione con Lui sono realmente e pienamente manifestati nel sesto piano; quando anche il sesto
piano del mondo mentale è trasceso, l'illusione svanisce e Dio è realizzato.

Nella forma umana, quando l'anima è cosciente del mentale[6] è incosciente del corpo grossolano e del corpo sottile, ma agisce attraverso
i corpi grossolano e sottile, non direttamente, ma sul piano mentale.
Così, sebbene l'anima umana cosciente del mentale sia incosciente del
corpo grossolano e del corpo sottile e di conseguenza non realizzi i
mondi grossolano e sottile, può inconsciamente usare il grossolano
attraverso vari **aspetti** del grossolano e la si vede quindi mangiare,
bere, dormire, vedere, udire e sentire come un comune essere umano
cosciente del grossolano, benché sia tutto il tempo cosciente solo del
mondo mentale con il suo senso mentale della "visione". Analogamente, può inconsciamente usare il sottile attraverso vari **aspetti** grossolani dell'energia sotto forma di energie nucleari, ecc., sebbene sia
tutto il tempo cosciente solo della "visione" con il suo senso mentale.
L'anima umana cosciente del mentale nel mondo mentale ha adesso
solo un senso, che è quello della "visione".

Così quest'anima umana cosciente del mentale nel quinto piano
sperimenta il primo stato del mondo mentale con il corpo mentale, o
mente, e acquisisce coscienza del primo stato della Mente. Qui
quest'anima è capace di controllare il primo stato della Mente (ossia i
pensieri delle anime umane coscienti del grossolano e coscienti del
sottile) ma è ora totalmente incapace di compiere qualsiasi miracolo
perché è totalmente incosciente dell'energia infinita del mondo sottile
e dei suoi poteri. Tuttavia, poiché quest'anima umana cosciente del
mentale controlla il primo stato della Mente delle anime umane
coscienti del sottile, lo stimolo nell'anima umana cosciente del sottile a
compiere miracoli è frenato, controllato o acutizzato secondo il desiderio e la volontà della mente dell'anima umana cosciente del mentale,
che è capace di creare e controllare i pensieri di altre menti ed è lei
stessa stabile e non può mai più scivolare a nessun livello inferiore di
coscienza.

Gradualmente, mentre l'involuzione della coscienza dell'anima
umana cosciente del mentale progredisce sempre più in profondità,
l'anima sperimenta la padronanza del secondo stato della Mente (ossia

---

[6] Vedi anche Meher Baba, "Coscienza mentale", *Il Tutto e il Nulla* (edizione online sul
sito www.avatarmeherbabatrust.org), pp. 93-95 ("Mental Consciousness", *The Everything and
the Nothing*, Myrtle Beach, SC, Sheriar Foundation, 1995, pp. 101-104). [N.d.C.]

il sentimento) e diviene ora pienamente cosciente della mente o del corpo mentale, e sperimenta l'intero corpo mentale nel sesto piano. (8) Questa esperienza è di "vedere" Dio faccia a faccia: vedere Dio in ogni luogo e in ogni cosa.

Dal primo fino al sesto piano compreso, l'involuzione della coscienza è progredita gradualmente e costantemente mentre la coscienza dell'anima aveva sempre meno esperienze di molteplici e diverse impressioni opposte che sono diventate sempre più deboli. Di conseguenza, mentre l'involuzione della coscienza dell'anima progrediva, le diverse impressioni opposte sono diventate gradualmente più scarse e più deboli finché la coscienza involuta dell'anima nel sesto piano è diventata pienamente cosciente del corpo mentale e ha sperimentato appieno il mondo mentale praticamente senza impressioni, eccetto una debole ultima traccia di impressioni residue di opposti. Ciò significa che la coscienza involuta si identifica pienamente con la Mente, e l'anima tende a realizzare di **essere** la Mente; quest'anima, come Mente, ha un'ultima e totale impressione di "vedere" Dio faccia a faccia in ogni cosa ma non può vedere sé stessa in Dio.

Quest'anima umana cosciente del mentale del sesto piano, quasi priva di ogni impressione[7] e cosciente solo della mente, si trova ora faccia a faccia con Dio e vede Dio in ogni cosa ma non vede sé stessa in Dio perché, essendo ancora cosciente della mente, si ritiene Mente. Quest'anima umana cosciente del mentale si associa con la mente, è cosciente di sé stessa come Mente e sperimenta sé stessa ancora come qualcosa di diverso da Dio. Quest'anima umana cosciente del mentale nel sesto piano "vede" realmente Dio faccia a faccia più vividamente e intensamente di quanto l'anima umana cosciente del grossolano o cosciente del sottile veda gli oggetti dei mondi grossolano o sottile.

A questo stadio la coscienza dell'anima, che aveva sperimentato innumerevoli impressioni opposte e diverse, sperimenta ora l'ultima traccia di impressioni duali degli opposti. Quest'anima umana cosciente del mentale nel sesto piano è ancora cosciente della dualità, in quanto si identifica con la mente e si differenzia da Dio. (9)

---

[7] Come un dente dolorante che si allenta a poco a poco ma non cade per lungo tempo, il falso ego permane fino all'ultimo stadio del primo viaggio spirituale, pur diventando sempre più debole con l'avanzare dell'anima sul Sentiero, e poi svanisce per sempre nel *fana* finale del settimo piano ed è sostituito dall'Ego Reale illimitato.

## Settimo piano

Quest'esperienza di dualità si protrae finché l'involuzione finale della coscienza dell'anima umana cosciente del mentale porta l'anima a dissociarsi dalla mente (la coscienza della mente aveva oggettivato Dio) e fa sì che l'anima si associ con il proprio Sé, l'Anima o *Atma*.

Si dice così che la coscienza dell'anima sperimenta infine la coscienza del settimo piano. Qui nel settimo piano l'anima umana cosciente del Sé è cosciente di sé stessa come Dio e sperimenta potere infinito, conoscenza infinita e beatitudine infinita.

Per l'anima umana cosciente del mentale, attraversare il sesto piano e sperimentare il settimo piano con i propri sforzi[8] è del tutto impossibile. (10) A questo stadio la **grazia** di un Maestro Perfetto è assolutamente indispensabile per aiutare l'anima umana cosciente del mentale a dissociarsi dalla coscienza della mente e farle realizzare la sua unità con lo stato infinito, al fine di sperimentare coscientemente beatitudine infinita e realizzare di essere stata (lei *atma*) **eternamente nella beatitudine**.

Così l'anima umana cosciente del Sé del settimo piano è ora pienamente cosciente del Sé come infinito ed eterno ed è adesso anche **cosciente della Fonte** dell'energia e della mente, che non erano altro che le ombre del proprio potere infinito e della propria conoscenza infinita.

Quest'anima umana cosciente del Sé che ha ora realizzato il Sé, o ha realizzato Dio, non solo sperimenta potere, conoscenza e beatitudine infiniti, ma li irradia anche simultaneamente. A volte, in certi casi, tali anime umane coscienti del Sé fanno anche un uso diretto e cosciente di questo potere, questa conoscenza e questa beatitudine infiniti per l'emancipazione di altre anime dalle loro impressioni e dalle loro rispettive associazioni con le forme e i mondi grossolani, sottili e mentali.

Nel suo travaglio per acquisire coscienza del Sé, l'*atma* (anima) individuale ed eterna, incosciente del suo stato infinito in *Paramatma*, ha raccolto e sperimentato innumerevoli impressioni diverse e per tutto il tempo si è associata con esistenze finite ed effimere, dispiegando i mondi grossolano, sottile e mentale, facendo **evolvere** la coscienza grossolana del mondo grossolano e facendo **involvere** la coscienza dei piani sottili e mentali dei mondi sottile e mentale.

L'involuzione della coscienza dell'*atma* (anima), che si è conclusa

---

[8] Tuttavia, coloro che sono nel sesto piano di coscienza realizzano Dio nel momento in cui lasciano il corpo.

per la grazia di un Maestro Perfetto, ha guidato l'*atma* alla realizzazione del Sé nel suo stato infinito in *Paramatma*.[9]

Così, quando la coscienza dell'*atma* ha acquisito coscienza del Sé e ha sperimentato potere, conoscenza e beatitudine infiniti, l'*atma* ha realizzato che esiste, eternamente; che durante tutto il travaglio per acquisire coscienza del Sé le impressioni, le esperienze e le associazioni dei corpi e dei mondi grossolani, sottili e mentali non erano nient'altro che un sogno vacuo; e che l'identificazione con i corpi grossolani, le creature e gli esseri umani e tutte le esperienze dei tre mondi e dei sei piani, con tutti i loro annessi e connessi, avevano un'esistenza relativa che era sostenuta e mantenuta fintanto che la coscienza dell'*atma* era immatura. La maturità è stata acquisita solo nel settimo piano con la coscienza pienamente involuta. Questo ha portato l'*atma* a realizzare il Sé, o ha reso l'*atma* pienamente cosciente della realizzazione di Dio. In altre parole, lo stato infinito proprio dell'*atma* in *Paramatma* è stato realizzato coscientemente.[10]

È solo dopo l'annientamento finale della mente e dopo l'usura completa della cortina delle impressioni mentali che la coscienza può funzionare in piena libertà da tutti i vincoli delle impressioni. Questo significa attraversare il profondo abisso che separa il sesto piano dal settimo piano. Il settimo piano è la dimora senza forma del Più Alto degli Alti.[11] L'Altissimo o Dio infinito come Verità può essere realizzato solo trascendendo l'intero regno dell'immaginazione. Solo in questo settimo piano l'anima soddisfa l'impulso iniziale alla conoscenza di sé sperimentando il proprio Sé come identico all'Anima Universale immutabile, eterna, indivisibile e senza forma, con conoscenza infinita, realtà infinita (Verità), potere infinito e beatitudine infinita.

---

[9] *Sav bār tahīrā dāman hā thoṇ mīre āyā*
*Jab āṅkh khulī dīkhā apnā hī garībāṇ hai.*
– Asg̱ẖar

"Centinaia di volte ho sentito che tenevo stretto il tuo vestito nelle mie mani; quando ho aperto gli occhi ho scoperto con stupore che era il mio stesso vestito che stavo tenendo."

[10] L'uomo che ha realizzato Dio è l'Onnipotente, più conoscenza e coscienza. È nel perfetto stato di veglia. È la conoscenza, il conoscitore e il conosciuto. È l'amore, l'amante e l'amato. Sa di essere in ogni *jiv-atma* e sa che ognuno è in lui. L'uomo che ha realizzato Dio sa di essere il principio e la fine dell'esistenza e sa che è sempre stato e sempre rimarrà lo stesso unico, infinito Oceano di Verità. Ma l'uomo comune non **sa** da dove viene e dove andrà.

[11] Il lettore è rimandato al testo *Mantiq-ut-Tayr* di Fariduddin Attar, un'allegoria sufi generalmente conosciuta come *Il Verbo degli Uccelli*, per un'amena descrizione del viaggio attraverso i piani. [N.d.C.]

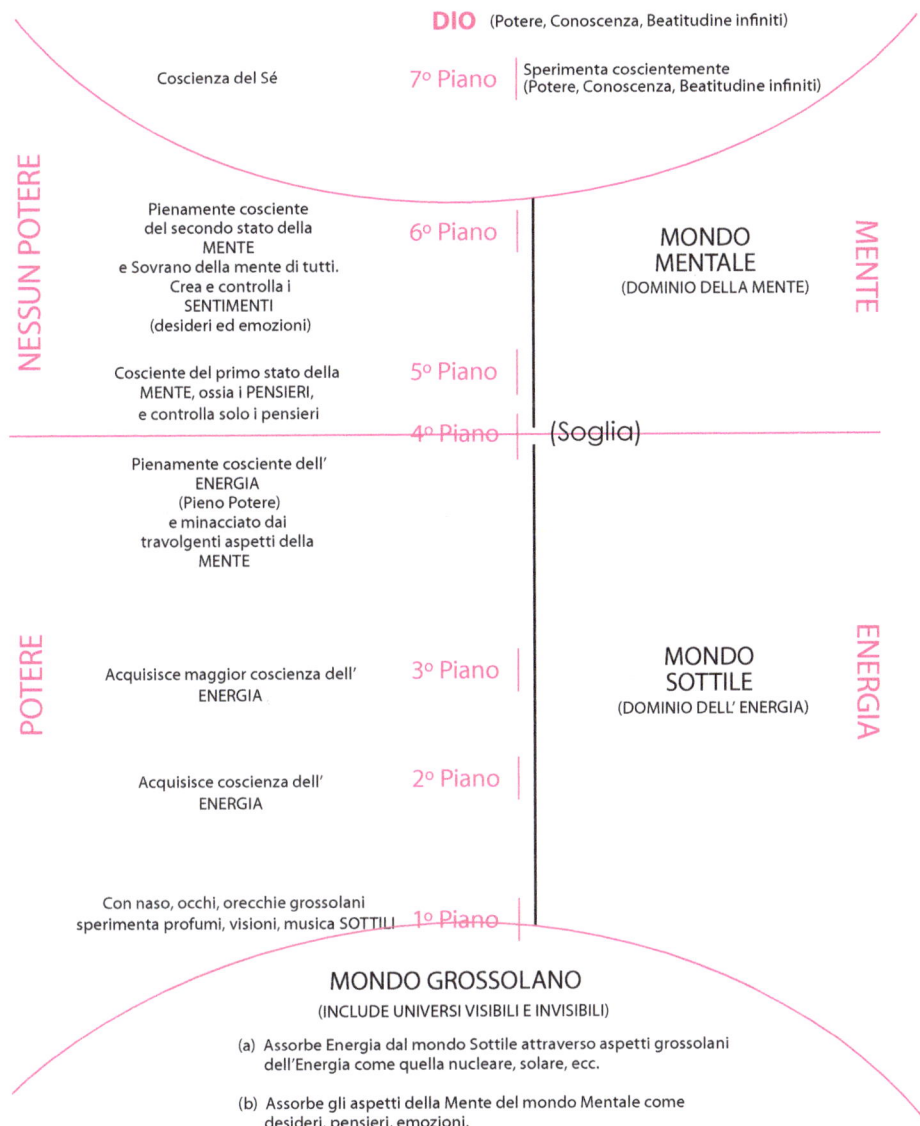

# PIANI E MONDI

**DIO** (Potere, Conoscenza, Beatitudine infiniti)

Coscienza del Sé — **7° Piano** | Sperimenta coscientemente (Potere, Conoscenza, Beatitudine infiniti)

**NESSUN POTERE**

Pienamente cosciente del secondo stato della MENTE e Sovrano della mente di tutti. Crea e controlla i SENTIMENTI (desideri ed emozioni) — **6° Piano**

**MONDO MENTALE** (DOMINIO DELLA MENTE)

**MENTE**

Cosciente del primo stato della MENTE, ossia i PENSIERI, e controlla solo i pensieri — **5° Piano**

**4° Piano** — (Soglia)

Pienamente cosciente dell' ENERGIA (Pieno Potere) e minacciato dai travolgenti aspetti della MENTE

**POTERE**

Acquisisce maggior coscienza dell' ENERGIA — **3° Piano**

**MONDO SOTTILE** (DOMINIO DELL' ENERGIA)

**ENERGIA**

Acquisisce coscienza dell' ENERGIA — **2° Piano**

Con naso, occhi, orecchie grossolani sperimenta profumi, visioni, musica SOTTILI — **1° Piano**

## MONDO GROSSOLANO
### (INCLUDE UNIVERSI VISIBILI E INVISIBILI)

(a) Assorbe Energia dal mondo Sottile attraverso aspetti grossolani dell'Energia come quella nucleare, solare, ecc.

(b) Assorbe gli aspetti della Mente del mondo Mentale come desideri, pensieri, emozioni.

# PARTE 6

# Sommario degli stati della coscienza divina

Dopo aver assunto la forma umana e aver acquisito piena coscienza, quella piena coscienza che l'*atma* (anima) desiderava ardentemente per sperimentare *Paramatma*, l'*atma* non sperimenta ancora *Paramatma*; infatti, anche dopo aver raggiunto la piena coscienza, finché questa coscienza rimane incentrata sulle impressioni grossolane l'*atma* è inevitabilmente cosciente del corpo grossolano e deve quindi sperimentare il mondo grossolano.

Senza forma umana è impossibile per l'*atma* acquisire coscienza dei corpi sottile e mentale e del Sé. Analogamente, è impossibile acquisire esperienza del mondo sottile, del mondo mentale e di *Paramatma*. Per l'evoluzione della coscienza e l'evoluzione della forma e per l'esperienza del mondo grossolano è assolutamente necessario avere *sanskara* (impressioni) grossolani, e finché ci sono impressioni grossolane, l'*atma* non ha coscienza dei corpi sottile e mentale.

Nella forma umana, grazie all'evoluzione della piena coscienza e all'evoluzione della forma perfetta nella figura di un essere umano, e grazie all'acquisizione della piena esperienza del mondo grossolano, non c'è più necessità di impressioni grossolane. Le impressioni grossolane possono diventare impressioni sottili, le impressioni sottili possono diventare impressioni mentali, e le impressioni mentali possono scomparire. Così nella forma umana l'*atma* può avere coscienza dei corpi sottile e mentale e dell'*atma* stessa, e avere esperienza del mondo sottile, del mondo mentale e di *Paramatma*. Ma la tragedia è che, subito dopo aver acquisito piena coscienza nella forma umana, l'*atma* non acquisisce coscienza dei corpi sottile (*pran*) e mentale (*mana*) e del Sé, e allo stesso modo non sperimenta i mondi sottile e mentale e non ha esperienza di *Paramatma*. Ciò avviene perché i *sanskara* grossolani non diventano *sanskara* sottili o *sanskara* mentali né scompaiono subito dopo che l'*atma* ha acquisito piena coscienza nella forma umana. La ragione di questo è che la prima forma umana creata dall'ultima forma di animale, quando è abbandonata lascia dietro di sé un retaggio di impressioni della prima forma umana, e in seguito ogni successiva forma umana incarnata è creata dai *sanskara* della forma umana precedente. Così l'*atma*, nonostante abbia piena coscienza, assume diverse forme umane finché esistono *sanskara* grossolani.

Alla fine, accade una di queste due cose: i *sanskara* grossolani dell'*atma* possono scomparire completamente all'improvviso, e l'*atma* può perdere la coscienza del corpo grossolano e acquisire la coscienza del Sé, perdendo così l'esperienza del mondo grossolano e acquisendo l'esperienza di *Paramatma*. Oppure, la seconda e più probabile possibilità è che infine i *sanskara* grossolani si indeboliscano e diventino *sanskara* sottili, i *sanskara* sottili si indeboliscano ancora di più e diventino *sanskara* mentali e alla fine i *sanskara* mentali si indeboliscano a tal punto da scomparire. In questo caso l'*atma* prima perde la coscienza del corpo grossolano e le esperienze del mondo grossolano e acquisisce la coscienza del corpo sottile e l'esperienza del mondo sottile. Poi l'*atma* perde la coscienza del corpo sottile e acquisisce la coscienza del corpo mentale, e perde l'esperienza del mondo sottile e acquisisce l'esperienza del mondo mentale. Alla fine l'*atma* perde la coscienza del corpo mentale, acquisendo così la coscienza dell'*atma* stessa, e perde l'esperienza del mondo mentale e acquisisce l'esperienza di *Paramatma*.

Dopo che l'*atma* ha acquisito coscienza del Sé e sperimenta *Paramatma*, l'*atma* eredita uno dei TRE STATI (non due né quattro stati ma precisamente tre stati):

**Primo Stato A**: Poco dopo quest'esperienza del Più Alto degli Alti, l'*atma* generalmente abbandona tutti i suoi corpi d'ombra (grossolano, sottile e mentale) e gode eternamente dell'esperienza individualizzata nella sua totalità – il potere, la conoscenza e la beatitudine infiniti di Dio – **senza usarne gli attributi**.

**Primo Stato B**: L'*atma* può non lasciare questi tre corpi fino a qualche tempo dopo, sebbene sia assolutamente incosciente di questi corpi. Ma a parte il fatto che conserva i corpi, il suo stato è in concreto lo stesso di "A".

**Secondo Stato**: L'*atma* mantiene i tre corpi e, simultaneamente alla coscienza del Sé, è cosciente anche delle sue tre ombre (i corpi grossolano, sottile e mentale) e allo stesso tempo sperimenta il potere, la conoscenza e la beatitudine infiniti di Dio. Sperimenta anche il mondo grossolano, il mondo sottile e il mondo mentale come ombre di Dio, ma non usa il potere, la conoscenza e la beatitudine di Dio per le altre *atma* che sono coscienti del mentale, coscienti del sottile e coscienti del grossolano e così **è indipendente**.

**Terzo Stato**: Questo stato è esattamente come il secondo, eccetto che l'*atma* **usa** il suo potere, la sua conoscenza e la sua beatitudine infiniti per rendere *atma* coscienti del grossolano coscienti del sottile, *atma* coscienti del sottile coscienti del mentale e *atma* coscienti del mentale coscienti del Sé, e **addirittura in un sol colpo** rendere *atma* coscienti del grossolano coscienti del Sé.

### Pieno sviluppo dei corpi sottile e mentale nella forma umana e involuzione della coscienza

Solo nella forma umana i corpi sottile (*pran*) e mentale (*mana*) sono pienamente sviluppati. Di conseguenza, anche quando l'*atma* ha coscienza grossolana ed è incosciente di *pran* e *mana*, agisce attraverso *pran* e *mana*, non direttamente, ma sul piano grossolano. Così, anche se l'*atma* umana cosciente del grossolano è incosciente di *pran* e *mana* e di conseguenza non **realizza** l'Energia e la Mente, può usare l'Energia attraverso vari aspetti dell'energia (ad esempio nucleare) e può usare la Mente attraverso vari aspetti della mente, come pensieri, desideri ed emozioni.

Nella forma umana, quando l'*atma* ha coscienza sottile è incosciente dei corpi grossolano (*sharir*) e mentale (*mana*); tuttavia agisce attraverso *sharir* e *mana*, non direttamente, ma sul piano sottile. Così, anche se l'*atma* umana cosciente del sottile è incosciente di *sharir* e *mana* e di conseguenza non realizza i mondi grossolano e mentale, può usare il grossolano attraverso vari aspetti del grossolano come mangiare, bere, dormire, vedere, sentire, udire, ecc., e può usare la Mente attraverso vari aspetti della mente, come pensieri, desideri ed emozioni.

Nella forma umana, quando l'*atma* ha coscienza mentale è incosciente dei corpi grossolano (*sharir*) e sottile (*pran*), ma agisce attraverso *sharir* e *pran*, non direttamente, ma sul piano mentale. Così, anche se l'*atma* umana cosciente del mentale è incosciente di *sharir* e *pran* e di conseguenza non realizza i mondi grossolano e sottile, può usare il grossolano attraverso vari aspetti del grossolano come mangiare, dormire, vedere, sentire, udire, ecc. e può usare l'Energia attraverso vari aspetti dell'energia come il nucleare, ecc.

Per fare un paragone, prendiamo ad esempio un'*atma* umana cosciente del grossolano come un'anima sulla terra (che adottiamo come modello per il piano grossolano) lontanissima dal sole che, ad esempio e solo ai fini del nostro paragone, prendiamo come la fonte dell'Energia del sottile e la fonte della Mente del mentale (il sole e la terra del paragone non devono mai essere confusi con il sole e la terra del sistema solare).

Questo sole, che abbiamo ora adottato come modello, diffonde i suoi raggi di Energia e di Mente continuamente e simultaneamente sulla terra (che abbiamo preso come modello per il grossolano); l'anima umana cosciente del grossolano sulla terra, cosciente solo del grossolano, assorbe inconsciamente dai raggi del sole l'Energia del sottile, usando pienamente nel mondo grossolano gli aspetti di questa Energia nella forma di energia nucleare. Quest'anima umana cosciente del grossolano sulla terra usa inconsciamente nel mondo grossolano anche gli aspetti della Mente quali pensieri, desideri ed emozioni, che pure assorbe dai raggi del sole.

Per continuare il nostro paragone prendiamo adesso l'anima umana cosciente del sottile come un'anima nell'aria e quindi molto più vicina a questo sole rispetto all'*atma* umana cosciente del grossolano sulla terra. Quest'anima umana cosciente del sottile nell'aria è cosciente solo del sottile: assorbe coscientemente la massima energia da questo sole, che è la fonte di energia, e usa coscientemente questa enorme energia nella sua forma nascente. Così quest'anima umana cosciente del sottile è capace di esercitare un potere enorme ed è perfettamente in grado di dare la vista ai ciechi o arti ai mutilati. Questo è il dominio dei primi tre piani, e la capacità di quest'anima di liberare energia a qualsiasi intensità è ottenuta in conformità con il grado di coscienza sottile acquisita nel secondo e terzo piano.

Mentre quest'anima umana cosciente del sottile, nel suo regno dell'Energia, usa coscientemente l'energia al suo stato nascente, è incosciente del mentale. Di conseguenza, usa inconsciamente gli aspetti della Mente, quali pensieri, desideri ed emozioni. Così, sebbene sia capace di esercitare un potere enorme grazie alla sua coscienza dell'Energia, può essere irretita dalla mente mentre usa inconsciamente gli aspetti della Mente. Per questa ragione quest'anima umana cosciente del sottile, sebbene estremamente potente, a volte scivola al livello inferiore della coscienza sottile mentre usa coscientemente la sua energia sotto forma di poteri miracolosi.

Per essere più precisi, l'anima umana cosciente del sottile si trova nel primo, nel secondo o nel terzo piano secondo il grado di coscienza sottile acquisita; si può anche dire che il dominio della sfera sottile comprende il primo, il secondo e il terzo piano. Ora, il quarto piano è quello stato di coscienza che traccia una linea di demarcazione tra il dominio del mondo sottile e il dominio del mondo mentale. In altre parole, l'*atma* umana cosciente del sottile nel quarto piano è come un'anima umana sulla **soglia** (del mondo mentale) che separa il mondo sottile dal mondo mentale.

Di conseguenza, l'anima umana cosciente del sottile allo stadio di coscienza del quarto piano è pienamente cosciente del primo, del secondo e del terzo piano e sperimenta appieno il mondo sottile; è quindi completamente cosciente dell'enorme energia del mondo sottile. Così quest'anima umana sulla soglia del mondo mentale che domina l'energia al suo massimo è ora vicinissima al dominio della Mente, che è il mondo mentale, ed è quindi molto più esposta alle irresistibili forze degli aspetti della mente, ossia i pensieri, i desideri e le emozioni. E sebbene quest'anima umana cosciente del sottile nel quarto piano usi coscientemente l'energia del mondo sottile al suo apice, è ancora incosciente della Mente. Per questo usa inconsciamente gli aspetti della Mente, che sono adesso troppo potenti e perciò estremamente allettanti per quest'anima che, per così dire, deve affrontare e sopportare la piena esplosione degli aspetti della mente (pensieri, desideri ed emozioni) al loro massimo.

Per l'anima umana nel quarto piano, questa situazione è estremamente pericolosa perché è estremamente insidiosa. Qui l'anima, dotata dell'energia più elevata che può essere impiegata per il meglio o per il peggio, deve mantenere una sorta di equilibrio tra due forze al loro apice, ossia l'apice dell'energia del mondo sottile e l'irresistibile apice degli aspetti della mente del mondo mentale. Se quest'anima umana nel quarto piano è sopraffatta dagli irresistibili allettamenti degli aspetti della Mente (pensieri, desideri ed emozioni) mentre li sta usando inconsciamente, non può trattenersi dall'usare al peggio l'energia al suo apice compiendo potenti miracoli come resuscitare i morti, guarire i ciechi, i malati, i menomati, ecc., solo per soddisfare i propri irresistibili desideri. È addirittura capace di creare un intero mondo di forme con tutta la sua creazione, tanto è grande il potere ricavato dall'energia al suo apice di cui è cosciente quest'anima umana cosciente del sottile.

Così questo abuso dell'energia al suo apice a causa degli aspetti della mente e dei suoi irresistibili allettamenti, anch'essi al loro apice, crea una sorta di terribile e irreparabile corto circuito tra le due fondamentali forze soprannaturali (dell'energia al suo apice nella forma di potere eccezionale e della mente al suo apice nella forma di desiderio irresistibile) che produce un fragore e un'esplosione di inimmaginabile intensità nella coscienza avanzata dell'anima umana cosciente del sottile nel quarto piano. Nella coscienza di quest'anima si crea così uno sconvolgimento assoluto che provoca la completa disintegrazione della coscienza avanzata di quest'anima umana. Di conseguenza, quest'anima umana cosciente del sottile cade invariabilmente al livello di coscienza più basso, che è il tipo di coscienza più finito della forma più grezza. Perciò quest'anima umana deve assumere la forma di pietra e deve ripercorrere tutto il processo di evoluzione.

## Esempio di uno scienziato cosciente del grossolano

Cerchiamo di spiegare questa situazione illustrando quello che a volte succede, anche sul piano grossolano, a un comune essere umano che gestisce un potere enorme e che spesso è sopraffatto da un intenso desiderio di mostrare i suoi poteri.

Paragoniamo quindi un'anima umana cosciente del sottile nel quarto piano, come descritta sopra, a un grande e famoso scienziato nel mondo grossolano. Quest'ultimo, pienamente cosciente del piano grossolano, a forza di tentativi e molte ricerche nei campi della scienza delle energie, si rende pienamente conto della possibilità di liberare un'enorme energia attraverso determinati esperimenti.

Supponiamo, ai fini della nostra illustrazione, che questo scienziato diventi a poco a poco pienamente cosciente dell'enorme energia che è ora alla sua portata e che infine sarà sotto il suo completo controllo. Desidera allora intensamente farne uso.

Sebbene questo scienziato cosciente del grossolano nel mondo grossolano sia cosciente del più elevato aspetto grossolano possibile dell'Energia, non è per niente cosciente di quest'Energia al suo stato nascente, che è solo del dominio del mondo sottile e che può essere sperimentata e controllata solo dall'anima umana cosciente del **sottile**, e che non può mai, in nessuna circostanza, essere oggetto di esperimenti o di esperienza da parte di un essere umano cosciente del **grossolano**.

Di conseguenza, quando questo scienziato cosciente del grossolano nel mondo grossolano sulla terra è cosciente dei più elevati aspetti grossolani possibili dell'energia nucleare, è di fatto pienamente cosciente di uno solo dei più elevati aspetti grossolani dell'energia del dominio del mondo sottile.

E quando questo scienziato, che è cosciente di uno dei più elevati aspetti grossolani dell'energia, ora interamente sotto il suo controllo, è sopraffatto da un intenso desiderio (che è anche l'aspetto più elevato della Mente del mondo mentale) di usarlo, allora l'intera carriera dello scienziato è in bilico ed è così molto spesso a rischio.

È in questo frangente di pensieri conflittuali, che da una parte incitano lo scienziato a mostrare i suoi poteri e dall'altra lo placano inducendolo a essere prudente, che lo scienziato deve stare estremamente attento a mantenere un equilibrio, ossia a bilanciare i tremendi aspetti dell'energia a sua disposizione. Sta a lui usarla per il bene del mondo, farne un cattivo uso per i suoi effetti devastanti, o non usarla affatto. Si trova di fronte alla forza irresistibile e travolgente dell'aspetto predominante della mente sotto forma di intensi desideri che lo ossessionano con fama, nome e potere, solleticando al massimo il suo ego verso fini egoistici, indipendentemente dalla distruzione e dalla devastazione potenziali che potrebbero essere provocate.

Pertanto, se lo scienziato soccombe a questo smodato desiderio, che è ora al suo apice, ed è così portato per i suoi fini egoistici ad abusare del potere che controlla sotto forma di uno dei più elevati aspetti dell'energia, è allora coscientemente indotto a tentare di far esplodere l'arma più letale che ha sotto il suo controllo, più potente, ad esempio, della più recente bomba all'idrogeno.

È a questo stadio che si arriva al punto cruciale.

Lo scienziato fa esplodere la sua arma causando effetti devastanti, e l'equilibrio tra uso del potere e irresistibile desiderio, a malapena mantenuto fino a quel momento, è totalmente perturbato.

Questo scienziato non ha saputo trattenersi e non è stato in grado di mantenere un equilibrio tra il tremendo aspetto dell'energia latente nella sua arma, che gli conferiva potere, e l'intenso desiderio di farla esplodere coscientemente, incurante delle inimmaginabili conseguenze.

La tragedia dell'intera vicenda è che questo scienziato, essendo consapevole e profondamente interessato al risultato dell'esplosione della bomba, è stato il primo a essere direttamente colpito dalla violenza dell'esplosione nonostante tutte le necessarie precauzioni prese. L'immediata conseguenza per lui è che prima è stato completamente travolto dal suo stesso esperimento ed è rimasto inorridito, poi è caduto disteso al suolo, totalmente incosciente. Oltre a questa tragedia, quando ha ripreso coscienza, a quale prezzo l'ha ripresa? Ha completamente dimenticato il suo stato di grande scienziato all'avanguardia e non è più nemmeno in grado di ricordare il suo passato recente, la sua infanzia e le sue attività di giovane uomo con tutte le connessioni con moglie, figli e amici. Il più grande cambiamento avvenuto in lui è di non essersi nemmeno accorto di aver **perso qualcosa**, ossia la memoria e la coscienza di essere un grande scienziato. I medici chiamano un fatto del genere un caso di amnesia. Lui è ora cosciente solo del fatto di essere un uomo del tipo più rudimentale. Comincia allora la sua vita daccapo, senza mai immaginare di aver vissuto la vita di un grande uomo di scienza, che aveva sotto il suo controllo immense e straordinarie forze di energia. In modo simile avviene la tragedia dell'anima umana molto avanzata cosciente del sottile nel quarto piano. Essendo energia personificata, abusa dell'energia al suo apice nel mondo sottile e perde così l'intera coscienza eccetto la coscienza più finita che, secondo la legge dell'evoluzione, deve assumere la forma di pietra più rudimentale per sperimentare la coscienza più finita.

Una delle funzioni dei Maestri Perfetti è impedire all'anima del quarto piano di distruggere il suo percorso spirituale attraverso l'abuso dei poteri divini.[1] Molto spesso, se l'anima del quarto piano sta per perdere il controllo della mente, i suoi poteri le vengono sottratti dai Maestri Perfetti, che possono controllare le menti di tutte le anime coscienti del sottile e coscienti del grossolano. I casi di caduta effettiva sono di conseguenza rari e capitano come eccezioni alla regola. Devono alla fine essere attribuiti non a qualche mancanza nella vigilanza mantenuta dai Maestri Perfetti, ma all'impulso originario in Dio Stesso. È quindi letteralmente vero che ogni singola cosa, piccola o grande, che accade nell'universo accade solo secondo la volontà dell'Onnipotente.

Qui è importante sapere che sebbene sia un dato di fatto che, una volta acquisita nella forma umana, la piena coscienza non viene praticamente mai persa, nel caso dell'anima umana cosciente del sottile nel quarto piano esiste la possibilità di perdere la coscienza acquisita. Questo accade se c'è un abuso dei poteri del quarto piano e se non viene mantenuto l'equilibrio tra l'elevatissima energia di cui l'anima dispone e il contrappeso dell'irresistibile allettamento dei desideri infiniti che sono l'aspetto più elevato della Mente. Benché i tre aspetti

---

[1] Alla domanda dei curatori sulle "tentazioni" di Gesù, Meher Baba rispose:

"La verità è che Gesù non fu tentato da Satana, ma che Gesù **tentò Sé stesso**, e vinse le tentazioni. C'era un grande scopo dietro questo fatto. Gesù doveva tentare Sé stesso; in questo modo si addossò il carico delle forze delle tentazioni che predominavano nel mondo. Gesù vinse allora tutte le tentazioni e in quel modo creò una forza immensa che fece enormemente retrocedere le forze delle tentazioni universali. Lo stesso accade nel caso di Budda, e lo stesso accade ogni volta nei periodi *avatarici*. Ogni volta che Dio si manifesta sulla terra come *Avatar*, la Sua Divinità dà una spinta universale e il risultato è universale, ossia non solo l'umanità ne trae beneficio ma ogni cosa nell'intera Creazione beneficia della spinta universale."

fondamentali della Mente siano i pensieri, i desideri e le emozioni, i desideri costituiscono l'aspetto più elevato della Mente.

Tuttavia, se l'anima umana cosciente del sottile nel quarto piano non abusa dell'energia a sua disposizione e mantiene l'equilibrio con un uso prudente dell'energia infinita a fin di bene, allora quest'anima nel quarto piano non solo varca la soglia del quarto piano ed entra nel dominio del quinto e del sesto piano del mondo mentale, ma acquisisce anche **direttamente** la coscienza del sesto piano. Ciò avviene perché quest'anima (con coscienza sottile e un uso prudente dell'Energia al suo apice) è stata capace di dominare e di resistere agli allettantissimi e travolgenti aspetti più elevati della Mente, i desideri, i pensieri e le emozioni, che al loro apice erano estremamente infidi. Così quest'anima umana cosciente del sottile acquisisce direttamente la coscienza del sesto piano sconfiggendo i desideri, i pensieri e le emozioni al loro apice, e diventa la loro padrona, che ora li controlla e che ha anche la capacità di crearli.

Alcune anime umane coscienti del sottile non usano l'enorme flusso di energia al suo massimo liberato nel mondo sottile né ne abusano; e quando non cadono preda dei loro desideri, anch'essi al loro massimo, queste anime umane coscienti del sottile varcano la soglia del quarto piano e acquisiscono la coscienza del quinto piano nel dominio del mondo mentale. Qui queste anime umane coscienti del mentale non sono più schiave della loro mente perché sono ora coscienti del primo stato della Mente che controlla i pensieri.

Le anime umane coscienti del mentale nel quinto e sesto piano sono adesso pienamente coscienti della Mente e sperimentano il mondo mentale secondo il grado di avanzamento della coscienza del quinto e del sesto piano. Queste anime umane coscienti del mentale del quinto e del sesto piano non sono più coscienti dei gradi di coscienza del primo, secondo, terzo e quarto piano del mondo sottile e non sperimentano più il mondo sottile. Di conseguenza queste anime umane coscienti del mentale sono incoscienti dell'enorme energia del mondo sottile. Perciò queste anime umane coscienti del mentale, nonostante abbiano la padronanza cosciente della Mente, sono ora assolutamente incoscienti del potere dell'Energia del mondo sottile, ed è per questa ragione che queste anime umane coscienti del mentale non possono mai compiere miracoli. Non possono né resuscitare i morti né dare la vista ai ciechi o arti ai mutilati sebbene la loro coscienza avanzata sia più vasta della coscienza dell'anima umana cosciente del sottile. Tuttavia, poiché queste anime umane coscienti del mentale hanno la padronanza cosciente della Mente, possono creare e controllare le menti delle anime umane coscienti del grossolano e coscienti del sottile. Per loro, creare e controllare le menti, se necessario, non è che un gioco da ragazzi.

Nel caso dell'anima umana cosciente del mentale, supponiamo che la sua posizione sia vicina al sole (che abbiamo preso come modello nel paragone). Quest'anima in forma umana assorbe e controlla coscientemente gli aspetti della Mente, ossia i pensieri, i desideri e le emozioni, e fa nel mondo mentale il massimo uso della Mente che proviene dal sole (che noi, ai fini della nostra spiegazione, consideriamo come fonte). Così quest'anima umana cosciente del mentale, nei regni del quinto e del sesto piano, non solo è pienamente cosciente della mente e dei suoi aspetti ma è anche capace di creare e controllare i pensieri, i desideri e le emozioni di tutte le altre menti. L'anima è ora del tutto stabile e non può mai cadere né scivolare a livelli inferiori di coscienza come poteva fare l'anima umana cosciente del sottile nel quarto piano (perché l'anima umana cosciente del grossolano e l'anima umana cosciente del sottile sono schiave della loro mente, mentre l'anima umana cosciente del mentale è padrona della sua mente).

Infine, il caso dell'anima umana cosciente del Sé è come un'anima nel sole stesso. (Quando si cerca di capire la spiegazione, si dovrebbe tener presente che il riferimento al sole è dato solo a titolo di paragone. Non si deve confondere questo sole con il nostro sole terrestre né confondere il nostro sole terrestre con il vero modello della fonte infinita ed eterna di potere, conoscenza e beatitudine infiniti, né si deve attribuire alcun significato al sole della nostra terra, perché il sole della nostra terra non è altro che uno degli oggetti della Creazione che l'anima stessa crea.)

Quest'anima umana cosciente del Sé nel settimo piano è cosciente di questo sole (che abbiamo preso come esempio della fonte dell'Energia e della Mente) e sebbene invariabilmente sperimenti e irradi eternamente potere, conoscenza e beatitudine infiniti, in alcuni casi una tale anima fa anche **uso** di questo potere, conoscenza e beatitudine infiniti direttamente e coscientemente per l'emancipazione delle anime dai *sanskara* dei mondi grossolano, sottile e mentale.

PARTE 7

# Il velo a sette pieghe

Kabir era un Maestro Perfetto oltre che un poeta. *Kabirvani*, il suo libro di poesie, è di conseguenza ancora più unico per le sue lucide esposizioni su Dio, l'amore per Dio, il sentiero divino e la Creazione illusoria. Essendo un Maestro Perfetto, Kabir si è rivolto tanto all'uomo della strada quanto all'iniziato. Non esita a svelare, allegoricamente e in parole semplici, alcuni segreti spirituali che, sebbene siano alla portata dell'uomo comune, sono però conosciuti solo da coloro che sono spiritualmente illuminati, i soli che comprendono veramente il significato più profondo che si cela dietro la maggior parte dei suoi detti.

Ci sono yogi (coloro che seguono un percorso sistematico di conoscenza esoterica) che da soli possono far levitare il loro corpo fisico per il tempo in cui sono in *samadhi* (trance) temporaneo. Ce ne sono alcuni che possono camminare fisicamente sull'acqua o volare senza l'aiuto di mezzi esterni, ma tutto questo non è un segno né una prova che abbiano sperimentato l'amore divino. Sulla bilancia spirituale, questi miracoli non hanno alcun valore. In effetti, l'ostentazione di miracoli da parte dello yogi comune non solo è agli antipodi del sentiero spirituale, ma è anche effettivamente un ostacolo all'evoluzione dell'individuo verso il progresso spirituale. (11) (12) Il seguente episodio nella vita di un Maestro indù mostra l'indifferenza dei Maestri Perfetti, che sono Verità personificata, verso questa ostentazione. Il Maestro si trovava un giorno sulla sponda di un fiume in attesa del piccolo traghetto che trasportava i passeggeri da una riva all'altra per la modica cifra di un *anna*. Vedendolo aspettare, uno yogi gli si avvicinò, attraversò il fiume e ritornò camminando letteralmente sull'acqua e disse: "Così è molto più facile, no?". "Sì, e ha meno valore del prezzo del traghetto, un *anna*", rispose sorridendo il Maestro.

La capacità di esercitare un controllo costante sui propri desideri inferiori non è una conquista da poco. Riuscire a instaurare una sublimazione duratura di tutti i desideri è una conquista ancora più grande. Ma la più grande è bruciare i propri desideri una volta per tutte, cosa che solo l'amore divino può fare. Poiché non vi è mai alcuna ostentazione dell'amore divino, questo "fuoco" d'amore non fa mai "fumo", ossia non è mai ostentato. Ci sono volte in cui un'espressione esteriore dell'amore per Dio può arrivare fino all'eroismo, ma fare ogni volta un mero spettacolo del proprio amore verso Dio per fare scena diventa un insulto a Dio. È per questo che Kabir dice che durante la pratica della meditazione (13) (14), quando si assume un *asan* (postura) per meditare su Dio, si dovrebbe imparare in quelle occasioni a evitare ogni ostentazione come il movimento oscillante del corpo, anche quando è fatto solo per la propria soddisfazione.

Paragonata ai sogni, la vita fisica è davvero una realtà. Analogamente, paragonati alla realtà del sentiero, il mondo e tutta la vita mondana sono un vacuo sogno dell'uomo. Ma come il mondo e tutte le sue esperienze sono illusori, lo è anche il sentiero spirituale che conduce alla Realtà. Il primo può essere chiamato falsa illusione e il secondo reale illusione. Tuttavia, nonostante l'immensa differenza tra loro, sono entrambi illusioni, perché solo Dio è l'unica Realtà.

Quando la Conoscenza[1] è acquisita l'ignoranza è bandita, ma affinché l'ignoranza sparisca la Conoscenza deve essere acquisita. Da un lato, Dio e la capacità dell'uomo di vedere e di diventare uno con Dio sono sempre presenti. Dall'altro, la Verità rimane nascosta all'uomo finché non arriva effettivamente sul sentiero o realizza Dio. Questa apparente anomalia è dovuta a due differenti fattori: l'ignoranza della Verità da parte dell'uomo e il fatto che la Verità è oltre la facoltà della ragione e molto, molto al di sopra della sfera dell'intelletto. Rimane il fatto che l'uomo è diventato Dio e che l'uomo può diventare Dio per la semplice ragione che – consapevolmente o inconsapevolmente – l'uomo **è** Dio. Solo finché dura l'ignoranza dell'uomo sembra che non ci sia fine alla grande diversità delle cose illusorie. Quando la conoscenza divina è acquisita si realizza che non c'è fine all'indivisibile unità di Dio. Nell'illusione della dualità cosmica l'apparente separazione tra l'uomo e Dio è invariabilmente definita dai maestri con i termini di "velo" o "cortina" interposti. Hafiz, che era un Maestro Perfetto oltre che un grande poeta, dice:

*Miyānah 'āshiq o m'ashūq hīc ḥāyal nīst*
*Tū khvud hijāb-i khvudī, Ḥāfiẓ, az miyān barkhīz.*

"Non c'è barriera tra l'amante e l'Amato; Hafiz, togliti, sei tu stesso ciò che copre il Sé."

---

[1] Nel senso di "saggezza" più che conoscenza mondana. [N.d.C.]

Kabir, riferendosi all'eliminazione delle sette pieghe del velo, dice:

*Tere ghuṅghaṭa ke paṭa khola tujhe Rāma milegā.*

"Solleva le pieghe del tuo velo, e troverai Dio."

Il *ghunghat* è letteralmente il velo con cui una donna si copre il capo e il volto piegandolo diverse volte; nel linguaggio spirituale rappresenta le pesanti pieghe dell'ignoranza che mantengono nascosta all'uomo la sua reale identità. Sollevare il velo, piega dopo piega, corrisponde al viaggio, tappa dopo tappa, di un pellegrino dal primo al quinto piano del sentiero divino.

Il velo che separa un uomo-nell'ignoranza da Dio che è Conoscenza Totale è così sottile che nemmeno il pensiero più elevato e puro può trapassarlo. Questo velo consiste di sette pieghe di sette intensi colori diversi. Ogni piega è legata con un nodo separato; perciò ci sono sette nodi per le sette pieghe. I sette colori rappresentano i sette desideri di base, corrispondenti alle sette impressioni fondamentali, ossia la lussuria, l'avidità, l'ira, ecc., connessi con le sette aperture sensoriali del volto, ossia (1) la bocca, (2) la narice destra, (3) la narice sinistra, (4) l'orecchio destro, (5) l'orecchio sinistro, (6) l'occhio destro, (7) l'occhio sinistro.

Nella Realtà, che è l'unica Realtà, l'anima è **sempre Dio** senza inizio e senza fine. La falsa illusione comincia con la discesa dell'anima in sette stadi materiali e la reale illusione finisce con l'ascesa dell'anima al settimo piano spirituale.

Dio è un macrocosmo, Dio è un microcosmo e Dio è anche **sempre** al di là di entrambi. Consapevolmente, l'uomo è corpo e l'uomo è mente, ma inconsapevolmente, come nel sonno profondo, l'uomo è anche al di là di entrambe le cose.

Per analogia, è vero che l'uomo è fatto a immagine di Dio. La sommità della sua testa rappresenta il *vidnyan bhumika, arsh-e-ala*, il più elevato stato spirituale, o la sede di *Brahman*. La fronte corrisponde all'entrata della divinità. Il centro della fronte, proprio sopra i due occhi esterni, è la sede dell'occhio interiore o terzo occhio. Quando il velo con tutte le sue sette pieghe è infine eliminato, l'uomo è in grado, attraverso il terzo occhio, di vedere Dio faccia a faccia e lo vede in maniera più reale e più naturale di quello che può normalmente vedere del suo corpo e del mondo attraverso i due occhi esterni. Per arrivare all'entrata divina situata nella fronte, l'uomo deve passare attraverso le sette porte rappresentate dalle sette aperture fisiche del volto.

Quando un iniziato riesce effettivamente a entrare nel sentiero divino si tratta per lui di un singolo conseguimento fatto di sette-in-uno e si riferisce alla prima delle sette pieghe del velo, ossia (1) scioglimento del primo nodo, (2) scomparsa della prima piega, (3) distruzione dei primi desideri di base, (4) cancellazione delle corrispondenti impressioni fondamentali, (5) eliminazione del primo dei sette colori scuri e profondi, (6) entrata dalla prima porta (rappresentata dalla bocca) e (7) arrivo nel primo piano della sfera sottile, *pran bhuvan* o *alam-e-malakut*. (15)

Nei sogni, un uomo comune è in grado di fare un uso **parziale** del suo corpo sottile con coscienza sottile, ma solo rispetto all'esperienza grossolana e solo riguardo agli oggetti grossolani. Proprio come lui sperimenta il mondo grossolano con la piena coscienza grossolana attraverso il suo corpo grossolano, allo stesso modo l'iniziato nel primo piano comincia a sperimentare il mondo sottile con la coscienza sottile attraverso il suo corpo sottile.

Se l'iniziato è in grado di procedere oltre e riesce a mantenere il progresso, avanza nella sfera sottile fino al quarto piano. Questo progresso comprende il secondo e il terzo dei successivi singoli conseguimenti sette-in-uno che corrispondono ai sette risultati raggiunti nel primo. Questo passaggio attraverso la seconda e la terza porta (rappresentate dalla narice destra e sinistra) rende ancora più intensa la reale illusione, ossia porta a una coscienza più elevata del sentiero. Dopo aver attraversato la seconda porta, l'iniziato realizza ancora di più le cose meravigliose del mondo sottile e allo stesso tempo comincia a correre il rischio di perdersi nel labirinto delle meraviglie. Gli incanti mistici del sentiero oltre la terza porta sono ancora più grandi, e così anche le possibilità di rimanerne ammaliati. Così come coloro che hanno coscienza grossolana prendono la sfera grossolana e le sue esperienze illusorie come reali, allo stesso modo i pellegrini della sfera sottile, assorti nelle meraviglie del piano in cui si trovano, possono scambiarla per la Realtà ultima. Perciò il pellegrino resta spesso bloccato in un piano, ingannato dalle sue estasi che lo inducono a crederlo la Meta, finché un Maestro Perfetto oppure delle anime coscienti del mentale lo aiutano spingendolo sul piano successivo.

Il quarto dei conseguimenti sette-in-uno è un doppio conseguimento, perché nello stesso momento (1) il quarto e il quinto nodo sono sciolti, (2) la quarta e la quinta piega scompaiono, (3) il quarto e il quinto desiderio di base sono distrutti, (4) il quarto e il quinto colore scuro e profondo svaniscono, (5) la quarta e la quinta impressione fondamentale corrispondente sono cancellate, (6) la quarta e la quinta porta (rappresentate dall'orecchio destro e sinistro) sono attraversate e (7) il pellegrino arriva nel piano più alto della sfera sottile, il quarto piano.

Come detto in precedenza, il quarto piano è il piano dello splendore spirituale e dei poteri divini (*anwar-o-tajalliyat* o *siddhi*). I pellegrini avanzati fino a questo punto possono, tra molte altre cose, anche resuscitare i morti. Corrono un gravissimo rischio di abusare di questi poteri e in tal modo provocare un disastro, e solo pochissimi di loro possono attraversare da soli queste altezze vertiginose in maniera sicura senza l'aiuto di un Maestro Perfetto. Di loro Hafiz dice:

*Dar āsitān-i jānān āsmān biyandīsh*
*Kaz auj-i sar bulandī uftī bikhāk-i pastī.*

"Sulla soglia dell'Amato, guardati dalle seduzioni dei cieli, se non vuoi provocare la tua caduta dalle vette del progresso e della grandezza fino agli abissi della degradazione e della rovina."

In casi come questo, un uomo non solo è privato del progresso spirituale compiuto sul sentiero, ma regredisce anche dalla posizione raggiunta attraverso l'evoluzione fisiologica fino allo stato della forma di pietra.

Così come tutto può succedere a un uomo che percorre un sentiero sconosciuto nel buio pesto della notte, tutto può succedere a colui che deve attraversare il quarto piano senza essere guidato dalla mano di un Maestro Perfetto. È per questo che, con tutto il suo splendore e il suo potere accecanti, il periodo di attraversamento del quarto piano è chiamato nel misticismo cristiano "La notte oscura dell'anima".[2]

Se il pellegrino avanzato è in grado di resistere agli allettamenti e alle insidie della notte oscura dell'anima, entra nella sfera mentale (*mano bhuvan* o *alam-e-jabrut*) attraverso il quinto e ultimo doppio conseguimento sette-in-uno che avviene sulla falsariga del quarto. Tutte le pieghe del velo sono eliminate insieme ai relativi nodi, desideri, colori

---

[2] Per coloro che si trovano sul Sentiero i poteri del quarto piano sono come il "Diavolo" che comunemente si crede porti la gente su una cattiva strada. Se non fosse stato per il tempestivo aiuto del *Sadguru* Dnyaneshwar, il grande yogi Chang Deva avrebbe fatto una brutta fine proprio in questo piano. Analogamente, quando Baba Farid Ganje-Shakar raggiunse questo stadio non poté trattenersi dal provare i suoi poteri facendo cadere a terra morti degli uccelli in volo e cercando di riportarli in vita. Anche lui fu salvato in tempo da un'anziana donna che era una santa del quinto piano. Fu dopo quest'incidente che Baba Farid entrò in stretto contatto con il suo Maestro, che infine lo guidò al *qutubiyat* o Maestria Perfetta.

e impressioni. La sesta e la settima porta (rappresentate dall'occhio destro e sinistro) sono attraversate e il quinto piano di luce e amore è raggiunto.

Coloro che sono arrivati indenni al quinto piano sono i *wali Allah* (che significa letteralmente "amici di Dio"). La loro vista interiore, o terzo occhio, è ora pienamente sviluppata ma, benché tutte le sette pieghe del velo siano scomparse, il **velo stesso** è ancora presente. Perciò il pellegrino non è ancora faccia a faccia con Dio e non può vedere l'Amato.

Grazie al loro amore puro per Dio, non adulterato dal falso ego, la posizione di questi pellegrini nel quinto piano è sicura, e non c'è possibilità di regressione. Senza alcun pericolo per sé stessi, possono dare e danno, coscientemente o inconsciamente, un immenso aiuto ad altri che si trovano nelle sfere sottile e grossolana.

Tranne rare eccezioni, progredire ulteriormente con le proprie forze è ora impossibile. Con l'aiuto o la grazia di un Maestro Perfetto il pellegrino è in grado di togliere interamente il velo e arrivare così nel sesto piano, il piano più alto della sfera mentale, il piano della "visione divina", l'accesso alla divinità (rappresentato dalla fronte), dove si può effettivamente vedere Dio faccia a faccia, in ogni luogo e in ogni cosa. Questo è definito convinzione per visione.

Coloro che sono nella sfera grossolana e credono nell'esistenza di Dio basano la loro convinzione (*yaqin*) sulla fede e sulla credenza pure e semplici. Questa convinzione è *ilm-ul-yaqin* (convinzione intellettuale) ed è diversa da queste particolari convinzioni:

1. convinzione per percezione intuitiva (*yaqin-ul-yaqin*)
2. convinzione per visione (*ain-ul-yaqin*)
3. convinzione per esperienza effettiva (*Haqq-ul-yaqin*). (16)

Coloro che sono sul sentiero, nei primi cinque piani, **sanno** che Dio esiste, con una chiara certezza intuitiva (*yaqin-ul-yaqin*); la loro convinzione è basata su una conoscenza sicura. Coloro che sono nel sesto piano vedono Dio dappertutto; la loro è una convinzione per visione effettiva. Coloro che sono nel settimo piano, essendo diventati uno con Dio, hanno una convinzione per esperienza effettiva.

Il pellegrino molto avanzato del sesto piano è ancora nel dominio della dualità. Benché faccia a faccia con Dio, il "vedente" e il "veduto" rimangono separati da una valle profonda e insondabile che può essere attraversata solo grazie al contatto di un Maestro Perfetto. Mentre i primi cinque conseguimenti possono essere ottenuti dall'uomo in maniera autonoma, l'effettiva eliminazione del velo nel quinto piano avviene di solito tramite la grazia della guida di un Maestro Perfetto. Il **balzo** dall'illusione del sesto piano alla Realtà del settimo piano è invece impossibile da realizzare da soli e dipende **interamente** dal contatto diretto di un Essere Perfetto o di un Maestro Perfetto (*Sadguru*).

Nel settimo piano, il piano della conoscenza, del potere e della beatitudine infiniti, l'individuo si fonde in Dio e **diventa** Dio, un Essere Perfetto per l'eternità e oltre l'eternità. È allora irrilevante se il corpo fisico rimane o è abbandonato. Di regola, l'involucro grossolano cade poco tempo dopo la realizzazione, ma in alcuni casi il corpo fisico è mantenuto ancora a lungo. Questi Esseri che hanno realizzato Dio sono conosciuti come *Majzoob* o *Brahmi Bhoot*.

È sempre solo con l'aiuto diretto e personale di un Maestro Perfetto che uno di coloro che hanno realizzato Dio torna al livello dell'uomo comune, riacquistando la coscienza di tutte le sfere (grossolana, sottile e mentale) ma mantenendo allo stesso tempo la piena coscienza di Dio. Egli è quindi l'Uomo-Dio, il Maestro Perfetto, *Sadguru* o *Qutub*.

Dove c'è luce, non c'è più oscurità. Dove c'è Conoscenza, l'ignoranza è assente. E poiché le pieghe, il velo e la valle della separazione sono tutti nel dominio dell'ignoranza, un Maestro Perfetto, che è il "Sole" di tutta la Conoscenza, può dare in un batter d'occhio la realizzazione di Dio a chiunque scelga.[3]

Solo Dio è reale e, poiché dimoriamo permanentemente nell'Amato Divino, siamo tutti uno.

---

[3] Vedi anche Meher Baba, "The Fabric of the Universe", *Beams from Meher Baba on the Spiritual Panorama*, pp. 13-15.
Vedi inoltre Meher Baba, "The Ways to the Path and Its States and Stages", *Listen, Humanity*, commentato e curato da D. E. Stevens, St. Helier, Jersey, Channel Islands, Companion Books, 1989, pp. 160-162. [N.d.C.]

# PARTE 8

# Lo stato di Aldilà dell'Aldilà di Dio, il primo impulso e il ciclo di evoluzione e involuzione della coscienza

## Lo stato di Aldilà dell'Aldilà di Dio

Iniziando dall'aldilà dell'inizio, c'è lo stato originario dello stato di Aldilà dell'Aldilà di Dio o *Paratpar Parabrahma*. Questo è lo stato originario di "DIO-È". In termini sufi questo stato è definito lo stato di *Wara-ul-Wara*.

In questo stato originario di "Dio-È" regna il vuoto assoluto e sconfinato.

In questo vuoto assoluto non c'è alcuna manifestazione dello stato cosciente o incosciente di Dio né manifestazione della coscienza o dell'incoscienza di Dio. Non c'è l'"Io" illimitato (l'Ego Divino o Ego Universale) né l'"io" limitato o ego individuale. Non c'è la mente universale né la mente limitata. Non c'è l'energia sconfinata né l'energia limitata. Non c'è il corpo universale (il *mahakarana sharir*) né il corpo limitato. Non ci sono né universi né mondi. Non c'è nemmeno la coscienza né della coscienza (*mahachaitanya*) né dell'incoscienza.

Questo stato è assolutamente lo **stato originario di vuoto assoluto e sconfinato di Dio** – non gli stati *nirguna-nirakar* né *saguna-sakar* di Dio – in cui "Dio-È" e "la coscienza non-è".

Quando si dice "Dio-È", si descrive lo stato che regna al di là dell'inizio dell'inizio della Creazione.

Questo stato di Dio-È è anche chiamato lo "stato originario di sonno profondo divino di Dio" nello stato di Aldilà dell'Aldilà.

Lo stato di Dio-È è lo stato di infinitudine. L'infinitudine, essendo infinita, è tutto. Ossia, "TUTTO" è la natura dell'infinitudine.

Il TUTTO, essendo tutto, comprende anche il "NULLA", altrimenti Tutto non può mai significare tutto. Questo Nulla è **latente** nel Tutto. Ma poiché il Nulla è letteralmente nulla, l'essenza stessa del suo essere nulla è assolutamente nulla.

Poiché questo Nulla è latente nel Tutto, la Nullità del Nulla è compresa nel Tutto come Latenza.

Perciò, nell'infinitudine dello stato di Dio-È tutto ciò che è latente nella natura dell'Infinito, che è Tutto, è il Nulla. Di conseguenza ogni cosa che è latente nel Tutto è del Nulla.

In breve, tranne l'infinità dell'infinitudine, tutte le cose sono latenti nello stato di Dio-È del Tutto; e tutto ciò che è latente è del Nulla con tutti i suoi aspetti come Nullità.

Nello stato di Dio-È in cui il Nulla è automaticamente latente per la natura della nullità, anche la coscienza esiste come Nulla. Di conseguenza, la coscienza nello stato di Aldilà dell'Aldilà di Dio è sempre latente in Dio che è per natura il Tutto, infinito, illimitato e sconfinato. Così, automaticamente, per la Sua stessa natura di essere il Tutto, Dio nello stato di Dio-È ha sempre in Sé potere infinito, conoscenza infinita e beatitudine infinita e tutto ciò che è infinitamente glorioso o bello.

Poiché Dio è il Tutto e l'Infinito, l'opposto del Tutto, che è il Nulla, deve essere finitissimo.

Di conseguenza il Nulla è latente nello stato di Dio-È come finitissimo; ovvero, nello stato infinito di Dio che è il Tutto c'è, latente, lo stato finitissimo del Nulla.

È naturale che quando questo Nulla latente e finitissimo si manifesta deve manifestarsi come finitissimo.

Ma è un fatto assolutamente paradossale che, quando questo Nulla finitissimo si manifesta, la sua manifestazione si espande gradualmente all'infinito.

Ciò che dà infinità a questo Nulla finitissimo è la natura trina latente di Dio di potere infinito, conoscenza infinita e beatitudine infinita che, essendo la natura di Dio, pervade ovviamente l'infinitudine dello stato di Dio-È in maniera latente. Naturalmente, questa natura trina infinita avvolge anche questo Nulla finitissimo quando è latente nell'infinità del Tutto.

## Il punto *"Om"*

Di conseguenza, quando questo Nulla finitissimo si manifesta come Nullità, la manifestazione del Nulla finitissimo, che è strettamente legata alla simultanea proiezione della natura trina infinita, latente e onnipervadente di Dio e diffusa da essa, si espande gradualmente all'infinito e si manifesta apparentemente come Nullità infinita, o la Creazione. Così l'universo della Nullità che è illusorio può

70

essere chiamato l'"**ombra**" di Dio e, poiché Dio è infinito, anche la Sua ombra è infinita.[1]

Quando il Nulla, che è finitissimo e latente nel Tutto, si manifesta, si proietta da un punto finitissimo nel Tutto in cui il Nulla come finitissimo è incorporato.

Il punto finitissimo dal quale il Nulla si proietta come Nullità è chiamato **Punto di Creazione** o **Punto *Om***. Naturalmente anche questo punto di creazione è nel Tutto, ossia in Dio nello stato di Aldilà dell'Aldilà.

Così il Nulla più finito si proietta come Creazione dal Tutto infinito attraverso il "punto di creazione" più finito nell'infinità dell'infinitudine dello stato di Dio-È.

In breve, quando il Nulla più finito viene proiettato come Nullità attraverso il punto più finito della creazione, anch'esso nell'infinità pervasa dalla natura trina infinita di Dio, la proiezione della Nullità più finita, strettamente legata all'onnipervadente natura trina infinita di Dio e sostenuta da essa, si espande gradualmente all'infinito e si manifesta apparentemente come Nullità infinita o Creazione infinita.

## Il capriccio o *Lahar*

La causa che ha portato il Nulla più finito latente nel Tutto infinito a manifestarsi come Nullità infinita è la causa **originaria** chiamata la "CAUSA".

Questa Causa non è nient'altro che il CAPRICCIO o *lahar* di Dio. Questo capriccio originario può anche essere chiamato la prima "PAROLA" pronunciata da Dio: "CHI SONO IO?"

L'infinitudine dello stato di Dio-È ha reso Dio assolutamente indipendente e, in virtù di questa indipendenza assoluta, è del tutto naturale che Dio metta in atto il Suo capriccio infinito per sperimentare la propria infinità e goderne. Attuare un capriccio è sempre il segno di una natura indipendente, perché è la capricciosità che colora sempre questo tipo di natura.

---

[1] L'intera Creazione è sorta dal Nulla. Dal Nulla sono emerse due cose, l'evoluzione e la produzione. Dal Nulla hanno avuto origine sette stati di gas. Il settimo stato che si è sviluppato è l'idrogeno. Da questo settimo stato gassoso hanno avuto origine l'evoluzione e la produzione.

La Creazione può essere conciliata con l'evoluzione perché tutto è in sette stadi: sette stadi di produzione, sette stadi di evoluzione e sette stadi di involuzione. Per questo si dice che Dio ha creato l'universo in sette giorni. Dal Nulla, l'ombra più finita e l'ombra infinita sono emerse simultaneamente.

# IL CAPRICCIO ORIGINARIO

GRAFICO II

**Dio-Aldilà dell'Aldilà**
Stato "È"
Incosciente del Sé e dell'Illusione

**Dio-Aldilà**
Cosciente del Sé e dei Tre Aspetti Infiniti
ma
Incosciente dell'Illusione
(senza piano né disegno)
essendoci solo
"UNITÀ"

## DIO
**Creatore-Preservatore-Distruttore**

cosciente dell'illusione
incosciente del "SÉ"

ILLUSIONE

stesso piano e disegno ma innumerevoli e varie
forme di manifestazione

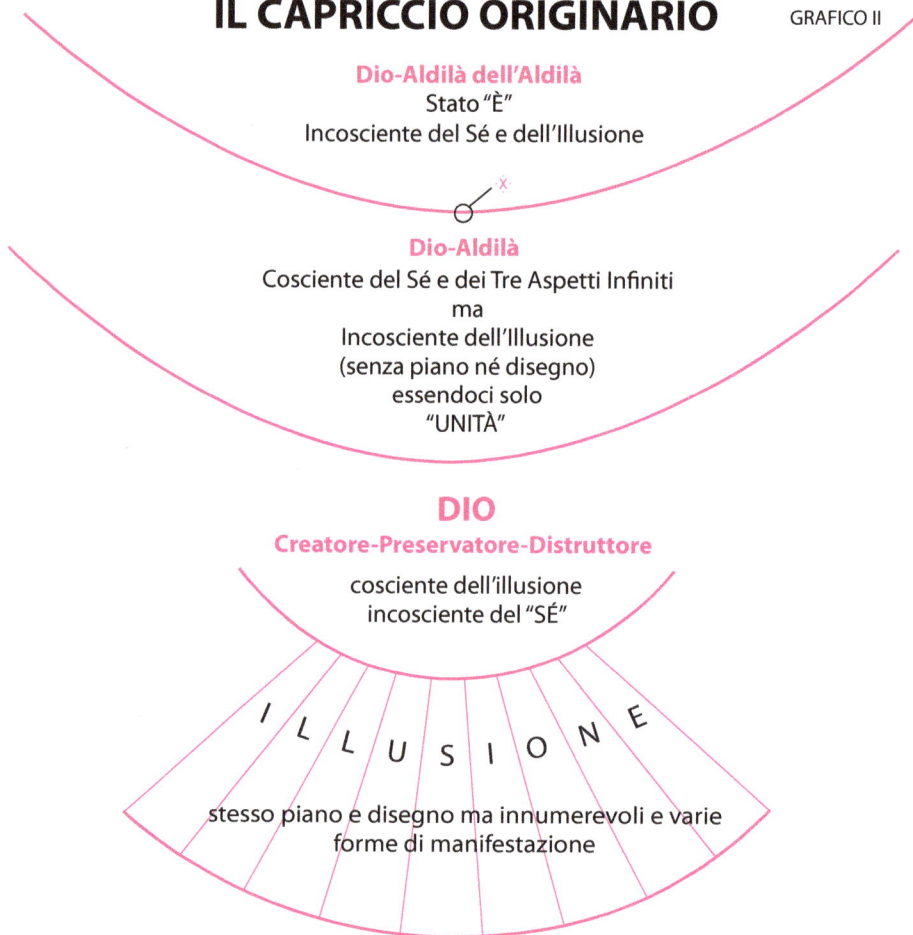

= Il **Capriccio Originario** è sorto e **DIO** come Creatore,
Preservatore e Distruttore si è manifestato con i Suoi annessi e connessi.

**Creatore**    è Lui Stesso Creato
**Preservatore**    è Lui Stesso Preservato
**Distruttore**    è Lui Stesso Distrutto

72

È il capriccio originario infinito che è responsabile di aver dato al tutto-latente che era del Nulla la Causa della sua manifestazione come Nullità.

Ma prima che Dio mettesse in atto il Suo capriccio originario infinito per rendere manifesto il tutto-latente che era del Nulla, questo capriccio di Dio era esso stesso latente come Nulla nel Tutto dell'infinitudine di Dio assolutamente indipendente nello stato di Dio-È.

Com'è allora possibile che il capriccio originario infinito latente sorga in Dio e si manifesti con tutto ciò che è latente nel Nulla come Nullità?

Il capriccio dopo tutto è un capriccio e, per sua stessa natura, il "perché, percome e quando" non può trovare spazio nella sua natura. Un capriccio può sorgere in qualsiasi momento, può sorgere ora, tra pochi mesi o tra anni, e può non sorgere affatto.

Analogamente, il capriccio originario infinito, dopo tutto, è un capriccio, ed è anche il capriccio di Dio nello stato di infinitudine! È possibile che questo capriccio non sorga affatto in Dio, e se sorge, da un momento all'altro o dopo migliaia di anni o dopo un milione di cicli, non deve sorprendere.

Così il capriccio originario infinito di Dio nello stato di infinitudine **una volta è sorto**, ed è sorto spontaneamente e improvvisamente in Dio assolutamente indipendente, che è eternamente Eterno. Perciò questo capriccio, che una volta è sorto, una volta ha dato inizio all'Inizio di tutte le cose nella Creazione.

In breve, questo capriccio originario infinito latente di Dio nello stato di infinitudine, una volta sorto in Dio che è assolutamente indipendente, si è manifestato e, simultaneamente alla sua manifestazione, ha manifestato il tutto-latente, che era del Nulla, come Nullità. Così il capriccio ha creato il Nulla.

Ricapitoliamo in che modo il Nulla infinito è sorto dal Tutto più finito.

Dio Aldilà è il Tutto infinito. Il Tutto infinito può essere paragonato a un oceano infinito e senza limiti. Questo oceano senza limiti è quindi il Tutto infinito. Così ogni goccia dell'oceano è il Tutto più finito. In breve, se l'oceano infinito è il Tutto infinito allora ogni goccia dell'oceano è il Tutto più finito.

Prima che il capriccio sorgesse nell'oceano senza limiti e prima che la Creazione si manifestasse, il punto di Creazione (punto *Om*), attraverso il quale la Creazione viene espulsa, era esso stesso nell'oceano senza limiti come Tutto infinito, perché prima che il capriccio sorgesse regnava una calma perfetta che pervadeva l'oceano senza limiti; non c'erano "gocce" dell'oceano e non c'era separatezza. C'era un oceano senza limiti come Tutto infinito.

Nell'istante in cui il capriccio è sorto nel Tutto infinito, il punto di Creazione o punto *Om* si è manifestato come il Tutto più finito.

Il Nulla infinito era latente nel Tutto infinito, ma quando il capriccio è sorto il Nulla infinito si è manifestato attraverso il Tutto più finito, che è il punto *Om*.

Così, attraverso il Tutto **più finito**, il Nulla infinito viene espulso gradualmente, e si manifesta espandendosi all'infinito.

Simultaneamente alla proiezione del Nulla latente e alla manifestazione della Nullità, anche la coscienza che esisteva come Nulla, latente nell'infinitudine dello stato di Dio-È, è stata proiettata e si è manifestata gradualmente come la coscienza di Dio, e ha fatto sì che Dio sperimentasse Sé stesso come Dio il Creatore di tutte le cose che sono state proiettate come Nullità fuori dal Suo stato di Tutto.

Dopo di che, acquisendo gradualmente piena coscienza, Dio nello stato di Creatore è rimasto intrappolato nel labirinto della Nullità più finita presa per infinita, dispiegata e sostenuta dalla Sua natura trina infinita.

La paradossale ironia è che l'infinità stessa di Dio rende infinitamente difficile per Dio sfuggire alla falsa infinità apparente della Nullità che continua a espandersi all'infinito attraverso la natura trina infinita e strettamente connessa di Dio che è potere infinito, conoscenza infinita e beatitudine infinita. (17)

Ma questo intrappolamento è assolutamente necessario affinché Dio nell'infinitudine dello stato di Dio-È acquisisca pienamente e completamente la coscienza di Sé stesso e della Sua realtà infinita, e in questo modo sperimenti coscientemente la Sua natura trina sconfinata, illimitata e infinita di potere infinito, conoscenza infinita e beatitudine infinita.

Il fatto fondamentale è che la piena coscienza, una volta acquisita, non può mai essere persa. Permane eternamente, indipendentemente dal fatto che questa coscienza pienamente acquisita sia la coscienza della falsa Nullità sperimentata come reale o sia la coscienza della Realtà Stessa.

Alla fine, la coscienza fa realizzare a Dio la propria realtà dopo che questa stessa coscienza ha raggiunto la completa maturità. La coscienza è pienamente matura per realizzare la Realtà solo dopo essere stata nutrita dall'apparente consapevolezza del falso. Questa consapevolezza del falso come reale si intensifica così tanto durante il corso dell'evoluzione della coscienza che la coscienza, immersa in una falsa consapevolezza, rende Dio consapevole solo del falso, che Dio sperimenta come reale. Ossia, Dio come Creatore sperimenta falsamente la manifestazione del Nulla come reale e come Tutto.

Affinché la coscienza latente di Dio nello stato di Dio-È possa permettere a Dio di realizzare la propria realtà eterna, la proiezione di questa coscienza latente nel Tutto (che quando viene proiettata all'esterno si incentra sulla falsa infinità della Nullità) dovrebbe ritrarsi all'interno. Attraverso tale ritrazione, il focus di questa stessa coscienza si sposta sull'infinità del Tutto (da cui era stata proiettata dando origine all'esperienza della Nullità infinita anziché all'esperienza dell'infinità del Tutto).

Come detto in precedenza, quando la coscienza proiettata si ritrae all'interno, o passa attraverso la piena e completa involuzione, quella Nullità che una volta era sperimentata come realtà svanisce automaticamente per la coscienza che è ora completamente incentrata sulla Realtà eterna dell'infinitudine di Dio.

In breve, non c'è una **nuova** coscienza da acquisire per realizzare la Realtà, l'Eterno. È la **stessa** coscienza latente nel Tutto che, quando emerge dal Nulla, prima si evolve gradualmente e poi, associandosi con la Nullità, sperimenta la Nullità come reale. Quando l'evoluzione di questa coscienza è completa e piena, la stessa coscienza fa sperimentare a Dio la falsa Nullità che si espande all'infinito come reale e infinita. Poi, quando la stessa coscienza piena e completa raggiunge la piena e completa maturità attraverso la propria involuzione realizza la Realtà infinita come l'**unica realtà** e dà a Dio l'esperienza del Suo stato infinito reale ed eterno.

Dio nel Suo stato originario di infinitudine è eternamente infinito per la Sua natura trina infinita, sconfinata e illimitata di potere infinito, conoscenza infinita e beatitudine infinita. Poiché Dio È eternamente, la sola differenza virtuale tra lo stato originario di Dio e i nuovi stati di Dio che Egli acquisisce è quella della coscienza ottenuta progressivamente attraverso le **impressioni** della Nullità proiettata.

Dio nel Suo stato originario di Dio-È non è cosciente né della Sua esistenza infinita ed eterna né della Sua natura infinita, sebbene esista infinitamente ed eternamente. A causa del Suo capriccio infinito, Dio acquisisce la coscienza della Sua realtà e realizza il Suo Sé infinito, eterno e illimitato per sperimentare la Sua natura trina sconfinata, illimitata e infinita.

Così Dio, con l'acquisizione del Suo nuovo stato di coscienza eterna, è coscientemente ed eternamente consapevole del Suo stato originario di Aldilà dell'Aldilà di Dio-È, che è eternamente incosciente dell'infinitudine del proprio stato di Dio-È. Di conseguenza, la meta è realizzare **coscientemente** lo stato di Dio eterno e infinito.

Come già descritto, lo stato originario di Dio è quello stato di vuoto assoluto e sconfinato in cui Dio **è** e la coscienza **non-è**. Questo stato è lo stato originario di sonno profondo divino di Dio al di là dell'inizio dell'Inizio della Creazione.

Il capriccio originario infinito di Dio quale "causa" è responsabile di aver rotto l'incanto dello stato originario di sonno profondo divino di Dio e il risultato, che è la Creazione, è chiamato l'"effetto".

Per comprendere chiaramente lo stato di sonno profondo divino e capire meglio tutto ciò che avviene immediatamente dopo che il capriccio originario infinito sorge in Dio, scuotendolo dal sonno profondo divino, paragoniamo lo stato di sonno profondo divino di Dio con il sonno profondo dell'uomo.

Questo stato di sonno profondo dell'uomo è letteralmente lo stesso stato originario di sonno profondo divino di Dio. Dio nello stato di Dio-È è eternamente nello stato originario di sonno profondo divino, mentre Dio nello stato umano sperimenta ogni giorno alternativamente lo stato di sonno profondo e lo stato di veglia.

Dio eterno, infinito, senza impressioni e senza forma sperimenta di essere forme o esseri finiti e limitati, inanimati o animati, solo a causa dell'avvento della prima impressione più finita del Nulla manifestatasi come Nullità.

A un certo stadio dell'evoluzione della coscienza le impressioni del Nulla danno a Dio le esperienze dello stato umano.

Queste impressioni del Nulla non sono altro che la procreazione della prima impressione originaria più finita raccolta dal primo raggio di coscienza più finito di Dio e manifestatasi simultaneamente quando il capriccio originario infinito latente è sorto in Dio e ha proiettato il tutto-latente del Nulla più finito come Nullità.

L'impressione originaria più finita si è moltiplicata ed è aumentata simultaneamente e in concomitanza con l'evoluzione del rivolo originario più finito di coscienza.

Le molteplici e varie impressioni così formatesi sono state sperimentate grazie alla maggior evoluzione della coscienza attraverso molteplici e vari mezzi di forme finite, o grossolane, perché le impressioni formate devono necessariamente essere sperimentate dalla coscienza; tuttavia, affinché la coscienza sperimentasse le impressioni, erano assolutamente necessari dei mezzi appropriati.

Così l'evoluzione della coscienza continua, sviluppando un'ulteriore e maggiore coscienza conformemente all'evoluzione di forme grossolane di tipi relativamente sempre più elevati, al fine di sperimentare le impressioni acquisite con i precedenti tipi relativamente inferiori di mezzi grossolani.

In breve, la prima impressione più finita del capriccio originario infinito sorto in Dio ha dato a Dio infinito e incosciente la coscienza più finita. Gradualmente, svariate impressioni si sono moltiplicate, sono aumentate e hanno fatto acquisire a Dio una maggior coscienza finita, finché alla fine l'evoluzione della coscienza era completa quando le impressioni della piena coscienza acquisita hanno fatto identificare Dio con la forma umana. Poiché Dio ha ora raggiunto piena coscienza nella forma umana, non sono più necessarie forme ulteriori o più elevate per sviluppare la coscienza, perché la coscienza acquisita è piena e completa.

Durante il processo di evoluzione della coscienza, mentre faceva identificare Dio coscientemente con svariate forme grossolane finite, inanimate e animate, la coscienza faceva anche simultaneamente, benché inconsciamente, identificare Dio con la Sua forma sottile limitata e la Sua forma mentale limitata. Queste forme si associavano con la forma grossolana limitata di Dio in maniera inconscia, compatta e omogenea durante tutto il processo di evoluzione della coscienza, fin dall'avvento della prima proiezione originaria del Nulla latente nel Tutto.

È del tutto naturale che, insieme all'evoluzione di una coscienza di Dio sempre maggiore, abbia luogo simultaneamente l'evoluzione delle forme sottili e mentali limitate e finite fino a quando nella forma umana grossolana le forme sottili e mentali limitate di Dio sono pienamente sviluppate.

Sebbene Dio abbia acquisito piena coscienza nella forma umana, e sebbene anche le forme sottili e mentali limitate siano pienamente sviluppate nella forma umana, la piena coscienza così acquisita è solamente del grossolano, che dà l'esperienza solo del mondo grossolano. Di conseguenza, la coscienza pienamente acquisita non è ancora cosciente delle forme sottili e mentali e non sperimenta coscientemente i mondi sottile e mentale.

In breve, sebbene Dio nello stato umano abbia acquisito una coscienza piena e completa, non è ancora cosciente della Sua Energia limitata della forma sottile né della Sua Mente limitata della forma mentale. È ancora meno consapevole o cosciente di Sé stesso come Dio uno e indivisibile, eterno e infinito con potere sconfinato e conoscenza illimitata. A questo stadio Dio è solo pienamente cosciente della Sua identificazione con la forma umana e i suoi svariati aspetti grossolani e sperimenta appieno solo il mondo grossolano come essere umano comune del mondo, nella forma di uomo o donna.

Ma la coscienza dell'uomo, con la sua forma mentale come mente, la sua forma sottile come energia e la sua forma grossolana come corpo, è il prodotto della manifestazione del Nulla più finito come Nullità infinita che era latente nello stato di Dio-È. In altre parole, la mente limitata, l'energia limitata e il corpo finito sono tutti del Nulla, e anche la coscienza della mente limitata, dell'energia limitata e del corpo finito è del Nulla.

Nell'uomo, la mente è la sede dei desideri e dei pensieri, l'energia è la sede della forza e del vigore, e il corpo, che simboleggia la felicità, è la sede della felicità e dell'infelicità. Perciò questi desideri e pensieri, forza e vigore, felicità e infelicità sono rispettivamente gli aspetti finiti della mente, dell'energia e del corpo limitati dell'uomo.

Sebbene questi aspetti della base finita della triplice natura dell'uomo – la mente, l'energia e il corpo (che simboleggia la felicità) – siano finiti perché sono il prodotto della manifestazione del Nulla più finito, questi aspetti finiti della mente, dell'energia e del corpo manifestano le loro capacità all'infinito.

Questo avviene perché ciascuna di queste basi finite della triplice natura dell'uomo – l'energia, la mente e il corpo (che simboleggia la felicità) – è strettamente collegata con ciascuna delle tre basi infinite della natura trina di Dio (*sat-chit-anand*) di potere infinito, conoscenza infinita e beatitudine infinita e sostenuta da esse.

Il fatto è che quando la natura trina infinita latente di Dio si manifesta gradualmente dalla proiezione graduale del Nulla finito, e quando simultaneamente protrude la proiezione del Nulla finito come Nullità manifestata all'infinito, questa stessa natura trina infinita di Dio, a questo stadio di manifestazione, rimane impigliata nell'apparente e falsa infinità della Nullità e così si esprime come la triplice natura finita dell'uomo con capacità manifestate all'infinito.

Si può comprendere chiaramente il modo in cui (1) la mente, (2) l'energia e (3) il corpo, come triplice natura dell'uomo, manifestano le loro capacità all'infinito nell'Illusione (1) attraverso la mente inventiva di uno scienziato, che non finisce mai di scoprire e inventare; (2) attraverso la liberazione di energia nucleare nell'Illusione, che ha raggiunto uno stadio in cui minaccia con la propria forza d'illusione di distruggere la stessa Nullità dalla quale è emersa trasformandosi in una forza terribile; (3) attraverso il corpo (il quale simboleggia la felicità) che, tenendo ora il passo con l'avanzato progresso dell'evoluzione del Nulla, è spinto infinitamente a cercare una felicità sempre più grande, tanto che la felicità diventa effettivamente la base stessa della vita illusoria.

L'unica ragione di una tale manifestazione infinita nel campo della Nullità (che è Illusione) è che la triplice natura fondamentale finita dell'uomo – energia, mente e felicità della Nullità – è sostenuta e dispiegata all'infinito dalla natura trina fondamentale infinita di Dio: potere infinito, conoscenza infinita e beatitudine infinita del Tutto.

Il potere infinito è sconfinato e non si riduce né si esaurisce mai, mentre l'energia finita, sebbene collegata al potere infinito, si riduce e si esaurisce perché è solo il prodotto del Nulla manifestato come energia finita della Nullità.

La conoscenza infinita è eterna, uniforme e onnipervadente e perciò senza interruzione nella sua continuità. La mente limitata invece, sebbene collegata alla conoscenza infinita, è infine annientata e destinata a scomparire perché è il prodotto del Nulla manifestato come mente finita della Nullità.

La beatitudine infinita è beatitudine eterna e continua e, poiché è perpetua, è priva di qualsiasi aspetto opposto. La felicità invece, sebbene collegata alla beatitudine infinita, non è perpetua e perciò ha un aspetto opposto di infelicità. Questa felicità finita svanisce, sebbene sia la base stessa della vita dell'essere umano, perché la vita stessa è transitoria. Poiché la vita dell'illusione è il prodotto del Nulla manifestato come vita della Nullità, questa vita deve perire.

Alla fine viene raggiunto uno stadio in cui l'uomo, nel suo travaglio per realizzare Dio, perde la sua triplice natura fondamentale finita, ossia il corpo (che simboleggia la felicità), l'energia e la mente, e realizza la natura trina fondamentale infinita di beatitudine, potere e conoscenza. In questo stato l'uomo sperimenta che la sua natura non è il corpo finito (che simboleggia la felicità) ma beatitudine infinita; non l'energia finita ma potere infinito; non la mente finita ma conoscenza infinita. Così l'uomo perde la sua triplice natura fondamentale finita e realizza che la sua natura è la natura trina fondamentale infinita di Dio. Questo significa che la triplice natura fondamentale finita dell'uomo, che era sostenuta dalla natura trina fondamentale infinita di Dio, si è scollegata dalla natura trina fondamentale infinita di Dio.

Benché l'uomo perda la sua triplice natura fondamentale finita, la piena coscienza che ha acquisito nel suo travaglio non è persa, perché la piena coscienza una volta acquisita non è mai più perduta, tranne nel caso di un grave abuso dei poteri del quarto piano, come descritto in precedenza.

In questo stato, con la coscienza intatta e completa, il corpo limitato e finito (che simboleggia la felicità), l'energia limitata e finita e la mente limitata e finita sono completamente scollegati, rispettivamente, dalla beatitudine, dal potere e dalla conoscenza illimitati e infiniti.

Questo è lo stadio in cui l'uomo è pienamente cosciente e tuttavia non sperimenta più la Nullità falsa e finita come reale e infinita. Il corpo (che simboleggia la felicità), l'energia e la mente, che erano determinanti per dare l'esperienza della Nullità, non hanno più presa sulla coscienza dell'uomo attraverso impressioni finite. Queste sono ora scollegate e sono semplicemente svanite dal focus della coscienza. Devono svanire perché per natura erano del Nulla finito, che letteralmente significa assolutamente nulla.

Ma prima che il corpo, l'energia e la mente perdano infine la loro presa sulla coscienza dell'uomo, c'è un'esperienza predominante che questi fa nella sua vita quotidiana: quella di dormire e svegliarsi ogni giorno.

Questa esperienza fondamentale nell'uomo comune dà origine a tre stati fondamentali nella sua vita quotidiana.

| | |
|---|---|
| Il primo stato | è lo stato di sonno profondo o lo stato di completa incoscienza del Sé nell'uomo. |
| Il secondo stato | è lo stato di sogno o lo stato di semicoscienza o semiveglia. |
| Il terzo stato | è lo stato di veglia completa o lo stato di completa coscienza del Sé nell'uomo come uomo. |

Ora, la consapevolezza dell'uomo è **vita** nell'uomo, e la vita dell'uomo è resa consapevole attraverso le **azioni** dell'uomo. Le azioni sono generate dalle impressioni dell'uomo e viceversa. Queste impressioni dell'uomo sono raccolte e impresse nella mente dell'uomo dalle azioni. Impressioni e azioni sono quindi interdipendenti perché le impressioni sono alimentate dalle azioni e le azioni sono motivate dalle impressioni.

Come detto in precedenza, la fonte delle impressioni rimonta al Nulla latente nel Tutto, che significa Dio nello stato di Dio-È. Quando il Nulla all'inizio si è manifestato come Nullità sotto forma di Creazione, la manifestazione primordiale del Nulla ha dato origine alla prima traccia di coscienza in Dio e in conseguenza di ciò si è manifestata la prima impressione della Nullità. Questa prima impressione ha procreato impressioni con l'evoluzione della coscienza.

Pertanto, tutte le impressioni sono del Nulla e, siccome Nulla significa letteralmente nulla, queste impressioni sono naturalmente solo mere impressioni. Ma poiché è stato attraverso queste stesse impressioni del Nulla che la coscienza si è evoluta pienamente e completamente nell'uomo, la coscienza dell'uomo è strettamente legata a queste impressioni del Nulla e fa sperimentare coscientemente all'uomo questo falso Nulla come Tutto e reale.

Le impressioni in quanto tali hanno un ruolo essenziale nella vita dell'uomo fino al momento in cui vengono completamente cancellate, sgravando e liberando la coscienza dall'esperienza del falso Nulla come Tutto e reale. La coscienza, una volta sgravata da tutte le impressioni, non sperimenterà più il falso Nulla come reale ma sperimenterà la Realtà come Sé illimitato (ossia Dio).

Finché permangono e continuano a impressionare la coscienza dell'uomo, queste impressioni attivate e generate dall'energia dell'uomo vengono costantemente impresse nella mente dell'uomo e sono conservate o immagazzinate nella sua subcoscienza.

Alcune di queste impressioni rimangono assopite nella subcoscienza dell'uomo per ore, giorni o anni, e a volte per vite intere. Ma la maggior parte viene proiettata attraverso la subcoscienza dell'uomo in ogni momento della sua vita mentre sperimenta gli stati di semicoscienza e di piena coscienza, ossia rispettivamente gli stati di sogno e di veglia.

Quando queste impressioni sono completamente assopite, l'uomo è nello stato di sonno profondo. Quando queste impressioni cominciano a essere proiettate dalla subcoscienza dell'uomo, nei loro stadi iniziali sono nebulose perché sono in varie forme sub-sottili modellate dalla Nullità, e si dice che l'uomo si trova in uno stato semicosciente in cui sogna attraverso la sua subcoscienza. Quando queste impressioni nebulose si fanno più nitide nei loro stadi finali o maturi di proiezione, la Nullità nelle sue forme sub-sottili è sperimentata come forme grossolane e si dice che l'uomo si trova in uno stato di piena coscienza o stato di veglia, in cui sperimenta il mondo grossolano attraverso la sua piena coscienza in uno stato di completa veglia.

Quando l'uomo si sveglia, le proiezioni delle impressioni del Nulla manifestano lo stesso sogno della Nullità con più forza e realismo. In altre parole, si dice che lo stesso sogno è ora al culmine nello stato di veglia dell'uomo.

Di conseguenza, lo stato di veglia dell'uomo è l'esperienza di quello stesso stato nebuloso dei sogni, solo che ora questi sono sperimentati nitidamente perché si trovano al culmine e negli stadi pienamente maturi e finali.

Il sogno di un uomo non è altro che un dramma messo in atto dalla proiezione delle impressioni assopite dell'uomo. Queste impressioni, quando sono proiettate attraverso la subcoscienza dell'uomo, creano gli oggetti e le creature del sogno come forme sub-sottili.

L'uomo nello stato di sogno non solo partecipa al dramma del suo sogno e interpreta i ruoli sia del creatore di quel sogno sia dell'eroe nel dramma di quel sogno, ma in questo dramma si associa anche strettamente con gli oggetti e le creature nelle loro forme sub-sottili, che sono il frutto della propria creazione nel suo stato di sogno. Questa creazione di forme sub-sottili è esclusivamente il risultato della manifestazione delle impressioni passate e presenti dell'uomo. Così l'uomo nel suo stato di sogno si associa subcoscientemente con forme in stati sub-sottili.

Quando un uomo le ricorda nello stato di veglia, queste stesse forme che lui ha visto e con le quali si è associato nello stato di sogno gli rammentano le sue associazioni coscienti con le forme grossolane come le cose, le creature e gli esseri connessi con la sua vita quotidiana del presente, collegandole con le sue connessioni e i suoi contatti stabiliti nella vita del passato immediato e a volte lontano.

Ma molto spesso, nello stato di veglia cosciente un uomo ricorda anche che una particolare forma grossolana – di una cosa, una creatura o un essere con cui si associa strettamente e che in effetti cerca – gli rammenta di aver visto quella stessa forma in sogno nel passato, pochi giorni, mesi o anni prima.

Quindi accade realmente che una forma del futuro che l'uomo ha visto in un sogno del passato gli riappaia come una forma grossolana nelle associazioni della sua vita presente.

Tempo dopo, lo stesso oggetto che l'uomo ignorava totalmente di aver mai visto o avvicinato prima in vita sua gli appare (adesso nello stato di veglia) esattamente come l'aveva visto in precedenza nello stato di sogno.

Si registrano anche esperienze analoghe in cui un uomo assiste a certi avvenimenti nei suoi sogni anni prima che accadano effettivamente.

Com'è possibile che un uomo veda in anticipo, nel dramma del suo sogno, tali forme ed eventi del futuro, se questo dramma del sogno è solo il prodotto delle impressioni della sua vita quotidiana passata e presente?

È davvero possibile che in un sogno del presente qualcuno incontri e veda un determinato oggetto che appartiene totalmente al futuro e stabilisca in anticipo future associazioni con esso, rimanendo tuttavia ignaro dell'oggetto finché non lo incontra e vi si associa coscientemente in stato di veglia un giorno, in un futuro lontano?

Anche se una cosa del genere fosse davvero possibile, e se il futuro fosse inavvertitamente esplorato dall'uomo in sogno, allora da dove scaturisce il futuro che appare nel presente dell'uomo?

Come può un uomo che vive nel presente attraverso le proprie impressioni del passato penetrare nel futuro, anche se in uno stato di sogno, e associarsi in anticipo con le impressioni di avvenimenti e oggetti futuri? Che cos'è che conferisce all'uomo la facoltà della preveggenza?

Queste associazioni con oggetti e avvenimenti futuri, per quanto sperimentate inavvertitamente e inconsapevolmente dall'uomo nel presente, si sviluppano automaticamente e sono inevitabilmente presenti perché l'uomo è il creatore del dramma nel suo stato di sogno.

Non appena l'uomo diventa il creatore del dramma del suo stato di sogno attraverso la proiezione delle sue impressioni assopite, questa proiezione delle sue impressioni assopite riflette il suo passato come se fosse realmente il suo presente e l'uomo, trovandosi coinvolto in questo dramma, si trova immerso nel suo passato continuando a considerare il suo passato come suo presente.

In questo modo, sebbene rimanga sempre nel presente, l'uomo continua a preservare inavvertitamente e inconsapevolmente il suo passato, considerandolo il suo presente. Ma continuando a preservare il suo passato, l'uomo, che è allo stesso tempo il creatore, diventa anche contemporaneamente il preservatore della sua creazione attraverso le sue spontanee associazioni con gli oggetti del dramma del suo stato di sogno. Queste associazioni, sebbene stabilite inavvertitamente, mantengono la continuità del dramma e conferiscono al creatore anche il ruolo del preservatore.

In ogni piccolo atto di preservazione di tutto quello che è passato, l'uomo nel suo presente, come preservatore del suo passato, stabilisce anche allo stesso tempo, inavvertitamente e inconsapevolmente, il futuro nel suo presente tramite l'atto stesso di preservare il suo passato come suo presente, presente che era sempre rimasto il futuro del passato.

Prendiamo ad esempio un uomo che si trova a vivere nel presente di oggi e che guarda a ieri come a tutto il suo passato e a domani come a tutto il suo futuro.

Non appena quest'uomo afferma di vivere nel presente di oggi, ha inavvertitamente e inconsapevolmente preservato il passato di ieri non solo come presente di oggi ma anche come futuro di domani, semplicemente considerandosi vivo oggi nel presente.

In ogni piccolo atto di preservazione del passato di ieri, mentre si considera vivo nel presente di oggi, quest'uomo stabilisce anche inavvertitamente e inconsapevolmente nel suo presente di oggi questo oggi come futuro di ieri.

Così, sebbene il passato e il futuro abbiano la loro propria posizione, sono entrambi costantemente e simultaneamente preservati solo nel presente. È solo a causa del presente che sia il passato sia il futuro trovano il loro punto di fusione eternamente nel presente.

Nell'eternità dell'esistenza non c'è tempo.[2] Non c'è né passato né futuro, solo l'eterno presente. Di conseguenza, nell'eternità niente è mai accaduto e niente mai accadrà. Tutto accade nell'eterno ADESSO, se mai qualcosa accade, perché tutto quello che è apparentemente accaduto, tutto quello che sta apparentemente accadendo e tutto quello che apparentemente accadrà nell'universo cosmico illusorio è tutto quello che Dio ha già sognato nel momento in cui il Suo capriccio originario infinito è sorto come "CHI SONO IO?". Così, in verità, niente è mai accaduto e niente mai accadrà.

Quando l'uomo nello stato di sogno si associa con forme passate, presenti e anche future, inventa semplicemente i ruoli nei quali crea un'associazione, poi preserva quest'associazione e alla fine la distrugge, ritenendo per tutto il tempo di essere il testimone di tutto ciò nel presente del suo stato di sogno.

Su queste stesse basi di creazione e preservazione di tutte le cose, di tutte le creature e di tutti gli esseri creati e preservati (nello stato di sogno o nello stato di veglia), a ogni passo del presente si innesta un'inevitabile distruzione quale futuro di tutte le cose create e preservate.

---

[2] Le sfere grossolana, sottile e mentale esistono solo nell'immaginazione, e perciò il tempo e lo spazio esistono solo nell'immaginazione. Pertanto, il tempo non ha un valore assoluto e in ciascuna delle tre sfere ha solamente dei valori relativi che sono del tutto indipendenti gli uni dagli altri. Così il tempo nella sfera grossolana è indipendente dal tempo nelle sfere sottile e mentale; il tempo nella sfera sottile è indipendente dal tempo nelle sfere grossolana e mentale; e il tempo nella sfera mentale è indipendente dal tempo nelle sfere grossolana e sottile. Un sogno non è altro che un'esperienza di cose grossolane mediante gli organi sottili, e tutti sappiamo come un sogno lungo e intricato possa svolgersi in un attimo incredibilmente breve in quel tempo immaginario che è misurato dal movimento delle lancette del nostro orologio da polso.

Ogni cosa che ha un inizio deve avere un'inevitabile fine, e tutte le cose create devono inevitabilmente essere distrutte, per quanto vengano preservate, anticipando il futuro, avvertitamente o inavvertitamente, come distruzione. Nell'atto stesso di preservare, l'uomo nel presente diventa automaticamente il preservatore di tutte le cose che ha creato nel passato. L'uomo diventa il preservatore, nella consapevolezza del futuro che si presenta costantemente nella veste di una distruzione certa che aspetta il suo turno inevitabile come futuro. Naturalmente, in realtà l'uomo **non è consapevole** di conoscere il futuro, ma il fatto stesso che sia il preservatore dimostra che sta anticipando la distruzione; e poiché la distruzione appartiene al dominio del futuro, l'uomo, sebbene non sappia di conoscere il futuro, lo conosce per tutto il tempo in cui è impegnato a svolgere il ruolo di preservatore nel presente.

L'atto stesso di diventare il creatore porta con sé la preservazione di tutte le cose create e il creatore deve per forza svolgere simultaneamente il ruolo di preservatore. Contemporaneamente, nell'atto stesso di diventare il preservatore è anticipata la distruzione di tutte le cose preservate. Di conseguenza, tutte le cose sono avvertitamente o inavvertitamente preservate e quindi il preservatore stabilisce nel presente il futuro di tutte le cose create e preservate, anticipandone l'inevitabile distruzione.

Dio nel Suo stato originario di sogno divino infinito svolge eternamente i tre ruoli di Creatore, Preservatore e Distruttore simultaneamente.

Quando Dio è nel processo di preservare la Sua Creazione infinita è già allo stesso tempo nel futuro e, avendo preservato ciò che ha creato, che è passato, il futuro è stabilito definitivamente davanti a Lui anche nel Suo eterno presente, futuro che distruggerà ciò che ha creato nel passato e ciò che ha preservato nel presente. Di conseguenza Dio, essendo onnisciente ed eternamente del presente, conosce il passato che preserva eternamente come presente e allo stesso tempo sperimenta anche costantemente in anticipo, nel Suo eterno presente, tutto ciò che appartiene al futuro.

Analogamente, Dio nello stato di uomo, come uomo, assiste sempre inavvertitamente nello stato di sogno a ciò che deve anche essere sperimentato nel futuro dello stato di veglia. Così l'uomo scopre che a volte ha preveggenza di cose che accadranno tempo dopo.

In sintesi, nell'atto stesso della creazione sono presenti anche gli atti della preservazione e della distruzione; pertanto, creando l'illusione, Dio, per così dire, simultaneamente la preserva e la distrugge.

In realtà, quindi, nulla è creato che debba poi essere preservato o distrutto, perché la Creazione creata è del Nulla e questo Nulla in realtà significa assolutamente nulla sotto tutti i punti di vista.

Benché questo Nulla sia davvero assolutamente nulla, quando si dice che il Nulla è creato da *Brahma*, preservato da *Vishnu* e distrutto da *Mahesh* o *Shiva*, se ne parla solo in termini di illusione infinita, ovvero nei termini dello stato di sogno divino infinito di Dio relativo all'universo illusorio, *brahmand*.[3]

Nell'eternità della realtà non c'è assolutamente nessuna creazione, preservazione o distruzione, non c'è lo spazio, non c'è alcun posto per la relatività, e ancor meno potrebbero mai esserci i fattori correlati del tempo quali il passato, il presente e il futuro.

Nell'eternità della Realtà, l'esistenza unica, infinita, eterna e onnipervadente **è**.

In breve, quando la coscienza di un uomo gli fa sperimentare le impressioni del Nulla subcoscientemente, si dice che l'uomo sta facendo un sogno. Quando la coscienza dell'uomo gli fa sperimentare più realisticamente e con piena coscienza le impressioni di quello stesso Nulla, si dice che l'uomo sta facendo un altro sogno nel sogno, o si dice che sta facendo nel sogno un vacuo sogno, sperimentando il Nulla nel Nulla. Perciò è assolutamente appropriato dire che il mondo e le sue questioni sono Nulla nel Nulla, un sogno nel sogno. Questo significa che Dio nello stato di uomo sperimenta la vita dell'uomo come un vacuo sogno nel sogno divino, ossia la Creazione. O, in altre parole, la vita dell'uomo non è che un altro sogno di Dio nel sogno del Suo sogno divino o la Creazione.

Sebbene Dio nello stato di uomo abbia acquisito piena coscienza e sperimenti falsamente le molteplici impressioni della falsa infinità della Nullità come la realtà del mondo grossolano, questa piena coscienza e queste innumerevoli impressioni vengono tutte assorbite o inghiottite quando Dio nello stato di uomo trapassa nello stato di sonno profondo, affermando indirettamente il Suo stato originario divino di sonno profondo divino. Quando Dio nello stato di uomo si sveglia completamente ogni giorno dal Suo stato di sonno profondo, la piena coscienza che durante il sonno profondo era assopita e la moltitudine di impressioni che nel sonno profondo erano svanite (ossia erano fuori dalla vista

---

[3] Dei tre aspetti – Creatore, Preservatore e Distruttore – quello di Preservatore è il più importante perché "Il Presente" che preserva il passato e il futuro è importantissimo. Di conseguenza, *Parvardigar (Vishnu)* – il Preservatore – è l'aspetto più importante di Dio.

e dall'esperienza) sono ora tutte catapultate fuori per produrre ancora una volta le false esperienze del Nulla finito che si manifesta come Nullità reale e infinita.

Questa catena infinita di assorbimento ed espulsione alterni della coscienza e delle impressioni negli stati alterni di sonno profondo e di veglia continua fino a quando tutte le impressioni sono infine eliminate o cancellate attraverso l'esperienza delle impressioni opposte nel processo di reincarnazione e involuzione della coscienza. Allora rimane solo la coscienza senza impressioni per dare a Dio l'esperienza cosciente del Suo originario, eterno e infinito stato reale di Dio.

Poiché Dio acquisisce invariabilmente la coscienza piena e senza impressioni attraverso la forma umana, i differenti stati dell'uomo possono essere presi come esempi con cui paragonare i differenti stati di Dio.

Lo stato di sonno profondo di Dio nello stato di uomo non solo assomiglia allo stato di sonno profondo divino di Dio, ma è letteralmente lo stesso stato originario di sonno profondo divino di Dio nello stato di Aldilà dell'Aldilà di Dio-È, in cui regna il vuoto sconfinato e assoluto.[4]

Quando l'uomo trapassa nello stato di sonno profondo, regna il vuoto assoluto senza coscienza e, sebbene nell'uomo il "sé" continui a respirare normalmente, in quel "sé" dell'uomo non c'è coscienza del suo "io" limitato o ego, né c'è coscienza della mente, dell'energia e del corpo limitati o del mondo. Il sé nell'uomo non è nemmeno cosciente del proprio essere. In breve, nello stato di sonno profondo dell'uomo, il "sé-è" e la coscienza "non-è".

Quando un uomo si sveglia quotidianamente dal suo stato di sonno profondo, normalmente non si sveglia per nessuna ragione particolare se non perché la sua coscienza assopita delle impressioni sollecita o stimola la sua subcoscienza a proiettare la coscienza e sperimentare le

---

[4] C'è una relazione profonda e molto reale tra la realizzazione di Dio e il sonno profondo. L'eterno desiderio dell'anima è diventare una con Dio, ma poiché la coscienza si lega al grossolano, l'anima sembra diventare una solo con il grossolano. Nello stato di pietra, ad esempio, la coscienza grossolana fa sì che l'anima si identifichi con la pietra, anche se in realtà l'anima è sempre una con Dio. Per rendere più chiaro questo concetto, supponiamo che assumiate dell'oppio o una bevanda inebriante. Vi sentite euforici o depressi, sebbene non ci sia un cambiamento radicale nel vostro corpo e sia solo la coscienza a essere influenzata e a provocare le vostre sensazioni. Così voi, come anima individuale, siete ventiquattr'ore su ventiquattro in Dio e uno con Dio, anche se vi sentite coscienti solo del grossolano.

Di nuovo, supponiamo che vi sentiate stanchi e stufi e che andiate a dormire. Che cosa state cercando di fare? Nient'altro che cercare di trovare rifugio in Dio, il vostro stato naturale e intrinseco. L'intera Creazione ha questa tendenza cosciente o incosciente di trovare rifugio in Dio, l'Anima Universale, entrando per un po' nello stato di sonno profondo.

# IL RISVEGLIO REALE

Atma pienamente e simultaneamente cosciente del Reale e del Falso = Stato di Dio-Uomo, Stato di Uomo-Dio = Perfezione

## REGNO della PERFEZIONE

Atma pienamente cosciente del Reale e del Falso = Vive in, con e come Dio = Divinità

## REGNO della REALTÀ

Stato di Veglia Divino dell'Atma = Atma pienamente e realmente Cosciente = Stato Unitario Cosciente di Dio

## REGNO dei FENOMENI SPIRITUALI

Stato di Sogno Divino dell'Atma = Atma Cosciente del Semi-Reale = L'Anima sperimenta i Piani Sottile e Mentale

Stato incosciente di Sonno Profondo dell'Atma = Atma pienamente Incosciente = Stato Originario incosciente dell'Anima

Stato di Sogno Ordinario dell'Atma = Atma Cosciente del Semi-Falso = Stato subcosciente dell'Anima

## REGNO dell'ILLUSIONE

Stato di Veglia Ordinario dell'Atma = Atma pienamente Cosciente del Falso = Coscienza grossolana quotidiana dell'Anima

*Le innumerevoli morti durante l'intera unica vita, dall'inizio dell'evoluzione della coscienza fino alla fine dell'involuzione della coscienza, sono come gli innumerevoli sonni durante il corso di una vita.*

\* \* \*

*Chi vive per sé stesso è veramente morto e chi muore per Dio è veramente vivo.*

*– Meher Baba*

impressioni assopite, che svaniscono apparentemente nel sonno profondo. Di conseguenza, non appena si sveglia, l'uomo recupera invariabilmente e simultaneamente la coscienza prima del suo ambiente e poi gradualmente del proprio "sé" con tutti i suoi annessi e connessi dell'"io" limitato, della mente, dell'energia, del corpo e del mondo.

Analogamente, nessuna logica, nessuna ragione e nessuna causa se non il capriccio originario infinito di Dio assolutamente indipendente è stata la vera Causa – la causa originaria – che ha portato Dio nello stato originario di sonno profondo divino a svegliarsi dal vuoto originario sconfinato.

Proprio come un uomo che si sveglia dal suo stato di sonno profondo[5] deve invariabilmente prima passare attraverso lo stato di sogno e poi svegliarsi completamente, acquisendo piena coscienza dopo lo stato semicosciente del sogno (che può durare molto a lungo o solo una frazione di secondo), così avviene anche con Dio nello stato di Dio-È. Prima di svegliarsi completamente dal Suo stato originario di sonno profondo divino, Dio sperimenta necessariamente lo stato semicosciente divino che è lo stato di sogno divino o lo stato di creatore.

Il capriccio originario infinito, quale Causa, ha manifestato in Dio il primo rivolo di coscienza finitissima. Questa coscienza finitissima ha fatto sì che Dio, ora in uno stato semicosciente, sperimentasse attraverso la subcoscienza l'impressione più finita del Nulla latente che si manifestava anche come Nullità. Quest'esperienza della prima impressione più finita della Nullità ha dato inizio al "sogno divino", la creazione dell'universo.

Così il primo rivolo di coscienza nello stato di Dio-È ha instillato in Dio la subcoscienza divina che a sua volta ha conferito a Dio, che era nello stato di sonno profondo divino, lo stato semicosciente divino. In questo stato semicosciente divino, Dio sogna divinamente e sperimenta il sogno divino, o la Creazione, molto prima del reale stato di risveglio divino, stato che, risvegliandolo completamente, gli darebbe l'esperienza di Dio pienamente cosciente della Sua natura divina infinita, sconfinata e illimitata.

Anche questa subcoscienza divina di Dio è emersa dal Nulla che era latente nello stato di Dio-È del Tutto ed è stata necessariamente

---

[5] Vedi Grafico III "Il Risveglio Reale" a p. 88.

proiettata attraverso il punto di creazione, o punto *Om*, nel vuoto assoluto originario del Tutto.

Le vibrazioni stesse della proiezione della subcoscienza divina di Dio, attraverso il punto di creazione nel vuoto originario assoluto, hanno scosso lo stato di sonno profondo divino di Dio e hanno reso manifesto il respiro originario di Dio, o Parola originaria – il *nad* divino – insieme allo spazio, al tempo e all'universo cosmico, con tutti i suoi annessi e connessi di ego, mente ed energia limitati e finiti e forme individuali e multiple.

Quando la proiezione della subcoscienza divina infinita di Dio nello stato di sogno divino acquisisce intensità, il sogno divino, o Creazione, comincia a evolversi e Dio nello stato semicosciente divino non solo comincia a sperimentare il sogno divino, ma rimane anche simultaneamente coinvolto nel Suo sogno divino identificandosi e associandosi con tutte le cose che sperimenta nel campo dell'evoluzione cosmica.

Quando la subcoscienza divina infinita di Dio si proietta infinitamente attraverso il punto di creazione nel vuoto assoluto, l'intera Creazione si proietta gradualmente e si evolve in dimensione, aspetto, forma, colore e così via, secondo l'intensità della proiezione della subcoscienza divina.

A questo stadio Dio, nello stato di Aldilà dell'Aldilà di sonno profondo divino, si è appena destato dal sonno profondo divino (non completamente ma semicoscientemente), anche dopo la completa comparsa della subcoscienza divina infinita che era latente in Dio.

Dio, essendo ora nello stato semicosciente divino più evoluto, sperimenta il sogno divino con più forza e inoltre si identifica e si associa più intensamente con la Sua stessa Creazione.

Gradualmente, sebbene adesso con più forza, Dio sperimenta Sé stesso come tutto nell'evoluzione cosmica e si identifica con gli universi, le arie, gli esseri inanimati e animati, quali pietre, metalli, vegetali, uccelli, vermi, pesci, animali ed esseri umani. In questo modo Dio, alla Sua **Prima Parola** "Chi sono Io?", riceve risposte in apparenza reali ma in realtà false, quali "Io sono pietra", "Io sono metallo", e così via, e alla fine ottiene le risposte "Io sono un uomo", "Io sono una donna".

Quando Dio si identifica con gli esseri umani non è più semicosciente perché a questo stadio dello stato di sogno divino, non appena si identifica con una forma umana Dio acquisisce piena coscienza.

Essendo stata ora acquisita, questa piena coscienza dovrebbe dissipare tutti i sogni e far sperimentare a Dio lo stato reale di veglia, dandogli la realizzazione di essere Dio. A questo stadio, benché Dio si identifichi con gli esseri umani e benché Dio sia ora pienamente cosciente, con un senso di grandissima consapevolezza,[6] Dio non ha realizzato il suo stato reale di veglia divino perché la piena coscienza fin qui acquisita è della Nullità del Nulla che era latente e che ora si manifesta apparentemente come Tutto attraverso la proiezione della Sua subcoscienza divina infinita. Ciò porta Dio a identificarsi con la Sua creazione proiettata anziché diventare cosciente di Sé come Tutto reale e cosciente della Sua identità come Dio.

In breve, questo è lo stadio in cui Dio, identificandosi con gli esseri umani con piena coscienza, rimane ancora del tutto ignaro del Suo stato reale e originario di Dio-È.

Anche in questo stato di piena coscienza Dio continua ancora a sperimentare il mondo di Sua creazione e, con la massima consapevolezza, continua simultaneamente a identificarsi con gli esseri umani, scoprendosi così a volte uomo e a volte donna, secondo la predominanza delle impressioni che sono opposte per natura. In altre parole, Dio nello stato di uomo, benché pienamente cosciente e completamente consapevole, sperimenta Sé stesso non come Dio nello stato di Dio-È ma come uomo nello stato umano, non come infinito ma come finito.

L'ironia paradossale è che Dio il Reale considera ora reale la falsa creazione, avendo perduto la propria realtà nell'illusione e avendo reso la propria realtà un ostacolo a sperimentare la Realtà.

Affinché Dio-nell'uomo sperimenti Sé stesso come Dio-nella-Realtà, la proiezione della piena coscienza di Dio, che è ora fissata sull'uomo, dovrebbe essere ritratta così profondamente all'interno che la stessa piena coscienza, che quando era proiettata all'esterno identificava Dio con l'uomo, dovrebbe ora identificarlo con Sé stesso. Questa è la realizzazione dello stato di Dio e questa realizzazione è la meta divina che è la sola a porre fine al sogno divino.

Raggiungere la meta divina significherebbe che a questo stadio Dio-nell'uomo, attraverso il graduale processo di involuzione della coscienza, dovrebbe infine sperimentare il trapasso-in quello stato originario di sonno profondo divino di vuoto assoluto conservando il

---

[6] Prima di raggiungere la forma umana, c'è coscienza ma non consapevolezza. Nel sonno profondo non ci sono né coscienza né consapevolezza. Fino al sesto piano c'è consapevolezza. Nel settimo piano c'è solo coscienza.

retaggio della piena coscienza che è stata acquisita. Così Dio sarebbe in grado di realizzare il Suo stato eterno di "Io sono Dio" coscientemente. Pertanto, raggiungendo coscientemente il Suo stato originario Dio sperimenterebbe la Sua esistenza eterna divina e la Sua natura divina, che è il Tutto infinito e reale; e così otterrebbe infine la risposta reale alla Sua Prima Parola o domanda "Chi sono Io?": "Io sono Dio".

Per essere più chiari, per raggiungere la meta divina con coscienza pienamente evoluta, Dio cosciente-dell'umano si sforza, attraverso ulteriori esperienze durante il processo di reincarnazione, di ritrarre all'interno, verso di Sé, la piena coscienza già proiettata che ha acquisito non appena si è identificato con la prima forma umana nel Suo sogno divino (la Creazione).

Con l'avvicinarsi di questo stadio d'inizio della fine del sogno divino, la piena coscienza di Dio che sperimenta il falso stato di veglia nella forma umana si sforza al massimo durante il processo di involuzione di ritrarre all'interno, verso di Sé, questa coscienza pienamente evoluta che si proietta all'esterno su tutte le cose dell'universo cosmico invece che su di Sé.

 Per descrivere i vari stadi nei quali la completa incoscienza di Dio nel Suo stato originario di sonno profondo ha gradualmente proiettato la piena coscienza durante il processo di evoluzione della coscienza, e come la coscienza proiettata è stata infine ritratta all'interno durante il processo di involuzione della coscienza dopo numerose reincarnazioni prima di sperimentare effettivamente il reale stato di veglia divino di "Io sono Dio", visualizziamo i differenti stadi uno dopo l'altro, paragonando ogni stadio di graduale acquisizione della coscienza di Dio con gli stati corrispondenti di un uomo normalmente cosciente, che all'inizio si trova in un sonno profondo e successivamente acquisisce abbastanza coscienza da realizzare infine ogni giorno il suo stato di veglia ordinario.

*Primo stadio*

Visualizzate un uomo con gli occhi completamente chiusi e nel sonno profondo. Quest'uomo è completamente incosciente e ignaro di tutto ciò che lo circonda. Adesso immaginate contemporaneamente lo stato di sonno profondo divino originario di Dio nel quale Egli si trova nel vuoto assoluto originario dello stato di Dio-È. In entrambi i casi, ossia tanto nello stato senza forma di Dio quanto nello stato di forma umana di Dio come uomo o donna, c'è una completa assenza di coscienza e in entrambi i casi regna il vuoto assoluto. Simultaneamente, immaginate anche la totale assenza di coscienza in entrambi i casi come paragonabile agli occhi completamente chiusi di un uomo nel sonno profondo.

*Secondo stadio*

Visualizzate lo stato successivo dell'uomo come se fosse ancora addormentato ma stesse cominciando ad aprire gli occhi molto, molto leggermente perché è appena stato scosso dal suo stato di sonno profondo e l'incanto del vuoto assoluto è rotto dalla comparsa delle impressioni assopite che cominciano ora a proiettarsi attraverso la subcoscienza dell'uomo, che era anche latente in lui nello stato di sonno profondo. A causa della proiezione delle varie impressioni attraverso la sua subcoscienza, quest'uomo comincia ora a fare dei sogni mentre è ancora addormentato, anche se non più nello stato di sonno profondo, perché non regna più il vuoto assoluto. Per l'uomo, cominciare a fare dei sogni significa che nello stadio iniziale dello stato di semicoscienza comincia a sperimentare attraverso la sua subcoscienza le impressioni assopite della Nullità in forme sub-sottili. Adesso l'uomo non solo è nello stadio iniziale dello stato di semicoscienza e non solo comincia a fare dei sogni, ma inizia anche a rimanere coinvolto nei sogni cominciando ad associarsi con le creature in forme sub-sottili di sua propria creazione. Così la proiezione delle impressioni, che erano assopite nella subcoscienza dell'uomo, fa interpretare all'uomo il ruolo di eroe o di creatore nel dramma dei suoi sogni. Poiché quest'uomo nello stato di sogno si è solo appena scosso dal sonno profondo e ha appena raggiunto lo stato semicosciente, raffiguratevi quest'uomo che sta facendo dei sogni come qualcuno che sta adesso cominciando ad aprire gli occhi molto, molto leggermente. Cominciare ad aprire gli occhi assomiglia all'avvento della prima traccia di coscienza come subcoscienza manifestata nell'uomo.

Mentre visualizzate questo stato dell'uomo, raffiguratevi parallelamente in modo analogo quello stato di Dio in cui Egli si è appena scosso dal Suo stato originario di sonno profondo divino. Adesso Dio comincia appena a sperimentare lo stato di sogno divino, o lo stato di Creatore, allorché la prima impressione più finita della Nullità è proiettata attraverso la subcoscienza divina di Dio. Entrambe – ossia la Nullità e la subcoscienza divina di Dio – erano latenti in quanto del Nulla nello stato originario di Dio come Tutto. Dio, adesso nello stadio iniziale dello stato di semicoscienza divino, comincia appena a identificarsi con le creature di Sua propria Creazione (ossia il Suo sogno divino) attraverso la subcoscienza divina infinita che comincia appena a proiettare la Creazione, ossia le impressioni della Nullità.

*Terzo stadio*

Visualizzate il terzo stato dell'uomo come se fosse ancora addormentato, ma con gli occhi mezzi aperti, perché un uomo in questo stato sperimenta ora completamente lo stato semicosciente. Per raffigurarvi questo stato semicosciente completo dell'uomo ancora addormentato, continuate a visualizzarlo con gli occhi molto, molto leggermente aperti, il che rappresenta l'inizio dello stato semicosciente. In questo stato, come detto sopra, l'uomo comincia a fare dei sogni a causa delle false impressioni illusorie della Nullità che sono state raccolte subcoscientemente e sono ora espulse attraverso la proiezione della subcoscienza, dando origine all'inizio dello stato di sogno dell'uomo. Ma mentre i sogni continuano e acquisiscono vigore per l'intensità della proiezione delle molteplici e varie impressioni assopite attraverso la subcoscienza dell'uomo, questi rimane sempre più coinvolto subcoscientemente. Di conseguenza, adesso si associa fermamente con le creature che crea nei sogni e si trova completamente nello stato semicosciente. Questo stato semicosciente dell'uomo rappresenta quello stato che non è né lo stato di sonno profondo completo e privo di coscienza, né lo stato di veglia completo con piena coscienza. Questo stato è, per così dire, lo stato di semiveglia. Ora visualizzate questo terzo stato dell'uomo come lo stato di semicoscienza rappresentato dagli occhi mezzi aperti dell'uomo che sogna con maggior forza e molta più intensità.

Mentre visualizzate questo stato dell'uomo, raffiguratevi parallelamente quello stato di Dio nello stato di sogno divino in cui Dio sperimenta uno stato semicosciente. A questo stadio, Dio come creatore della Creazione sperimenta lo stato di creatore attraverso lo stato semicosciente divino infinito. Qui la subcoscienza divina infinita, proiettando intensamente la Creazione in essere, afferma continuamente l'identificazione di Dio con le creature di Sua propria creazione. Questo fa sorgere infinite esperienze di natura più intensa nel sogno divino di Dio, in cui Dio si ritrova di fatto come creatura della Sua Creazione.

94

*Quarto stadio*

Visualizzate il quarto stato dell'uomo come quello in cui è ancora addormentato ma sta gradualmente cercando di aprire di più gli occhi già mezzi aperti, conformemente all'intensità sempre maggiore della proiezione di impressioni sempre più numerose attraverso la subcoscienza dell'uomo ancora nello stato di sogno. Qui l'uomo non è solo in uno stato semicosciente ma è anche sul punto di essere pienamente cosciente, e sta per realizzare il suo stato di veglia.

Ora, parallelamente a questo, raffiguratevi anche quello stato di Dio nel quarto stadio del Suo stato di sogno divino. Paragonate il quarto stato dell'uomo nello stato semicosciente con uno stadio molto critico nello stato di sogno divino di Dio. Qui la proiezione di impressioni infinite attraverso la subcoscienza divina infinita di Dio si è a tal punto intensificata nel corso dell'evoluzione cosmica della coscienza di Dio che questa proiezione sta per essere fissata in modo così completo, o incentrata in modo così perfetto, sull'infinità della Nullità da identificare Dio con la Sua immagine più perfetta nel Suo sogno divino della Creazione. Così, a questo stadio dello stato di sogno divino, Dio il Creatore sta per identificarsi con una forma umana dopo innumerevoli identificazioni con tutto ciò che è nella Sua Creazione, inclusi gli oggetti inanimati e animati. Dio, nello stato divino infinito di semicoscienza, è ora quasi sul punto di acquisire piena coscienza mentre sta per identificarsi con la forma umana.

*Quinto stadio*

Visualizzate il quinto stato dell'uomo come ancora addormentato ma con gli occhi adesso **quasi** aperti. L'uomo in questo stato è **ancora** nello stato di semicoscienza o di semiveglia, e fa sogni che sono al culmine del loro stadio finale, nel quale le impressioni sono proiettate attraverso la sua subcoscienza con la massima intensità. L'apice è raggiunto sia dalla proiezione intensificata delle impressioni in forme molto meno nebulose, o con un più alto grado di realismo, sia dai sogni corrispondenti sognati con un maggior grado di chiarezza, o nel loro stadio maturo. Questo è lo stadio dei sogni in cui le forme sub-sottili della Nullità hanno raggiunto l'apice e appaiono più chiaramente. I sogni al loro culmine devono ora cessare, perché l'apice raggiunto dalle proiezioni delle impressioni attraverso la subcoscienza dell'uomo è a questo punto sufficiente per stimolare e sollecitare la comparsa o la manifestazione della piena coscienza in qualsiasi momento. Questo stato dell'uomo **quasi** pienamente cosciente può quindi essere raffigurato come un uomo con gli occhi quasi ben aperti, ma ancora addormentato. Questo è lo stadio raggiunto una frazione di secondo prima che l'uomo si desti dal suo stato di sogno per svegliarsi completamente. Questo è lo stato semicosciente completamente maturo della subcoscienza.

Mentre visualizzate il quinto stato dell'uomo, raffiguratevi parallelamente quello stato di Dio nel Suo stato di sogno divino in cui Dio sperimenta lo stato completamente maturo dello stato semicosciente divino infinito e sta quasi per acquisire piena coscienza. Al suo apice, l'intensità della proiezione delle impressioni infinite attraverso la subcoscienza divina infinita di Dio ha quasi cessato di far identificare semicoscientemente Dio con l'ultima delle creature nell'evoluzione cosmica della Creazione e delle forme. Con subcoscienza divina infinita, Dio è nel suo stato semicosciente divino infinito, che quando era **quasi maturo** faceva identificare Dio con infinite impressioni di forme animali. Ora, nel quinto stadio dello stato di sogno divino in cui Dio è nello stato semicosciente divino infinito **completamente maturo**, Dio non può più essere indotto a identificarsi con le impressioni di forme animali, sebbene siano intensamente e infinitamente proiettate attraverso la Sua subcoscienza divina infinita. A questo punto è raggiunto uno stadio nello stato di sogno divino in cui, con la proiezione all'infinito di impressioni proiettate infinitamente attraverso la subcoscienza divina infinita di Dio al suo apice, questa proiezione infinita ha quasi fatto identificare Dio con una forma umana e Dio è quasi pienamente cosciente.

*Sesto stadio*

Visualizzate il sesto stato dell'uomo come completamente risvegliato dal sonno e con gli occhi completamente aperti. In questo stato l'uomo non è più nello stato semicosciente, nel quale stava sognando sogni che non erano altro che la proiezione nebulosa e vaga delle impressioni assopite della Nullità che erano immagazzinate nella sua subcoscienza e realizzate attraverso di essa nelle forme sub-sottili della Nullità. Questo è lo stadio nello stato dell'uomo in cui si è appena svegliato completamente ma, benché sia pienamente cosciente, non è ancora cosciente del suo "Sé". L'uomo non è più negli stati di sonno profondo e di semicoscienza e avendo acquisito la piena coscienza è adesso raffigurato con gli occhi completamente aperti. Questo significa la fine del sogno o la fine del falso stato di uomo in cui ha sperimentato il Nulla latente, o assopito, manifestato nel suo stato grezzo come Nullità sotto l'aspetto di forme sub-sottili nebulose e vaghe. L'uomo adesso nello stato di veglia non sperimenta né vede più la Nullità come qualcosa di nebuloso o vago come la vedeva nello stato di sogno. Con gli occhi da poco completamente e pienamente aperti, è confuso e fissa vacuamente le cose che gli si presentano ora alla vista in modo più realistico. L'uomo osserva ora le cose che gli si presentano alla vista come se stesse vedendo le forme mature, chiare e pienamente svilup-pate della medesima Nullità che aveva visto in sogno come grezze, nebulose e vaghe. In questo stato l'uomo vede, per così dire, ancora un altro sogno, ma lo vede molto più realisticamente del sogno dal quale si è svegliato una frazione di secondo prima.

Questo è il sesto stadio nello stato dell'uomo in cui l'uomo, confuso, sperimenta semplicemente la vista delle cose molto più realisticamente ma ancora come se si trattasse solo di un vacuo sogno. Ossia, l'uomo vede con più forza e realismo ma ancora vagamente il sogno del suo stato di sogno, che gli dà la sensazione di un altro sogno dentro il sogno del suo stato di sogno.

Questo stato corrisponde ai pochi secondi immediatamente dopo che un uomo si è svegliato e inizialmente non può fare a meno di vedere gli oggetti che entrano nel suo campo visivo anziché il proprio sé. Questo avviene perché, non appena i suoi occhi si aprono dopo lo stato di sonno, l'apertura spontanea degli occhi a lungo chiusi crea in lui una sorta di stato di confusione e, sebbene si sia svegliato e sia pienamente cosciente, è ancora inconsapevole del suo Sé o della sua posizione in relazione agli oggetti che lo circondano. L'uomo fissa semplicemente gli oggetti sui quali cade il suo sguardo.

Mentre visualizzate il sesto stato dell'uomo, raffiguratevi parallela-mente nello stesso modo lo stato di Dio nell'istante in cui Dio si è **appena** identificato con una forma umana e ha **appena** acquisito piena coscienza. In questo momento Dio non è più nello stato semicosciente divino infinito, nel quale stava sognando il sogno divino originario che era la proiezione del Nulla latente liberato dalla subcoscienza divina infinita come Creazione, o come Nullità completamente evoluta.

In questo sesto stato Dio è ora uscito dal Suo sonno profondo divino originario e dai Suoi stati semicoscienti divini infiniti, perché è ora pienamente cosciente. Qui Dio è cosciente non del Suo Sé illimitato né della Sua natura trina infinita, sconfinata e illimitata di potere, conoscenza e beatitudine infiniti, ma è **solo** pienamente cosciente. Dio è ora pienamente cosciente nel senso che Dio è coscientemente assorto nella Nullità che ora si manifesta attraverso la Sua piena coscienza sotto forma di stati grossolani chiari, ben definiti e realistici che mostrano apparentemente i loro aspetti infiniti all'infinito.

*Settimo stadio*

Visualizzate il settimo stato dell'uomo nel quale ha gli occhi del tutto aperti ed è completamente e pienamente sveglio, nel senso che ora afferma il suo sé limitato, o ego, ed è cosciente della sua forma umana o corpo grossolano, del suo ambiente e del mondo grossolano. Sebbene quest'uomo sia pienamente cosciente e completamente consapevole del grossolano e sperimenti appieno il mondo grossolano, è ancora incosciente dell'energia e della mente limitate di cui fa indirettamente un uso inconscio, essendo consapevole dei loro aspetti solo attraverso i limiti del suo corpo grossolano. In questo stato l'uomo è pienamente cosciente, ma del grossolano, ed è pienamente consapevole del suo sé come un uomo nel mondo che lo circonda.

L'uomo non solo è completamente consapevole del mondo grossolano e di tutte le cose del mondo che gli si presentano alla vista, ma li sperimenta anche effettivamente coinvolgendovi il suo stato pienamente cosciente e pienamente consapevole del sé limitato. Riconosce ora gli oggetti del mondo grossolano attraverso i suoi cinque sensi grossolani principali e li distingue l'uno dall'altro, usandoli con o senza discriminazione e servendosi automaticamente e indirettamente dell'energia e della mente che sono ora pienamente sviluppate, attribuendo loro il proprio valore relativo quando il suo sé limitato si afferma nel suo stato di veglia prima che torni di nuovo nel sonno profondo.[7]

Mentre visualizzate il settimo stato dell'uomo, raffiguratevi analogamente quello stato di Dio in cui Dio si identifica completamente con la forma umana e acquisisce piena e completa coscienza. Adesso Dio non sogna più divinamente il sogno divino originario, ma con la piena

---

[7] Nello stato di veglia, è la mente che vede attraverso gli occhi grossolani, ode attraverso le orecchie grossolane, odora attraverso il naso grossolano, mangia attraverso la bocca grossolana e agisce attraverso gli arti grossolani.

Nello stato di sogno (stato subcosciente) è la mente che vede attraverso gli occhi sub-sottili, ode attraverso le orecchie sub-sottili, e così via.

Nello stato di sonno profondo, è la mente che è in pace e a riposo.

coscienza ora completamente acquisita sperimenta falsamente la completa consapevolezza. Questa consapevolezza rende Dio falsamente consapevole di quel Nulla originario che era latente nel Suo stato di infinitudine e che, con l'attuale acquisizione della piena coscienza, gli fa sperimentare realisticamente quel Nulla come Tutto, infinito e reale. In altre parole, quando Dio si trovava nello stato semicosciente divino infinito stava sperimentando il Nulla latente manifestato come Nullità come il Suo sogno divino. Adesso che Dio è in uno stato pienamente cosciente, non sperimenta apparentemente quel Nulla come sogno divino della Nullità, ma sperimenta effettivamente la consapevolezza di questo Nulla come Tutto.

In questo stadio segnato dall'avvento della consapevolezza, sebbene Dio nello stato di creatore abbia cessato di sognare divinamente il sogno divino originario, con l'acquisizione della piena coscienza e della completa consapevolezza Dio diventa ora completamente consapevole del sogno divino originario non come un sogno ma come qualcosa di realistico, non come illusione ma come realtà, non come Nulla ma come Tutto, preservando il Nulla che ha creato. Pertanto, sebbene Dio abbia acquisito piena coscienza e sperimentato completa consapevolezza nello stato di creatore, questa consapevolezza di Dio il Creatore si rivela un inganno e fa ora sperimentare a Dio il Suo sogno divino (o Creazione) del Nulla come Realtà mentre si identifica con l'essere umano.

In breve, Dio il Creatore come Dio-nell'uomo, per quanto adesso pienamente cosciente e completamente consapevole e fuori dal Suo stato di sogno divino originario, si ritrova non come Dio ma come uomo con coscienza grossolana completa che sperimenta la creazione del Suo stato di sogno divino originario come Realtà. C'è da dire qui che Dio-nell'uomo, nello stato di veglia e con la consapevolezza della falsa realtà, continua a sperimentare il vacuo sogno divino come un altro sogno di Dio all'interno del sogno divino originario.

Questo è lo stadio più allettante dello stato di Dio nel quale, con la piena coscienza acquisita, Dio è fuorviato dalla falsa consapevolezza raggiunta e indotto a identificarsi non con il Suo Sé illimitato e infinito ma con la Sua immagine più perfetta nella forma di essere umano mentre continua a sperimentare il vacuo sogno divino.

Sebbene questo possa sembrare pura immaginazione, in effetti la vita stessa dell'uomo è il velo che avvolge la realtà dell'esistenza eterna di Dio.

Questa è l'ironia del fato divino: Dio si perde nell'uomo per trovare Sé stesso e, nell'istante in cui l'uomo si perde in Dio, Dio realizza la Sua Realtà come Esistenza eterna e infinita.

In altre parole, Dio infinito si assorbe infinitamente nella propria immagine infinitamente perfetta all'intensa ricerca della Sua infinità; e sebbene attraverso ciò Dio acquisisca la piena coscienza, non è in questo che realizza la realtà della sua esistenza eterna e infinita. Ma nell'istante in cui la piena coscienza così acquisita cessa di identificare Dio con il riflesso infinito della Sua immagine infinitamente perfetta, questa immagine svanisce dalla coscienza di Dio e Dio realizza spontaneamente, automaticamente e coscientemente la propria identità come Dio, Esistenza infinita, e scopre che solo Lui è sempre stato, sempre è ed eternamente rimarrà l'**Unica Realtà**.

Così Dio nello stato di uomo, realizzando dapprima Sé stesso come uomo, ha affermato i Suoi aspetti limitati attraverso il sé limitato o l'ego limitato, la mente limitata, l'energia limitata e il corpo grossolano finito. Alla fine, realizzando un giorno Sé stesso come Dio, manifesta la Sua natura trina illimitata, sconfinata e infinita di conoscenza infinita, potere infinito e beatitudine infinita attraverso il Suo Sé divino illimitato.

Descrivendo attraverso i sette differenti stadi primari il processo di sviluppo della coscienza latente di Dio nel Suo stato divino originario e incosciente di sonno profondo, e paragonandolo ai sette differenti stati primari dell'uomo che acquisisce coscienza dal suo stato incosciente di sonno profondo allo stato in cui raggiunge piena coscienza e si sveglia del tutto con gli occhi completamente aperti, si scopre che questo è il processo di evoluzione della coscienza di Dio che alla fine identifica Dio pienamente cosciente con l'uomo pienamente cosciente, dopo aver identificato Dio con tutto ciò che è inanimato e animato nel dramma del sogno divino della Creazione. (18)

Dallo stato incosciente (paragonato allo stato divino di sonno profondo) fino all'acquisizione della coscienza piena e completa nello stato di uomo (paragonata agli occhi completamente aperti dell'uomo che sperimenta il mondo grossolano), Dio rimane Uno, indivisibile, infinito, senza forma ed eternamente onnipervadente. Ma è la natura infinita e onnipervadente di Dio che esprime coscientemente e inconsciamente la Sua esistenza divina eterna, direttamente e indirettamente, in tutti quanti gli stati e le forme, attraverso l'espressione del loro stesso essere.

L'intero processo di evoluzione è stato un risultato assolutamente spontaneo del capriccio originario infinito che è sorto in Dio incosciente affinché diventasse cosciente della Sua esistenza eterna e infinita. E per quanto possa sembrare paradossale, nel processo di evoluzione l'**inco-scienza** di Dio ha sollecitato il graduale sviluppo della **coscienza** latente di Dio, coscienza che si è ampliata sempre di più attraverso un

processo graduale, sistematico e progressivo di acquisizione e speri-
mentazione di svariate e innumerevoli impressioni attraverso l'identificazione di Dio con svariate e innumerevoli forme grossolane.

Così la coscienza in evoluzione di Dio porta all'identificazione di
Dio con forme e stati di forme di tipi sempre più elevati. Questa identificazione di Dio porta a sua volta a una catena apparentemente senza
fine di associazioni e dissociazioni, o le cosiddette nascite e morti, di
forme e di esseri che continuano a formarsi e ad affermarsi per poi
svanire nella Nullità, lasciando dietro di sé un retaggio di impressioni
che a loro volta portano la coscienza in evoluzione di Dio a identificarsi
nuovamente con un'altra forma modellata con le impressioni lasciate
dalla forma appena svanita.

Attraverso il processo di evoluzione, Dio incosciente ha infine acquisito la piena coscienza quando la coscienza evoluta di Dio ha infine
identificato Dio con la forma umana. Ma questa piena coscienza acquisita era una coscienza impressionata e di conseguenza non ha fatto
realizzare a Dio lo stato originario infinito di Dio. Al contrario, Dio ha
realizzato di essere uomo. Così Dio, dopo il capriccio originario della Sua
Prima Parola ("Chi sono Io?"), a questo stadio si scopre uomo e sperimenta il mondo grossolano, vivendovi apparentemente come uomo, del
tutto ignaro della Sua esistenza infinita ed eterna, finché non scopre che
la risposta reale alla Sua Prima Parola "Chi Sono Io?" è "Io sono Dio".

Così il capriccio originario ha **creato** il Nulla; e le impressioni, o
*sanskara*, hanno **preservato** questo Nulla come Nullità, ossia la Creazione e le creature della Creazione; e alla fine le impressioni opposte
estirperanno un giorno queste impressioni e distruggeranno questa
Nullità per dare la realizzazione della Realtà.

È stato il capriccio originario di Dio che ha fatto sorgere in Dio
assolutamente indipendente gli attributi trini infiniti di Dio il Creatore,
Dio il Preservatore, Dio il Distruttore (ossia *Brahma, Vishnu, Mahesh*). È
lo stesso capriccio originario di Dio a essere responsabile di aver conferito a Dio gli attributi infiniti di Creatore, Preservatore, Distruttore.

Questi attributi trini infiniti di Dio si affermano costantemente con
forza attraverso la formazione, la conservazione e la dissoluzione costanti
di tutte le cose e di tutti gli esseri esistenti. Anche nella vita quotidiana
dell'uomo e di tutte le creature nella Creazione questo aspetto trino infinito di Dio appare costantemente per affermarsi attraverso nascite, pro-
creazioni (che assicurano la preservazione) e morti costanti.

La prima parola originaria, attraverso il capriccio originario di Dio,
ha creato dal Nulla latente la prima impressione originaria latente di

"Chi sono Io?" e questa prima impressione originaria ha procreato la Nullità latente come Creazione originaria. A sua volta, la procreazione della Nullità procrea le impressioni che continuano a preservare costantemente la Nullità come Creazione originaria, finché questa Nullità è infine distrutta dalle impressioni opposte attraverso i processi di reincarnazione e involuzione della coscienza, e si ottiene la risposta finale "Io sono Dio" alla prima parola "Chi sono Io?".

È in conformità con le impressioni procreate dalle svariate affermazioni coscienti individualizzate di forme ed esseri inanimati e animati che l'illusione mantiene costantemente la sua condizione apparentemente infinita e varia. È a causa di questa catena incessante e apparentemente infinita di svariate impressioni individualizzate procreate che la Creazione originaria, scaturita dal capriccio originario di Dio, è costantemente preservata mentre si evolve contemporaneamente in modo che tutte le forme e tutti gli esseri individualizzati esistenti possano sperimentare coscientemente le risposte alla prima parola "Chi sono io?" come "Io sono una cosa inanimata", "Io sono una creatura animata", "Io sono un essere razionale", "Io sono un uomo" e "Io sono una donna".

Ad esempio, quando Dio nello stato di uomo, come uomo, dorme profondamente, e quando il tempo e lo spazio (il giorno e l'universo dell'uomo) sono stati tutti apparentemente distrutti per lui, cos'è che ogni giorno gli crea immancabilmente il suo mattino quotidiano? E ancora, quando l'uomo si sveglia ogni giorno, cos'è che gli crea immancabilmente il suo universo e tutte le cose che sono di esso e in esso? Sono le impressioni assopite dell'uomo raccolte nel corso dell'evoluzione della coscienza e nel processo di reincarnazione che spingono la sua coscienza assopita durante il sonno profondo a svegliarlo inavvertitamente ogni giorno, affinché le sue impressioni assopite abbiano la possibilità di essere esaurite attraverso esperienze coscienti durante lo stato di veglia. In questo modo le impressioni dell'uomo nello stato di assopimento **creano** ogni giorno il suo mattino e il suo universo. Sebbene sia il mattino quotidiano sia l'universo dell'uomo siano stati simultaneamente creati per lui dalle sue impressioni assopite, entrambi erano già stati opportunamente **preservati** per lui dalle sue impressioni della sua vita nello stato di veglia quotidiano e anche attraverso la procreazione nella sua vita quotidiana di impressioni, o *sanskara*, sempre più profonde dell'Illusione già esistente, o Creazione originaria, scaturita dal capriccio originario di Dio. Alla fine, sia il mattino (o il giorno) sia l'universo di quest'uomo vengono **distrutti** dalle sue impressioni opposte sperimentate nello stato di sonno, le quali sono diametralmente opposte alle impressioni del suo stato di veglia.

Quindi, in una successione regolare continua, Dio nello stato di uomo come uomo si afferma costantemente come Creatore della propria Creazione attraverso le impressioni assopite dell'uomo, come Preservatore della propria Creazione attraverso la vita che l'uomo vive quotidianamente nello stato di veglia procreando le impressioni della creazione, e come Distruttore della propria Creazione attraverso le impressioni opposte dell'uomo quando questi si addormenta e infine trapassa nello stato di sonno profondo. Ogni giorno, distruggendo infine la creazione stessa individualizzata dalla sua coscienza, l'uomo crea, preserva e distrugge di nuovo l'intera creazione attraverso il gioco delle impressioni. Anche attraverso l'essenza stessa di ogni cosa e di ogni creatura, Dio afferma costantemente i Suoi attributi trini infiniti di Creatore, Preservatore e Distruttore.

Come nella natura dello stato di uomo, anche nella natura di ogni stato di Dio Egli afferma costantemente, direttamente e indirettamente, apparentemente e realmente, i Suoi attributi trini infiniti di Creatore, Preservatore e Distruttore contemporaneamente. Persino nella pulsazione del cuore e nel funzionamento dei polmoni i tre aspetti degli attributi trini infiniti non mancano mai di affermarsi. Con ogni pulsazione il cuore si espande, si rilassa (nel periodo refrattario) e si contrae, annunciando simultaneamente da una parte l'avvenuta nascita di un essere, sostenendo dall'altra la vita dell'essere e, infine, con l'ultima contrazione finale, portando alla morte fisica dell'essere.

Così gli attributi trini di Dio come Dio il Creatore, Dio il Preservatore e Dio il Distruttore (*Brahma*, *Vishnu* e *Mahesh* o *Shiva*), si affermano indipendentemente e simultaneamente in tutte le cose, in ogni creatura e in tutti gli esseri, in ogni stato di Dio a ogni stadio dell'evoluzione della coscienza e su ogni piano dell'involuzione della coscienza finché un giorno la Creazione cosmica originaria, che ha sostenuto le ere, i cicli e i periodi ed è stata preservata dal gioco delle impressioni cosmiche, è infine distrutta dal gioco delle impressioni cosmiche opposte di Dio. Questa distruzione finale è generalmente conosciuta come *mahapralaya*, che significa "Il più grande dei grandi eventi di assorbimento", in cui l'intera Creazione cosmica come Nullità è assorbita infinitamente dal Tutto.

Nel processo di evoluzione, Dio incosciente ha ottenuto la piena coscienza non del Suo stato originario infinito ma del grossolano e finito. Dopo tutto lo sforzo durante il corso dell'evoluzione, Dio ha senza dubbio ottenuto la piena coscienza, ma a quale prezzo? Il prezzo è stato il fardello del retaggio delle impressioni accumulate nella forma grossolana – l'ultimo mezzo di associazione della coscienza in evoluzione di Dio – attraverso la quale la piena coscienza ha completato la sua evoluzione nell'istante in cui Dio si è identificato con la forma umana. Di conseguenza, Dio nello stato di uomo è ancora inconsapevole del Suo stato originario nonostante abbia acquisito piena coscienza. Questa inconsapevolezza è dovuta all'indesiderato (benché necessario) fardello delle impressioni grossolane ancora aggrappate alla piena coscienza acquisita.

Il processo attraverso cui Dio nello stato di uomo lotta per liberarsi da queste impressioni finite avviene attraverso impressioni opposte ed è chiamato processo di reincarnazione. (19)

Nel cercare di liberare la coscienza dalle impressioni finite, la coscienza grossolana di Dio deve necessariamente sperimentare queste impressioni e poi esaurirle attraverso innumerevoli esperienze opposte durante una serie di reincarnazioni. Le esperienze di natura opposta sono assolutamente essenziali per esaurire le impressioni, perché solo le esperienze opposte possono smuovere le radici di svariate impressioni molto fitte, o saldamente consolidate.

Nel processo di reincarnazione, Dio pienamente cosciente del grossolano nell'uomo, fortificato dai corpi sottile e mentale completamente sviluppati e usati costantemente anche se inconsciamente, deve necessariamente sperimentare una serie di interminabili catene di svariate e innumerevoli esperienze di natura opposta, affinché le impressioni degli opposti possano essere esaurite. Queste impressioni vengono costantemente impresse sul corpo mentale (o mente dell'uomo), o raccolte da esso, e sono conservate o rilasciate dalla subcoscienza dell'uomo. Quando queste impressioni sono rilasciate attraverso la subcoscienza e la piena coscienza di Dio nell'uomo, come uomo, egli fa svariate esperienze secondo la varietà e l'intensità delle impressioni rilasciate, mentre il corpo sottile dell'uomo, che è la sede dell'energia, energizza queste impressioni per indurre l'uomo a compiere azioni nella sua vita quotidiana nello stato di sogno o nello stato di veglia (a seconda del caso). Anche queste azioni sono per natura opposte alle svariate impressioni opposte corrispondenti.

Così, nello stato di uomo sul piano grossolano l'energia e la mente, sebbene siano pienamente sviluppate e continuamente e costantemente usate, sono impiegate indirettamente e inconsciamente. Nei piani dell'Energia (ossia nei piani sottili), questa Energia è usata divinamente e coscientemente, ma nei piani sottili la Mente è usata indirettamente e inconsciamente. Nei piani mentali, quando questa Mente è usata divinamente e coscientemente, l'Energia è usata solo indirettamente e inconsciamente.[8]

Ne consegue inevitabilmente che, mentre sperimenta gli opposti nel mondo grossolano, questo Dio cosciente del grossolano nello stato di uomo si reincarna più volte, a volte come uomo, a volte come donna, in differenti caste, credi, nazionalità e colori e in vari luoghi e continenti diversi, passando sempre in rassegna impressioni opposte ed esaurendole attraverso le esperienze degli opposti.

È sempre attraverso queste diverse impressioni opposte e le loro rispettive esperienze opposte che Dio cosciente del grossolano nello stato di uomo sulla terra può un giorno, dopo milioni di rinascite, diradare le fitte impressioni. È il processo di questo ciclo di cosiddette morti e nascite di forme umane che spinge infine la coscienza di Dio cosciente del grossolano nello stato di uomo a involversi. Questo processo di involuzione della coscienza prende gradualmente forma quando le impressioni grossolane diventano gradualmente più deboli e più scarse.

L'involuzione della coscienza di Dio nello stato di uomo è possibile solo quando le impressioni opposte, dopo un processo molto, molto lungo, si diradano gradualmente attraverso il processo di reincarnazioni continue che porta al limite delle impressioni grossolane.

Quando il limite delle impressioni grossolane è raggiunto, si arriva allora allo stadio in cui Dio cosciente del grossolano nello stato di uomo si dissocia gradualmente dal mondo grossolano mentre l'involuzione della coscienza comincia a **ripiegare** la coscienza. Simultaneamente, con l'inizio dell'involuzione della coscienza Dio nello stato di uomo si dissocia gradualmente dall'esperienza delle impressioni degli opposti del mondo grossolano.

Come si è visto, Dio ha acquisito piena coscienza attraverso il processo di evoluzione della coscienza, ma la piena coscienza acquisita era una coscienza impressionata. Per eliminare le impressioni dalla piena coscienza acquisita, il processo di reincarnazione e il processo di involuzione della coscienza devono essere completati.

---

[8] Vedi anche Meher Baba, "Controllo della mente sull'energia e la materia", *Il meglio della vita*, p. 33 ("Control of Mind over Energy and Matter," *Life at Its Best*, ed. Ivy O. Duce, San Francisco, Sufism Reoriented, Inc., 1957, p. 38). [N.d.C.]

Il processo dell'evoluzione della coscienza di Dio è stato paragonato al graduale aprirsi degli occhi di un uomo. Il momento in cui l'uomo ha aperto gli occhi completamente è stato paragonato alla fine dell'evoluzione della coscienza, perché in quel momento Dio ha acquisito piena coscienza.

Il processo della reincarnazione di Dio nello stato di uomo può essere paragonato all'uomo del tutto sveglio, con piena coscienza e con gli occhi completamente aperti, che acquisisce diverse esperienze opposte alle impressioni che ha raccolto durante gli anni della sua vita e che adesso sperimenta attivamente nel corso dei giorni, dimenticando il proprio sé nello svolgimento delle sue molteplici attività.

Ora l'impulso involutivo della coscienza di Dio nello stato di uomo può essere paragonato a un uomo che è stato assorto nelle sue attività quotidiane e trova finalmente il tempo, quando la giornata di lavoro è praticamente terminata, di occuparsi di sé stesso invece che delle proprie attività. Sotto questo impulso, l'uomo si distoglie automaticamente dalle attività esterne per prestare la dovuta attenzione a sé stesso.

Così come la piena coscienza si è evoluta in sette stadi differenti, anche la piena coscienza evoluta si involve completamente attraverso il processo di involuzione in sette stadi differenti. Questi sette stadi di involuzione della coscienza sono chiamati "i sette piani di coscienza". Il settimo piano è il settimo e ultimo stadio del processo di involuzione della coscienza; qui la coscienza è completamente involuta e Dio realizza coscientemente la Sua esistenza infinita ed eterna. Ossia Dio, che era originariamente incosciente, adesso dimentica l'oblio stesso.

Questi sette stadi di graduale involuzione della coscienza di Dio nello stato di uomo possono essere paragonati agli occhi completamente aperti di un uomo che inizialmente guarda diritto davanti a sé e lontano da sé e poi, nel tentativo di scorgere sé stesso, abbassa gradualmente gli occhi in sette stadi finché alla fine anche lui è compreso nel suo campo visivo.

Dopo continue e numerose reincarnazioni nel corso delle quali viene raggiunto il limite delle esperienze grossolane, e quando le impressioni grossolane diventano deboli e sono pressoché estinte, la coscienza grossolana di Dio cosciente del grossolano nello stato di uomo comincia gradualmente a involversi e Dio nello stato di uomo inizia il processo di involuzione della coscienza.

A questo stadio la coscienza grossolana in involuzione sperimenta **parzialmente** il primo stadio o piano del mondo sottile per mezzo del corpo sottile già pienamente sviluppato di Dio nello stato di uomo.

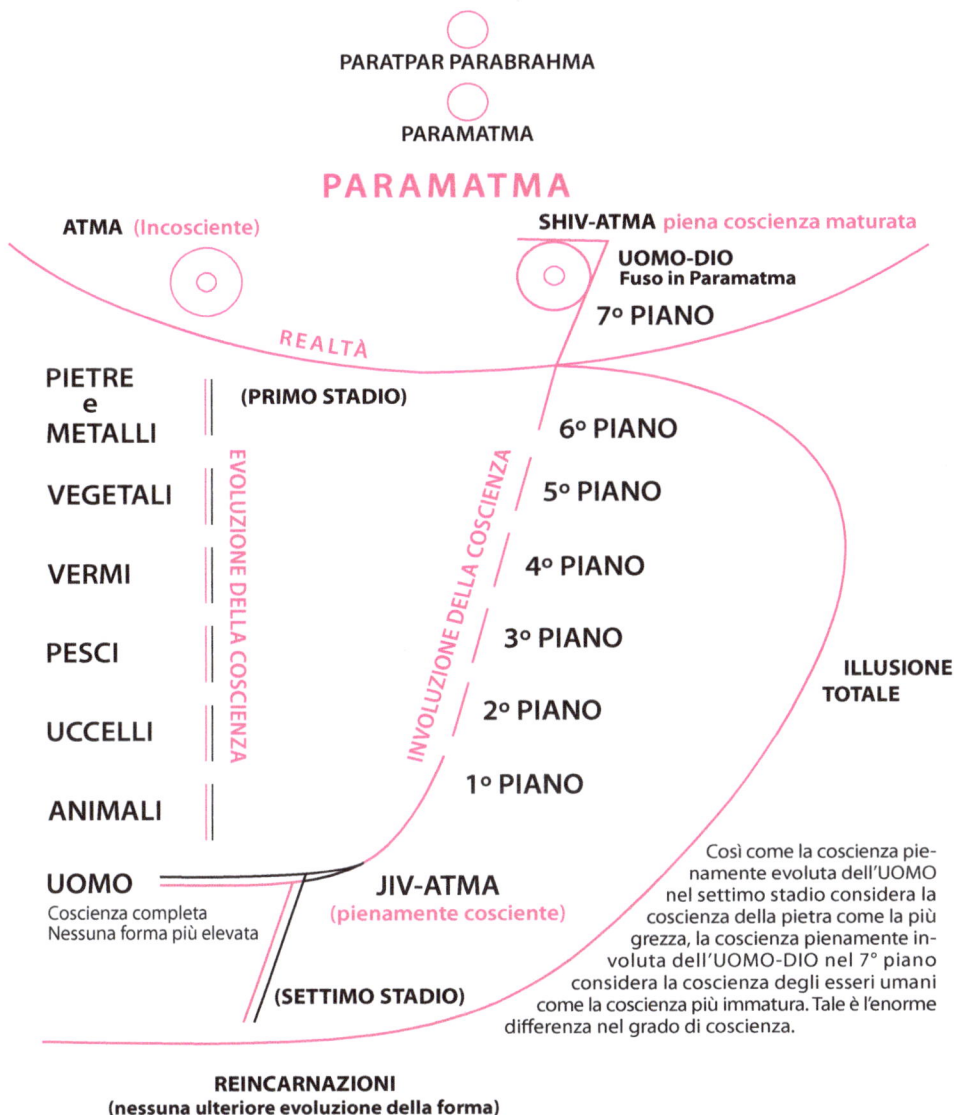

# EVOLUZIONE E INVOLUZIONE

GRAFICO IV

PARATPAR PARABRAHMA

PARAMATMA

## PARAMATMA

**ATMA** (Incosciente)

**SHIV-ATMA** piena coscienza maturata

**UOMO-DIO**
**Fuso in Paramatma**

7º PIANO

REALTÀ

PIETRE
e
METALLI

(PRIMO STADIO)

6º PIANO

EVOLUZIONE DELLA COSCIENZA

INVOLUZIONE DELLA COSCIENZA

VEGETALI

5º PIANO

VERMI

4º PIANO

PESCI

3º PIANO

ILLUSIONE
TOTALE

UCCELLI

2º PIANO

ANIMALI

1º PIANO

UOMO

Coscienza completa
Nessuna forma più elevata

**JIV-ATMA**
(pienamente cosciente)

Così come la coscienza pienamente evoluta dell'UOMO
nel settimo stadio considera la
coscienza della pietra come la più
grezza, la coscienza pienamente involuta dell'UOMO-DIO nel 7° piano
considera la coscienza degli esseri umani
come la coscienza più immatura. Tale è l'enorme
differenza nel grado di coscienza.

(SETTIMO STADIO)

**REINCARNAZIONI**
**(nessuna ulteriore evoluzione della forma)**

Questo è lo stadio iniziale che precede il primo piano, in cui la coscienza grossolana involuta di Dio cosciente del grossolano nello stato di uomo ha i primi scorci del primo piano del mondo sottile e ne sperimenta le impressioni in parte attraverso il corpo grossolano e in parte attraverso il corpo sottile. Qui sono usati simultaneamente sia i sensi grossolani sia i sensi sottili.

Questo è lo stadio in cui Dio nello stato di uomo si trova, per così dire, sulla linea di demarcazione che divide il mondo grossolano dal mondo sottile e in cui la coscienza di Dio nello stato di uomo sperimenta cose inusuali. Con i Suoi occhi grossolani vede scorci del piano sottile, con le Sue orecchie grossolane ode la musica celestiale del piano sottile e con il Suo naso grossolano gode di profumi sottili. In breve, Dio cosciente del grossolano nello stato di uomo, parzialmente nel primo piano del mondo sottile, sperimenta impressioni sottili con i sensi grossolani.

Con un'ulteriore involuzione della coscienza grossolana, Dio cosciente del grossolano sperimenta gradualmente in modo completo il primo piano del mondo sottile. Adesso la coscienza grossolana di Dio nello stato di uomo non è più coscienza **grossolana** ma è coscienza **sottile**.

Dio cosciente del sottile nello stato di uomo diviene gradualmente cosciente del secondo piano del mondo sottile, mentre l'involuzione progredisce ripiegando sempre di più la coscienza.

Questo mondo sottile è il dominio dell'energia infinita. Quando il potere infinito e illimitato, che è un aspetto della natura trina infinita di Dio, è irradiato dall'infinità sconfinata nei mondi finiti dell'illusione, è convertito in finito e si manifesta nel dominio del mondo sottile sotto forma di energia infinita del mondo sottile.

Così, nel secondo piano Dio in forma umana è cosciente del sottile e non è quindi cosciente del corpo grossolano né del corpo mentale, la mente. Tuttavia, Dio in forma umana agisce attraverso il corpo grossolano e attraverso la mente (il corpo mentale), non direttamente ma sul piano sottile e da esso.

Di conseguenza, sebbene Dio cosciente del sottile nello stato di uomo sia incosciente del corpo grossolano e del corpo mentale e non sperimenti direttamente i mondi grossolano e mentale, Dio nello stato di uomo fa uso del corpo grossolano (benché non direttamente ma dal piano sottile) attraverso vari aspetti del grossolano, e appare quindi sotto tutti gli aspetti come una comune forma umana cosciente del grossolano che mangia, beve, dorme, vede, sente, ode e così via. Analogamente, Dio nello stato di uomo cosciente del secondo piano del mondo sottile usa il Suo corpo mentale (ossia la mente) non direttamente ma attraverso vari aspetti che gli danno l'apparenza di una comune forma umana cosciente del grossolano che ha pensieri, desideri ed emozioni.

A questo stadio, con una maggior involuzione della coscienza, Dio cosciente del sottile nello stato di uomo nel secondo piano acquisisce una maggior consapevolezza dell'energia infinita della sfera sottile ed è ora in grado di compiere piccoli prodigi o miracoli minori di grado inferiore liberando questa energia infinita, e può mostrare poteri quali far rinverdire un albero secco e viceversa, fermare treni e automobili, riempire d'acqua un pozzo inaridito, e così via.

Questo Dio cosciente del sottile nello stato di uomo nel secondo piano sperimenta il mondo sottile con i sensi sottili del Suo corpo sottile. È ora totalmente **non-cosciente** del mondo grossolano e, sebbene sotto tutte le apparenze rimanga un uomo comune e agisca come tale, mangiando, dormendo, provando sensazioni di dolore e piacere, e così via, in realtà la Sua coscienza involuta non sperimenta la sfera grossolana ma quella sottile e crea nuove impressioni sottili attraverso i Suoi sensi sottili, che sono tre, con le sole facoltà di vedere, odorare e udire.

L'ulteriore involuzione della coscienza permette a Dio nello stato di uomo di sperimentare il terzo piano del mondo sottile. Qui la coscienza sottile acquisisce una maggior consapevolezza dell'energia infinita della sfera sottile, e Dio nello stato di uomo sperimenta un maggior potere finito. In questo stadio è in grado di compiere grandi miracoli come ridare la vista ai ciechi, restituire l'uso degli arti ai menomati e a volte addirittura resuscitare i morti.[9] In questo stato, Dio cosciente del sottile nello stato di uomo è anche in grado di sperimentare i differenti piani e mondi della sfera sottile, così come una forma umana cosciente del grossolano è in grado di viaggiare da un continente all'altro usando i veicoli grossolani a sua disposizione.

Il secondo e il terzo piano del mondo sottile sono i due piani principali che appartengono esclusivamente al dominio del mondo sottile. Il primo piano è in parte nel dominio del mondo sottile e in parte in quello del mondo grossolano. Analogamente, il quarto piano è in parte del mondo sottile e in parte del mondo mentale. Per questa ragione il quarto piano è detto la soglia del mondo mentale.

Adesso, con un progresso graduale ma continuo dell'involuzione della coscienza di Dio cosciente del sottile nello stato di uomo, la

---

[9] Coloro che sono nel terzo piano di coscienza possono solo riportare in vita specie sub-umane.

coscienza di Dio sperimenta il quarto piano del sottile-e-mentale.

Nel quarto piano, Dio nello stato di uomo è pienamente cosciente del corpo sottile e sperimenta completamente la sfera sottile; è perciò completamente consapevole della natura sottile della sfera sottile che è energia infinita. Questa è la stessa energia infinita che è l'aspetto finito nella Nullità di quel potere infinito e sconfinato di Dio che era latente nello stato di Dio del Tutto.

Nel quarto piano, Dio nello stato di uomo dispone pienamente di energia infinita ed è quindi ora in grado di resuscitare i morti e anche di creare e di dare la vita a nuove forme, in nuovi mondi. Dio cosciente del sottile nello stato di uomo nel quarto piano è in realtà energia infinita personificata.

Questa energia infinita del quarto piano dei mondi sottile-e-mentale non è la comune cosiddetta energia del mondo grossolano. È quell'energia infinita che è chiamata "soffio di tutta la vita", o *"pran"*, e che può dare vita a tutte le cose. È questa energia che, quando è infinita, può creare esseri viventi dalla polvere.

Sebbene sia infinita, questa energia non è assolutamente equivalente alla realtà del potere infinito di Dio. Quando si converte in Illusione, questo potere infinito di Dio diventa l'aspetto finito dell'energia infinita del quarto piano dei mondi sottile-e-mentale.

Dio cosciente del sottile nello stato di uomo, che possiede la chiave del deposito dell'energia infinita del quarto piano, si è adesso fermamente stabilito sulla soglia del mondo mentale e si trova di fronte alla piena esplosione degli intensi desideri, emozioni e pensieri che sono gli aspetti della Mente del mondo mentale.

Sebbene il quarto piano sia lo stadio elevato di coscienza in cui Dio nello stato di uomo sperimenta coscientemente Sé stesso come energia infinita personificata, è lo stato delle esperienze della cosiddetta "notte più oscura", perché qui la coscienza di Dio nello stato di uomo subisce l'esperienza di essere intrappolata, per così dire, tra "il Diavolo e l'abisso". Alimentato da intensi desideri ed emozioni, l'irresistibile incitamento, o tentazione, di servirsi dell'energia infinita a propria disposizione e di usarla si rivela un nemico pericoloso in questo frangente in cui l'involuzione della coscienza di Dio cosciente del sottile nello stato di uomo sta infallibilmente e rapidamente progredendo verso la sfera mentale, dove questa coscienza acquisirà la padronanza di tutti i desideri, le emozioni e i pensieri.

Se i desideri al loro apice emanati dal piano mentale con cui la coscienza di Dio deve confrontarsi nello stato di uomo nel quarto piano hanno il sopravvento su Dio (nello stato di uomo nel quarto piano) e se Egli libera le forze generate dall'energia infinita di cui dispone, allora l'esperienza della liberazione di energia infinita in questo frangente si rivela spesso fatale, specialmente se Egli abusa grossolanamente delle forze liberate dall'energia infinita per soddisfare indiscriminatamente fini egoistici.

È quasi impossibile per la coscienza grossolana immaginare l'effetto della completa liberazione di questa energia se in questo frangente del quarto piano la potenza dell'energia infinita del mondo sottile è liberata indiscriminatamente. Ci si potrebbe tuttavia fare un'idea di un tale effetto paragonandolo alle straordinarie esperienze della liberazione di energia nucleare, che è soltanto uno degli aspetti grossolani dell'energia infinita del mondo sottile.

Così, se la coscienza involuta di Dio nello stato di uomo soccombe alla tentazione di sperimentare la completa liberazione di energia infinita nel quarto piano di coscienza, l'inevitabile esperienza è così violenta che la piena coscienza acquisita e la coscienza sottile sperimentata si disintegrano completamente tornando alla coscienza più finita e identificando di nuovo Dio con la forma grossolana più finita di pietra. Di conseguenza, la coscienza di Dio cosciente di essere pietra deve ripercorrere l'intero processo di evoluzione della coscienza, identificandosi con le forme grossolane finché si identifica con l'uomo e acquisisce di nuovo piena coscienza.

È un fatto che, una volta acquisita, la coscienza non può mai essere persa, ma la disintegrazione della coscienza del quarto piano è la sola eccezione a questa regola. Questa disintegrazione della coscienza avviene solo nel caso della coscienza del quarto piano e solo molto, molto raramente, quando Dio nello stato di uomo soccombe alla tentazione di abusare dei poteri di questo piano.

Se Dio nello stato di uomo nel quarto piano non abusa dei poteri dell'energia infinita ma li usa con discriminazione senza essere sopraffatto dai desideri,[10] allora, con un'ulteriore involuzione della coscienza,

---

[10] I desideri devono essere eliminati **coscientemente** perché possono creare nuove impressioni e a loro volta ulteriori desideri che possono portare a ulteriori azioni vincolanti. La coscienza è assorbita da tali impressioni e dalla loro espressione fisica piuttosto che dal Sé reale. Se queste impressioni sono cancellate coscientemente, l'anima (*atma*) comincerà allora a percepire la Verità e comincerà a emanciparsi dalla tirannia dei desideri mondani. L'individuo (*jiv-atma*) senza la vita (dei desideri) diventa anima (*atma*), ed è sempre l'Onnipotente incosciente. È mentre stiamo vivendo che dobbiamo rinunciare alla vita. Rinunciare ai desideri mondani mantenendo coscienza dell'incoscienza è la meta della vita. [N.d.C.]

Dio cosciente del sottile nello stato di uomo sperimenta direttamente il sesto piano del mondo mentale, saltando le esperienze del quinto piano del mondo mentale.

Ma se Dio nello stato di uomo nel quarto piano non usa i poteri dell'energia infinita né ne abusa, allora gradualmente, con un'ulteriore involuzione della coscienza, Dio cosciente del sottile nello stato di uomo nel quarto piano di coscienza varca la soglia del mondo mentale e comincia a sperimentare il quinto piano di coscienza.

Il quinto e il sesto piano di coscienza sono fondamentalmente i piani della sfera mentale della Mente. Nel mondo mentale Dio cosciente del mentale nello stato di uomo è padrone della Sua mente, mentre nei mondi grossolano e sottile, quando era cosciente del grossolano e del sottile, era schiavo della Sua mente.

Con il progredire dell'involuzione della coscienza di Dio cosciente del sottile nello stato di uomo, le esperienze del quinto piano del mondo mentale sono realizzate attraverso il senso mentale, che è esclusivamente quello della **visione**.

Nello stato di uomo, quando Dio è cosciente del mentale non è cosciente dei corpi grossolano o sottile, ma agisce attraverso il corpo grossolano e il corpo sottile, non direttamente ma sul piano mentale e da esso. Perciò, sebbene Dio cosciente del mentale nello stato di uomo non sia cosciente dei corpi grossolano e sottile, e quindi non realizzi le esperienze dei mondi grossolano e sottile, può ancora usare inconsciamente il corpo grossolano attraverso vari aspetti del grossolano. Così lo si vede mangiare, bere, dormire, vedere, udire e sentire come una comune forma umana cosciente del grossolano, sebbene per tutto il tempo sia cosciente solo del corpo mentale con il Suo senso mentale della sola "visione". Analogamente, può usare inconsciamente il Suo corpo sottile attraverso vari aspetti dell'energia infinita e lo si vede così muoversi attivamente e compiere azioni sebbene per tutto il tempo sia cosciente solo del corpo mentale – la mente – e sperimenti coscientemente solo il mondo mentale con il Suo senso mentale. Dio cosciente del mentale nello stato di uomo nella sfera mentale ha adesso solo un senso, che è quello della "visione". La mente permane per tutto il quinto piano di coscienza. Nel sesto piano di coscienza, la mente stessa diventa l'Occhio Interiore e vede Dio. Nel settimo piano di coscienza la mente è annientata.

Così Dio cosciente del mentale nello stato di uomo nel quinto piano sperimenta le impressioni generate attraverso il Suo senso mentale della "visione" e sperimenta di conseguenza il mondo mentale con il corpo mentale (mente). È ora cosciente solo della mente. In questo stadio, Dio nello stato di uomo è in grado di controllare le menti degli stati di Dio coscienti del grossolano e coscienti del sottile nelle forme umane coscienti del sottile e coscienti del grossolano.

Ma nel quinto piano Dio cosciente del mentale nello stato di uomo è totalmente incapace di compiere miracoli perché adesso si trova nella sfera mentale e non più nella sfera sottile dell'energia infinita che, quando era liberata, dava origine a poteri miracolosi. Tuttavia, poiché è cosciente del mentale e sta per diventare "Mente" personificata, controlla le menti dello stato di Dio cosciente del sottile e diviene la fonte che incita coloro che si trovano nello stato di coscienza sottile a compiere miracoli. Lui è Colui che, nello stato cosciente del mentale, è capace, secondo il desiderio e la volontà della Sua mente, di verificare, controllare oppure guidare le menti di coloro che sono nei piani coscienti del sottile a compiere miracoli o no, sebbene Lui Stesso nel Suo stato cosciente del mentale non possa compiere alcun miracolo.

Dio nello stato umano di coscienza mentale è in grado di creare e controllare i pensieri, i desideri e le emozioni di tutte le menti negli stati coscienti del grossolano e coscienti del sottile. Lui Stesso è stabile non appena sperimenta lo stato del quinto piano, stato dal quale la coscienza che si è involuta fino a questo punto non può mai né regredire né disintegrarsi.

Mentre l'involuzione della coscienza di Dio cosciente del mentale nello stato di uomo progredisce gradualmente sempre più in profondità, Egli sperimenta la Sua padronanza della mente, e la coscienza di Dio cosciente del mentale è detta Mente personificata. Così Dio nello stato di uomo diventa ora pienamente cosciente della mente, o corpo mentale, e sperimenta tutta la sfera mentale, o mondo mentale, nel sesto piano di coscienza mentale. Questa è l'esperienza di "vedere" Dio faccia a faccia nel suo stato originario. Questa "visione" è la visione della coscienza mentale con il senso mentale della "visione". In altre parole, Dio nello stato di uomo vede Dio dappertutto e in tutto.

Dal primo al sesto piano l'involuzione della coscienza è progredita gradualmente e costantemente mentre la coscienza di Dio aveva esperienze sempre più rare di molteplici e diverse impressioni opposte, che diventavano sempre più deboli. Di conseguenza, durante il progresso dell'involuzione della coscienza di Dio le diverse impressioni opposte sono gradualmente diminuite e si sono indebolite, finché la coscienza involuta di Dio nel sesto piano è diventata pienamente cosciente del corpo mentale e ha sperimentato appieno il mondo mentale praticamente senza impressioni, eccetto un'ultima debole traccia di impressioni residue di opposti. In altre parole, la coscienza involuta si identifica pienamente con la mente e Dio tende a realizzare di essere Mente. Adesso Dio nello stato di uomo come Mente ha l'ultima impressione finita di vedere, come Mente, Dio faccia a faccia in tutte le cose tranne che nel Suo Sé. Questo è lo stato di Dio nello stato di uomo nel sesto piano di coscienza.

Questo Dio cosciente del mentale nello stato di uomo del sesto piano, a questo punto praticamente privo di ogni impressione e cosciente solo della Mente, si trova ora dinnanzi a Dio Stesso, lo vede faccia a faccia e lo vede anche in tutte le cose, ma non vede il Suo Sé in Dio perché è ancora impressionato dalla coscienza della Mente e si ritiene Mente.

Questo Dio cosciente del mentale nello stato di uomo, associandosi con la Mente, è cosciente di Sé stesso come Mente e sperimenta sé stesso ancora come qualcosa di diverso da Dio, perché vede effettivamente Dio faccia a faccia con la Sua coscienza mentale. Lo vede anche molto più vividamente e intensamente di quanto, negli stati grossolano o sottile di Dio, abbia potuto vedere gli oggetti grossolani e sottili nei mondi grossolano e sottile.

In questo stadio la coscienza di Dio, che aveva sperimentato diverse e innumerevoli impressioni opposte, sperimenta ora l'ultima traccia di impressioni duali di opposti. Perciò Dio cosciente del mentale nello stato di uomo nel sesto piano è ancora cosciente della dualità, ossia si identifica con la Mente e si differenzia da Dio.

Per comprendere più chiaramente l'involuzione della coscienza nella sfera mentale è necessario capire che la sfera mentale del quinto e sesto piano di coscienza è il dominio della Mente. Questa Mente dei piani mentali ha due parti.

Nella prima parte lo stato della Mente è inquisitivo o riflessivo. In questo stato la Mente funziona sotto forma di Pensieri – pensieri elevati, pensieri meschini, pensieri buoni, pensieri cattivi, pensieri materiali, pensieri spirituali e pensieri di ogni genere, tipo e stato.

Nella seconda parte lo stato della Mente è impressionabile o comprensivo. In questo stato la Mente funziona sotto forma di Sentimenti: sentimenti di sofferenza ed emozioni, sentimenti di desiderio e brame, sentimenti di dolore da separazione e sentimenti di ogni genere, tipo e stato.

Poiché la Mente della sfera mentale ha due funzioni distinte, è inevitabile che anche le esperienze nel campo della Mente (ossia la sfera mentale) siano distintamente di due tipi.

Così la sfera mentale ha due domini. Quindi il dominio del quinto piano di coscienza è dei pensieri e il dominio del sesto piano di coscienza è dei sentimenti.

Di conseguenza, la coscienza di Dio cosciente del mentale nello stato di uomo nel quinto piano si identifica con la prima parte della Mente, che è la mente inquisitiva o riflessiva. Perciò questo Dio cosciente del mentale nello stato di uomo del quinto piano è il creatore e il padrone dei pensieri, in quanto è "Pensieri" personificati, ed è quindi capace di controllare solo la parte del pensiero di tutte le menti di tutti gli stati di Dio coscienti del grossolano e coscienti del sottile. Questo viene spesso frainteso come controllo delle **menti** di tutti gli stati di Dio coscienti del grossolano e coscienti del sottile, ma la realtà è che Dio nel quinto piano di coscienza non controlla la mente nella sua totalità, ma controlla solo quello stato della Mente che funziona sotto forma di **pensieri**.

Finché si identifica con la Mente inquisitiva o riflessiva che emana solo pensieri, Dio cosciente del mentale nello stato di uomo nel quinto piano di coscienza non si identifica con la seconda parte della Mente e non è quindi ancora in grado di acquisire la padronanza dei sentimenti (ossia emozioni e desideri).

Con una maggior involuzione della coscienza, Dio cosciente del mentale nello stato di uomo del quinto piano avanza nel sesto piano di coscienza, dove acquisisce coscienza della seconda parte della Mente della sfera mentale e tende così a identificarsi con questa seconda parte della Mente (ossia la Mente impressionabile o comprensiva).

Dio cosciente del mentale nello stato di uomo nel sesto piano di coscienza sperimenta il mondo mentale, con il senso mentale della visione, attraverso la completa identificazione con i sentimenti, e così Dio nello stato di uomo non è Pensieri ma è Sentimenti personificati. Sperimenta quindi coscientemente la sensazione di vedere continuamente Dio faccia a faccia in tutto e dappertutto. Sente di vedere continuamente Dio dappertutto ma non può sentire di vedere Sé stesso in Dio come Dio. Per questa ragione non può conciliare la sensazione di vedere Dio con la propria identità come Dio, perché si identifica ancora con i sentimenti. Cerca, brama e desidera ardentemente l'**unione con Dio** che a questo stadio sente di vedere faccia a faccia.

Questa identificazione con la seconda parte della Mente (sentimenti) è lo stato di Dio nello stato di uomo in cui l'aspetto predominante dell'amore divino, che alla fine porta all'unione con Dio (ossia la realizzazione cosciente dello stato di Dio), si manifesta con la massima forza.

Dovrebbe dunque essere chiaro che il quinto piano della sfera mentale è lo stato di piena coscienza dei soli pensieri. È acquisita solo la padronanza del controllo e della creazione dei pensieri, e non c'è padronanza o controllo dei sentimenti di desiderio e di emozione. Il sesto piano della sfera mentale è invece lo stato di piena coscienza dei sentimenti; è così acquisita la padronanza del controllo e della creazione dei sentimenti e non rimane più la possibilità nemmeno per un singolo pensiero di penetrare nel dominio dei sentimenti.

La coscienza del sesto piano è **priva di pensieri** e governa **i sentimenti** di tutti gli stati di Dio coscienti del grossolano e coscienti del sottile. Ciò viene spesso frainteso come padronanza dei **cuori** di tutti coloro che sono negli stati di Dio coscienti del grossolano e coscienti del sottile. Egli non governa o regola i cosiddetti cuori ma controlla e governa la seconda parte della Mente nella sfera mentale che emana sentimenti di emozione e desiderio.

L'amore per Dio e l'ardente desiderio di unirsi a Lui si manifestano realmente e pienamente nel sesto piano di coscienza. Solo quando il sesto piano della sfera mentale è trasceso l'Illusione svanisce con la scomparsa dell'ultima traccia di impressioni, e la Realtà è realizzata.

Dio cosciente del mentale nello stato di uomo nel sesto piano sta ancora sperimentando la dualità, perché Dio in questo stato di coscienza si riconosce come Mente e non come Dio.

Questa esperienza di dualità permane finché l'involuzione finale della coscienza raggiunge il settimo piano di coscienza. Questo è il settimo e ultimo stadio nel processo di involuzione della coscienza, nel quale la piena coscienza di Dio nello stato di uomo è pienamente ritratta all'interno, in modo così completo che è ora fissata e incentrata su Sé stessa anziché sugli oggetti di Sua propria creazione.

Adesso che la piena coscienza è pienamente involuta, gli oggetti della Nullità che apparentemente sembravano esistere svaniscono completamente insieme alle loro impressioni.

Con il completo annientamento delle impressioni delle associazioni del Nulla, la coscienza impressionata di Dio nello stato di uomo è spontaneamente trasformata nella coscienza non impressionata o senza impressioni di Dio che fa sperimentare a Dio nello stato di uomo il "trapasso-nel" Suo stato originario di vuoto assoluto. È del tutto naturale che la piena coscienza, pienamente involuta e ora priva anche della minima traccia di impressioni, non procuri nessun'altra esperienza se non quella dello stato di vuoto assoluto originario di Dio che una volta regnava e che è ora sperimentato **coscientemente**.

Questa piena coscienza, pienamente involuta, è la supercoscienza o *mahachaitanya*. Dio incosciente nello stato di vuoto assoluto originario è adesso pienamente cosciente, o supercosciente, del Suo stato originario di Dio nello stato di Aldilà dell'Aldilà.

Questo "trapasso-nel" vuoto assoluto dello stato originario di Dio è chiamato il raggiungimento del *fana* del settimo piano di coscienza.

In termini sufi *fana* significa "trapasso-in". *Fana* ha due stadi: il primo stadio di *fana* è l'esperienza cosciente dello stato di vuoto assoluto e il secondo stadio di *fana*, o *fana-fillah*, è l'esperienza cosciente dello stato di "Io sono Dio".

*Fana-fillah*, il secondo stadio, è la Meta di Dio nello stato di uomo, in cui Dio in forma umana, ossia come uomo, realizza infine lo stato di "Io sono Dio" con piena coscienza. Questo è lo stato di *majzoobiyat* finale, come definito dai sufi.

Molto prima del raggiungimento del primo stadio di *fana*, Dio nello stato di uomo, come uomo, aveva piena coscienza dell'ego, o "io", della mente, dell'energia, del corpo e del mondo limitati in uno stato di veglia ordinario, perché la piena coscienza di Dio nello stato di uomo, come uomo, era direttamente incentrata su di essi attraverso le loro impressioni finite. E non appena la coscienza di Dio nello stato di uomo, come uomo, ha cominciato a involversi, la coscienza involuta ha gradualmente sperimentato i sei piani di sub-supercoscienza attraverso le impressioni acquisite e consumate in ciascuno dei sei piani. Quando la sub-supercoscienza si è completamente involuta, ossia è stata ritratta all'interno verso Sé stessa, Dio nello stato di uomo, come uomo, ha raggiunto il settimo piano della supercoscienza priva di ogni impressione. Questo è stato lo stadio finale nel raggiungimento della Meta.

Simultaneamente alla completa involuzione della coscienza, e con l'acquisizione della supercoscienza, la mente è infine completamente annientata e svanisce una volta e per sempre insieme a tutte le impressioni. Le false esperienze dell'ego, o "io", della mente, dell'energia, del corpo e del mondo limitati scompaiono tutte per sempre, svanendo completamente, perché tutte queste esperienze non erano altro che il prodotto delle impressioni generate dal Nulla, che significavano letteralmente nulla ed erano nulla.

Di conseguenza, con la scomparsa dell'ego, o "io", della mente, dell'energia, del corpo (che simboleggia la felicità) e dei mondi limitati con tutti i loro annessi e connessi, la coscienza sperimenta spontaneamente uno stato di vuoto assoluto che, una volta acquisito, permane eternamente. A questo stadio Dio, nello stato di uomo come uomo, con la piena coscienza come supercoscienza, è ora cosciente solo del vuoto assoluto: la coscienza è adesso fissata e incentrata sul "Vuoto Assoluto" stesso.

Questo vuoto è assoluto nella sua totalità; solo il vuoto regna e c'è una totale assenza del Nulla così come del Tutto. Questo è perciò chiamato il "Vuoto Assoluto Divino" e non nasce dall'Illusione ma nasce dalla Realtà.

Questo stato di vuoto divino prevale proprio nell'istante in cui il Nulla scompare, o svanisce, e proprio immediatamente prima che il Tutto riempia questo vuoto per dare l'esperienza cosciente della realtà dello stato di "Io sono Dio".

Questo è il primo stadio di *fana* in cui tutto quello che è del Nulla svanisce completamente e in cui la supercoscienza è incentrata solo sul vuoto assoluto, che adesso regna come regna eternamente nello stato originario di Dio-È di Dio nel sonno profondo divino originario.

Di conseguenza, nel primo stadio di *fana* la coscienza di Dio nello stato di uomo come uomo non è del sé, o ego o "io", della mente, dell'energia, del corpo e dei mondi limitati, e non è neanche la coscienza di Dio, o del Sé o Ego o "Io" illimitato, della mente universale, dell'energia sconfinata, del corpo universale e degli universi, perché in questo primo stadio di *fana* regna solo la coscienza del vuoto assoluto. Anche questo vuoto è divino; non è dell'Illusione ma è della Realtà. In questo primo stadio di *fana* la supercoscienza di Dio nello stato di uomo come uomo sperimenta il "trapasso-nello" stato di vuoto assoluto dello stato originario di Dio-È, ed è così ora cosciente solo del vuoto assoluto.

Come già detto, questo stesso stato di vuoto assoluto si stabilisce anche nello stato di sonno profondo quotidiano di un uomo comune, nel quale anche l'ego, o "io", la mente, l'energia, il corpo e i mondi limitati svaniscono e la coscienza acquisita resta assopita.

La sola differenza, che fa veramente un mondo di differenza, fra lo stato di vuoto assoluto dello stato di sonno profondo quotidiano dell'uomo e l'esperienza del vuoto assoluto nel primo stadio di *fana* è che, sebbene lo stesso vuoto assoluto si stabilisca anche in *fana*, in *fana* la coscienza non è più assopita. In questo stadio, è una coscienza pienamente e completamente matura che adesso sperimenta effettivamente lo stesso stato di vuoto assoluto dello stato originario di Dio.

L'esperienza del primo stadio di *fana* è dello stato di *nirvana*.

*Nirvana* è quello stato in cui apparentemente "Dio Non È". Questo è il solo stato in cui "Dio Non È" e "La Coscienza È". Questa esperienza del primo stadio di *fana* è ciò che Budda ha sottolineato ma che successivamente è stato frainteso, come se Budda avesse sottolineato che Dio non c'è. La realtà, invece, è che Dio È, ma nello stato di vuoto assoluto del primo stadio di *fana* rimane solo la coscienza, che sperimenta il vuoto assoluto.

Poiché non può mai accadere che Dio non esista, nello stato di *nirvana* Dio assume il ruolo della coscienza stessa, coscienza che è a volte definita supercoscienza o *mahachaitanya*.

Il secondo stadio di *fana* segue questo stato di *nirvana* e lo stato di "Io sono Dio" è sperimentato coscientemente.

Tuttavia, è soltanto in alcuni casi che il primo stadio di *fana* è immediatamente seguito dal secondo stadio di *fana* chiamato *"fana-fillah"* in cui il falso e limitato ego, o "io", che è stato annientato, è sostituito dall'"Io" reale, infinito e illimitato, su cui ora la supercoscienza si incentra automaticamente. Simultaneamente, il vuoto assoluto è automaticamente colmato dall'esperienza dell'Infinito.

La supercoscienza di Dio nello stato di uomo, come uomo, ora fissata e incentrata sull'"Io" illimitato, identifica spontaneamente l'uomo con Dio l'Infinito. Simultaneamente all'identificazione, la supercoscienza di Dio l'Infinito sperimenta lo stato di "Io sono Dio". Questa è la Meta.

Raggiungere la Meta significa raggiungere *nirvikalpa samadhi*.[11]

Così come l'uomo va a dormire ogni notte e deve svegliarsi ogni giorno nello stato di uomo, anche quando qualcuno entra nel sonno divino deve svegliarsi nel Divino. Analogamente, il primo stadio di *fana* è lo stato di sonno profondo con piena coscienza e il secondo stadio di *fana*, che è *fana-fillah*, è lo stato di risveglio in Dio come Dio.

---

[11] L'anima deve necessariamente passare attraverso lo stato di *nirvana* per ottenere la Liberazione (*mukti*). L'uscita dal circolo di nascita e morte è raggiunta sia in *nirvana* sia in *nirvikalpa*. È per questo che si pensa che *nirvana* sia la Meta, ma la verità è che la Meta reale per chi è nella forma umana è raggiungere *nirvikalpa*. E c'è un mondo di differenza tra *nirvana* come Meta e *nirvikalpa* la Meta.

Quando il primo stadio di *fana* è immediatamente seguito dal secondo stadio di *fana-fillah* (20), in alcuni casi la coscienza dell'"io", del "sé", della mente, dell'energia, del corpo e dei mondi limitati non ritorna; ma la coscienza, adesso come supercoscienza, dell'"Io" illimitato esiste solo nella sua identificazione con il Sé universale, Dio. La supercoscienza sperimenta ora lo stato di "Io sono Dio", *"Aham Brahmasmi"* o *"Anal Haqq"*. Questa è l'esperienza di *nirvikalpa samadhi*, che significa "Io sono indubbiamente Dio". Ciò è sperimentato perché in *fana-fillah* l'*atma* si fonde coscientemente e completamente in *Paramatma*, ossia in *fana-fillah* l'anima raggiunge la completa unione con l'Anima Universale.

Questa esperienza è la Meta ed è stata raggiunta solo dopo che l'evoluzione della coscienza, latente nel Nulla, è avvenuta quando il Nulla finito latente si è manifestato come Nullità infinita. La coscienza evoluta, invischiandosi infinitamente nel campo della Nullità, ha sperimentato questa Nullità falsa e finita come reale e infinita. Alla fine, quando questa coscienza si è involuta, ha potuto gradualmente sperimentare la falsità infinita della Nullità infinitamente falsa e realizzare infine la realtà infinita di Dio-l'Infinito come Tutto al di là dei dubbi e al di là dei limiti e come esistenza eterna nello stato di "Io sono Dio" di *fana-fillah*.

Questo *fana-fillah* è la meta dove lo stato di "Io sono Dio" è sperimentato, ad esempio, da quelle persone che sono chiamate *"Majzoob"* (coloro che sono sopraffatti da Dio, o coloro che Dio controlla). Queste persone sono anche conosciute come *"Brahmi Bhoot"*. In questo stato si sperimenta costantemente, continuamente e coscientemente lo stato di "Io sono Dio" insieme all'esperienza continua e cosciente della natura trina infinita di Dio, *sat-chit-anand* (ossia potere infinito, conoscenza infinita e beatitudine infinita), quale propria natura infinita.

Così Dio cosciente di sé, nello stato di uomo come uomo nel settimo piano, è ora pienamente cosciente del Sé come infinito ed eterno. È ora cosciente anche della fonte dell'energia e della mente che non erano altro che gli aspetti finiti del proprio potere infinito e della propria conoscenza infinita, che adesso sperimenta trovandosi continuamente in una beatitudine infinita.

Nel Suo travaglio per acquisire la coscienza del Sé, Dio indivisibile ed eterno, incosciente del Suo stato infinito, ha raccolto e sperimentato innumerevoli impressioni diverse associandosi contemporaneamente con esistenze finite ed effimere, dispiegando i mondi grossolano, sottile e mentale, mentre faceva **evolvere** la coscienza grossolana del mondo grossolano e mentre faceva **involvere** la coscienza dei piani sottili e mentali dei mondi sottile e mentale. L'involuzione finale della coscienza di Dio è culminata nella realizzazione cosciente del Suo Sé nel Suo stato infinito.

Di conseguenza, quando la coscienza di Dio ha acquisito la coscienza del Sé e ha sperimentato potere, conoscenza e beatitudine infiniti, Dio ha realizzato che esiste eternamente in beatitudine infinita e che durante tutto il travaglio per acquisire la coscienza del Sé le impressioni, le esperienze, le associazioni con i corpi e i mondi grossolani, sottili e mentali e le dissociazioni da essi appartenevano al Nulla e non erano altro che vacui sogni. Ha anche realizzato che l'identificazione con i corpi grossolani, le creature e gli esseri umani, e tutte le esperienze dei tre mondi e dei sei piani con tutti i loro annessi e connessi avevano un'esistenza relativa che era stata sostenuta e mantenuta fintanto che la Sua coscienza era immatura. La maturità è stata raggiunta solo nel settimo piano con la coscienza pienamente involuta. Questo ha portato Dio a realizzare il Suo Sé, o ha reso Dio pienamente cosciente della realizzazione di Dio. In altre parole, lo stato infinito proprio di Dio è stato realizzato coscientemente da Dio Stesso quando ha raggiunto lo stato di "Io sono Dio".[12]

In altre parole, Dio prima passa attraverso il processo del divenire a livello grossolano, ossia nel grossolano Dio diventa il **corpo** di *anna bhuvan* (sfera grossolana). Poi nel sottile Dio diventa l'**energia** di *pran bhuvan* (sfera sottile). Successivamente nel mentale diventa la **mente** di *mano bhuvan* (sfera mentale). Al di là di questo, in *vidnyan*, Dio diventa Dio – ciò che era, è, e sempre sarà. Di conseguenza Dio, che era originariamente incosciente, dimentica ora l'oblio stesso e alla Sua Prima Parola originaria – "Chi sono io?" – ottiene la risposta reale e definitiva: "Io sono Dio". Così nelle sfere grossolana, sottile e mentale Dio diventa effettivamente ciò che in realtà **non** è; e in *vidnyan* diventa effettivamente ciò che in realtà **è**. Originariamente Dio era Dio; adesso Dio è diventato Dio.

Poiché Dio, dopo essere "trapassato-nel" Suo stato originario di vuoto assoluto nel primo stadio di *fana*, realizza il Suo stato infinito di

---

[12] La felicità della realizzazione di Dio è la Meta di tutta la Creazione. La vera felicità che nasce dal realizzare Dio vale tutte le sofferenze fisiche e mentali nell'universo. Allora tutta la sofferenza è come se non fosse mai esistita. La felicità della realizzazione di Dio si autosostiene, è eternamente fresca e inesauribile, sconfinata e indescrivibile; ed è per questa felicità che il mondo ha avuto origine.

# IL VIAGGIO

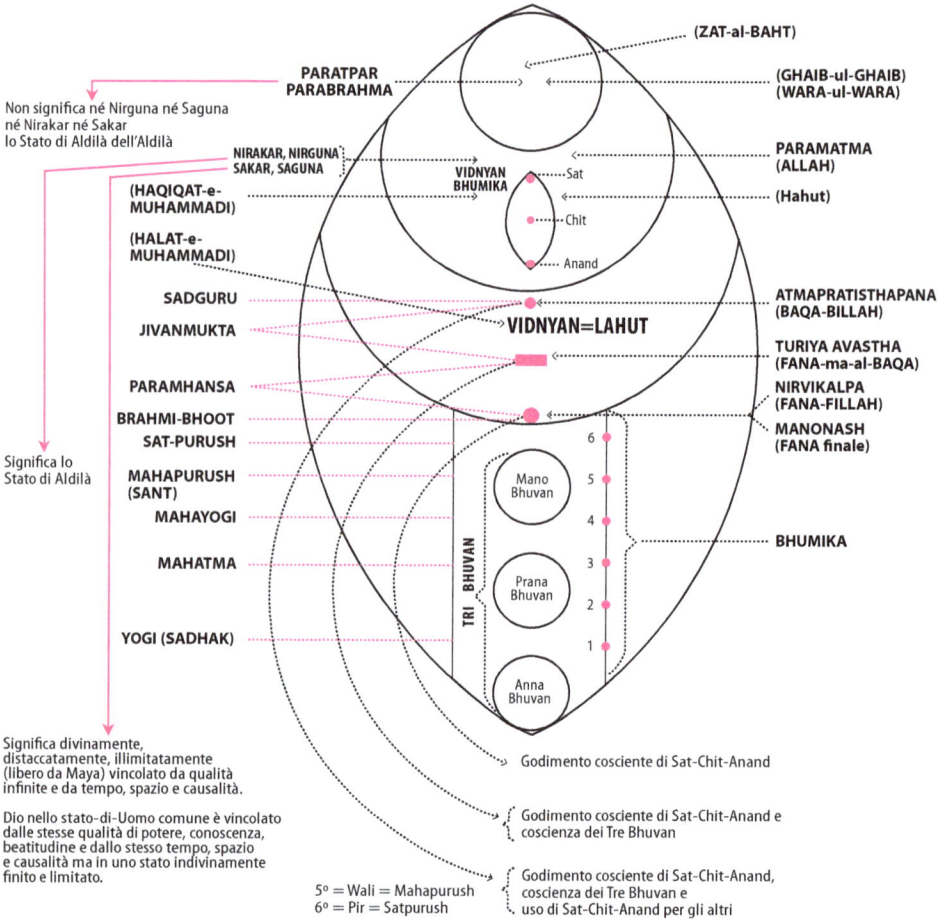

(ZAT-al-BAHT)

PARATPAR
PARABRAHMA

(GHAIB-ul-GHAIB)
(WARA-ul-WARA)

Non significa né Nirguna né Saguna
né Nirakar né Sakar
lo Stato di Aldilà dell'Aldilà

NIRAKAR, NIRGUNA
SAKAR, SAGUNA

VIDNYAN
BHUMIKA

Sat

PARAMATMA
(ALLAH)

(HAQIQAT-e-
MUHAMMADI)

Chit

(Hahut)

(HALAT-e-
MUHAMMADI)

Anand

SADGURU

ATMAPRATISTHAPANA
(BAQA-BILLAH)

JIVANMUKTA

VIDNYAN=LAHUT

TURIYA AVASTHA
(FANA-ma-al-BAQA)

PARAMHANSA

NIRVIKALPA
(FANA-FILLAH)

BRAHMI-BHOOT
SAT-PURUSH

MANONASH
(FANA finale)

6

Significa lo
Stato di Aldilà

MAHAPURUSH
(SANT)

Mano
Bhuvan

5

MAHAYOGI

4

BHUMIKA

MAHATMA

TRI BHUVAN

Prana
Bhuvan

3

2

YOGI (SADHAK)

1

Anna
Bhuvan

Significa divinamente,
distaccatamente, illimitatamente
(libero da Maya) vincolato da qualità
infinite e da tempo, spazio e causalità.

Godimento cosciente di Sat-Chit-Anand

Dio nello stato-di-Uomo comune è vincolato
dalle stesse qualità di potere, conoscenza,
beatitudine e dallo stesso tempo, spazio
e causalità ma in uno stato indivinamente
finito e limitato.

Godimento cosciente di Sat-Chit-Anand e
coscienza dei Tre Bhuvan

5° = Wali = Mahapurush
6° = Pir = Satpurush

Godimento cosciente di Sat-Chit-Anand,
coscienza dei Tre Bhuvan e
uso di Sat-Chit-Anand per gli altri

122

| VEDANTICO * | MISTICO | SUFI |
|---|---|---|
| Paratpar Parabrahma | Stato di Aldilà dell'Aldilà di Dio | Ghaib-ul-Ghaib Wara-ul-Wara |
| Paramatma | Dio nello Stato di Aldilà | Allah |
| Anant | Infinito | La Mahdood |
| Nirguna | Senza attributi | La Sifat |
| Nirakar | Senza forma | La Surat |
| Sat-Chit-Anand | Potere, Conoscenza, Beatitudine | Qudrat, Marefat, Musarrat |
| Vidnyan Bhumika | Regno della Maestria | Alam-e-Hahut Arsh-e-Ala |
| Atmapratisthapana Sahaj Samadhi | Stabilito nella Vita di Dio | Baqa-Billah |
| Vidnyan | Coscienza Divina Suprema | Ahadiyat Alam-e-Lahut |
| Saguna | Qualificato | Ba Sifat |
| Sakar | Manifesto nella forma | Ba Surat |
| Brahma | Creatore | Afridgar |
| Vishnu | Preservatore | Parvardigar |
| Mahesh | Distruttore | Fanakar |
| Mano Bhuvan | Sfera mentale | Alam-e-Jabrut |
| Pran Bhuvan | Sfera sottile | Alam-e-Malakut |
| Anna Bhuvan | Sfera grossolana | Alam-e-Nasut |
| Utkranti | Evoluzione | Irteqa |
| Punar Janma | Reincarnazione | Rij'at, o Awagawan |
| Bhumika | Piano | Asman |
| Atma | Anima | Jan, o Ruh |
| Jiv-Atma | Anima incarnata | Jan-e-Jismi |
| Manava | Essere umano | Insan |
| Yogi (Sadhak) | Aspirante | Rahrav |
| Sadhu | Anima avanzata | Mutawassit |
| Mahatma | Grande anima | Akhyar |
| Mahapurush (Sant) | Santo | Abrar = Wali |
| Satpurush | Pellegrino esperto (santo) | Afrad = Pir |
| Manonash (Nirvana) | Annientamento della mente (sé) | Il Fana finale |
| Nirvikalpa | Unità con Dio | Fana-Fillah |
| Brahmi Bhoot | Il Divinamente Assorto | Majzoob-e-Kamil |
| Turiya Avastha | Intersezione Divina | Fana-ma-al-Baqa a Muqam-e-Furutat |
| Paramhansa | Superuomo Divino | Majzoob-Salik o Salik-Majzoob |
| Jivanmukta | Incarnato liberato | Azad-e-Mutlaq |
| Sadguru | Uomo-Dio | Qutub |
| Avatar | Dio-Uomo | Saheb-e-Zaman |

\* Termini vedantici e simili

123

"Io sono Dio" nel secondo stadio di *fana*, questo *fana* (ossia *fana-fillah*) diventa ed è la meta.

Il raggiungimento di questa meta significa la fine del Primo Viaggio Divino, che è cominciato con la gnosi ed è terminato, dopo l'attraversamento di tutti i piani di coscienza, con la deificazione.

Il secondo stadio di *fana* è la deificazione, che significa che l'uomo è diventato Dio. Ora l'uomo è Dio e sperimenta la conoscenza di Dio, i poteri di Dio e la beatitudine di Dio, ma questa non è ancora la "Perfezione", sebbene sia la meta. Nel secondo stadio di *fana* o *fana-fillah*, che è la fine del primo viaggio divino, l'uomo **è entrato** in Dio ed è così diventato Dio, ma non è ancora entrato nella vita di Dio. L'uomo alla fine del primo viaggio divino realizza semplicemente di essere Dio e sperimenta semplicemente lo stato di "Io sono Dio" insieme all'esperienza del potere, della conoscenza e della beatitudine infiniti, godendo dello stato di beatitudine infinita.

Dopo che la Meta è stata raggiunta alla fine del primo viaggio divino, Dio come uomo ora nello stato di Dio può, sebbene ciò accada molto raramente, abbandonare la beatitudine infinita, scendere dallo stato supercosciente di "Io sono Dio" alla coscienza normale e cominciare a sperimentare lo stato di *baqa*, intraprendendo così il secondo viaggio divino.

Il termine sufi *"baqa"* significa "dimorare-in". (21)

Scendere alla coscienza normale dallo stato supercosciente di "Io sono Dio" e sperimentare lo stato di "dimorare-in" Dio significa stabilirsi nella vita stessa di Dio. Così in *baqa* la vita di Dio si stabilisce in un essere umano. Questo significa che in *baqa* l'uomo si stabilisce coscientemente come Dio. Questa coscienza è chiamata *"sulukiyat"*, ossia la coscienza normale di essere "stabiliti nella vita di Dio". Diverso da ciò è il *majzoobiyat*, ovvero "l'essere sommersi o assorbiti dalla beatitudine infinita" nello stato di "Io sono Dio". Di conseguenza, Dio come uomo che sperimenta lo stato di *baqa* è chiamato **reale** *"Salik"* nella terminologia sufi. Questo *baqa* della Realtà e della Divinità è chiamato *"baqa-billah"*. Nel Vedanta è conosciuto come *"atmapratisthapana"*.

Il *Salik* non solo sperimenta, come in *majzoobiyat*, potere infinito e conoscenza infinita nella beatitudine infinita ma, essendo adesso il *Salik*, accumula anche coscientemente tutto il potere infinito, la conoscenza infinita e la beatitudine infinita mentre è stabilito nella vita di Dio con la coscienza normale del Suo *sulukiyat*.

Ma prima del definitivo e reale "trapasso-nella" realtà dello stato finale di *fana-fillah* con piena coscienza completamente matura, e prima di stabilirsi nel *baqa-billah* finale della Divinità, si può dire in generale in termini di Illusione che ci sono tante esperienze individualizzate di *fana-baqa* quanti sono gli svariati e innumerevoli stati e specie di vita nella Creazione.

Tuttavia, i tre tipi fondamentali di *fana-baqa* includono tutte le esperienze individualizzate di *fana-baqa*.

Il primo dei tre tipi fondamentali è quello rudimentale. Questo tipo è il *fana-baqa* della falsa vita fenomenica nell'Illusione sperimentato da tutti coloro che, "trapassando-in" *fana* quotidianamente, acquisiscono *baqa* per "dimorare-nell'" Illusione ogni giorno. Questo *fana-baqa* rudimentale della falsa vita fenomenica ordinaria è costituito dallo stato di sonno profondo ordinario e dallo stato di veglia ordinario.

Come già detto, anche quando qualcuno "trapassa-nel" sonno profondo con tutte le impressioni dell'Illusione si stabilisce lo stesso vuoto assoluto divino originario dello stato di Dio-È, in cui niente è mai esistito e in cui niente mai esiste eccetto l'unica infinita e sola Realtà come Tutto, che è chiamata l'Infinitudine di Dio nel Suo stato di Dio-È. Quando le impressioni dell'Illusione con cui un individuo si addormenta lo svegliano, lui dimora nell'Illusione stessa nello stato di veglia e stabilisce la vita quotidiana nell'Illusione.

Di conseguenza, nella vita di tutti i giorni, quando un individuo entra nel sonno profondo, *fana* si stabilisce nel momento in cui lui quotidianamente "trapassa-nello" stato originario di Dio senza coscienza. E quando l'individuo ogni giorno si sveglia, acquisisce *baqa* per "dimorare-nella" vita quotidiana dell'Illusione, finché il sonno profondo ha il sopravvento e lo trascina, ancora una volta, nello stato del *fana* quotidiano, che è lo stato divino originario di vuoto assoluto dell'Uno.

Il secondo tipo di *fana-baqa* è quello dei piani del Sentiero che portano alla meta ed è diverso dal tipo rudimentale della falsa vita fenomenica ordinaria nell'Illusione, sebbene anche questo secondo tipo di *fana-baqa* dei piani sia illusione.

In ogni piano del sentiero, dal primo fino al sesto, la piena coscienza evoluta si ritrae gradualmente all'interno o si involve. Perciò, il *fana-baqa* dei piani è conforme alle impressioni che impregnano la coscienza in involuzione ed è differente dal primo tipo di *fana-baqa* rudimentale della coscienza impressionata che è pienamente evoluta o ancora nel processo di evoluzione.

Ogni piano del sentiero verso la meta di *fana-fillah* ha il suo *fana-baqa* durante la graduale involuzione della coscienza pienamente evoluta nel progressivo avanzamento nei piani.

Ma il significato generico del termine sufi *"fana"* è il "trapasso-nel" vuoto assoluto dello stato originario di Dio-È. Di conseguenza, che il *fana* sia del tipo rudimentale della falsa vita fenomenica ordinaria o del secondo tipo dei piani del sentiero non fa assolutamente alcuna differenza. In entrambi i tipi il *fana* ("trapasso-in") è fondamentalmente lo stesso, poiché ogni giorno, nello stato di sonno profondo, la coscienza impressionata "trapassa-nello" stesso stato di vuoto assoluto in entrambi i casi, indipendentemente da tutte le differenze nei tipi di impressioni dell'Illusione.

Sebbene il *fana* sia sempre lo stesso tanto nella coscienza **in evoluzione** quanto nella coscienza **in involuzione**, è il tipo di impressioni dell'Illusione che impregnano la coscienza mentre dimora nell'Illusione durante lo stato di veglia che realmente conta e che fa la differenza al momento del "trapasso-nello" stato di sonno profondo, ovvero nello stato di *fana*.

Ad esempio, il *fana* di un animale o di una creatura nello stato di sonno profondo che "trapassa-nel" vuoto assoluto, con le sue proprie particolari impressioni dell'Illusione, differisce completamente dal *fana* di un essere umano nello stato di sonno profondo che "trapassa-nel" vuoto assoluto con le sue particolari impressioni dell'Illusione. Analogamente, le impressioni dell'Illusione di un essere umano comune saranno alquanto differenti dalle impressioni dell'Illusione di un essere umano nei piani del sentiero.

In tutti i casi, sebbene i differenti tipi di *fana* rimangano sempre *fana*, le differenti impressioni che impregnano la coscienza individuale nel *baqa* dello stato di veglia danno origine al *fana* individualizzato di ogni specie e di ogni stato di vita nella Creazione.

Per contro, quando il *baqa* della vita individualizzata è raggiunto nello stato di veglia dopo lo stato di sonno profondo di *fana*, il *baqa*, che in termini sufi significa "dimorare-in", stabilisce nell'Illusione la vita quotidiana individualizzata dell'Illusione conformemente alle impressioni predominanti con cui la vita individualizzata è "trapassata" dalla varietà delle impressioni dell'Illusione nello stato del suo *fana* individualizzato allo stato di sonno profondo. Di per sé, ogni *baqa* individualizzato differisce completamente da ogni altro *baqa* perché, quando questo *baqa* individualizzato è acquisito nello stato di veglia, le impressioni della coscienza impressionata di ogni vita individualizzata sono le uniche responsabili dello stabilirsi nell'Illusione della vita individualizzata dell'Illusione.

Così, in successione regolare e costante, il *fana* dell'Illusione nello stato di sonno profondo è invariabilmente seguito dal *baqa* dell'Illusione nello stato di veglia, che a sua volta si perde nell'inevitabile *fana* solo per alternarsi e ristabilirsi ripetutamente – giorno dopo giorno, anno dopo anno e vita dopo vita – a prescindere dal fatto che questo *fana* o *baqa* sia della falsa vita fenomenica ordinaria o dei piani del Sentiero. Esso non è mai duraturo finché appartiene all'Illusione.

Finché la vita individualizzata non "trapassa-nel" *fana-fillah* della Realtà realmente e definitivamente e si stabilisce nel *baqa-billah* duraturo della Divinità, è ovvio che debbano esserci innumerevoli e diversi tipi e gruppi di *fana-baqa* dell'Illusione secondo le persistenti impressioni che impressionano costantemente la coscienza in evoluzione e in involuzione della vita individualizzata in *baqa*.

Anche in ogni piano, dal primo al sesto della coscienza in involuzione, è inevitabile che ci sia un particolare tipo di *baqa* per ognuno dei sei piani, secondo le particolari impressioni dell'Illusione di ogni piano.

Quando si dice che un uomo è nel primo piano, la sua coscienza pienamente evoluta comincia a involversi e la sua piena coscienza rimane incentrata sul primo piano della sfera sottile, perché le impressioni del primo piano che impregnano costantemente la sua coscienza in involuzione lo fanno dimorare nel primo piano e gli fanno sperimentare l'illusione di questo piano. Sebbene il corpo grossolano dell'uomo nel primo piano sia esattamente come il corpo grossolano di un uomo **non** nel primo piano e, sebbene l'uomo nel primo piano dorma e si svegli esattamente come un uomo comune della falsa vita fenomenica quotidiana, poiché la sua coscienza in involuzione è direttamente incentrata sul primo piano "trapassa-nello" stato di sonno profondo del *fana* del primo piano con le impressioni dell'illusione del primo piano e si sveglia ogni giorno per stabilirsi nel *baqa* del primo piano, per "dimorare-nel" primo piano e per sperimentare le impressioni di questo piano.

La differenza tra il *fana-baqa* dell'uomo che entra nei piani del sentiero e quello dell'uomo che non è nei piani del sentiero è che il primo può essere paragonato a un uomo che, dopo essere vissuto per molti anni in un certo posto, tronca tutte le sue connessioni passate e parte per un giro del mondo, viaggiando da un luogo all'altro, attraversando continenti uno dopo l'altro. Sebbene quest'uomo vada quotidianamente a dormire e si svegli il giorno dopo come era abituato a farlo nel suo primo ambiente, adesso durante il suo giro del mondo "trapassa-nel" sonno profondo e si sveglia ogni giorno evidentemente con le impressioni predominanti del suo ambiente completamente cambiato e delle sue nuove esperienze. (22)

In breve, colui che entra nel primo piano della coscienza in involuzione alla fine sperimenta pienamente il primo piano. Quest'uomo che si sta stabilendo nel primo piano stabilisce la sua vita in questo "suo proprio mondo" e di conseguenza dorme in questo piano e si sveglia ogni giorno in questo piano. Esattamente allo stesso modo, ogni coscienza individualizzata in tutti gli altri piani "trapassa-nel" *fana* di quei particolari piani per svegliarsi in tali piani e stabilire il *baqa* della vita quotidiana in quei particolari piani.

Tuttavia, il *fana-baqa* di ogni piano del sentiero è fondamentalmente dello stesso tipo, perché appartiene solo alla coscienza in graduale **involuzione** e non alla coscienza in evoluzione né a quella evoluta. La sola differenza che potrebbe distinguere il *fana-baqa* di un piano da quello di un altro piano sarebbe come quella che esiste tra due uomini che vivono in due continenti diversi della stessa terra e che hanno le proprie impressioni individuali di quella particolare parte della terra in cui vivono. L'uomo in America ha le proprie impressioni e le relative esperienze della sua vita individualizzata; lo stesso vale per l'uomo in Asia che ha le proprie impressioni ed esperienze relative al suo continente, che è alquanto diverso dall'America.

Rimane tuttavia il fatto fondamentale che entrambi gli uomini vivono sulla stessa terra. Nonostante la grande differenza tra le impressioni e le conseguenti esperienze di questi due uomini, quando dormono entrambi "trapassano-nel" sonno profondo. E che uno dorma in un letto di velluto e l'altro in un letto di paglia è del tutto irrilevante se entrambi possono godere dello stesso stato di sonno profondo. Allo stesso modo, quando si svegliano entrambi possono vivere le loro vite individuali nell'illusione sulla stessa terra, a prescindere dalla differenza tra le loro impressioni e le loro conseguenti esperienze relative, dovute al fatto di vivere in continenti diversi. Così, fondamentalmente, i *fana-baqa* di tutti i piani del sentiero non sono affatto differenti, sebbene ogni piano del sentiero abbia i propri *fana* e *baqa* se si prende in considerazione la vita individualizzata nei piani.

Così come il primo tipo rudimentale di *fana* e di *baqa* include tutti i *fana* e i *baqa* individualizzati di cani, cavalli, cammelli, elefanti e di tutte le creature e gli esseri umani che vivono la falsa vita fenomenica dell'illusione nel mondo grossolano, anche il secondo tipo di *fana* e di *baqa* dei piani del sentiero include tutti i *fana-baqa* individualizzati di tutti coloro che sono nei primi sei piani dei mondi illusori sottile e mentale.

Quando un uomo in un particolare piano, con la sua coscienza in graduale involuzione, è completamente stordito dalle incantevoli esperienze del piano, si dice che l'uomo è un *majzoob* di quel particolare piano.[13] Un tale *majzoob* è completamente assorbito e sopraffatto dalle impressioni dell'Illusione del piano che impregnano costantemente la sua coscienza. Anche nello stato di veglia questo *majzoob* del piano si comporta come se fosse completamente ebbro e immerso nell'incanto del piano. Un tale uomo è comunemente conosciuto come "*mast*", che significa che è "ebbro di Dio".

Per contro, se un uomo in un particolare piano non si lascia assorbire e sopraffare dalle affascinanti esperienze del piano ma continua a mantenere l'equilibrio per tutto il tempo in cui la sua coscienza in involuzione è continuamente impressionata dalle impressioni dell'Illusione di quel piano, allora si dice che è un *salik* di quel particolare piano.[14] Un tale *salik* si comporta sotto tutte le apparenze come un normalissimo uomo del mondo, sebbene la sua coscienza si stia involvendo progressivamente e lui sia completamente dissociato dal mondo grossolano per ciò che riguarda la sua coscienza, pienamente incentrata su quel particolare piano. Il *sulukiyat* e il *masti* di ogni piano sono differenti.

Ci sono tuttavia alcuni casi in cui un uomo in un particolare piano a volte è completamente sommerso e assorbito dal fascino delle esperienze del piano e si comporta come un *majzoob* e altre volte ritrova il suo equilibrio e si comporta come un comune, normale *salik* del piano. Un tale uomo nel piano è detto *majzoob-salik* del piano se il comportamento predominante è quello di un *majzoob*, e *salik-majzoob* del piano se il comportamento predominante è quello di un *salik*. Un tale stato nell'Illusione può essere paragonato al *turiya avastha*, all'Intersezione Divina nella Realtà.

Il terzo tipo di *fana-baqa* appartiene al settimo piano dell'involuzione finale della coscienza ed è il *fana-fillah* reale della Realtà e il *baqa-billah* reale della Divinità. Quando la coscienza impressionata della vita individualizzata è totalmente e definitivamente liberata da tutte le impressioni dell'Illusione, e quando questo Sé individualizzato liberato o senza impressioni "trapassa-nel" vuoto assoluto divino originario coscientemente per acquisire il *fana-fillah*, o lo stato di "Io sono Dio", la meta è finalmente raggiunta. Questo è lo stato di **reale** *majzoobiyat*. (23)

La sola ma infinita differenza tra i *fana* di tutte le differenti specie e tutti i differenti stati individualizzati della vita illusoria e il *fana* finale

---

[13] Il *majzoob* e il *salik* dei piani non dovrebbero essere confusi con il **reale** *Majzoob* del settimo piano, noto come "*Majzoob-e-Kamil*" (*Majzoob* perfetto), né con il **reale** *Salik* del settimo piano.

[14] Vedi la nota precedente. [N.d.C.]

129

e reale della vita divina è che nei primi la coscienza è **nulla**, mentre nell'altro regna la piena coscienza.

Dopo lo stato di *fana-fillah*, lo stato di *baqa-billah* è stabilito da alcuni sé individualizzati per vivere la vita di Dio come "Uomo-Dio" sulla terra. Un tale "Uomo-Dio" vive allo stesso tempo in tutti gli stati della vita e in tutti i piani la vita dell'uomo nell'Illusione – riconoscendo l'Illusione come Illusione – e la vita di Dio nella Realtà. Questo è lo stato di **reale** *sulukiyat*.

Dopo il raggiungimento dello stato di *fana-fillah* e prima di stabilire lo stato di *baqa-billah*, c'è anche uno stato di *turiya avastha* all'Intersezione Divina tra *fana-fillah* e *baqa-billah*. In questo stato c'è a volte l'esperienza di reale *majzoobiyat* di *fana-fillah* e a volte l'esperienza di reale *sulukiyat* di *baqa-billah*. Questo è lo stato del **reale** *Majzoob-Salik* o *Salik-Majzoob*, a seconda del caso.

La coscienza del falso "io" limitato, che era presente prima del *fana*, è maturata attraverso il processo di involuzione e il falso "io" limitato è stato sostituito dall'"Io" reale illimitato in *fana-fillah*. In *baqa-billah* questa coscienza maturata è ora nuovamente incentrata e fissata sull'"Io" quale "Io" reale illimitato, sulla mente quale Mente Universale, sull'energia quale Energia Sconfinata e sul corpo quale Corpo Universale, chiamato "*mahakarana sharir*". C'è un fatto importante da considerare qui: nello stato di *baqa-billah* la stessa coscienza è incentrata e fissata **simultaneamente** anche sull'"io", sulla mente, sull'energia e sul corpo limitati, perciò il *Salik* sperimenta coscientemente il falso come falsità con il falso, e il Reale come Realtà con il Reale.

Di conseguenza, nello stato di Dio di *baqa-billah*, la stessa coscienza ha **simultaneamente** la duplice esperienza di "Io sono Dio" e "Io sono umano". Insieme a questa duplice esperienza la stessa coscienza sperimenta anche spontaneamente, senza interruzione, la conoscenza, il potere e la beatitudine infiniti di Dio insieme alle esperienze delle debolezze e delle sofferenze dell'umanità.

Ne consegue che nello stato di Dio di *baqa-billah* Dio, nella forma di un essere umano comune, si stabilisce nella Sua vita divina, ovvero l'uomo "dimora-nella" vita di Dio.

In breve, *baqa-billah* è quello stato di Dio in cui coloro che sono definiti "*Salik*" o "*Jivanmukta*" sperimentano di "dimorare-in" o stabilirsi in Dio. (24), (25) Il *Salik* ha continuamente e coscientemente la duplice esperienza simultanea dello stato di "Io sono Dio" e dello stato di "Io sono umano" e accumula conoscenza, potere e beatitudine infiniti, sperimentando simultaneamente le debolezze e le sofferenze umane, sapendo che la loro falsità si basa sulla manifestazione del Nulla finito che si manifesta dal proprio stato di Tutto e Infinito.

In *baqa-billah*, stabilita la vita di Dio-nell'essere umano, l'uomo come Dio sperimenta il *sahaj samadhi*. Questo significa che l'uomo come Dio, simultaneamente e senza il minimo sforzo, ha continuamente e automaticamente la duplice esperienza di Dio e di uomo. Questo è lo stato di Perfezione.

La Perfezione implica generalmente il senso del grado più alto, o del tipo estremo, di conseguimento e la Perfezione in quanto tale non può diventare più perfetta. Ma quando il termine "Perfezione" è usato in termini di Divinità, ci sono tre tipi di Perfezione nello stato di *sulukiyat* di *baqa-billah*.

Il primo tipo è noto come *"Kamil"* – Il Perfetto.
Il secondo tipo è noto come *"Akmal"* – Il Più Perfetto.
Il terzo tipo è noto come *"Mukammil"* – Il Supremamente Perfetto.

Non c'è assolutamente la benché minima differenza nella loro esperienza continua e cosciente della Realtà eterna, ma i gradi di paragone connessi alla perfezione sono dovuti alla differenza che c'è nella funzione delle **mansioni** della "Perfezione". Perciò, a causa delle differenze nella funzione, a ciascun tipo di Perfezione sono connessi differenti attributi.

Il *Kamil* può dare spontaneamente l'esperienza cosciente della realizzazione di Dio a **un** solo uomo e rendere solo quell'uomo uguale a lui nell'esperienza eterna della Realtà. L'*Akmal* può rendere **molti** uguali a lui nell'esperienza, mentre il *Mukammil* può non solo rendere **qualsiasi numero** di persone, o addirittura tutto nella Creazione,[15] uguali a lui nell'esperienza della Realtà eterna, ma può anche trasfigurare spontaneamente il corpo fisico di **qualsiasi numero** di persone e addirittura far sì che questo **appaia, viva e sperimenti** allo stesso modo del suo proprio corpo fisico nel mondo grossolano, dando contemporaneamente l'esperienza cosciente eterna della Realtà.

---

[15] Se lo desidera, un *Mukammil* può far sì che **tutta** la Creazione realizzi Dio. Tutta la Creazione significa tutti gli esseri umani e ogni cosa nella Creazione, da un granello di polvere a un elefante. Ma un *Mukammil* non desidererà mai farlo perché il compimento di un tale desiderio significherebbe la fine dell'Illusione cosmica (l'intera Creazione). Porre fine all'Illusione cosmica equivarrebbe a porre fine al gioco divino. E terminare il gioco divino andrebbe contro la natura stessa o le caratteristiche di Dio nel Suo Stato originario II (descritto a p. 156) in cui è infinitamente cosciente e simultaneamente infinitamente incosciente.

# I QUATTRO VIAGGI

**DIO INFINITO**     **DIO INFINITO**

## LA REALTÀ

QUARTO VIAGGIO

**TRAPASSARE <u>COME</u> DIO**
(Dio lascia i Suoi veicoli fisici, sottili e mentali e sperimenta Potere, Conoscenza e Beatitudine Infiniti mantenendo Infinita Individualità.)

**VIVERE LA VITA DI DIO**
(Vivere come Uomo e Dio simultaneamente)

**QUTUBIYAT** — Che solo i cinque Maestri Perfetti raggiungono.
(Come uomo e Dio, sperimenta Potere, Conoscenza e Beatitudine Infiniti e li usa.)

TERZO VIAGGIO

**DIMORARE IN DIO**
(Essere Dio)

SECONDO VIAGGIO

**BAQA** — Che solo assai, assai poche persone raggiungono.
(Come uomo e Dio, sperimenta Potere, Conoscenza e Beatitudine Infiniti.)

**TRAPASSARE IN DIO**
(Diventare Dio)

PRIMO VIAGGIO

MONDO MENTALE — 6°
— 5°
— 4°
MONDO SOTTILE — 3°
— 2°
— 1°

**7° Piano – FANA** — Assai poche persone arrivano qui alla fine del Primo Viaggio.
(Come Dio, sperimenta Potere, Conoscenza e Beatitudine Infiniti.)

## ILLUSIONE

MONDO GROSSOLANO

Uomo
Animale
Uccello
Pesce
Verme
Vegetale
Pietra-Metallo

LA NOSTRA TERRA

MILIONI DI UNIVERSI

SFERA GROSSOLANA INFINITA

**Piani** — Nei quali poche persone entrano.

Tra i quali ci sono alcuni pianeti che contengono i Sette Regni dell'Evoluzione.

Dal punto più finito nell e dell'Infinito sorge la Sfera Grossolana infinita.

**DIO INFINITO**     **DIO INFINITO**

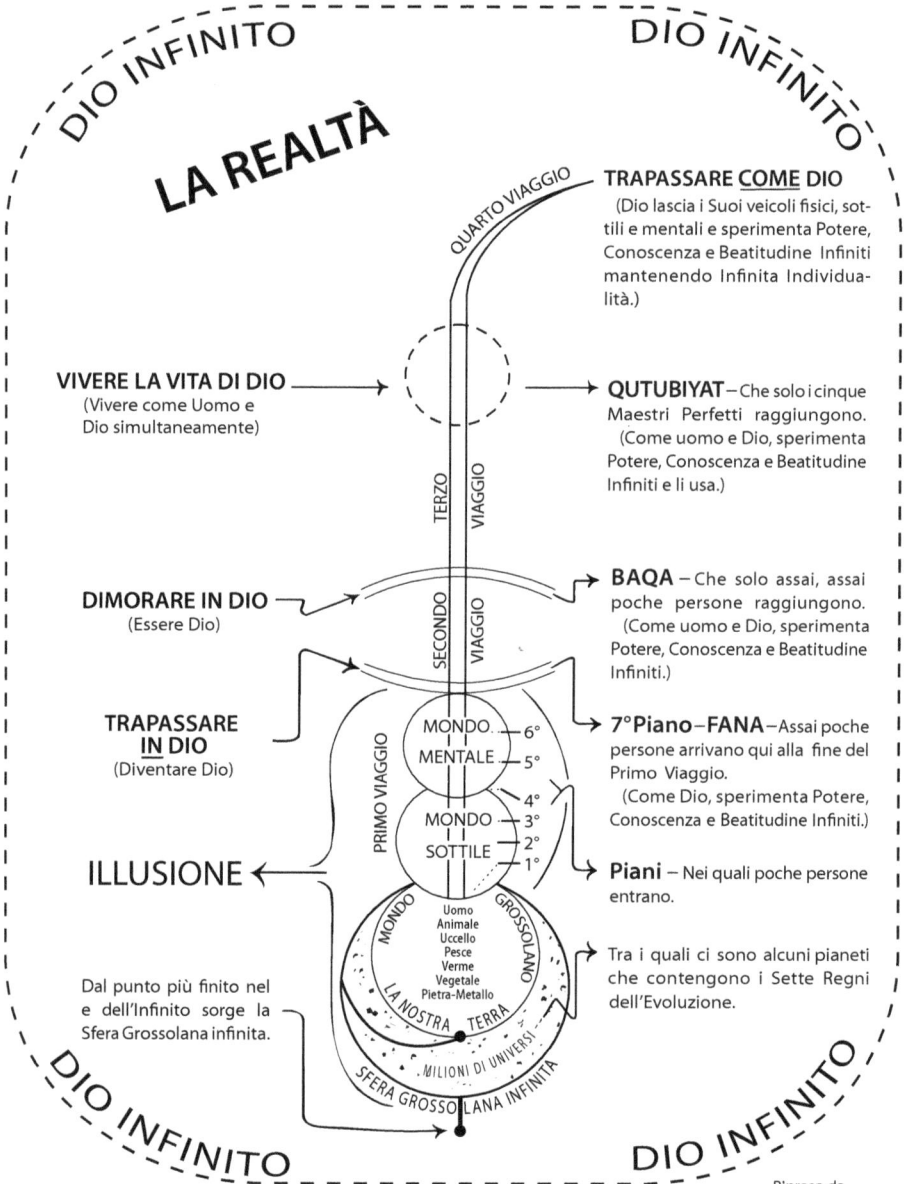

Ripreso da
"Il Tutto e Il Nulla", pubblicato online da Avatar Meher Baba Trust
("The Everything and The Nothing", Meher House Publications, Australia)

*Baqa-billah* è la fine del secondo viaggio divino. Tra gli stati di *fana-fillah* e *baqa-billah*, all'Intersezione Divina *(muqam-e-furutat)*, c'è lo stato di *turiya avastha (fana-ma-al-baqa)*.

*Turiya avastha* è quello stato in cui **a volte** la supercoscienza dà l'esperienza dello stato di "Io sono Dio" e in cui **a volte** la supercoscienza dà l'esperienza dello stato di "Io sono umano" della coscienza normale.

Questo stato è sperimentato da coloro che sono definiti "*Majzoob-Salik*" o "*Paramhansa*" e che in questo stato di *turiya avastha* **a volte** hanno l'esperienza cosciente di "Io sono il mio proprio Dio" e **a volte** hanno l'esperienza cosciente di "Io sono la mia propria creatura".

All'Intersezione Divina, tra la fine del primo viaggio divino e l'inizio del secondo, le fluttuanti esperienze divine di "divino" e "umano" sono vissute alternativamente finché lo stato di "Io sono Dio" di *fana-fillah* si stabilisce gradualmente nello stato di *baqa-billah*, nel quale lo stato di "dimorare-in" Dio è stabilito e nel quale l'uomo come Dio, simultaneamente e senza il minimo sforzo, ha automaticamente la duplice esperienza di Dio e di uomo allo stesso tempo.

Non appena l'Intersezione Divina è attraversata, il *majzoobiyat* di *fana-fillah* si stabilisce come *sulukiyat* in *baqa-billah*. Immerso[16] nella beatitudine infinita, il *Majzoob* di *majzoobiyat* poteva solo sperimentare coscientemente conoscenza e potere infiniti. Il *Salik* di *sulukiyat*, invece, non solo sperimenta coscientemente ma accumula anche coscientemente conoscenza, potere e beatitudine infiniti, sebbene non usi questi aspetti infiniti per gli altri come fanno i *Qutub* di *qutubiyat*.

La fine del secondo viaggio divino porta al terzo viaggio divino che è lo stato di *qutubiyat* in cui coloro che sono definiti "*Qutub*", "*Sadguru*" o "Maestri Perfetti" **vivono** effettivamente la vita di Dio.

Lo stato di *qutubiyat*, che segue il *sulukiyat* di *baqa-billah*, è quello in cui l'uomo come Dio, stabilitosi nella vita di Dio in *baqa-billah*, comincia ora a **vivere** la vita di Dio nello stato di *qutubiyat* come *Qutub* o *Sadguru*. Adesso egli non solo sperimenta coscientemente, come nello stato di *fana-fillah*, e accumula coscientemente, come nello stato di *baqa-billah*,

---

[16] È stato chiesto a Meher Baba: "Se i *Majzoob* sono completamente incoscienti di tutte le sfere (grossolana, sottile e mentale) e di tutto eccetto lo stato di 'Io sono Dio', allora perché reagiscono all'aspetto fisico della vita (mangiare, bere, mostrare preferenza per certe cose o avversione per altre)?"

Meher Baba ha risposto: "Il *Majzoob* può apparentemente gradire o non gradire, chiedere o rifiutare, sembrare felice o arrabbiato; è un riflesso automatico di cui è incosciente, come lo è il suono del russare per l'uomo profondamente addormentato che lo emette. Come il sonnambulo che è incosciente delle sue azioni, normali o alterate che siano, il *Majzoob* è ignaro del suo corpo e di ciò che lo circonda, ed è cosciente solo dello stato di 'Io sono Dio'." [N.d.C.]

conoscenza, potere e beatitudine infiniti, ma in questo stato di *qutubiyat* usa anche questi aspetti infiniti per coloro che si trovano ancora nell'Illusione. Un tale Uomo-Dio dello stato di *qutubiyat* è chiamato Maestro Perfetto (26), il quale come uomo non solo è diventato Dio e si è stabilito in Dio, ma **vive** la vita di Dio come rappresentante individuale di Dio nell'Illusione.

Il duplice ruolo di "Io sono Dio" e "Io sono umano" che era stabilito in *baqa-billah* adesso non solo è sperimentato simultaneamente ma è anche vissuto completamente nello stato di *qutubiyat*; e adesso l'Uomo-Dio (*Qutub*, *Sadguru* o Maestro Perfetto) vive simultaneamente la vita di Dio e la vita di uomo con tutta la forza della conoscenza, del potere e della beatitudine infiniti dello stato di Dio insieme a tutte le debolezze e le sofferenze dello stato di uomo.

Alla fine del terzo viaggio divino il Maestro Perfetto non solo vive un duplice ruolo e manifesta simultaneamente forza e debolezza, ma usa anche simultaneamente questa manifestazione di forza infinita attraverso conoscenza, potere e beatitudine infiniti e di debolezza infinita attraverso sofferenza infinita per coloro che sono nell'ignoranza e che concepiscono ancora la falsa Illusione finita come reale e infinita. A differenza di questo stato, nello stato di *baqa-billah* Dio ha l'esperienza costante della Sua Divinità simultaneamente all'esperienza continua e costante della Sua umanità, ma non può usare la conoscenza, il potere e la beatitudine infiniti e nemmeno la debolezza e la sofferenza infinite per coloro che sono nell'ignoranza perché in questo stato Dio non **vive** la vita di Dio come nello stato di *qutubiyat*.

È molto, molto raro ed è solo per assai, assai pochi cominciare e terminare il terzo viaggio divino nello stato di *Qutub* o *Sadguru*. In questo stato, l'uomo come Dio **vive** ora la vita di Dio. **Usa** ora la conoscenza, il potere e la beatitudine infiniti che sperimenta. È quel "Dio e uomo" o Uomo-Dio che ha fatto discendere l'esistenza Una e indivisibile nei Molti. È quell'Uomo-Dio che ha fatto discendere la Realtà Indipendente nell'Illusione e controlla l'Illusione dalla sede divina del Suo stato di Aldilà, *vidnyan bhumika* o *muqam-e-Muhammadi*. (27)

La vita stessa di questo Uomo-Dio o Maestro Perfetto è il *sahaj samadhi*. Un tale Maestro Perfetto è allo stesso tempo in tutti gli universi e in tutti i mondi, su tutti i livelli e su tutti i piani simultaneamente, e vive la vita dell'"Uno e Tutto". La sua vita è quella di vivere anche su particolari livelli e su particolari piani, come ogni creatura e come un individuo di un certo livello e di un particolare piano. Allo stesso tempo, mentre vive la vita di Dio, vive la vita di uomo su questa terra.[17]

In questo stato di *qutubiyat* si può dire che Dio si sovrappone alla Divinità; ciò significa che la coscienza di Dio, **dopo aver pervaso ogni cosa, rimane** ancora infinita, illimitata e sconfinata in questo stato di Aldilà di Dio, restando eternamente cosciente dello stato di Aldilà dell'Aldilà di Dio.

Il quarto viaggio divino riguarda l'abbandono del corpo (*sharir*) del *Qutub*.

Anche dopo aver lasciato il corpo, il *Qutub* rimane coscientemente e individualmente in eterno come Dio l'Infinito, e lo stato individuale e indivisibile di "Io sono Dio" dello stato di *fana-fillah*, che è la meta, è sperimentato eternamente. Ossia, anche dopo che il corpo, o forma umana, è abbandonato nel quarto viaggio divino, l'esperienza dell'individualità cosciente, infinita e indivisibile è mantenuta eternamente come "Io sono Dio", Tutto, infinito e sconfinato, "Uno senza secondo".

Lo stesso vale per Dio nello stato di *baqa-billah*, dove il ruolo apparentemente duplice della coscienza di "Io sono Dio" e "Io sono umano" si manifesta ed è svolto naturalmente finché il manto dell'Illusione, indossato intenzionalmente e coscientemente, non è abbandonato. Ossia, quando la forma umana, o corpo, è abbandonata, l'esperienza dell'individualità cosciente, infinita e indivisibile è conservata eternamente come "Io sono Dio", Tutto, infinito e sconfinato, "Uno senza secondo".

Dio è Esistenza eterna, infinita e onnipervadente. Poiché Dio è eternamente esistenza infinita, ne consegue che c'è un numero infinito di stati di Dio che esistono infinitamente ed eternamente. Ma fondamentalmente ci sono solo due stati di Dio: lo stato originario e lo stato finale.

Lo stato originario è lo stato di Aldilà dell'Aldilà di Dio in cui Dio eternamente "È" e la coscienza "Non È". Lo stato finale è lo stato di Aldilà di Dio in cui la coscienza "È" eternamente dello stato di "Dio-È" dello stato di Aldilà dell'Aldilà di Dio.

La stessa Esistenza, come Dio, regna eternamente, sia come stato di Aldilà dell'Aldilà di Dio sia come stato di Aldilà di Dio. La sola

---

[17] Con le parole di Meher Baba: "La Perfezione non appartiene a Dio come Dio, e non appartiene nemmeno all'uomo come uomo… L'essere finito, che è cosciente di essere finito, manca ovviamente di Perfezione, ma quando è cosciente di essere uno con l'Infinito è Perfetto… Così abbiamo la Perfezione quando il finito trascende i suoi limiti e realizza la sua Infinità, o quando l'Infinito abbandona il suo supposto distacco e diventa uomo; in entrambi i casi il finito e l'Infinito non sono staccati l'uno dall'altro. Quando c'è una fusione felice e cosciente del finito e dell'Infinito abbiamo la Perfezione." [N.d.C.]

differenza è di coscienza. Nello stato di Aldilà di Dio, l'Esistenza realizza **coscientemente** Sé stessa come eternamente esistente quale stato di Aldilà dell'Aldilà di Dio-È.

Di conseguenza, la meta divina è realizzare lo stato di "Io sono Dio" in cui l'Esistenza realizza coscientemente Sé stessa come eternamente esistente quale stato di Aldilà dell'Aldilà di Dio-È. Questa è la Realtà e, una volta acquisita, la realizzazione cosciente di questa realtà è conservata eternamente. Invariabilmente, Essa si manifesta unicamente nelle forme umane della terra in **differenti stati divini** di Dio attraverso differenti status divini di *majzoobiyat*, di *turiya avastha* o *fana-ma-al-baqa*, di *sulukiyat* e di *qutubiyat*.

Tutti gli altri stati intermedi di Dio sono **stati illusori** in cui la stessa Esistenza eterna, infinita, onnipervadente, una, indivisibile e senza forma, come Dio, sebbene non realizzata come Realtà eterna, si afferma attraverso la sua stessa essenza assumendo forme di cose e creature inanimate e animate infinitamente innumerevoli, come stati di Dio privi e dotati di vita, durante il processo di acquisizione della piena coscienza della realtà eterna dell'esistenza infinita.

Tutti questi stati illusori intermedi di Dio prosperano nell'illusione della Creazione cosmica attraverso le molteplici e diverse impressioni grossolane, sottili e mentali dell'illusione; e sebbene l'intera Creazione cosmica sia illusione, funge da incubatrice divina per la coscienza del Divino. L'incubazione porta alla maturità che permette di realizzare la Realtà eterna dopo che la coscienza è stata nutrita e progressivamente sviluppata attraverso le molteplici, diverse e finite impressioni ed esperienze degli opposti delle forme e dei mondi grossolani, sottili e mentali della Creazione cosmica.

Negli stati illusori di Dio, Dio eterno, senza forma e infinito, mentre è impressionato dalle proprie creazioni cosmiche acquisisce coscienza prima delle forme grossolane e sperimenta i mondi grossolani, poi delle forme sottili e sperimenta i mondi sottili; quindi, delle forme mentali e sperimenta i mondi mentali. Ottenendo infine coscienza del Suo Sé illimitato, sperimenta il Suo stato eterno.

Di conseguenza, quando Dio è cosciente delle Sue forme grossolane si identifica con i corpi grossolani e si ritrova in un particolare corpo grossolano secondo le impressioni specifiche di quel corpo grossolano. Questo significa che Dio infinito, eterno e senza forma si ritrova finito, mortale e con una forma grossolana. La causa di questa ignoranza sono solo le impressioni, i *sanskara*.

Così Dio, che è eternamente nello stato di Aldilà dell'Aldilà di *Paratpar Parabrahma*, o nello stato di infinitudine di Dio-È, all'inizio acquisisce ignoranza attraverso l'effetto delle impressioni anziché acquisire conoscenza della Sua realtà.

Così quando Dio acquisisce una particolare forma, corpo o *sharir*, conformemente a particolari impressioni, sente e sperimenta Sé stesso come quella particolare forma, corpo o *sharir*. Dio nella Sua forma di pietra sperimenta sé stesso come pietra. Di conseguenza, conformemente alle impressioni e alla rispettiva coscienza, Dio sente e sperimenta di essere metallo, vegetale, verme, pesce, uccello, animale o essere umano. Qualunque sia il tipo di forma grossolana e qualunque sia l'aspetto della forma, la coscienza in evoluzione di Dio porta Dio ad associarsi spontaneamente con quella forma, figura e aspetto che lo portano a sperimentare, attraverso le impressioni, di essere quella forma, figura e aspetto.

Analogamente, quando Dio è cosciente del corpo sottile (ossia *pran*) Dio sperimenta allora il mondo sottile e si ritiene il corpo sottile, o *pran*. Allo stesso modo, Dio diventa cosciente del corpo mentale (ossia *mana* o la mente), sperimenta il mondo mentale e si ritiene il corpo mentale, o *mana* (ossia la mente).

È solo a causa delle impressioni che Dio infinito, l'Anima Universale senza forma e infinita, sperimenta di essere veramente solo un corpo grossolano finito nella sfera grossolana (ossia *jiv-atma* in *anna bhuvan*), o un corpo sottile nella sfera sottile (ossia *jiv-atma* in *pran bhuvan*), o un corpo mentale nella sfera mentale (ossia *jiv-atma* in *mano bhuvan*). Mentre sperimenta il mondo grossolano attraverso le forme grossolane, Dio si associa con innumerevoli forme grossolane e se ne dissocia. L'associazione con le forme grossolane e la dissociazione da esse sono chiamate rispettivamente "nascita" e "morte".

È a causa delle impressioni che Dio eterno, immortale e senza forma, o Anima Universale, senza nascite e morti, deve sperimentare nascite e morti moltissime volte. Mentre Dio deve sperimentare queste innumerevoli nascite e morti a causa delle impressioni, non solo deve sperimentare il mondo grossolano che è finito e di conseguenza falso, ma deve nel contempo sperimentarne anche la felicità e l'infelicità, la virtù e il vizio.

Tutte le forme, le figure e gli aspetti, tutti i mondi e i piani, tutte le nascite e le morti, tutta la virtù e il vizio, tutta la felicità e l'infelicità sperimentati da Dio, che è eterno, senza forma e infinito, sono il prodotto della coscienza impressionata. Poiché tutte le impressioni non sono altro che il prodotto del Nulla che si è manifestato come Nullità, qualsiasi cosa Dio sperimenti attraverso la Sua coscienza evoluta nei mondi grossolano, sottile e mentale è l'esperienza del Nulla; e poiché questo Nulla è per natura nulla, ne consegue che tutte le esperienze negli stati illusori intermedi di Dio non sono letteralmente altro che illusione e, in quanto tali, false e finite.

È solo quando la coscienza impressionata è liberata da tutte le impressioni che la liberazione, o *mukti*, in forma umana è ottenuta come *nirvana*, o *fana*, in cui solo la coscienza "È" e tutto il resto del Nulla, che esisteva come Nullità, svanisce per sempre. Solo nel caso di colui che conserva il corpo[18] per tre o quattro giorni[19] dopo *nirvana*, la coscienza liberata (o non impressionata o senza impressioni) realizza invariabilmente la Divinità eterna nel secondo stadio di *fana* (ossia in *fana-fillah*) e si afferma come "Io sono Dio" **senza alcun dubbio**. Questo è lo stato di *nirvikalpa* di "Io sono indubbiamente Dio" in cui, letteralmente, la coscienza senza impressioni o non impressionata, collegata alla forma umana, realizza: "Io sono Dio, ero Dio e per sempre rimarrò Dio" come Esistenza eterna e cosciente. In questo modo l'uomo diventa Dio, e si dice che l'uomo ha realizzato Dio, o che la *jiv-atma* in *Paramatma* è divenuta la *Shiv-Atma* in *Paramatma*, o Anima Universale.

La realtà eterna è che *Paramatma*, o Anima Universale, è l'*atma*, o l'anima, e questa realtà è realizzata solo quando la coscienza impressionata come *jiv-atma* diviene la coscienza senza impressioni o non impressionata come *Shiv-Atma*, che si fonde in *Paramatma* per affermare e realizzare l'identità di *Paramatma*.

Se in realtà l'*atma* è *Paramatma*, allora com'è possibile che l'*atma* si fonda in *Paramatma*?

Per chiarire questo fatto e capire che *Paramatma* è in realtà l'*atma*, paragoniamo *Paramatma* a un oceano infinito senza limiti e senza rive. Di conseguenza l'*atma*, che è *Paramatma*, non può mai essere fuori dai confini dell'oceano senza limiti e senza rive (ossia *Paramatma*). L'*atma* non può mai essere fuori da *Paramatma* perché *Paramatma*, che abbiamo paragonato all'oceano senza limiti e senza rive, è infinito e illimitato.

---

[18] Meher Baba ha spiegato: "Coloro che non conservano il loro corpo per tre o quattro giorni ma lo abbandonano immediatamente dopo *nirvana* ottengono la Liberazione (*mukti*)." [N.d.C.]

[19] Il tempo non esiste per chi è in *nirvana* o per chi ha ottenuto la Liberazione. Il periodo menzionato (tre o quattro giorni) ha significato solo per la comprensione di coloro che sono coscienti del grossolano e vincolati dal tempo. [N.d.C.]

Come potrebbe l'*atma* uscire o avere un posto fuori dalla distesa di ciò che è senza limiti se l'*atma* è *Paramatma*?

Quindi, anche l'*atma* è in *Paramatma*.

Ora, per capire che l'*atma* che è **in** *Paramatma* è in realtà *Paramatma* Stesso, immaginiamo che sia possibile separare o estrarre uno iota di oceano dalla distesa senza limiti dell'oceano illimitato e senza rive. Ne consegue allora che questo iota di oceano, quando è nell'oceano senza limiti, è l'oceano stesso prima della separazione, ed è nell'oceano illimitato non come uno iota di oceano ma come l'oceano stesso (perché ogni iota di oceano, quando non è limitato dai limiti di essere uno iota, è oceano illimitato).

È solo quando lo iota di oceano è separato dall'oceano illimitato, o è estratto dall'oceano illimitato come goccia, che questo iota separato di oceano è considerato una goccia limitata dell'oceano illimitato.

In altre parole, l'oceano infinito, illimitato e senza rive è ora indotto, attraverso la goccia, a considerarsi come una mera goccia limitata di quell'oceano infinito, illimitato e senza rive; e in confronto all'oceano infinito, illimitato e senza rive, questa goccia di oceano è finitissima, limitatissima e ha ora limiti infiniti.

Analogamente, se paragonata alla goccia dell'oceano infinito, l'*atma* non può mai essere fuori da un qualsiasi limite di *Paramatma* senza limiti e infinito, paragonato all'oceano infinito, illimitato e senza rive.

Ma proprio come lo iota di oceano acquisisce i suoi limiti come goccia attraverso una bolla sulla superficie dell'oceano, e proprio come questa bolla conferisce allo iota un'apparente esistenza separativa e limitata fuori dall'oceano infinito, allo stesso modo l'*atma*, che non solo è in *Paramatma* ma è *Paramatma* Stesso, sperimenta e afferma apparentemente un'esistenza separativa da *Paramatma* infinito e illimitato attraverso i limiti della bolla di impressioni, che le conferiscono un'ignoranza cosciente e con i quali l'*atma* si avvolge e sperimenta sé stessa come limitata e separata da *Paramatma*.

Attraverso questi limiti, formati dalla bolla di impressioni e autocreati dall'*atma*, l'*atma* eredita apparentemente un'esistenza separativa e limitata da *Paramatma*, e a causa di questa autocreata separatività da *Paramatma* infinito, l'*atma*, che è di per Sé infinita, illimitata e sconfinata, si dota degli aspetti più finiti e più limitati, con limiti infiniti acquisiti attraverso le impressioni.

Non appena la bolla di impressioni scoppia al termine di tutta l'involuzione della coscienza e l'ignoranza cosciente, come coscienza impressionata, si trasforma in conoscenza cosciente, come coscienza non impressionata, le esperienze limitate e finitissime dell'*atma* svaniscono. Liberata dall'apparente esistenza separativa e finita, l'*atma* automaticamente si fonde, o si ritrova una, con e in *Paramatma*, eternamente infinito, illimitato e sconfinato nello stato di Aldilà di Dio; questo si chiama l'unione dell'*atma* con *Paramatma* o *Allah*. In questo stato di coscienza, l'*atma* è ora completamente cosciente dello stato incosciente di Aldilà dell'Aldilà di Dio, *Paratpar Parabrahma*, che è lo stato originario di Dio a cui ci si riferisce quando si dice che "Dio-È". In termini sufi, Dio nello stato di Aldilà è definito "*Allah*", e Dio nello stato di Aldilà dell'Aldilà è definito "*Wara-ul-Wara*" o "*Ghaib-ul-Ghaib*".

Nella forma umana lo status divino di Dio più alto ed eccelso è quello di *qutubiyat* in cui il *Qutub*, o *Sadguru* o Maestro Perfetto, non solo sperimenta coscientemente conoscenza infinita, potere infinito e beatitudine infinita e totale bontà e tutto ciò che è bellezza infinita, che significa gloria, ma usa anche coscientemente questi aspetti infiniti per quelle *jiv-atma* che stanno ancora attraversando gli stati illusori di Dio nell'Illusione.

In questo eccelso status divino di *qutubiyat* non solo l'uomo diventa Dio ma l'uomo **vive** anche la vita di Dio. Adorare questo Uomo-Dio è adorare Dio con attributi infiniti.

Questo altissimo status divino, che consiste nel vivere la vita di Dio coscientemente nella forma umana, è raggiunto molto, molto raramente da assai, assai poche *Shiv-Atma* dopo che le *atma* incoscienti sono passate attraverso il processo di evoluzione, reincarnazione e involuzione della coscienza come *jiv-atma*, hanno raggiunto *nirvana*, che in alcuni casi è immediatamente seguito da *nirvikalpa samadhi* della supercoscienza, e si sono affermate come *Shiv-Atma*.

In tutti i tempi e in tutte le ere, e allo stesso tempo, ci sono sempre su questa terra cinquantasei *Shiv-Atma*, ovvero *Atma* che hanno realizzato Dio. Di queste cinquantasei *Shiv-Atma* alcune rimangono nello stato di *majzoobiyat*; alcune rimangono nello stato dell'Intersezione Divina – in *turiya avastha* – conosciuto in termini sufi come "*fana-ma-al-baqa*"; pochissime, attraversando l'Intersezione Divina, rimangono nello stato di *sulukiyat*; e solo cinque sono sempre nello stato di *qutubiyat*, per il tempo in cui **tutte** loro conservano la forma umana.

Così, in tutti i tempi e in tutte le ere, ci sono sempre cinque *Qutub* (*Sadguru* o Maestri Perfetti) che vivono sulla terra in mezzo all'umanità e usano gli aspetti infiniti di *ahadiyat* di *arsh-e-ala* o *vidnyan* di *vidnyan bhumika* dello stato di Aldilà di Dio sotto forma di conoscenza, potere e beatitudine infiniti per la progressiva emancipazione di tutto ciò che è nel campo dell'Illusione.

Secondo la legge divina, questi cinque *Qutub*, o *Sadguru* o Maestri Perfetti, alla fine di ogni ciclo precipitano l'avvento della discesa diretta di Dio sulla terra in forma umana maschile. Così, alla fine di ogni ciclo, quando Dio si manifesta sulla terra in forma di uomo e rivela la Sua divinità all'umanità, è riconosciuto come l'*Avatar* – il Messia – il Profeta. La **discesa diretta** di Dio sulla terra come *Avatar* è quello **status indipendente** di Dio in cui Dio **diventa direttamente uomo**[20] **senza subire o attraversare i processi di evoluzione, reincarnazione e involuzione della coscienza**. Di conseguenza, Dio diventa direttamente **Dio-Uomo** e vive la vita dell'uomo in mezzo agli uomini, realizzando il Suo status divino del Più Alto degli Alti, o di Antico, attraverso questi *Qutub*, o *Sadguru* o Maestri Perfetti, del momento. (28)

Fondamentalmente, non c'è assolutamente nessuna differenza nell'esperienza della Realtà, che le *Shiv-Atma* siano nello status divino di *majzoobiyat*, di *turiya avastha*, di *sulukiyat* o di *qutubiyat*. Una volta raggiunta la meta, tutte le *Shiv-Atma* in tutti gli status divini cominciano, in maniera cosciente e senza alcun dubbio, a godere in eterno dell'eredità divina di beatitudine infinita, sperimentando nel contempo spontaneamente e continuamente la loro natura trina di conoscenza infinita, potere infinito e beatitudine infinita. (29)

Tuttavia, la differenza nel loro status divino non risiede nell'esperienza della loro natura trina infinita ma in una diversità nel campo di applicazione del potere infinito dopo che si sono stabilite nel *vidnyan bhumika* di conoscenza infinita, o *sulukiyat*, e vivono la vita di Uomo-Dio, come *Qutub*, usando la loro conoscenza infinita per esercitare potere infinito mentre godono di beatitudine infinita.

La differenza tra lo status divino di un *Qutub*, o *Sadguru*, e l'*Avatar* dell'Epoca è che un *Qutub*, dopo essere passato attraverso l'intero processo di evoluzione cosmica, inizia e vive la vita di Dio come Uomo-Dio, mentre l'*Avatar* non deve affatto passare attraverso il processo di evoluzione, perché l'*Avatar* è quell'altissimo status di Dio in cui Dio diventa direttamente uomo e vive sulla terra come Dio-Uomo.

---

[20] *Fana-ul-fana* = lo stato di Dio che diviene uomo (la discesa diretta di Dio sulla terra come *Avatar*).

*Baqa-ul-baqa* = lo stato di Dio che diviene Dio-Uomo (Dio che conosce Sé stesso come *Avatar*).

Lo stato dell'uomo comune è lo stato di Dio come uomo.

Vivendo la vita di Dio, tanto il *Sadguru* (o *Qutub*) quanto l'*Avatar* (o *Saheb-e-Zaman*) sono uguali per il fatto di avere le stesse esperienze. Entrambi vivono la vita di Dio ed entrambi sono anche in ogni livello e piano della vita nell'Illusione. Entrambi sono simultaneamente su tutti i livelli, dal più basso al più alto. Nonostante questo, la più importante e sola differenza è che il *Qutub* **recita** in quel livello, mentre l'*Avatar* **diventa** (30) tale in quel livello.

Per chiarire la questione di "recitare" e "diventare", si possono citare moltissimi esempi, ma per la comprensione umana comune prendiamo come esempio la malattia.

Un *Qutub*, o *Sadguru*, non può **ammalarsi** e non si **ammalerà**, e quando sembra che si sia ammalato, sta solo "recitando" la malattia. Quando la gente lo vede ammalato, non **vede lui ammalato**, ma in realtà **vede la sua malattia** messa in scena perfettamente poiché lui è il Maestro Perfetto e la perfezione personificata; si comporta come se fosse ammalato. Per contro, quando la gente vede l'*Avatar* ammalato, Lui si è **davvero ammalato** ed **è letteralmente ammalato**. Ma sebbene l'*Avatar* sia davvero ammalato, dispone simultaneamente di potere infinito, conoscenza infinita e beatitudine infinita.

Su ogni livello, in ogni stato e in tutti i piani simultaneamente, un *Sadguru* **si comporta** come la creatura o la cosa di quel livello e stato e come un uomo di quel piano; l'*Avatar* invece **diventa** come la creatura o la cosa di quel livello e stato e come un uomo di quel piano allo stesso tempo. E diventando ed essendo allo stesso tempo tutto e tutti in tutti i livelli, gli stati e in tutti i piani e oltre tutti i livelli, gli stati e tutti i piani, l'*Avatar* è **il solo** infinitamente capace di dare una **spinta** universale a tutte le cose, a tutte le creature e a tutto il genere umano allo stesso tempo, accelerando la maturazione della coscienza.

In Realtà Dio è Tutto ed è in ognuno. L'*Avatar* di Dio è non solo Tutto e in ognuno ma diventa effettivamente Tutto e ognuno.

Così la sola e fondamentale differenza tra un *Avatar* e un *Sadguru* è che in ogni livello e in tutti i piani un *Sadguru* recita, mentre l'*Avatar* non recita ma "diventa" effettivamente tale. (31)

In breve, ci sono sempre, in tutti i tempi e in tutte le ere, cinquantasei anime che hanno realizzato Dio, o *Shiv-Atma*, in forma umana sulla terra. (32)

Va osservato che tutti i cinquantasei che hanno realizzato Dio possono essere chiamati Perfetti, ma non tutti questi cinquantasei Perfetti sono Maestri Perfetti. Sebbene tutti i cinquantasei abbiano la medesima esperienza della Realtà eterna, senza la benché minima differenza e, sebbene tutti i cinquantasei siano uno nella coscienza della meta finale (la Realtà), siano perfetti sotto tutti gli aspetti e abbiano realizzato Dio, c'è una differenza nella loro funzione. Di conseguenza, il termine per i cinquantasei che hanno realizzato Dio può essere "Perfetti" ma **non** Maestri Perfetti, o *Sadguru* o *Qutub*.

Tra i cinquantasei Perfetti, o *Shiv-Atma*, in forma umana, ci sono sempre in tutti i tempi e in tutte le ere cinque Maestri Perfetti, o *Sadguru* o *Qutub*, e questi cinque controllano le questioni dell'intero universo.

Quando l'epoca **non** appartiene al periodo *avatarico*, questi cinque Maestri Perfetti si occupano congiuntamente delle questioni dell'universo e colui che, tra i cinque Maestri Perfetti, è responsabile del controllo di tutte le questioni dell'intero universo è chiamato dai sufi "*Qutub-e-Irshad*".

Ma quando l'epoca appartiene al periodo *avatarico* alla fine di ogni ciclo[21], l'*Avatar* (l'Antico, il Più Alto degli Alti), la Realtà Indipendente (la Coscienza Infinita dello stato di Aldilà di Dio), si manifesta nell'Illusione direttamente sulla terra attraverso un essere umano di sesso maschile. Questa manifestazione della Coscienza Infinita dello stato di Aldilà di Dio attraverso una forma umana maschile sulla terra è comunemente chiamata "la discesa diretta di Dio sulla terra" in forma umana. Questa discesa di Dio sulla terra è generalmente conosciuta con il nome di "*Avatar*".

È quindi ovvio che quando l'epoca appartiene al periodo *avatarico* e quando l'*Avatar* (o la Realtà, o la coscienza di Dio dello stato di Aldilà di Dio) si manifesta nell'Illusione sulla terra, dando a questa Realtà una forma umana perché possa presentarsi all'umanità del mondo, questo *Avatar*, o questo Dio-Uomo, deve necessariamente essere distinto dai cinquantasei che hanno realizzato Dio.

I cinque Maestri Perfetti che esistono e sono in funzione in quel tempo, al momento opportuno del periodo *avatarico* provocano individualmente e congiuntamente l'avvento dell'*Avatar* (33); ed esercitando la loro misericordia e il loro amore infiniti per tutto ciò che è nell'Ignoranza e vive la vita illusoria nella Creazione, usano il loro potere e la loro grazia infiniti per precipitare questo avvento e rendere manifesta su questa terra nell'Illusione la Realtà infinita della coscienza eterna e infinita di Dio nello stato di Aldilà. Attraverso il loro potere, la

---

[21] Tutti i cicli di tempo nell'Illusione finiscono e cominciano dopo un periodo compreso tra 700 e 1400 anni, e ci sono stati e ci saranno milioni e miliardi di tali cicli in un Ciclo di cicli; perciò non c'è fine all'Illusione che rimane sempre illusione.

loro conoscenza e la loro beatitudine infiniti, conferiscono alla Realtà il più adeguato "mantello" di Illusione sotto l'aspetto di una forma umana maschile, in modo che la divinità della Realtà possa presentarsi nel miglior modo possibile nel mondo dell'Illusione.

Così, quando la Realtà Infinita (ossia Dio) si manifesta sulla terra in forma di uomo e rivela la Sua divinità all'umanità, Egli è riconosciuto come l'*Avatar*, il Messia, il Profeta. Così Dio diventa uomo.

In questo modo Dio infinito, epoca dopo epoca, attraverso tutti i cicli, dispone, tramite la Sua misericordia infinita, di portare la Sua presenza tra gli uomini scendendo ai livelli umani in forma umana; ma poiché la Sua presenza fisica tra gli uomini non è compresa, è considerato come un uomo comune del mondo. Tuttavia, quando afferma la Sua divinità sulla terra proclamandosi l'*Avatar* dell'Epoca, è venerato da alcuni che lo accettano come Dio e glorificato da pochi che lo riconoscono come Dio sulla terra. Ma è invariabilmente destino del resto dell'umanità condannarlo quando è fisicamente in mezzo a essa.

Così Dio come uomo, proclamandosi l'*Avatar*, sopporta di essere perseguitato e torturato, di essere umiliato e condannato dall'umanità, per il bene della quale il Suo amore infinito lo ha fatto scendere così in basso affinché quell'umanità, nell'atto stesso di condannare la manifestazione di Dio nella forma dell'*Avatar* affermi, sebbene indirettamente, l'esistenza di Dio nel Suo stato infinito ed eterno di Realtà.

L'*Avatar* è sempre Uno e lo stesso perché Dio è sempre Uno e lo stesso,[22] l'Uno eterno, indivisibile e infinito che si manifesta in forma di uomo come l'*Avatar*, come il Messia, come il Profeta, come il Budda, come l'Antico, il Più Alto degli Alti. Questo *Avatar* eternamente Uno e lo stesso ripete la Sua manifestazione di tempo in tempo, in differenti cicli, adottando differenti nomi e differenti forme umane, in differenti luoghi, per rivelare la Verità in differenti fogge e differenti lingue, al fine di sollevare l'umanità dal pozzo dell'ignoranza e aiutarla a liberarsi dalla schiavitù delle illusioni.

Durante il periodo *avatarico*, colui che tra i cinque Maestri Perfetti viventi fungeva da *Qutub-e-Irshad* cessa di detenere questa funzione divina con l'avvento dell'*Avatar* e consegna il suo **compito** e **incarico** di unico responsabile delle questioni dell'universo nelle mani del Dio-Uomo non appena Questi è in grado di assumere la Sua funzione di

---

[22] Quando è stato chiesto a Meher Baba se un Maestro Perfetto torni mai sulla terra dopo aver lasciato il corpo, ossia nasca di nuovo, Baba ha risposto: "No, mai. Solo l'*Avatar* nasce e rinasce." [N.d.C.]

Cristo, l'*Avatar* dell'Epoca; lui stesso rimane, finché è in un corpo grossolano, con la stessa funzione di *Qutub* detenuta dagli altri quattro.

Nonostante l'avvento dell'*Avatar*, ci devono essere cinquantasei anime in un corpo umano che hanno realizzato Dio, e tra queste cinquantasei ci devono essere i cinque Maestri Perfetti viventi sulla terra. Quando uno di questi cinque Maestri Perfetti abbandona il suo corpo fisico, la funzione non è mai lasciata vacante ma è invariabilmente occupata da un altro essere umano vivente che ha realizzato Dio e che ha realizzato la Realtà eterna in quel tempo. Così, anche quando l'*Avatar* è sulla terra, ci sono cinquantasei anime che hanno realizzato Dio, inclusi i cinque Maestri Perfetti in forma umana, ma l'*Avatar* diviene la sola **Autorità**.

# Spiegazione di Meher Baba del Grafico VII

Con l'energia proveniente dalla sfera sottile e l'illuminazione dalla sfera mentale, per bilioni e bilioni di anni nel passato e nel futuro, l'universo grossolano si è formato e disintegrato, e si formerà e disintegrerà in innumerevoli stelle, soli, pianeti, mondi, lune e meteore. Tuttavia, in realtà, non esistono cose come il tempo e lo spazio. Una volta che l'anima è liberata dall'illusione, l'Illusione non cessa semplicemente di esistere, ma si scopre che non è mai esistita affatto.

Dopo una graduale evoluzione attraverso i regni minerale, vegetale e animale dell'universo grossolano per un periodo determinato anche se incommensurabile di milioni, miliardi e bilioni di anni, la coscienza raggiunge la perfezione nell'uomo. L'uomo allora dovrebbe giustamente essere cosciente di Dio, ma non diventa tale a causa dei vincoli *sanskarici* nati dalle impressioni delle esperienze illusorie acquisite durante l'evoluzione della coscienza. Così l'uomo rimane pienamente cosciente solo del grossolano.

Prima che la coscienza perfetta ma grossolana dell'uomo possa involversi nella Realtà della coscienza di Dio, deve innanzi tutto involversi in coscienza sottile e da quella sottile in coscienza mentale piena. Per questo, le impressioni grossolane devono trasformarsi in sottili e da sottili in impressioni mentali, riacquisendo il grado di debolezza e finezza delle prime impressioni acquisite nelle forme vegetali e minerali, con una differenza fondamentale di coscienza.

A differenza di quanto avviene nel percorso definito seguito durante il processo di evoluzione, l'uomo in quanto uomo può far uso della sua coscienza pienamente e liberamente. Perciò l'uomo pienamente cosciente del grossolano, a seconda del conseguente stringersi o allentarsi dei suoi vincoli *sanskarici*, può diventare pienamente cosciente del sottile e poi pienamente cosciente del mentale, a volte dopo poche o a volte dopo numerose reincarnazioni umane tra ciascuna delle due involuzioni della sua coscienza. E se qualcuno è benedetto dall'amore divino di un "Amante di Dio", o se qualcuno è guidato dalla mano di un Maestro Perfetto, l'emancipazione da tutti i vincoli, per quanto grandi e complicati possano essere, è raggiunta molto più facilmente e velocemente. In casi eccezionali, è anche possibile un'emancipazione istantanea senza ricorrere a una sola reincarnazione.

# DIO È REALTÀ E TUTTO IL RESTO È ILLUSIONE

TUTTO

ATTRAVERSO

Corpo grossolano = Piccola ombra grossolana

DI

Sfera grossolana = Grande ombra grossolana = Nulla grossolano = Nulla nel nulla - nel nulla

TUTTO

ATTRAVERSO

Corpo sottile = Piccola ombra sottile

DI

Sfera sottile = Grande ombra sottile = Nulla sottile = Nulla nel nulla

ATTRAVERSO

Corpo mentale = Piccola ombra mentale

DI

Sfera mentale = Grande ombra mentale = Nulla mentale = Nulla

UOMO

È COSCIENTE DEL GROSSOLANO

UOMO

È COSCIENTE DEL SOTTILE

UOMO

FUNZIONA COSCIENTEMENTE A LIVELLO SOTTILE

UOMO

È COSCIENTE DEL MENTALE

UOMO

FUNZIONA COSCIENTEMENTE A LIVELLO MENTALE

ILLUSIONE

LO STATO INCOSCIENTE PIÙ ORIGINARIO DI DIO DI ALDILÀ DELL'ALDILÀ

REALTÀ

Dio è cosciente di tutto tranne che del nulla

UOMINI
DIO

← SONO ↝

DIO
UOMO

simultaneamente coscienti di tutto incluso tutto il nulla

TUTTO

TUTTO

# DIO È TUTTO E TUTTO IL RESTO È NULLA

Tuttavia, per allentare i vincoli attraverso le esperienze opposte della dualità dell'Illusione, ossia dolore e piacere, bene e male, uomo e donna, forza e debolezza, ecc., l'uomo deve, da sé, rimanere cosciente di molteplici esperienze per ottantaquattro *lakh*[1] di volte nel corso di circa cinquanta *crore*[2] di sonni di morte; ma invariabilmente, con la grazia onnipervadente di Dio, l'uomo diventa cosciente del sottile e del mentale, e può così in qualche modo porre fine allo stallo delle continue nascite e morti fisiche.

Infine, per grazia del Dio-Uomo o dell'Uomo-Dio, in molto, molto meno di un batter d'occhio, l'uomo diventa Dio pienamente cosciente e si rende conto che tempo e spazio nascono dalla Sua stessa eternità e infinitudine in cui tempo e spazio non esistono affatto.[3]

---

[1] Unità del sistema di numerazione indiano pari a 100 000. [N.d.T.]

[2] Unità del sistema di numerazione indiano pari a 10 000 000. [N.d.T.]

[3] Quando gli fu chiesto un ulteriore chiarimento, Eruch B. Jessawala scrisse in risposta:
"Il riferimento a cinquanta *crore* di sonni di morte indica approssimativamente ciò che un'anima deve attraversare durante i processi di evoluzione della coscienza delle forme e di reincarnazione con l'aiuto di cambiamenti dei mezzi, ossia l'associazione con differenti forme di differenti specie e la dissociazione da esse.
Ottantaquattro *lakh* di scossoni o reincarnazioni sono nella *forma umana*, ma 'cinquanta *crore* di sonni di morte' includono le associazioni delle forme preumane con i mezzi e le esperienze delle loro impressioni e le dissociazioni da essi.
L'uomo non deve morire più volte di quante può nascere! L'uomo nasce una volta con la nascita della mente, e l'uomo muore una volta con l'annientamento della mente. Perciò in realtà non c'è reincarnazione; è solamente un processo di *crore* di sonni di morte per la mente che nasce una volta e muore una volta! La nascita della mente comprende i processi di evoluzione, reincarnazione e involuzione. La morte della mente è la realizzazione del Sé."
[N.d.C.]

148

# I dieci stati di Dio

Eruch B. Jessawala

La parte seguente, "I dieci stati di Dio", è stata scritta da Eruch B. Jessawala sotto la diretta supervisione di Meher Baba e descrive e spiega uno schema originale, "I dieci stati di Dio", concepito da Meher Baba.

*I curatori*

# *I dieci principali stati di Dio*

Illustrati da Meher Baba[1]

| | | |
|---|---|---|
| Stato I | Dio nell' | Aldilà-dell'Aldilà |
| Stato II | Dio nell' | Aldilà<br>Sub-stati A, B, C |
| Stato III | Dio come | Creatore, Preservatore e Distruttore |
| Stato IV | Dio come | anima incarnata |
| Stato V | Dio come | anima nello stato di evoluzione |
| Stato VI | Dio come | anima umana nello stato di reincarnazione |
| Stato VII | Dio nello | stato di anime spiritualmente avanzate |
| Stato VIII | Dio come | il Divinamente Assorto |
| Stato IX | Dio come | anima incarnata liberata |
| Stato X | Dio come | Uomo-Dio e Dio-Uomo |

---

[1] Vedi Grafico VIII

# I DIECI STATI DI DIO

A Dio non sperimenta coscientemente né Potere, né Conoscenza, né Beatitudine né li usa.

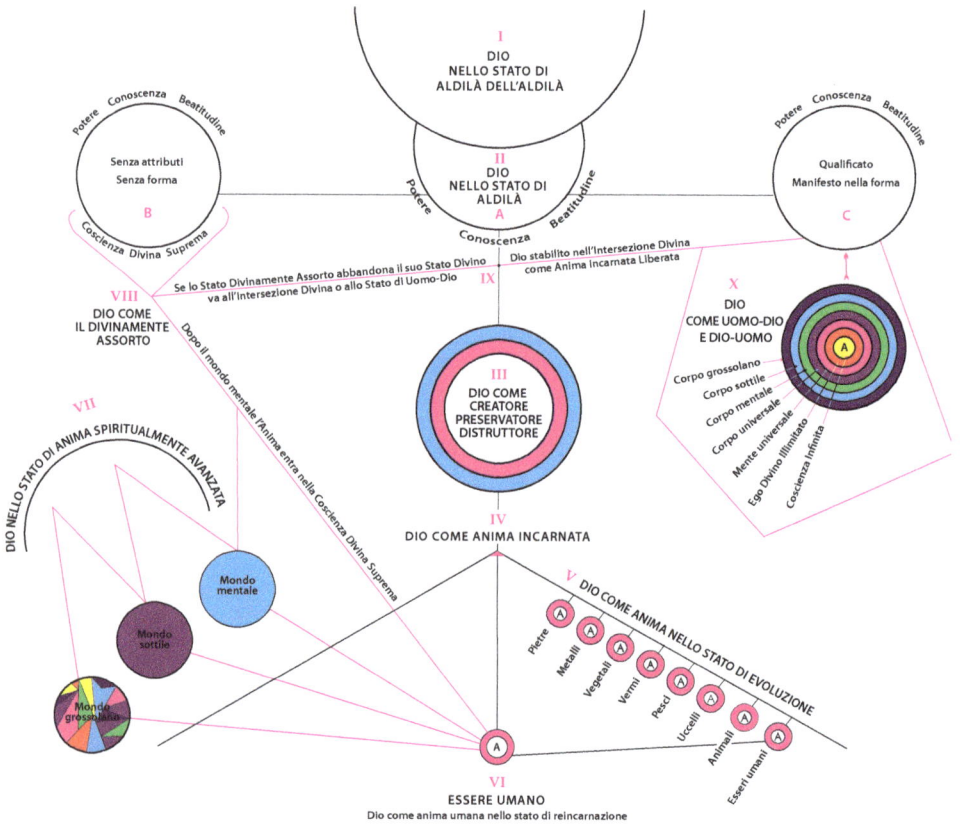

B Dio sperimenta coscientemente Potere, Conoscenza e Beatitudine ma non li usa.

C Dio sperimenta coscientemente Potere, Conoscenza e Beatitudine e li usa.

**I**
DIO
NELLO STATO DI
ALDILÀ DELL'ALDILÀ

Potere   Conoscenza   Beatitudine

Senza attributi
Senza forma

**B**

Coscienza Divina Suprema

**II**
DIO
NELLO STATO DI
ALDILÀ

**A**

Potere

Conoscenza

Beatitudine

Potere   Conoscenza   Beatitudine

Qualificato
Manifesto nella forma

**C**

**VIII**
DIO COME
IL DIVINAMENTE
ASSORTO

Se lo Stato Divinamente Assorto abbandona il suo Stato Divino
va all'Intersezione Divina o allo Stato di Uomo-Dio

**IX**

Dio stabilito nell'Intersezione Divina
come Anima incarnata Liberata

**X**
DIO
COME UOMO-DIO
E DIO-UOMO

Corpo grossolano
Corpo sottile
Corpo mentale
Corpo universale
Mente universale
Ego Divino Illimitato
Coscienza Infinita

**VII**

DIO NELLO STATO DI ANIMA SPIRITUALMENTE AVANZATA

Dopo il mondo mentale l'Anima entra nella Coscienza Divina Suprema

**III**
DIO COME
CREATORE
PRESERVATORE
DISTRUTTORE

Mondo
mentale

Mondo
sottile

Mondo
grossolano

**IV**
DIO COME ANIMA INCARNATA

**V** DIO COME ANIMA NELLO STATO DI EVOLUZIONE

Pietre
Metalli
Vegetali
Vermi
Pesci
Uccelli
Animali
Esseri umani

**VI**
ESSERE UMANO
Dio come anima umana nello stato di reincarnazione

| VEDANTICO * | MISTICO | SUFI |
|---|---|---|
| Paratpar<br>  Parabrahma | Stato di Aldilà<br>  dell'Aldilà di Dio | Ghaib-ul-Ghaib<br>Wara-ul-Wara |
| Paramatma | Dio nello Stato di Aldilà | Allah |
| Anant | Infinito | La Mahdood |
| Nirguna | Senza attributi | La Sifat |
| Nirakar | Senza forma | La Surat |
| Sat-Chit-Anand | Potere, Conoscenza, Beatitudine | Qudrat, Marefat, Musarrat |
| Vidnyan Bhumika | Regno della Maestria | Alam-e-Hahut<br>Arsh-e-Ala |
| Atmapratisthapana<br>Sahaj Samadhi | Stabilito nella<br>  Vita di Dio | Baqa-Billah |
| Vidnyan | Coscienza<br>  Divina Suprema | Ahadiyat<br>Alam-e-Lahut |
| Saguna | Qualificato | Ba Sifat |
| Sakar | Manifesto nella forma | Ba Surat |
| Brahma | Creatore | Afridgar |
| Vishnu | Preservatore | Parvardigar |
| Mahesh | Distruttore | Fanakar |
| Mano Bhuvan | Sfera mentale | Alam-e-Jabrut |
| Pran Bhuvan | Sfera sottile | Alam-e-Malakut |
| Anna Bhuvan | Sfera grossolana | Alam-e-Nasut |
| Utkranti | Evoluzione | Irteqa |
| Punar Janma | Reincarnazione | Rij'at, o Awagawan |
| Bhumika | Piano | Asman |
| Atma | Anima | Jan, o Ruh |
| Jiv-Atma | Anima incarnata | Jan-e-Jismi |
| Manava | Essere umano | Insan |
| Yogi (Sadhak) | Aspirante | Rahrav |
| Sadhu | Anima avanzata | Mutawassit |
| Mahatma | Grande anima | Akhyar |
| Mahapurush (Sant) | Santo | Abrar = Wali |
| Satpurush | Pellegrino esperto (santo) | Afrad = Pir |
| Manonash (Nirvana) | Annientamento della mente (sé) | Il Fana finale |
| Nirvikalpa | Unità con Dio | Fana-Fillah |
| Brahmi Bhoot | Il Divinamente Assorto | Majzoob-e-Kamil |
| Turiya Avastha | Intersezione Divina | Fana-ma-al-Baqa a<br>Muqam-e-Furutat |
| Paramhansa | Superuomo Divino | Majzoob-Salik o<br>Salik-Majzoob |
| Jivanmukta | Incarnato liberato | Azad-e-Mutlaq |
| Sadguru | Uomo-Dio | Qutub |
| Avatar | Dio-Uomo | Saheb-e-Zaman |

\* Termini vedantici e simili

153

## PARTE 9

# I dieci stati di Dio

Le pagine di questo capitolo sono imperniate sullo schema che raffigura i dieci stati di Dio. Questo schema è stato dato da Meher Baba stesso ed è una gemma dell'incommensurabile tesoro della sua gnosi suprema. I termini spirituali di questo schema sono stati collegati con gli equivalenti mistici sufi, vedantici e cristiani generalmente accettati.

Se diamo uno sguardo d'insieme a questo schema scopriamo che raffigura cos'è realmente il viaggio discendente dell'Anima Universale fino al punto più basso della discesa come uomo (*insan, jiv-atma*) e il suo viaggio ascendente inverso attraverso i piani di coscienza che si dispiegano, di ritorno alla fonte originaria, prima come il divinamente assorto *Majzoob-e-Kamil* e infine, al culmine, come Uomo Perfetto (*Insan-e-Kamil, Shiv-Atma*). I dieci differenti stati di Dio sono gli stadi principali di questo viaggio, un viaggio in cui Dio incosciente diventa uomo cosciente per divenire Dio cosciente.

Sebbene questi stati di Dio siano raffigurati come apparentemente distinti l'uno dall'altro, sono in effetti dieci **aspetti** dell'Unico Dio che è, e sempre rimarrà, Uno. La discesa e l'ascesa dell'Anima Universale avvengono solo nell'immaginazione, e con la cessazione dell'immaginazione giunge per l'anima individuale la realizzazione con piena coscienza che solo Dio esiste e che qualsiasi altra cosa che sembra esistere non è altro che la Sua ombra.

La gnosi di Meher Baba sostiene senza ambiguità sia la teoria dell'Identitismo (*wahdat-ul-wujud*) (34) sia la teoria dell'Advaitismo. Nel grafico "I dieci stati di Dio" di Meher Baba si vede chiaramente che è solo Dio che assume i differenti ruoli, reali e immaginari. L'inizio è Dio e la fine è Dio; gli stadi intermedi non possono essere altro che Dio. La massima spirituale della teologia islamica è "*Huwal awwal, Huwal akher, Huwal zaher, Huwal batin*" (Lui è il primo, Lui è l'ultimo, Lui è l'esterno, Lui è l'interno).

Maulana Shabistari, in *Gulshan-e-Raz*, dice:

*Gar andar āmad avval ham bidar shud*
*Agar cih dar ma'ād az dar bidar shud.*

"Egli ritorna alla porta dalla quale era uscito all'inizio, sebbene nel suo viaggio sia andato di porta in porta."

154

Proveremo ora a descrivere concisamente ognuno di questi dieci stati di Dio come sono stati spiegati da Meher Baba.

## Stato I
## Dio nello stato di Aldilà-dell'Aldilà

Questo stato di Dio è così trascendente che non lo si può realmente concepire. È totalmente puro e immacolato e non ha la minima traccia di "alterità". È il nascosto di tutta la conoscenza nascosta e l'interno di tutte le realtà interne. È oltre tutte le parole e non può quindi essere adeguatamente descritto. Non è né finito né infinito, né senza attributi né con attributi. In questo dominio le ali del pensiero, dell'inferenza, del discernimento e della comprensione sono flosce e inutili.

*Bikhiyāl dar nagunjad, tū khiyāl-i khvud maranjān*
*Zi jahat buvad mubarrā, maṭalab bihīch sūyash.*

– Hafiz

"Egli non può essere afferrato dalla mente, perciò non sforzarti di capirlo; Egli è libero da tutte le direzioni, perciò non cercarlo da nessuna parte."

Meher Baba dice che quando qualcuno che ha **realizzato** questo stato di Dio tenta di descriverlo agli altri finisce per dare una descrizione non del primo ma del secondo stato di Dio, Dio nello stato di Aldilà.

È l'Eternità di tutte le eternità (*Azl-ul-Azal*) perché non si può concepire nessuna eternità che la preceda o la segua. Qui tutte le indicazioni sono cancellate (*Munqata-ul-Izharat*), perché non esiste nient'altro che possa essere indicato o a cui ci si possa riferire. Questa essenza pura (*Zat-al-Baht*) non è consapevole di nulla, nemmeno di sé stessa.

I sufi hanno definito questo stato *Wara-ul-Wara*, lo Stato di Aldilà-dell'Aldilà di Dio. Il Vedanta lo chiama *Paratpar Parabrahma*.

Questo è lo stato in cui Dio non è né *nirguna* (senza attributi) né *saguna* (con attributi), né *nirakar* (senza forma), né *sakar* (con forme).

Di tutti i dieci principali stati di Dio, il primo e il più-originario è lo stato di Aldilà-dell'Aldilà di Dio.

Quando non c'erano altri stati di Dio nell'aldilà dell'inizio dell'Inizio, regnava solo lo stato infinito più originario di Dio (ossia lo stato di "Dio-È") come stato di Aldilà-dell'Aldilà di Dio.

Nell'infinitudine di questo stato di Aldilà-dell'Aldilà di Dio solo l'infinità dell'Infinitudine è manifesta come Vuoto Divino infinito, assoluto e sconfinato; tutti gli altri stati, attributi e aspetti di Dio, incluse la coscienza infinita e l'incoscienza infinita, sono tutti latenti come Nulla in quell'Infinitudine del Vuoto Divino infinito, assoluto e sconfinato come Tutto (il Tutto include anche il Nulla).

Così, lo stato più-originario di Aldilà-dell'Aldilà di Dio è quello stato di cui si può solamente dire: Dio-È eternamente, e in questo stato più-originario Dio non è né infinitamente né finitamente cosciente, né incosciente del Sé o del Suo stato di Infinitudine. In questo stato Dio non è neanche cosciente né incosciente dell'Illusione o della Realtà.

## Stato II
## Dio nello stato di Aldilà

Abbiamo già detto che lo stato di Aldilà-dell'Aldilà di Dio non può mai essere descritto adeguatamente. Quando coloro che hanno realizzato Dio cercano di descrivere lo stato di Aldilà-dell'Aldilà, riescono solo a descrivere lo stato di Aldilà di Dio, che è l'*Allah* dei sufi, l'*Ahuramazda* degli zoroastriani, il *Paramatma* dei vedantisti, Dio il Padre dei cristiani, e l'Anima Universale di alcuni filosofi. Dio nello stato di Aldilà è assoluto, illimitato e infinito, l'Uno senza secondo.

Meher Baba, spiegando questo secondo stato di Dio, ha sottolineato che fondamentalmente lo Stato II non è in alcun modo differente dallo Stato I di Dio; sono i sotto-stati A, B e C dello Stato II di Dio che creano la differenza.

Come, quando e dove è nata la differenza è descritto in seguito sulla base delle spiegazioni di Meher Baba.

Nell'istante in cui il capriccio latente originario infinito di Dio infinito di conoscere Sé stesso ("Chi sono io?") sta per sorgere nell'uniformità sconfinata del Vuoto Divino infinito, assoluto e sconfinato dello stato **più-originario** di Aldilà dell'Aldilà di Dio, la prospettiva stessa di questo impulso-a-conoscere infinito, che smuove l'equilibrio eternamente tranquillo di Dio nel Vuoto Divino infinito, assoluto e sconfinato, diventa inconcepibile.

Ma il **fatto** del sorgere del capriccio infinito e della sua stessa inconcepibilità fa nascere spontaneamente un altro aspetto dello stato di Dio diverso dallo stato più-originario di Aldilà-dell'Aldilà di Vuoto Divino infinito, assoluto e sconfinato, dove non c'è né prospettiva di aspetto né attributo, né la coscienza infinita o finita né l'incoscienza infinita o finita, e dove, eccetto l'infinità di Dio che è eternamente manifesta, ogni altra cosa è latente, inclusi il capriccio infinito e il conseguente impulso-a-conoscere infinito.

Così, l'inconcepibilità stessa della prospettiva del capriccio infinito che sorge nello stato di Aldilà-dell'Aldilà dischiude automaticamente la potenzialità, che è anch'essa latente nello stato infinito; questa manifestazione (di potenzialità) conferisce allo stato più-originario di Aldilà-dell'Aldilà di Dio la prospettiva di un aspetto infinito differente da quello dello stato più originario ed eterno.

Il secondo stato di Dio si manifesta quindi solo come un altro aspetto infinito del primo stato più-originario. Questo secondo stato dei dieci principali stati di Dio è chiamato lo Stato Originario di Aldilà di Dio.

Bisogna tenere ben conto che questo secondo stato originario di Dio, indicato nel grafico come "II" e definito "Dio nello stato di Aldilà", non deve essere assolutamente considerato uno stato di Dio del tutto diverso dal primo stato più-originario di Dio, indicato nel grafico come "I" e definito "Dio nello stato di Aldilà-dell'Aldilà".

La sola differenza tra lo Stato I e lo Stato II di Dio è che lo Stato I è di Vuoto Divino infinito, assoluto e sconfinato, dove persino la più remota prospettiva del sorgere del capriccio infinito è inconcepibile. Di conseguenza, è solo nell'istante in cui il capriccio originario infinito sorge nell'infinitudine dello stato di Dio-È che Dio infinito può concepire l'impulso-a-conoscere originario infinito "Chi sono Io?", ossia solo quando lo Stato I senza aspetti di Dio nell'Aldilà-dell'Aldilà assume l'aspetto dello Stato II di Dio nell'Aldilà. *Paratpar Parabrahma* assume così l'aspetto infinito di *Paramatma*.

Bisogna anche notare con molta attenzione che lo stato di Aldilà contrassegnato nel grafico come "II" è fondamentalmente lo stesso stato di Aldilà-dell'Aldilà di Dio contrassegnato nel grafico come "I". Ma nel grafico questi due stati, lo Stato I e lo Stato II, sono raffigurati separatamente perché, sebbene lo Stato II di Dio nello stato di Aldilà sia lo stesso stato **originario** di Dio, non è lo stato **più-originario** di Dio, che è lo stato di Aldilà-dell'Aldilà. Ciò è dovuto al fatto che Dio ha potuto concepire il sorgere infinito del capriccio originario infinito e ha potuto avere la spinta originaria infinita dell'impulso-a-conoscere originario infinito "Chi sono io?" **solo** nello Stato II, quando Dio eternamente nello Stato I assume l'aspetto originario infinito dello Stato II in seno al Suo eterno Stato I che è lo stato più-originario di Aldilà-dell'Aldilà.

Per essere più espliciti, in entrambi questi stati di Dio (Stati I e II), ad eccezione dell'infinità eternamente manifesta dell'infinitudine eterna di Dio (come Vuoto Divino infinito, assoluto e sconfinato), tutti gli attributi, tutti gli aspetti, tutti gli stati, la coscienza e l'incoscienza infinite e finitissime di Dio, incluse la stessa natura trina infinita di Dio di potere, conoscenza e beatitudine e tutte le altre cose, sono tutti latenti nel Vuoto Divino infinito, assoluto e sconfinato.

Tutto questo, che è latente nell'Infinitudine, ha potuto avere la possibilità di manifestarsi solo nello Stato II di Dio, che differisce, si può dire, dallo Stato I solo perché ha questa infinita possibilità di manifestare tutto ciò che è infinitamente e finitissimamente latente come Nulla nell'infinitudine di Dio come Tutto.

Di conseguenza, quando il capriccio originario infinito di Dio è sorto aveva la possibilità di sorgere solo nello Stato II di Dio, e quando è sorto lo ha fatto uniformemente nell'infinitudine di Dio. Ma quando il capriccio è sorto, il sorgere di questo capriccio non avrebbe mai potuto essere **sperimentato** da Dio nel Suo Stato I di Aldilà-dell'Aldilà infinitamente e totalmente indipendente; è stato sperimentato da Dio, eternamente nello stato più-originario di Aldilà-dell'Aldilà, solo attraverso l'aspetto infinito del Suo Stato II come "Dio nello Stato di Aldilà".

Così il sorgere infinito del capriccio originario infinito e le sue conseguenti ripercussioni infinite avvengono in realtà nello Stato II di Dio nello stato di Aldilà.

Nell'istante in cui il capriccio originario infinito è sorto e Dio ha avuto l'impulso-a-conoscere originario infinito – "Chi sono io?" – l'uniformità infinita del sorgere infinito del capriccio ha spontaneamente e simultaneamente reso manifeste sia la coscienza latente infinita sia l'incoscienza latente infinita di Dio nello stato originario di Aldilà di Dio, che tuttavia è eternamente nello stato più-originario di Aldilà-dell'Aldilà.

Questa manifestazione spontanea e **simultanea** della coscienza latente infinita e dell'incoscienza latente infinita è al di là della capacità di comprensione e di assimilazione dell'intelletto umano. Questo è davvero un paradosso del regno della Realtà, e supera tutta la comprensione umana. Come ha potuto Dio acquisire spontaneamente la Sua coscienza infinita e la Sua incoscienza infinita simultaneamente? Meher Baba, spiegandolo, ha dichiarato che questo è un fatto e che appartiene al regno della Realtà, ma che non potrà mai essere compreso o afferrato dalla mente; può solo essere realizzato realizzando la Realtà. Allo stesso tempo, affinché possiamo avere almeno una certa nozione di questo fatto che avviene nella Realtà e non lo prendiamo come un semplice mistero paradossale, Meher Baba ci ha fatto capire questo apparente paradosso attraverso l'esempio di un bambino nel grembo materno.

Quando la madre concepisce, il bambino si sviluppa nel grembo materno, e non appena lo sviluppo raggiunge uno stadio in cui, insieme ad altri sviluppi, gli occhi del bambino sono completamente formati, il bambino acquisisce simultaneamente le facoltà di "vedere" e di "non vedere". Indipendentemente dal fatto che il bambino dopo la nascita veda o non veda, il fatto stesso che nel grembo materno gli occhi si siano formati conferisce al bambino il duplice aspetto dei suoi occhi. Negli occhi, non appena sono sviluppati, le facoltà di vedere e di non vedere sono contenute simultaneamente. Quando il bambino aprirà gli occhi vedrà e quando chiuderà gli occhi non vedrà, ma rimane comunque il fatto che non appena gli occhi si erano sviluppati vi era contenuta simultaneamente la duplice facoltà di vedere e di non vedere.

Analogamente, col sorgere del capriccio originario infinito in Dio, la coscienza e l'incoscienza infinite, latenti in Dio, si sono entrambe manifestate simultaneamente, cosa che alla mente limitata sembra paradossale.

Così Dio nel Suo Stato I più-originario di Aldilà-dell'Aldilà ha acquisito spontaneamente, attraverso il Suo Stato II originario di Aldilà, il Suo stato infinitamente incosciente e simultaneamente il Suo stato infinitamente cosciente, raffigurati nel grafico rispettivamente come stati A e B.

Di conseguenza, da una parte, con la spontanea manifestazione dell'incoscienza infinita, Dio nel Suo stato infinito **incosciente** di Aldilà, indicato come "A" nel grafico, rimane eternamente non solo infinitamente incosciente della Sua esistenza eterna e infinita, come nello stato più-originario di Aldilà-dell'Aldilà di Infinitudine-Assoluta, ma rimane eternamente anche infinitamente incosciente del Suo stato di Aldilà generato, originario e infinito, indicato nel grafico come "II".

D'altra parte, simultaneamente alla manifestazione spontanea della coscienza infinita, Dio nel Suo stato infinito **cosciente** di Aldilà, contrassegnato nel grafico come "B", diviene eternamente non solo infinitamente cosciente della propria esistenza eterna e infinita, come nello stato più-originario di Aldilà-dell'Aldilà di Infinitudine-Assoluta, ma diviene anche, in maniera assai ovvia, infinitamente cosciente del Suo stato di Aldilà generato, originario e infinito, indicato nel grafico come "II".

In altre parole, è solo nello stato di Aldilà di Dio, contrassegnato nel grafico come Stato II, che Dio spontaneamente, col sorgere del capriccio originario infinito, genera simultaneamente il Suo eterno stato incosciente infinito, contrassegnato come sotto-stato A, e il Suo eterno stato cosciente infinito, contrassegnato come sotto-stato B.

Il sotto-stato A è di Dio nello stato di Aldilà, contrassegnato come Stato II. Questo sotto-stato A è di incoscienza divina infinita del potere infinito, della conoscenza infinita e della beatitudine infinita propri di Dio. Dio in questo sotto-stato A non sperimenta coscientemente il potere, la conoscenza e la beatitudine infiniti della Sua natura trina, e non li usa.

Anche il sotto-stato B è di Dio nello stato di Aldilà, contrassegnato come Stato II. Questo sotto-stato B è senza attributi e senza forma, ma è della più alta coscienza divina della natura trina infinita propria di Dio di potere, conoscenza e beatitudine infiniti. Dio in questo sotto-stato B sperimenta coscientemente il Suo potere infinito, la Sua conoscenza infinita e la Sua beatitudine infinita, ma non li usa. È cosciente della Sua Realtà ma è incosciente dell'Illusione.

Così, nella terminologia vedantica, lo Stato I di *Paratpar Parabrahma* genera lo Stato II di *Paramatma*; in questo Stato II, Dio come *Paramatma* è eternamente incosciente e simultaneamente eternamente cosciente del Suo stato più-originario di *Paratpar Parabrahma*. Questo duplice aspetto infinito dello stato di *Paramatma* è indicato nel grafico rispettivamente come stato A e stato B.

Ne consegue quindi naturalmente che l'eterno stato incosciente di *Paramatma*, contrassegnato come "A", nell'eterno stato originario di Aldilà, contrassegnato come "II", aspira eternamente a raggiungere l'eterno stato cosciente di *Paramatma*, contrassegnato come "B", che è il secondo degli aspetti duali infiniti dello stato originario di Aldilà di Dio (*Paramatma*) contrassegnato come "II".

Di conseguenza, la meta divina è il raggiungimento da parte dello stato incosciente di Dio in "A" della Realtà cosciente dello stato cosciente di Dio in "B".

In breve, quando lo stato A realizza coscientemente lo stato B, la meta divina è raggiunta.

Affinché lo stato A realizzi coscientemente lo stato B, non c'è altra possibilità per lo stato A se non quella di sperimentare gradualmente una trasmutazione nello stato B e diventare infine stato B coscientemente sotto tutti gli aspetti.

Questa graduale trasmutazione dello stato infinito incosciente di Dio nello stato infinito cosciente è raffigurata attraverso gli Stati III, IV, V, VI e VII quali differenti stati di Dio nel grafico "I dieci stati di

Dio". Nello Stato VIII, lo stato A di Dio diviene pienamente cosciente dello stato B.

In questo Stato VIII, non solo lo stato A infinito incosciente di Dio acquisisce la più alta coscienza divina dello stato B, ma Dio si assorbe divinamente nella Realtà del Suo stato cosciente infinito e realizza così la Sua identità eterna con lo stato cosciente infinito B di Dio.

Se Dio, divinamente assorto, come nello Stato VIII, recupera e mantiene una coscienza normale delle sfere mentale, sottile e grossolana attraverso i Suoi aspetti mentali, sottili e grossolani nell'incarnazione di un essere umano perfetto, allora lo Stato IX, all'Intersezione Divina tra gli Stati VIII e X, è raggiunto. Dopo questo nono stato, nel grafico è raffigurato il decimo stato di Dio, collegato allo stato C di Dio.

Questo decimo stato di Dio è lo stato di Dio qualificato e manifesto nella forma umana di un Maestro Perfetto. Nello Stato X Dio sperimenta coscientemente il potere infinito, la conoscenza infinita e la beatitudine infinita della Sua natura trina, e li usa anche attraverso la Funzione Divina di Dio, lo Stato X, contrassegnato nel grafico come "C".

Bisogna anche tenere ben conto che Dio nello stato A incosciente infinito non è né *nirguna* (senza attributi) -*nirakar* (senza forma), né *saguna* (con attributi) -*sakar* (con forma). Ma lo stato B è *nirguna-nirakar* (senza attributi e senza forma) e lo stato C (che pure appartiene allo stato originario di Aldilà di Dio) è di *saguna-sakar* (con attributi e forma). È quell'altissimo stato di Uomo-Dio in cui Dio è infinitamente cosciente sia della Realtà sia dell'Illusione.

## Stato III
## Dio come Creatore, Preservatore e Distruttore

In questo stato Dio mette in azione i Suoi tre principali attributi (*sifat*) di creazione, preservazione e distruzione. Questo stato tre-in-uno corrisponde alla trinità del Vedanta: *Brahma* (Creatore), *Vishnu* (Preservatore) e *Mahesh* (Distruttore), i cui sinonimi sufi sono i termini *Afridgar*, *Parvardigar* e *Fanakar*.

I tre attributi di Dio sono espressi attraverso i tre Arcangeli, *Israfeel* (l'angelo che crea la vita), *Mikaeel* (l'angelo che preserva la vita) e *Izraeel* (l'angelo che distrugge la vita).

I triplici attributi dello Stato III di Dio erano latenti nello Stato I più-originario di Dio; questi si sono simultaneamente e spontaneamente dispiegati nell'istante in cui il capriccio originario infinito è sorto in Dio e in cui Dio ha concepito nel Suo Stato II l'infinito impulso-a-conoscere Sé stesso: "Chi sono io?". Nell'istante del sorgere del capriccio infinito, Dio nel Suo Stato II ha acquisito simultaneamente il duplice aspetto infinito di essere infinitamente incosciente come nel Suo stato A e di essere allo stesso tempo infinitamente cosciente come nel Suo stato B.

Tuttavia, l'originario infinito impulso-a-conoscere Sé stesso permane ovviamente anche nello stato A di Dio che è ancora infinitamente incosciente di Sé stesso. L'infinito impulso-a-conoscere Sé stesso che permane in questo stato A infinitamente incosciente di Dio ha reso possibile le **manifestazioni di tutte le qualità e gli aspetti di Dio latenti come Nulla nell'infinitudine dello Stato I più-originario di Dio come Tutto**. Ma tutto ciò che è latente come Nulla nel Tutto ha potuto essere concepito come latente solo nello Stato II di Aldilà di Dio.

Quindi, tutto ciò che è latente nello stato di Aldilà di Dio si dispiega gradualmente, spinto dall'impulso infinito, ed è spontaneamente portato a manifestarsi come tutto ciò che è del Nulla. Perciò la Nullità del Nulla che si manifesta è la Creazione, e questa Creazione scaturisce dall'impulso-a-conoscere infinito nello stato A incosciente infinito di Dio. Di conseguenza, è del tutto naturale che lo stato A incosciente infinito di Dio acquisisca l'attributo di Creatore, il primo dei tre attributi infiniti: Dio il Creatore, Dio il Preservatore e Dio il Dissolutore o Distruttore.

Avendo acquisito l'attributo di Creatore, Dio diviene ovviamente il Creatore della Creazione, come nel Suo Stato III.

Ne consegue in maniera del tutto naturale che quando Dio crea deve anche spontaneamente preservare ciò che crea. Diviene allora ovviamente anche il Preservatore della Creazione, come nel Suo Stato III.

E nell'atto stesso di preservare ciò che è creato, Dio stabilisce simultaneamente anche l'inevitabile dissoluzione o distruzione della Creazione. La preservazione sarebbe senza senso se la dissoluzione o la distruzione non fossero previste. Di conseguenza, Dio diviene ovviamente anche il Dissolutore o Distruttore della Creazione, come nel Suo Stato III.

Lo Stato III di Dio è quello stato in cui Dio diviene il Creatore e simultaneamente rimane il Sostenitore o Preservatore e il Dissolutore o Distruttore della Sua stessa Creazione. Allo stesso tempo, Dio diviene così il Creatore, il Preservatore e il Distruttore nello Stato III.

Il capriccio originario infinito che è sorto in Dio e il conseguente infinito impulso-a-conoscere Sé stesso hanno reso manifesti in Dio i triplici attributi infiniti di Creatore, Preservatore e Distruttore, con tutti gli annessi e connessi della Nullità del Nulla latente. Questa Nullità è letteralmente nulla, sebbene sembri esistere attraverso l'Illusione (a volte chiamata *Maya* (35)) come Creazione.

Meher Baba ci ha detto che non c'è Creazione nel senso letterale della parola. Ciò che chiamiamo Creazione è una manifestazione di innumerevoli forme del Nulla. Questo Nulla (*Nothing*) è veramente "nessuna cosa" (*no-thing*),[1] ma esiste nel suo campo di Illusione. Non può essere negato, ma non è al di là del Tutto, ossia Dio. Sebbene il Tutto includa questo Nulla, il Nulla non include mai e non può mai includere o significare il Tutto. Solo l'Onnipotente è il Tutto, che include il Nulla; e prima che la Creazione si manifestasse, non c'era letteralmente e assolutamente "nessuna cosa" tranne l'Onnipotente come Tutto.

*Z̲āt thī Allāh kī aur jalve sab rūposh the*
*Īk saut-i sarmadī thā naghme sab khāmosh the*
*Thā faqat maīkhānah sāqī thā nah vān̲ maīnosh the*
*Kā-yi nāte dahar kyā rūḥ ul-amīn bihosh the*
*Zindagī jab muskurā'ī hai qaz̲ā ke sāmne.*

– Munsiff-Asghar

"Solo l'esistenza di *Allah* era, e tutte le manifestazioni vi erano latenti;
solo un Suono Eterno era, e tutte le note vi erano assopite;
solo la taverna era, né coppieri né bevitori;
l'universo grossolano era fuori questione, neppure il mondo angelico esisteva,
quando, con l'ordine divino 'Sia', la vita spuntò sorridendo."

Solo l'Onnipotente esisteva, ma era solo latentemente cosciente e perciò non conosceva Sé stesso, e allo stesso modo in cui la coscienza era latente in Lui, anche la Creazione era latente in Lui.

La differenza tra la Creazione latente e la Creazione manifesta può essere paragonata a quella tra un seme e un albero. Ma, seme o albero, latente o manifesta, la Creazione è sempre "nessuna cosa" perché è il Nulla latente che si manifesta come Nullità.

Tutto ciò che è latente come Nulla nello Stato II di Aldilà dell'infinitudine di Dio come Tutto si esprime e si manifesta attraverso un punto finitissimo nell'infinitudine di Dio. Questo punto è chiamato il

---

[1] Meher Baba sottolinea il senso letterale del termine inglese "nothing" dividendo la parola (no-thing), ossia "nessuna cosa". [N.d.T.]

"punto di creazione" o il "punto *Om*".² Attraverso questo punto la Creazione è stata precipitata. Anche questo punto di creazione era latente nello Stato I più originario di Dio, nello stato di Aldilà-dell'Aldilà.

Il processo di creazione, preservazione e distruzione, che è costantemente e uniformemente in atto, può essere illustrato da un'analogia. Immaginiamo che un corpo umano sia Dio. Il corpo umano che dorme con gli occhi chiusi può quindi essere paragonato allo stato di Aldilà di Dio, lo Stato II-A. Il primissimo momento di apertura degli occhi può essere paragonato allo stato di Dio come Creatore. La successiva condizione di veglia può essere paragonata allo stato di Dio come Preservatore, e il ritorno al sonno con gli occhi chiusi può essere paragonato allo stato di Dio come Distruttore. Così Dio è il Creatore, il Preservatore e il Distruttore, tutti e tre in Uno allo stesso tempo.

## Stato IV
## Dio come anima incarnata

*Dīd apnī thī ūse k͟hvāhish*
*Āp ko har t̤araḥ banā dekhā.*

– Niyāz

"Desiderò vedere Sé stesso; assunse allora vari aspetti che implicavano nomi e forme."

Per comprendere come lo stato A infinitamente incosciente di Dio si trasmuti gradualmente nello stato B infinitamente cosciente di Dio e raggiunga la coscienza piena e infinita, Meher Baba ha fornito la seguente analogia.

Immaginate lo stato A infinitamente incosciente di Dio, prima che la Creazione avesse origine, come un oceano immobile e infinito. Un refolo di vento smuove la tranquilla uniformità di questo oceano e onde immense, una miriade di gocce d'acqua e innumerevoli bollicine appaiono dall'uniformità dell'oceano infinito e senza limiti. Il refolo di vento che ha agitato l'oceano può essere paragonato alla spinta dell'impulso-a-conoscere originario infinito che ha avuto origine con il capriccio originario infinito di Dio, sorto in Dio affinché conoscesse Sé stesso attraverso il Suo Stato II infinito di Dio.

---

² Vedi anche Francis Brabazon, *Stay with God*, Woombye, Queensland, Australia, Edwards and Shaw for Garuda Books, 1959, pp. 65-66. [N.d.C.]

L'agitazione sulla superficie dell'oceano, causata dall'impulso infinito, ha caricato ogni goccia di quell'oceano infinito con l'originario infinito impulso-a-conoscere sé stessa.

Così *Paramatma* nel Suo stato A infinitamente incosciente, essendo spinto a conoscere Sé stesso, scuote simultaneamente il tranquillo equilibrio di ogni *atma* in *Paramatma* con un impulso a conoscere sé stessa. Questo può essere compreso solo paragonando *Paramatma* a un oceano infinito e le *atma* alle gocce di quell'oceano infinito. Bisogna però anche notare attentamente che tutte le gocce dell'oceano, quando sono nell'oceano, sono oceano stesso finché non ereditano individualità attraverso la formazione di bolle sulla superficie dell'oceano. Ogni bolla così formata conferisce allora un'individualità separata e particolare a ogni goccia. E questa separatezza che si crea esiste nell'uniforme indivisibilità delle gocce dell'oceano infinito finché queste bolle che creano separatezza esistono. Non appena le bolle scoppiano, le gocce, che sono ed erano già nell'oceano stesso, realizzano che sono ed erano una cosa sola con l'oceano infinito; acquisiscono però questa coscienza della loro **infinità eterna nell'oceano infinito** solo dopo aver prima sperimentato separatezza e aver poi dissipato le bolle di ignoranza che erano determinanti per dare loro l'esperienza dell'apparente separatezza dalla loro intrinseca indivisibilità.

Finché le gocce infinitamente innumerevoli dell'oceano non sperimentano un'apparente separatezza, non riescono a realizzare la loro omogenea e indivisibile esistenza eterna e infinita come oceano stesso. È solo attraverso l'esperienza di apparente separatezza che le *atma* possono realizzare coscientemente la loro Unità indivisibile come *Paramatma*.

Per descrivere lo Stato IV di Dio di "Dio come Anima Incarnata", pensiamo a un'anima (*atma*) infinitamente incosciente di *Paramatma* nello stato A.

Al principio, nello stato A, l'anima (*atma*) non ha coscienza e non ha impressioni (*sanskara*).

Di conseguenza, in questo stadio e in questo stato l'anima (*atma*) non ha forma grossolana, corpo grossolano, corpo sottile né corpo mentale, **perché solo l'esistenza di impressioni (*sanskara*) grossolane, sottili e mentali può dare esistenza a corpi grossolani, sottili e mentali**; e solo l'esistenza di questi corpi può rendere possibile l'esistenza dei mondi grossolano, sottile e mentale.

Perciò al principio l'anima nello stato A di Dio, essendo infinitamente incosciente ed essendo senza impressioni, non aveva coscienza di corpi grossolani, sottili e mentali, ed era anche incosciente del suo Sé infinito. Naturalmente, l'anima allora non aveva esperienza dei mondi grossolano, sottile e mentale, e non aveva neanche esperienza dell'Anima Universale (*Paramatma*).

Poi questo stato infinito, senza impressioni, incosciente e tranquillo dell'anima ha vibrato con il primo impulso, che abbiamo chiamato Il Primo Impulso (il primo impulso a conoscere Sé stessa).

Simultaneamente alle riverberazioni del primo impulso a conoscere Sé stessa, è emersa la prima impressione **più-grossolana**, che ha oggettivato l'anima come la controparte assolutamente opposta e più-finita dell'Anima Universale assolutamente infinita.

L'anima, essendo eternamente nell'Anima Universale e una con l'Anima Universale, ha anche le potenzialità infinite dell'Anima Universale, sebbene latenti nel suo stato incosciente. Così l'anima è anche la detentrice di potere, conoscenza e beatitudine infiniti.

Perciò, quando l'anima infinita e senza impressioni riceve la primissima impressione, questa impressione non può essere altro che l'impressione più-grossolana perché l'anima stessa, che è la detentrice di conoscenza infinita, cerca di acquisire la conoscenza del proprio "Sé". Per la detentrice di conoscenza infinita, questo concetto è infinitamente grezzo o grossolano, e questo concetto infinitamente grezzo o grossolano dell'anima infinita ha trasmesso all'anima senza impressioni la prima impressione più-grossolana. Simultaneamente alla prima impressione più-grossolana, l'anima infinitamente incosciente ha anche acquisito la prima coscienza **più-finita**. Con l'aumento delle impressioni grossolane, la coscienza si è evoluta e l'evoluzione delle forme grossolane ha preso slancio.

Di conseguenza, l'evoluzione della coscienza, l'evoluzione delle forme grossolane e l'evoluzione delle esperienze del mondo grossolano sono tutte il risultato del primo impulso di Dio a conoscere Sé stesso.

A causa della prima impressione più-grossolana del primo impulso, l'anima infinita incosciente ha acquisito gli aspetti dell'**esperienza** per la prima volta. Questa prima esperienza dell'anima infinita è stata per lei (anima, *atma*) sperimentare una contrarietà (assolutamente opposta per natura) nella sua identità con lo stato A infinito, senza impressioni e incosciente di *Paramatma*.

Questa esperienza di contrarietà ha prodotto una mutabilità nella stabilità eterna e indivisibile dell'anima infinita, e si è creata spontaneamente una sorta di eruzione che ha perturbato l'equilibrio indivisibile e la tranquillità incosciente dell'anima infinita con un contraccolpo, o scossa tremenda, che ha impregnato l'incoscienza infinita dell'anima (*atma*) infinitamente incosciente con la prima coscienza della sua apparente separatezza dallo stato indivisibile di *Paramatma*. Ma poiché l'anima è infinita, la prima coscienza che ha ottenuto dal contraccolpo, o scossa, della prima impressione **assolutamente opposta** e più-grossolana della sua separatezza è stata naturalmente e inevitabilmente la prima coscienza più-finita.

La prima coscienza acquisita dall'anima era ovviamente finitissima in rapporto all'esperienza degli opposti assoluti del suo stato originario infinito come in "A".

Di conseguenza, ciò significa che al principio, quando l'anima infinita e senza impressioni è stata impressionata per la prima volta, si è trattato di una prima impressione grossolana assolutamente finitissima. La prima coscienza che lei (anima, *atma*) ne ha ricavato era finitissima. Naturalmente, in quell'istante, l'incoscienza dell'anima infinita ha effettivamente sperimentato la prima coscienza più-finita della prima impressione più-grossolana.

Ora, se l'anima è cosciente di impressioni (*sanskara*), allora l'anima **deve necessariamente sperimentare queste impressioni**. E per sperimentare le impressioni, la coscienza dell'anima deve sperimentarle attraverso dei mezzi opportuni e adeguati. Come sono le impressioni, così sono le esperienze delle impressioni e così sono anche i mezzi idonei per sperimentare le impressioni. In altre parole, le impressioni danno origine alle esperienze e per sperimentare le impressioni è essenziale l'uso di mezzi appropriati.

Perciò, poiché l'anima infinita, eterna e senza forma ha ora ottenuto la prima coscienza più-finita della prima impressione più-grossolana, in maniera assai ovvia e inevitabile questa prima coscienza dell'anima deve usare il primo mezzo più-finito e più-grossolano per sperimentare la prima impressione più-grossolana.

Questo primo mezzo adottato da Dio nel Suo Stato IV (Dio come anima incarnata) è una prima forma che, sebbene grossolana, è così inconcepibilmente, infinitamente finita che non può nemmeno essere considerata grossolana. È così infinitamente amorfa e senza sostanza, senza materia e senza forma che non la si può nemmeno immaginare come grossolana. Tuttavia, questa forma è la primissima forma grossolana che emerge come un tridente formato dalle prime tre delle sette principali forme "**simil-gassose**". Se si potesse mai tentare una descrizione di queste prime tre forme simil-gassose, potrebbero essere descritte solo dal punto di vista della densità: nel primo stadio con una densità infinitamente trascurabile, nello stadio successivo con una densità trascurabile e nel terzo stadio con le prime tracce di densità. Queste prime tre forme non hanno evoluzione. Le successive tre forme possono entrare nel campo della nostra immaginazione e possono essere descritte come forme "semi-gassose e semi-materiali". L'evoluzione comincia con la quarta forma simil-gassosa. Infine, c'è la settima forma simil-gassosa, appartenente alla serie delle sette principali forme simil-gassose, che è l'idrogeno e di cui si può dire che include l'elettrone.

Si dovrebbe notare con attenzione che le prime sei forme simil-gassose non hanno alcuna somiglianza con i vari gas quali l'idrogeno, l'azoto e così via. Sono molto, molto più fini (non più sottili)[3] di quelle ben note agli scienziati contemporanei.

## Stato V
## Dio come anima nello stato di evoluzione

Dio come anima incarnata **comincia** ora a diventare cosciente e **comincia** a "conoscere" la Creazione (la Nullità), sebbene la Sua "conoscenza" della Creazione a questo stadio sia infinitamente trascurabile. Persino questa coscienza finitissima e questa "conoscenza" minimissima, tuttavia, creano altre impressioni (*sanskara*) che fanno sì che la "goccia" (anima, *atma*, sé) lasci la prima bolla (forma) originaria, o se ne dissoci. Lasciare la bolla equivale ad abbandonare la prima forma, o a dissociarsene.

Anche dopo l'abbandono della forma, le impressioni raccolte dalla coscienza in evoluzione dell'anima non svaniscono. Queste impressioni rimangono associate con la coscienza evoluta e fanno sì che la coscienza in evoluzione dell'anima si associ con un'altra bolla (forma) appropriata e superiore. L'anima è così in grado di conoscere o sperimentare maggiormente la Creazione attraverso la seconda forma. L'"angolo di visione" si allarga e la coscienza della "conoscenza" aumenta in proporzione alla simultanea evoluzione della forma. Con l'evoluzione, o crescita, della coscienza grossolana anche le impressioni (*sanskara*) aumentano e fanno sì che l'anima assuma una forma grossolana ancora più complessa, o vi si associ, conformemente alle

---

[3] Questo non deve in nessun modo essere associato ad alcuna forma o oggetto del mondo sottile, perché queste forme sono solamente del mondo grossolano.

impressioni conservate dalla coscienza quando la seconda forma grossolana è abbandonata.

In questo modo l'evoluzione della coscienza progredisce per ere, parallelamente all'evoluzione di forme che aiutano a sperimentare e contemporaneamente a esaurire le impressioni raccolte finché, dopo incalcolabili cambiamenti di forme attraverso stadi consecutivi e più concreti di pietre, metalli, piante, vermi, pesci, uccelli e animali, l'anima assume la forma umana.

In altre parole, la coscienza dell'anima continua il ciclo di evoluzione sviluppandosi ulteriormente e ampliandosi con l'evoluzione di forme di tipi sempre più elevati mentre sperimenta ed esaurisce le impressioni delle forme del precedente tipo inferiore da cui si è dissociata.

Di conseguenza, l'evoluzione della coscienza delle anime porta apparentemente le anime a identificarsi con un numero illimitato di specie di forme grossolane sempre più elevate nel mondo grossolano e a raccoglierne le svariate e innumerevoli impressioni. Le principali forme distinte con cui le anime si associano a ogni balzo di coscienza sempre maggiore corrispondono ai balzi da pietra a metallo, da metallo a pianta, da pianta a verme, da verme a pesce, da pesce a uccello, da uccello ad animale e infine – ultimo e settimo balzo – da animale alla forma umana.

È molto importante capire che il processo di evoluzione della coscienza riguarda solo l'evoluzione delle bolle, o forme, e non le "gocce", o anime. Le anime rimangono indivisibili e infinite come l'oceano illimitato (*Paramatma*) dall'inizio alla fine dell'evoluzione della coscienza, che termina con il completamento dell'evoluzione della forma.

È solo attraverso questa evoluzione della forma che la coscienza dell'ignoranza, o la "conoscenza" della Creazione, aumenta a poco a poco grazie a svariate impressioni, ed è solo nella forma umana che l'anima individualizzata (*atma*) può un giorno realizzare l'Anima Universale, o *Paramatma*. Poiché l'anima è infinita, anche la coscienza dell'anima deve diventare infinita e, poiché la coscienza può diventare infinita solo nella forma umana, la forma umana è lo stadio finale dell'evoluzione della forma.

L'anima deve passare attraverso otto milioni e quattrocentomila (ottantaquattro *lakh*) forme umane dopo aver cominciato a reincarnarsi nella forma umana finché non ha ottenuto la realizzazione di Dio. Le forme preumane attraverso le quali deve passare prima di potersi incarnare nella forma umana sono innumerevoli.

A rigor di termini, c'è solo una forma – la forma umana – che è latente in tutte le forme precedenti. Le forme minerali, vegetali e animali contengono di fatto la forma umana nel suo stato latente, e questa si manifesta gradualmente e in maniera crescente finché alla fine si esprime completamente come essere umano in un corpo umano.

Prima che la forma umana si manifesti completamente in un corpo umano, come uomo o donna, la forma umana latente fa una serie di rotazioni parziali. Nello stato di roccia cristallina (come il granito) la forma umana latente è completamente capovolta, ed è pressoché lo stesso anche nello stato di pianta. Con il progredire, o l'evolversi, della forma, l'asse del corpo ruota lentamente in modo da diventare sempre più orizzontale e, quando si arriva ai vertebrati superiori, si vede la testa alzarsi sempre di più, mentre l'asse del corpo si avvicina alla posizione verticale. Negli uomini e nelle donne la forma umana è completamente espressa e completamente verticale.

I dettagli di questa evoluzione della forma sono estremamente complessi. Ci sono, ad esempio, certe specie di pietra, metallo, pianta e animale che hanno quello che Meher Baba ha descritto come un "posto" speciale nell'evoluzione. Queste specie chiave di forme sono prevalentemente quelle che rappresentano pietre miliari lungo il cammino evolutivo e marcano la prima e l'ultima specie di una certa classe generale di specie di forme. Ad esempio, la prima specie di forma di uccello che segue l'ultima specie di forma di pesce e la prima specie di forma di animale che segue l'ultima specie di forma di uccello hanno un "posto" di significato speciale nell'evoluzione.

Meher Baba ci dice che tutto questo tema è stato spiegato fino all'ultimo dettaglio nel suo libro[4] che deve ancora essere consegnato al mondo.

Così come c'è un'evoluzione della coscienza e un'evoluzione delle forme, c'è anche un'evoluzione dei mondi.

La coscienza evoluta dell'anima, facendo identificare l'anima con forme evolute, è sempre più impressionata e, per esaurire queste impressioni, trova continuamente il suo campo di espressione e sperimenta queste impressioni sulla terra, che pure si evolve contemporaneamente ad altri mondi secondo l'evoluzione progressiva dell'intera Creazione cosmica.

---

[4] Il libro citato non dovrebbe essere confuso con questa pubblicazione. Meher Baba è l'autore di un'opera supplementare che potrebbe essere pubblicata in futuro. [N.d.C.]

Durante il corso dell'evoluzione della coscienza dell'anima, mentre si identificava **coscientemente** con svariate forme finite grossolane, l'anima si identificava simultaneamente, sebbene **inconsciamente**, anche con la sua forma finita sottile e la sua forma finita mentale, che si associavano con l'anima (*atma*) in maniera compatta, omogenea e incosciente per tutto il corso dell'evoluzione della coscienza, fin dal primo impulso.

Durante tutto il corso dell'evoluzione della coscienza, sebbene l'anima si dissoci frequentemente e **coscientemente** dalle forme grossolane finite, che fungono da mezzi per sperimentare ed esaurire le impressioni portando così a una coscienza sempre maggiore, l'anima non si dissocia mai, coscientemente o inconsciamente, dalla sua forma finita sottile e dalla sua forma finita mentale.

Al contrario, quando l'anima si dissocia dalla sua identificazione con un qualsiasi mezzo di forma finita grossolana, è l'associazione incosciente dell'anima con la sua forma sottile che fortifica l'anima, in quel momento priva di ogni mezzo grossolano, con energia finita – la forza trainante – e porta la coscienza dell'anima a identificarsi con un'ulteriore forma, ossia il mezzo successivo della forma finita grossolana successiva, per sperimentare le impressioni dell'ultima forma finita grossolana da cui l'anima si è dissociata, impressioni che sono conservate e riflesse dalla forma finita mentale dell'anima, anch'essa in associazione incosciente con l'anima.

È del tutto naturale che, insieme all'evoluzione di una coscienza sempre maggiore dell'anima, abbia luogo anche l'evoluzione della forma finita sottile dell'anima per fortificare l'anima con una maggiore energia finita, al fine di portare la coscienza dell'anima sempre più cosciente del grossolano a identificarsi con tipi sempre più elevati di forme finite grossolane sviluppatesi dalle impressioni dell'ultima forma finita grossolana inferiore.

Allo stesso modo, ha luogo simultaneamente anche l'evoluzione della forma finita mentale dell'anima per contenere, conservare e riflettere le sempre più innumerevoli e varie impressioni acquisite e raccolte attraverso l'evoluzione della coscienza sempre maggiore dell'anima.

È quindi solo nella forma umana che il corpo sottile e il corpo mentale sono pienamente sviluppati. Perciò l'anima, associandosi coscientemente con la forma umana è, per così dire, pienamente equipaggiata con un corpo grossolano, un corpo sottile e un corpo mentale in forma umana, insieme alla piena coscienza del grossolano acquisita nella forma umana.

Tuttavia, sebbene l'anima abbia acquisito piena coscienza nella forma umana e sperimenti così il mondo grossolano, l'anima umana cosciente del grossolano è incosciente del corpo sottile e non può quindi sperimentare il mondo sottile; l'anima umana cosciente del grossolano è incosciente anche del corpo mentale e non può quindi sperimentare il mondo mentale.

## Stato VI
### Dio come anima umana nello stato di reincarnazione[5]

La prima impressione più-finita del primo impulso ha dato all'incoscienza infinita dell'anima incosciente la prima coscienza più-finita. Gradualmente, le svariate e innumerevoli impressioni sperimentate attraverso svariati e innumerevoli mezzi grossolani hanno fatto acquisire all'anima una sempre maggior coscienza del mondo finito grossolano e alla fine l'evoluzione della coscienza si è completata quando la coscienza dell'anima si è identificata con la primissima forma umana. Perciò l'anima, avendo ora acquisito piena coscienza nella forma umana, non ha bisogno di ulteriori o più elevate forme per sviluppare la coscienza. La coscienza gradualmente acquisita nel processo di evoluzione è piena e completa nella forma umana.

Benché l'anima in questo stato abbia acquisito una coscienza piena e completa, non è ancora cosciente dei suoi corpi sottile e mentale né del suo Sé illimitato che è Uno, indivisibile, eterno e infinito; l'anima è pienamente cosciente solo della sua identificazione con la forma umana e i suoi svariati aspetti ed esperienze del mondo grossolano.

Di conseguenza, l'anima a questo stadio, pienamente cosciente solo a livello grossolano della primissima forma grossolana umana e ancora incosciente del sottile e del mentale, sperimenta nel mondo grossolano tutte le impressioni dell'ultimissima forma grossolana animale che la coscienza dell'anima ha abbandonato, o da cui si è dissociata, nell'ultimo stadio di evoluzione della coscienza.

Quando tutte le impressioni dell'ultimissima forma grossolana animale sono state esaurite dalla primissima forma grossolana umana attraverso incessanti esperienze, è del tutto naturale che la coscienza

---

[5] Vedi anche Meher Baba, "Reincarnation and Karma", *Discourses*, pp. 301-338. [N.d.C.]

dell'anima abbandoni questa primissima forma umana, o se ne dissoci. Questa esperienza dell'anima pienamente cosciente è universalmente accettata come la morte dell'essere umano. Come spiegato in precedenza, sebbene la coscienza dell'anima si dissoci dalla primissima forma umana, non può mai dissociarsi dalle associazioni inconsce con i suoi corpi sottile e mentale.

La coscienza dell'anima conserva e sperimenta le impressioni della primissima forma umana che ha abbandonato, o da cui si è dissociata, attraverso i suoi corpi sottile e mentale. Per esaurire queste impressioni la coscienza dell'anima deve necessariamente associarsi con una forma grossolana e, di conseguenza, si associa con la forma umana successiva per esaurire e sperimentare le impressioni residue della precedente forma umana abbandonata. Di fatto, questa forma umana successiva non è altro che il calco consolidato delle passate impressioni conservate del corpo, o forma umana, precedente da cui l'anima cosciente si è dissociata. L'associazione della coscienza dell'anima con la forma umana successiva è universalmente accettata come la nascita di un essere umano.

In breve, nello stato VI di Dio come anima umana nello stato di reincarnazione, l'anima ha sviluppato la piena coscienza nella forma umana, e quindi non c'è più bisogno di un'ulteriore evoluzione della forma grossolana. L'evoluzione della coscienza grossolana si conclude così con il raggiungimento della forma umana e, per sperimentare le impressioni (*sanskara*) coltivate nelle forme umane e sub-umane, l'anima deve incarnarsi più e più volte nella forma umana.

Il tipo di forme umane con cui la coscienza dell'anima deve associarsi è determinato dalla natura delle impressioni (*sanskara*) precedenti di virtù o vizio, felicità o infelicità, e così via. Mentre sperimenta il mondo grossolano, l'anima si identifica con il corpo grossolano, che è distruttibile, sebbene l'anima stessa sia eterna.

Nello stadio sub-umano il processo evolutivo della forma e della coscienza è involontario, ma costante e continuo, senza possibilità di ricaduta nelle forme inferiori di evoluzione. Nello stadio umano, che segna la fine dell'evoluzione della forma e il raggiungimento della piena coscienza, il progresso spirituale dell'uomo attraverso i processi di reincarnazione e di realizzazione è volontario ed è anche assolutamente libero da qualsiasi pericolo di ricaduta in uno stato sub-umano, tranne nel caso di un flagrante abuso dei poteri del quarto piano. Una volta acquisita, la piena coscienza è acquisita per sempre e non viene mai persa, e l'evoluzione della coscienza è completa solo quando la coscienza dell'anima si associa con la forma umana. Di conseguenza, un'incarnazione retrograda è impossibile una volta che la coscienza dell'anima si è identificata con una forma umana.

Con lo sviluppo della piena coscienza del mondo grossolano nel corpo grossolano umano, l'anima si associa simultaneamente con i corpi sottile e mentale pienamente sviluppati. Ma fintanto che la coscienza è limitata al mondo grossolano, la coscienza dell'anima non può fare uso dei suoi corpi sottile e mentale direttamente. L'anima diventa cosciente di questi corpi e sperimenta le impressioni corrispondenti di questi corpi attraverso le sfere corrispondenti dei mondi sottile e mentale solo quando la piena coscienza, che a questo stadio è cosciente solo del grossolano, si volge all'interno verso sé stessa e il processo di involuzione della coscienza ha inizio. Questo diventa possibile solo quando la coscienza dell'anima individualizzata è sazia delle incessanti esperienze delle svariate e innumerevoli impressioni della vita materiale o grossolana, e solo quando ha subito le oscillazioni tra gli opposti di dolore e piacere per quello che può sembrare un tempo interminabile, attraverso l'incessante catena di nascite e morti nel processo di reincarnazione. Nello stadio di evoluzione della coscienza è in atto il "processo di avvolgimento" delle impressioni (*sanskara*) con l'obiettivo di far evolvere la coscienza sviluppando tipi sempre più elevati di forme grossolane. Nello stadio umano la coscienza pienamente evoluta rimane, ma la presa delle impressioni (*sanskara*) comincia ad allentarsi e ad attenuarsi a causa delle continue scosse sperimentate dalla coscienza dell'anima durante la catena apparentemente infinita di nascite e morti nel processo di reincarnazione.

## Stato VII
### Dio nello stato di anime spiritualmente avanzate

Dopo un'interminabile battaglia con la vita dei sensi grossolani nel mondo grossolano, la coscienza dell'anima **comincia** a essere attratta verso il Sé dell'anima piuttosto che rimanere incentrata sul corpo grossolano e il suo ambiente grossolano. Dopo diverse nascite e morti, l'anima umana cosciente del grossolano è infine inevitabilmente tratta a imbarcarsi nel processo che alla fine porterà l'uomo alla meta della realizzazione di Dio nella forma umana.

La coscienza dell'anima comincia quindi a ritirarsi dal mondo dei sensi grossolani ed è ora pronta ad affrontare il processo di involuzione. Si dice così che l'anima avanza spiritualmente attraverso le sfere sottile e mentale.

La sfera sottile, o mondo sottile, è il dominio dei primi tre piani della coscienza dell'anima in involuzione; il quarto piano si trova tra la sfera sottile e la sfera mentale; la sfera mentale comprende il quinto e sesto piano.

Il settimo stato di Dio comprende l'avanzamento dei pellegrini sul sentiero spirituale attraverso le sfere sottile e mentale. Maggiore è l'avanzamento, maggiore è l'involuzione della coscienza.

Quando l'anima diventa cosciente della sfera sottile attraverso il corpo sottile, si identifica con il corpo sottile; e quando è cosciente della sfera mentale attraverso il corpo mentale, si identifica con il corpo mentale, proprio come si identificava con il corpo grossolano quando era cosciente della sfera grossolana attraverso il corpo grossolano.

Il progresso spirituale dell'anima attraverso queste sfere avviene interamente nell'immaginazione. Dal primo fino al sesto piano della coscienza in involuzione, il progresso del pellegrino nell'involuzione della sua coscienza consiste nel sostituire un regno di immaginazione con un livello di immaginazione migliore e più elevato. Nel settimo piano il processo di involuzione è completo, l'immaginazione finisce e la Realtà è realizzata e non è più un concetto.

Coloro che entrano nel sentiero spirituale e lo percorrono senza l'aiuto di un Maestro che li guidi molto spesso si perdono nei labirinti delle visioni e delle illuminazioni, e non hanno quasi nessuna possibilità di uscire da quella posizione. Sono come dei bambini che nel cammino verso la scuola si lasciano distrarre dalla vista e dalle attrazioni del mercato.

L'incanto lungo il sentiero spirituale è così grande e l'allettamento così intenso che anche nei primi stadi del viaggio il pellegrino ha uno pseudo-senso di realizzazione di Dio dal quale non può uscire senza l'aiuto dei Maestri Perfetti. Molti pellegrini avanzati nella sfera sottile pensano di aver raggiunto la completa libertà dalle nascite e dalle morti, sebbene non sia così. L'inganno rimane fino al sesto piano della coscienza in involuzione, ma si manifesta al massimo tra il terzo e il quarto piano. Il quarto piano di coscienza è lo stadio più pericoloso nel progresso del pellegrino, perché è lo stadio in cui tutti i poteri dell'Energia infinita della sfera sottile sono a sua diretta disposizione. L'abuso di questi poteri significa la caduta e la disintegrazione della coscienza dell'anima. Sebbene sia un fatto fondamentale che una volta acquisita la coscienza non può mai più essere persa, può esserci un'eccezione a questa regola, ma solo **nel quarto piano** dove esiste una buona possibilità che la coscienza acquisita dall'anima si disintegri. Sebbene non vada mai persa completamente, si disintegra fino alla coscienza della forma di pietra. L'intero processo di evoluzione della coscienza dev'essere allora ripetuto per riacquisire la piena coscienza e la forma umana.

Così, dal quarto piano il pellegrino sul sentiero spirituale può regredire a causa dell'abuso o del cattivo uso dei *tajalliyat* (*siddhi*) o progredire, grazie a un'ulteriore involuzione della sua coscienza, fino alla coscienza del quinto piano e acquisire l'esperienza della sfera mentale, o mondo mentale. Attraversare il quarto piano ed entrare nel quinto significa avvicinarsi alla Porta Divina!

Nel sesto piano il pellegrino "vede" Dio faccia a faccia. Questa visione avviene attraverso l'occhio mentale quando la coscienza dell'anima identifica l'anima con il corpo mentale. Anche quando il pellegrino vede Dio faccia a faccia nel sesto piano della sua coscienza in involuzione, la morsa della dualità non è superata, perché colui che vede e colui che è visto sono ancora distinti dalla visione.

L'immaginazione nei piani cessa non appena il pellegrino attraversa il campo dell'Illusione ed entra nel regno della Realtà nel settimo piano della coscienza completamente involuta, dove è assolutamente libero da ogni traccia di impressioni. La coscienza del settimo piano è piena e matura, ed è la coscienza senza impressioni che identifica l'anima con il suo "Sé". L'anima allora sente e sperimenta coscientemente la sua esistenza eterna come Dio. La "goccia" (anima), priva di bolla (forma dell'ignoranza nell'Illusione), realizza la sua esistenza eterna nell'oceano infinito come oceano stesso (*Paramatma* o Anima Universale).

**Stato VIII**
**Dio come il Divinamente Assorto**

Questo stato di Dio significa per l'anima la fine della lunga battaglia evolutiva, la fine del processo di reincarnazione e la fine del processo di realizzazione attraverso i piani. Per l'anima individuale non c'è uno stadio più alto a cui aspirare, perché ha raggiunto la meta diventando una con Dio. Il pellegrino di questo stadio che ha realizzato Dio è conosciuto nel mondo sufi come *Majzoob*, mentre i vedantisti lo chiamano *Brahmi Bhoot*. Il *Majzoob* non ha coscienza del corpo e non ha coscienza delle tre sfere, grossolana, sottile e mentale. Ciò significa che, in questo Stato VIII, Dio come *Majzoob* **sperimenta coscientemente** la Sua natura trina infinita di potere, conoscenza e beatitudine infiniti ma non fa **uso** di questi aspetti infiniti della Sua natura.

In questo Stato VIII, lo stato A incosciente infinito di Dio (*Paramatma* incosciente) non solo acquisisce la più alta coscienza divina dello stato B di Dio (*Paramatma* cosciente), ma in questo stato Dio si assorbe divinamente nella realtà del Suo stato cosciente infinito e realizza così la Sua identità eterna con lo stato B cosciente infinito di Dio.

Questo Stato VIII di Dio è quello della più alta coscienza divina, che è *ahadiyat* (*halat-e-Muhammadi*) o *vidnyan*. Tutti coloro che hanno realizzato Dio – *Majzoob-e-Kamil* (*Brahmi Bhoot*), *Majzoob-Salik* (*Paramhansa*), *Azad-e-Mutlaq* (*Jivanmukta*), *Qutub* (*Sadguru*) e *Rasul* (*Avatar*) – si ritirano in questo stato B di Dio nell'Aldilà dopo essersi disincarnati. Meher Baba ha spiegato che tale stato disincarnato del Maestro Perfetto è definito dai sufi *halat-e-Muhammadi* (Stato di Muhammad), distinto da *muqam-e-Muhammadi* (Funzione di Muhammad), quando è nel corpo fisico. *Haqiqat-e-Muhammadi* è il decimo stato di Dio in un corpo fisico, e *muqam-e-Muhammadi* (Funzione di Muhammad) è *Vidnyan Bhumika* (la funzione di *vidnyan*) raffigurato nel grafico come "C".

## Stato IX
### Dio come anima incarnata liberata

Se Dio, divinamente assorto come nello Stato VIII, recupera e mantiene la coscienza normale delle sfere mentale, sottile e grossolana attraverso i Suoi aspetti mentali, sottili e grossolani come incarnazione di un essere umano perfetto noto come *Majzoob* (divinamente assorto), allora sperimenta lo Stato IX all'Intersezione Divina tra gli Stati VIII e X di Dio.

Se l'anima recupera la coscienza normale dei corpi e delle sfere mentali, sottili e grossolani, esce dallo Stato VIII di *Majzoob* e attraversa il *fana-fillah* per ottenere l'esperienza dello stato di *baqa-billah*. Ma prima di stabilirsi in *baqa-billah* può entrare nello stato noto ai sufi come "*fana-ma-al-baqa*" del "*muqam-e-furutat*", che i vedantisti chiamano "*turiya avastha*". Questo è lo Stato IX all'Intersezione Divina tra il *fana-fillah* e il *baqa-billah* della Divinità.

Le anime in un corpo umano che hanno realizzato Dio sono, in questo stato, i *Paramhansa* (*Majzoob-Salik* o *Salik-Majzoob*) o i *Jivan-mukta* (*Azad-e-Mutlaq*). Entrambi godono di conoscenza, potere e beatitudine infiniti e sono coscienti dello stato di "Io sono Dio". Differiscono tuttavia dal *Majzoob-e-Kamil* per il fatto che possono diventare e diventano coscienti dei tre corpi e delle tre sfere (mentali, sottili e grossolani). Mentre lo stato di *Majzoob* è uno stato continuo in cui si è divinamenti assorti, lo stato del *Paramhansa* è uno stato in cui **a volte** si è divinamente assorti e **a volte** si recupera la coscienza normale di chi sperimenta il *suluk* di *sulukiyat*. L'esperienza cosciente è a volte quella di "Io sono il mio proprio Dio" e a volte quella di "Io sono la mia propria creatura". Lo stato del *Jivanmukta* è di chi normalmente sperimenta il *suluk* di *sulukiyat* (ossia di chi è permanentemente stabilito nello stato di *baqa-billah*). Sia il *Paramhansa* sia il *Jivanmukta* differiscono dal *Qutub* perché non sono in grado di usare la conoscenza, il potere e la beatitudine infiniti che sperimentano continuamente.

Il mondo non trae un beneficio diretto[6] da un *Paramhansa* o da un *Jivanmukta*. Tuttavia un *Jivanmukta*, verso la fine della sua vita, rende una singola anima perfetta come lui e, sebbene non abbia compiti nelle tre sfere, gode dello stato di *baqa-billah*.

## Stato X
## Dio come Uomo-Dio e Dio-Uomo

Questo è lo stato di Dio in un corpo umano come Maestro Perfetto (*Qutub, Sadguru*). In questo stato il Maestro Perfetto, o l'Uomo-Dio, è divinamente, senza vincoli e senza limiti al di sopra della legge dell'Illusione che governa la Creazione cosmica in un ordine infinitamente sistematico; tuttavia permette a Sé stesso di essere vincolato dai limiti di tempo, spazio e causalità mentre sperimenta continuamente e coscientemente il Suo stato di "Io sono Dio" e il Suo potere, la Sua conoscenza e la Sua beatitudine infiniti. Egli non solo sperimenta questi attributi infiniti, ma li **usa** anche per l'emancipazione di altre anime che sono nella morsa dell'ignoranza e ancora incoscienti della propria realtà eterna.

---

[6] Ciononostante, indirettamente, chiunque entri in contatto con lui ne beneficia automaticamente. [N.d.C.]

Questo è lo stato di perfezione assoluta; qui Dio è con attributi e con forma (*saguna* e *sakar*).

Secondo i sufi, il *Qutub* rappresenta il punto più alto nel viaggio ascendente; è il bene supremo della Creazione e il più bel fiore dell'umanità. Nello stato di *Majzoob* l'anima godeva della beatitudine infinita dello stato di "Io sono Dio", ma il Maestro Perfetto (*Qutub*, *Sadguru*) gode della beatitudine infinita dello stato di "Io sono Dio" e anche della più alta coscienza divina di "Tutto è Io" e "Tutto viene da Me".

Questo decimo stato di Dio nel corpo umano è lo stato di *haqiqat-e-Muhammadi*. I Maestri Perfetti (*Qutub* o *Sadguru*) e l'*Avatar* (*Rasul*) sono tutti in questo stato. Che Dio sia nello stato di Uomo-Dio, come Maestro Perfetto, o nello stato di Dio-Uomo, come *Avatar*, Egli è in questo decimo stato e agisce come Uomo-Dio e come Dio-Uomo a partire dalla funzione divina di *muqam-e-Muhammadi*, o *vidnyan bhumika*, raffigurata nel grafico come "C". La prima manifestazione di Dio, con la Sua coscienza infinita, ha assunto questa funzione divina, e questa funzione sarà sempre eternamente attiva per irradiare il potere, la conoscenza e la beatitudine infiniti che i Maestri Perfetti e l'*Avatar* non solo sperimentano eternamente, ma che usano anche per l'emancipazione di tutte le anime che sono ancora nella morsa dell'ignoranza e cercano di acquisire la coscienza del loro stato eterno di unità con l'Anima Universale.

In altre parole, Dio in un corpo umano si manifesterà per sempre in tutta la Sua perfezione solo attraverso questa funzione divina segnata come "C" nel grafico "I dieci stati di Dio".

È stato solo attraverso questa funzione divina che Dio, come Dio-Uomo, nella forma di Zoroastro, Rama, Krishna, Gesù, Budda, Muhammad e altri, si è manifestato e ha proclamato in ogni ciclo, era dopo era, di essere il Salvatore, il Profeta, il Messia, il Figlio di Dio, l'*Avatar*, il *Rasul*, il *Budda* e così via. Ed è solo attraverso questa funzione divina che i cinque Maestri Perfetti, o *Qutub* o *Sadguru*, agiscono quale bene supremo di tutta la Creazione cosmica.

I sufi chiamano questa funzione divina *"muqam-e-Muhammadi"* dal nome del Profeta Muhammad, il *Rasul* di Dio, nel Suo *haqiqat-e-Muhammadi*. Analogamente Gesù di Nazareth, il Figlio di Dio, è – come Muhammad, Zoroastro, Krishna, Rama, Budda – il Dio-Uomo, mentre "Cristo", come *haqiqat-e-Muhammadi*, è lo stato divino di Gesù.

Se cerchiamo di riassumere tutti i differenti stadi di Dio, nel travaglio di *Paramatma* incosciente per raggiungere la coscienza completa spiccano cinque stadi distinti.

*Il primo stadio*

1. Per cominciare, *atma* (anima) e *Paramatma* (Anima Universale) sono una cosa sola nell'infinita, indivisibile "Unità della Realtà".

2. Prima dell'inizio dell'Inizio, *Paramatma* e tutte le *atma* erano incoscienti e senza impressioni.

3. All'inizio, l'*atma* non aveva coscienza del corpo grossolano, del corpo sottile o del corpo mentale, e non aveva quindi nessuna esperienza del mondo grossolano, del mondo sottile o del mondo mentale. *L'atma* era incosciente persino del suo stesso Sé e perciò non aveva esperienza del proprio stato di *Paramatma*.

Questo è lo stadio raffigurato come stato A nel grafico "I dieci stati di Dio".

*Il secondo stadio*

L'*atma* acquisisce coscienza e ha impressioni. A questo stadio l'*atma* è cosciente del corpo grossolano, del corpo sottile o del corpo mentale e sperimenta il mondo grossolano, il mondo sottile o il mondo mentale; tuttavia l'*atma* è ancora incosciente del proprio Sé e perciò non sperimenta ancora lo stato di *Paramatma*.

Questo è lo stadio degli Stati III, IV, V, VI e VII indicati nel grafico.

*Il terzo stadio*

L'*atma* diventa priva di impressioni ma conserva la piena e completa coscienza. Adesso questa coscienza completa non è più del corpo grossolano, del corpo sottile o del corpo mentale e perciò l'*atma* non sperimenta più il mondo grossolano, il mondo sottile o il mondo mentale.

Questa coscienza conservata è del Sé infinito dell'*atma* e perciò adesso l'*atma* sperimenta coscientemente lo stato di *Paramatma* e sperimenta il potere, la conoscenza e la beatitudine infiniti dello stato di "Io sono Dio".

Questo è lo stadio indicato nel grafico come Stato VIII.

*Il quarto stadio*

L'*atma* recupera la cosiddetta coscienza normale del corpo grossolano, del corpo sottile e del corpo mentale e così sperimenta di nuovo, allo stesso tempo, il mondo grossolano, il mondo sottile e il mondo mentale. A questo stadio, l'*atma* è simultaneamente cosciente anche del proprio Sé infinito e sperimenta il potere infinito, la conoscenza infinita e la beatitudine infinita del proprio stato di *Paramatma*, ma l'*atma* **non può usare** questi attributi infiniti sebbene a questo stadio sia cosciente dei suoi corpi grossolano, sottile e mentale e sperimenti simultaneamente i tre mondi.

Questo è lo stadio dello Stato IX nel grafico.

*Il quinto stadio*

L'*atma* è pienamente e completamente cosciente del corpo grossolano, del corpo sottile e del corpo mentale e sperimenta il mondo grossolano, il mondo sottile e il mondo mentale mentre ha simultaneamente la più alta coscienza divina del suo Sé infinito; inoltre sperimenta e **usa** il potere infinito, la conoscenza infinita e la beatitudine infinita del suo stato di *Paramatma*.

Questo è lo stadio dello Stato X come mostrato nel grafico "I dieci stati di Dio".[7]

---

[7] Un sommario da parte di Meher Baba dei differenti termini per status, stato, stadio o aspetto e gnosi nella sfera eterna della Realtà si trova a p. 268 e 269. La gnosi di "Io sono Dio" è comune a ciascuno dei quattro tipi di perfezione e non termina con la morte fisica. [N.d.C.]

PARTE 10

## *Conclusione*

Dio non può essere spiegato, non può essere dibattuto, non può essere teorizzato e non può nemmeno essere discusso e compreso. Dio può solo essere vissuto. (36)

Tuttavia, tutto ciò che è detto e spiegato qui riguardo a Dio per placare gli spasmi intellettuali della mente umana manca ancora di molte parole e di ulteriori spiegazioni, perché la VERITÀ è che la Realtà deve essere realizzata e la divinità di Dio deve essere raggiunta e vissuta.

**Comprendere** la Realtà infinita ed eterna **non** è la META degli esseri individualizzati nell'Illusione della Creazione, perché la Realtà non può mai essere compresa, ma deve essere **realizzata** attraverso l'esperienza cosciente.

Perciò, la META è realizzare la Realtà e raggiungere lo stato di "Io sono Dio" nella forma umana.

# Grafico VIII A

*Creazione, Evoluzione, Reincarnazione,*
*Involuzione e Realizzazione secondo Meher Baba*

Questo grafico, dipinto da Rano Gayley sotto la supervisione di Meher Baba, è una versione illustrata del libro *Dio parla*.

Dio nello stato di Aldilà dell'Aldilà rappresenta Dio come pura Essenza, infinito, originario ed eterno, inconsapevole di qualsiasi cosa, persino di Sé stesso. Dio È.

Dio nello stato di Aldilà rappresenta l'Anima Universale (*Paramatma*), essenzialmente come Dio nello stato di Aldilà dell'Aldilà eccetto che qui è sorto il capriccio di conoscere Sé stesso ed Egli è divenuto cosciente del potere, della conoscenza e della beatitudine infiniti, e simultaneamente cosciente dell'Illusione che si è manifestata come Creazione. Completando il Suo viaggio attraverso i mondi delle forme, Egli si libera dell'illusione della loro apparente realtà.

Leggendo in senso antiorario, le prime forme assunte dalle anime che emanano dal punto di Creazione sono gassose. Con l'evolversi della coscienza, le anime assumono le innumerevoli forme indicate, sperimentando crescenti impressioni (*sanskara*). Quando arriva allo stato di uomo, l'anima ha raggiunto la coscienza completa e si reincarna innumerevoli volte finché è pronta a sperimentare l'involuzione; tutto ciò avviene quando l'anima è incarnata nel mondo grossolano.

Mentre si libera dai *sanskara*, l'anima ascendente diventa gradualmente cosciente dei sette piani e delle sfere più elevate finché è libera da tutti i legami e diviene una con Dio (realizza Dio).

I primi tre piani raffigurano la coscienza sottile; il quarto illustra i vasti poteri e le energie che vi si incontrano; il quinto è il piano della santità e si trova nella sfera mentale; il sesto è il piano dell'illuminazione e il settimo è il piano della realizzazione di Dio, ossia dell'unità con Dio.

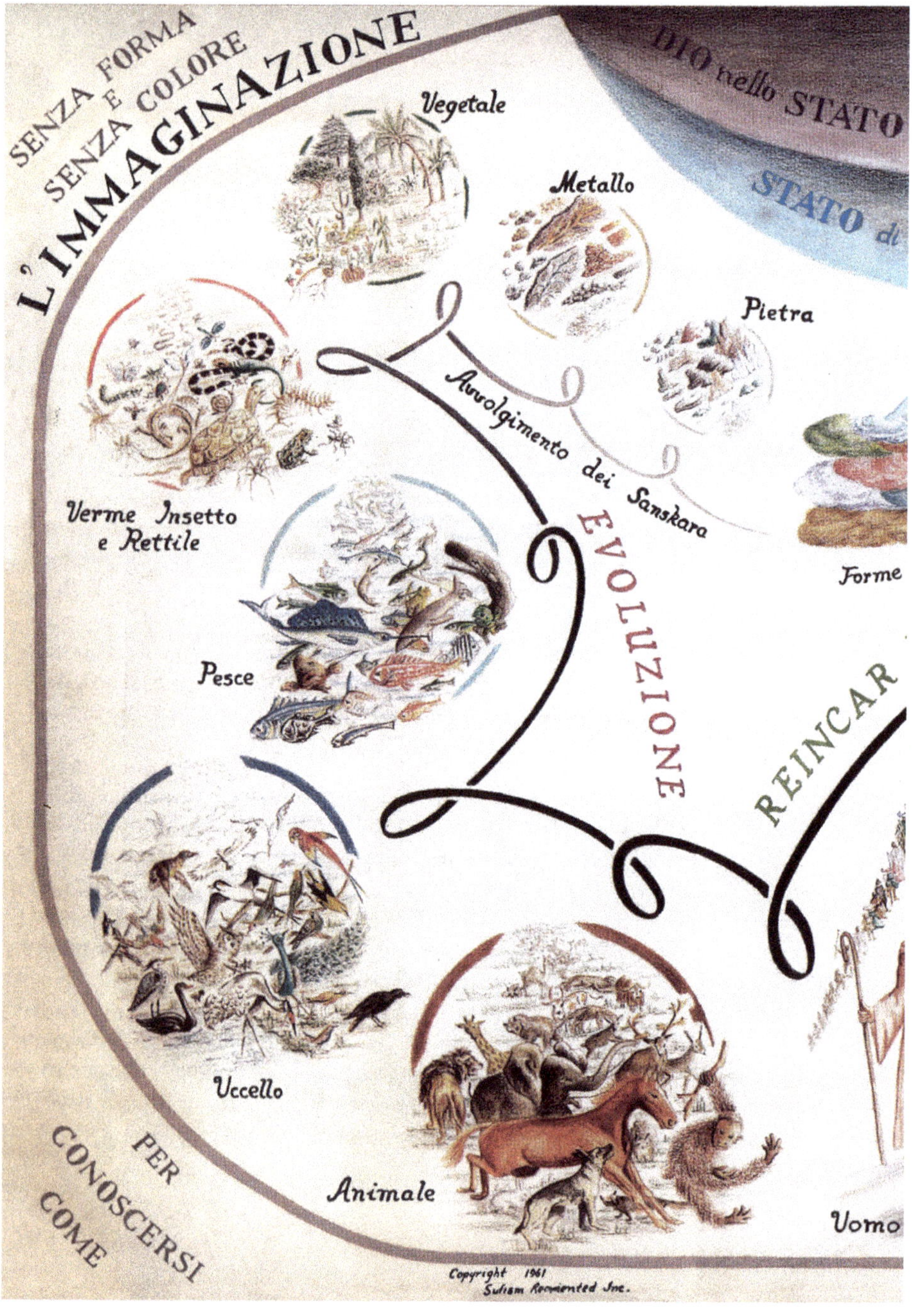

SENZA FORMA E SENZA COLORE

L'IMMAGINAZIONE

DIO nello STATO

STATO di

Vegetale

Metallo

Pietra

Forme

Arrolgimento dei Sanskara

Verme Insetto e Rettile

EVOLUZIONE

REINCAR

Pesce

Uccello

PER CONOSCERSI COME

Animale

Uomo

Copyright 1961
Sufism Reoriented Inc.

184

di ALDILÀ dell'ALDILÀ

ALDILÀ di DIO

E IMPULSIVO CREATRICE DI DIO

7° Piano

Dio realizza Sé stesso come Infinito

Sfera Mentale

6° Piano

5° Piano

Gassose

Sfera Grossolana
include un incalcolabile numero di soli, stelle, lune e la Terra, solamente sulla quale è possibile realizzare Dio.

NAZIONE

INVOLUZIONE

4° Piano

1° Piano

3° Piano

2° Piano

Svolgimento dei Sanskara

Sfera Sottile

ONNIPRESENTE INFINITO ED ETERNO

Creazione, Evoluzione, Reincarnazione, Involuzione e Realizzazione, secondo MEHER BABA

185

# Indice del Supplemento

# Supplemento

## 1. La coscienza impressionata (25)[1]

Su richiesta dei curatori, Meher Baba ha aggiunto le seguenti informazioni.

La coscienza è definitivamente completa non appena la prima forma umana è assunta, ma non comincia a involversi in quel momento. Quando la coscienza comincia a involversi significa che l'essere umano sta solo cominciando a compiere il primo passo sul sentiero spirituale.

Tra il momento della prima incarnazione umana e il momento dell'entrata nel sentiero, la coscienza completa di un essere umano, che è ancora una coscienza impressionata, deve necessariamente passare per un processo che eliminerà infine queste impressioni affinché lascino la loro presa su di essa (la coscienza che è completa).

Bisogna notare che durante questo periodo, che copre migliaia di reincarnazioni, le impressioni che erano dure o dense vengono scosse così a fondo dal processo di reincarnazione che la loro stretta morsa sulla coscienza si allenta. Queste impressioni dure (dense o grossolane) si diradano o si indeboliscono attraverso innumerevoli e svariate esperienze di opposti. Il limite a queste esperienze è raggiunto attraverso continue reincarnazioni che danno esperienze di opposti.

Bisogna anche notare che è solamente quando queste impressioni dense, dure o grossolane diventano meno dense o si indeboliscono che il limite alle esperienze del mondo grossolano attraverso le impressioni grossolane è raggiunto dal mezzo grossolano, il corpo umano. Quando le impressioni dense e dure diventano meno dense non danno più origine a esperienze grossolane perché queste impressioni meno dense (deboli) sono raffinate o fini e non più grezze o grossolane. L'insieme di tali impressioni raffinate o fini è chiamato impressioni sottili. Queste impressioni sottili danno origine a esperienze di tipo sottile (ossia appartenenti al mondo sottile) e il corpo sottile sperimenta queste impressioni sottili e cerca di esaurirle.

---

[1] I numeri tra parentesi si riferiscono al numero della pagina di questo libro in cui appare il riferimento del Supplemento.

187

Quando queste impressioni sottili diventano ancora meno dense e ancora più raffinate, l'insieme di tali impressioni è chiamato impressioni mentali. Queste impressioni mentali danno origine a esperienze appartenenti al mondo mentale, e il corpo mentale sperimenta queste impressioni mentali e cerca di esaurirle.

Quando le ultime tracce di impressioni mentali sono esaurite dal corpo mentale attraverso le esperienze, la coscienza completa dell'anima (che è stata per tutto il tempo nella morsa delle impressioni dall'istante in cui si è identificata con la primissima forma umana fino all'ultima forma umana, che è l'essere umano cosciente del mentale) è liberata dalle impressioni. Solo una tale coscienza completa e senza impressioni può realizzare l'esperienza finale dello stato di "Io sono Dio" dell'anima.

Quando le impressioni grossolane o dure si diradano attraverso il processo di reincarnazione, diventano impressioni sottili. Queste impressioni sottili non possono più dare origine a esperienze del mondo grossolano. A questo stadio la coscienza dell'essere umano cosciente del grossolano comincia automaticamente ad abbandonarsi alle esperienze del mondo sottile. Questo segna l'avvento del processo di involuzione della coscienza e l'aspirante comincia a percorrere il Sentiero. È ovvio che le impressioni sottili devono dare origine alle esperienze sottili del mondo sottile. Queste impressioni sottili vengono esaurite dal corpo sottile attraverso le esperienze del mondo sottile, e il processo di involuzione della coscienza continua.

## 2. Misticismo pratico (39)

*L'approccio alla verità è individuale*

Non c'è una regola o un metodo generale applicabile a tutti coloro che aspirano a realizzare Dio. Ogni uomo deve trovare la propria salvezza e deve scegliere il proprio metodo, sebbene la sua scelta sia perlopiù determinata dall'effetto complessivo delle impressioni della mente (*sanskara*) acquisite nelle vite precedenti. Dovrebbe essere guidato dal credo della sua coscienza e seguire il metodo che meglio corrisponde alla sua tendenza spirituale, alla sua predisposizione fisica e alle sue circostanze esterne. La Verità è Una, ma l'approccio è essenzialmente individuale. I sufi dicono: "Le vie che portano a Dio sono tante quante le anime degli uomini" (*Aṭ-ṭuruqu īlāllahi kanufūsi banī ādam*).

*Jamāl-i fiṭrat ke lākh partao*
*Qubūl partao kī lākh sha̱k̲h̲īn*
*Ṭarīq-i 'irfā̱n maī̱n kiyā batāū̱n*
*Yah rāh kiskī wāh rāh kiskī.*

– Akbar

"La bellezza della natura ha migliaia di sfaccettature per le quali esistono migliaia di vie e mezzi di accettazione (comprensione); nel Sentiero della Gnosi, chi può stabilire quale particolare modo o umore è destinato a un determinato individuo?"

## Rinuncia

Quando un pellegrino, e per pellegrino intendiamo qui l'aspirante o il discepolo, si sente attratto verso la rinuncia, significa che lo spirito della rinuncia era già latente in lui. Questa predisposizione è il risultato dell'oscillazione del terribile pendolo che va dal dolore al piacere e dal piacere al dolore, nelle innumerevoli forme dell'evoluzione e nelle innumerevoli entrate e uscite dalle porte della nascita e della morte sperimentate durante la reincarnazione. Poiché questo spirito di rinuncia è latente, basta una causa scatenante per portarlo in superficie, ed è solo quando viene in superficie che siamo in grado di vedere il potere e la natura dello spirito latente.

Se lo spirito latente non è che un'indigestione spirituale dovuta a un temporaneo eccesso di dolore, accompagnato da un tenue desiderio di qualcosa di più piacevole, la rinuncia che si manifesta sarà solo di tipo passeggero e debole, una mera fuga temporanea dal malessere. Al suo meglio, tuttavia, questo spirito latente è un patto segreto di aggressione tra un incurabile disgusto per il mondo e un'ardente e bruciante sete di Dio. Quando viene alla superficie si mostra come un'invincibile determinazione a schierare l'intero essere per conseguire la vittoria sul sé inferiore e per rifiutare tutto ciò che è irrilevante per questa grande e terribile battaglia. Si noti la parola "rifiutare": significa che un tale pellegrino scarta le cose irrilevanti. Possiamo chiamare rinuncia il frutto del fiore del desiderio spirituale, fecondato dal polline del disgusto per la futilità delle nascite e delle morti senza fine. Una volta che la rinuncia si esprime, ci sono molti modi di considerarla, il più semplice dei quali è dividerla in due tipi principali: interiore ed esteriore.

La rinuncia esteriore significa abbandonare completamente tutti i piaceri mondani e gli attaccamenti fisici alle cose materiali. Negli stadi iniziali questa rinuncia è utile nella misura in cui porta alla rinuncia

189

interiore e all'interesse per Dio. In India si possono trovare decine di migliaia di cosiddetti *sanyasi* (rinuncianti), ma troppi hanno adottato questa rinuncia esteriore soltanto come una professione che permette loro di indulgere in una vita improduttiva di oziosità. La rinuncia esteriore, tuttavia, può essere reale e spesso lo è. Quando è così, porta inevitabilmente alla rinuncia interiore e questa è la rinuncia che conta. La rinuncia interiore significa controllare i desideri al loro nascere in modo che la mente non cada preda delle richieste di lussuria, avidità e ira. Questo non significa che si debba cessare di colpo di **avere** tali pensieri. Ciò è impossibile, poiché tali pensieri continueranno a essere importuni finché i *sanskara* dai quali nascono faranno parte del proprio essere. La lotta è inevitabilmente dura e lunga.

Per l'Occidente in particolare, la rinuncia esteriore è sconsigliabile e impraticabile. Dovrebbe essere interiore e della mente sin dal principio. Si dovrebbe vivere nel mondo, adempiere tutti i propri legittimi doveri e tuttavia sentirsi mentalmente distaccati da tutto. Si dovrebbe essere nel mondo ma non di esso. I sufi dicono *"Dil bā yār, dast bikār"* (Il cuore a Dio, le mani al lavoro).

Una volta un visitatore chiese a Hazrat Nizamuddin Awliya, il Maestro Perfetto di Delhi, in che modo si dovrebbe vivere nel mondo. Proprio in quel momento alcune donne stavano passando con delle brocche d'acqua in equilibrio sulla testa e, mentre camminavano, chiacchieravano e gesticolavano. Indicandole, Nizamuddin disse: "Guarda quelle donne, **ecco** come dovresti vivere nel mondo". Quando gli fu chiesto di spiegare questa criptica osservazione, il Maestro continuò: "Queste donne che stanno tornando dal pozzo con le brocche in equilibrio sulla testa sembrano non pensare ad altro che a scambiarsi pettegolezzi; tuttavia sono costantemente concentrate su qualcosa di gran lunga più importante: tenere in equilibrio le brocche sulla testa. Così, di qualsiasi cosa il tuo corpo, i tuoi sensi o la parte più superficiale della tua mente si stiano occupando, bada a che la radice della tua mente sia costantemente incentrata su Dio".

### Vaitag e Vairagya

Se consideriamo la rinuncia come uno stato della mente, possiamo capire come questo stato della mente possa essere sia temporaneo sia permanente. Il primo è noto come *vaitag* e il secondo come *vairagya*.

*Vaitag* (rinuncia temporanea) è semplicemente un disgusto temporaneo per il mondo e le sue vicende derivante da qualche shock, delusione o perdita e accompagnato da un vago desiderio di Dio, oppure può nascere da un impulso improvviso. In *vaitag* la mente si allontana dal mondo e si rifugia in pie consuetudini, ma questo atteggiamento non è duraturo e la mente ritorna alle sue vecchie abitudini non appena le circostanze cambiano, o non appena l'impulso si attenua.

*Vairagya* (rinuncia irrevocabile) è invece un atteggiamento della mente che comporta un tale desiderio di Dio e una tale profonda indifferenza verso le cose del mondo che, una volta risvegliato, non conosce cedimenti ed è al sicuro da tutte le tentazioni di abbandonarlo. Il famoso esempio di Gautama Buddha è illustrativo di *vairagya*.

Abbiamo già spiegato che la rinuncia è l'espressione manifesta di un desiderio latente di unione con Dio accompagnato da uno spirito latente di disgusto per il mondo, e abbiamo usato l'analogia del fiore, del polline e del frutto. Per quanto riguarda la fecondazione, il fiore e il polline sono di per sé impotenti, poiché possono essere riuniti solo da qualche agente esterno, come il vento, un'ape o un insetto. Che la fecondazione avvenga o no nella natura può dipendere da così tante migliaia di fattori sconosciuti che la scienza moderna rinuncia a cercare di prevederla, e la classifica come un evento casuale. Questo al momento non è tuttavia rilevante, e nella nostra analogia penseremo a questa fecondazione come a un dono.

Per tornare a *vairagya*, ricordiamoci che il desiderio di unione con Dio è latente in **ogni** essere vivente. Tuttavia, si fa strada nella coscienza solo quando l'anima si avvicina all'inizio di quello che Meher Baba, nel "Tema Divino", chiama "il processo di realizzazione". Anche il disgusto per il mondo è qualcosa che si sviluppa naturalmente in tutti noi e che si fa sempre più potente quando ci avviciniamo all'inizio di questo processo di realizzazione. Quando il fiore è sbocciato e il polline maturo, il vento o l'ape portano il dono della fecondazione che produce il frutto. Allo stesso modo, quando giunge questo momento di maturità interiore un dono divino discende sull'anima e feconda il desiderio di Dio e il disgusto o l'indifferenza per il mondo, portando così il frutto inestimabile di *vairagya*. Questo dono divino può essere un tocco di grazia interiore da parte di Dio immanente o può essere il risultato di un contatto con un santo o un Maestro Perfetto. Ma è sempre un dono.

*Vairagya*, all'inizio della sua manifestazione, si esprimerà quasi sicuramente per un certo periodo come rinuncia esteriore. Ma *vairagya*, essendo permanente, porterà sempre prima o poi alla rinuncia reale che è interiore.

Quando un aspirante ha un desiderio tanto intenso di Verità, è qualificato per entrare nel Sentiero. C'è una storia che racconta di un Maestro assillato da un discepolo che voleva sapere quando avrebbe realizzato Dio. Una volta andarono a fare il bagno in un fiume e il Maestro tenne l'aspirante sott'acqua per alcuni istanti. Quando il discepolo stava per soffocare, il Maestro lo tirò fuori e gli chiese qual era la cosa a cui aveva più pensato e che più aveva desiderato mentre era sott'acqua. L'aspirante rispose: "L'aria". Il Maestro spiegò che quando il discepolo avrebbe avuto un desiderio altrettanto intenso di Dio allora la Realizzazione sarebbe arrivata. Maulana Rumi dice:

*Āb kamjū, tishnigī āvar bidast.*

"Chiedi meno acqua, ma accresci la sete."

Secondo le parole di Meher Baba, "Il Sentiero comincia con un desiderio cosciente di una realtà più profonda. Come il pesce tirato fuori dall'acqua desidera tornare nell'acqua, l'aspirante che ha percepito la Meta desidera unirsi a Dio.

In realtà, il desiderio di tornare alla Sorgente è presente in ogni essere dal momento stesso in cui viene separato dalla Sorgente dal velo dell'ignoranza, ma è inconscio fino a quando l'aspirante entra nel Sentiero."[2]

I sufi chiamano questo atteggiamento della mente *"tauba"*, che significa pentimento e implica l'abbandono della vita dei sensi, o la rinuncia a essa, per la vita dello spirito. Chi ha fatto questo grande passo non si volta più indietro verso ciò che si è lasciato alle spalle.

Meher Baba dice che ci possono essere mille cercatori che godono di altrettante esperienze spirituali, ma che c'è un solo Sentiero della Gnosi. È un sentiero interno ma reale. Sebbene non sia un sentiero comune, è chiaramente percepibile in quanto tale dall'occhio interno del vero pellegrino che lo percorre. Ma anche i mistici che lo hanno veramente "sperimentato" possono descrivere solo le parti del Sentiero che loro stessi hanno percorso. Coloro che hanno raggiunto il punto critico nel terzo piano non possono sapere niente del quarto piano, né possono portare nessuno fino al proprio livello. La conoscenza e l'esperienza che possiedono sono limitate a loro stessi. Solamente coloro che

---

[2] Vedi anche Meher Baba, "The Stages of the Path", *Discourses*, pp. 128-134. [N.d.C.]

sono nel quinto e sesto piano possono innalzare altri al loro livello, e chiunque riceva la loro grazia ne trarrà grandi benefici.

Le anime individuali del mondo si trovano dentro i limiti della sfera grossolana che comprende tutti i soli, le lune, i mondi grossolani e tutto lo spazio. Un selvaggio, che ignora le leggi scientifiche più elementari e il codice del bene e del male, e un grande filosofo o scienziato si trovano entrambi dentro i confini della sfera grossolana. Il filosofo può avere un'ottima conoscenza teorica della sfera sottile e lo scienziato può essere un'autorità nelle frontiere estreme della fisica moderna ma, dal punto di vista del sottile, sia loro sia il selvaggio appartengono alla sfera grossolana. Finché la sfera sottile non è sperimentata, la gnosi rimane un soggetto di cavilli intellettuali per tutti coloro che appartengono alla sfera grossolana, perché con "sottile" non intendiamo semplicemente la forma più fine del grossolano. Nel senso comune del termine può essere corretto definire "sottili" sostanze molto fini quali l'etere, l'atomo, la vibrazione, la luce e lo spazio, ma sono indiscutibilmente grossolane, anche se in una forma molto fine.

Spiritualmente parlando, sottile significa qualcosa di completamente diverso dal fisico, per quanto attenuate le cose fisiche possano essere. Sebbene la sfera grossolana sia il prodotto della sfera sottile e dipenda da essa, la sfera sottile è completamente indipendente dalla sfera grossolana. Possiamo prendere come esempio l'atto di mangiare. L'atto grossolano è il prodotto del pensiero e dipende da esso, ma il pensiero è indipendente dall'atto fisico.

## L'oblio

Tutta la filosofia dell'approccio e della realizzazione della Verità si impernia sulla questione di quello che possiamo chiamare oblio. La parola "oblio" usata qui non deve essere associata al suo significato comunemente accettato, come scordarsi di imbucare una lettera, o a quello stato in cui la mente è semplicemente annebbiata e assente. L'oblio in questo senso particolare è un atteggiamento della mente che si trasforma gradualmente in esperienza spirituale. La rinuncia esteriore non è oblio, perché è principalmente fisica e parzialmente mentale; invece la rinuncia interiore, quando diventa puramente mentale, assume la qualità e la dignità dell'oblio. Si può quindi rinunciare al mondo, ma non è così facile dimenticarlo.

L'oblio in questo senso particolare spiega così il segreto che si cela dietro tutta la felicità, spirituale o di altra natura, che gli esseri umani sperimentano. Il termine sufi per questo oblio è *bikhudi*, e non dovrebbe essere confuso – sebbene spesso lo sia – con *bihoshi* (incoscienza).

La differenza tra oblio e incoscienza è importante e alcuni esempi di tipi di incoscienza aiuteranno a chiarirla. Per cominciare, si deve ricordare che l'oblio è il parziale o totale **distacco** della mente dal mondo fisico, e l'incoscienza è il parziale o totale **ottundimento** della mente verso il mondo fisico. Il primo dà origine a vari gradi di estasi spirituale e il secondo a vari gradi di cessazione del piacere e del dolore.

Consideriamo un paio di esempi di incoscienza. Quando si è in perfetta salute, non ci si preoccupa del funzionamento di un organo vitale come il cuore. Ciò significa che ci si dimentica che questo organo batte incessantemente e perfettamente nel corpo umano per mantenere la vita e la salute. Se però sopraggiunge un disturbo del ritmo cardiaco c'è un immediato malessere, e se si ha un infarto c'è un immediato dolore precordiale. In entrambi i casi ci si ricorda di avere un cuore. La sensazione di malessere o dolore, sebbene nasca dal cuore, è avvertita solo grazie al funzionamento della mente. Più la mente si concentra sul cuore, più il malessere o il dolore sono percepiti. Quando il dolore raggiunge la massima intensità può sopraggiungere l'incoscienza, una rottura dei fili della coscienza che permette di dimenticare il dolore. Ma questa è incoscienza e non oblio in senso spirituale. Un chirurgo, realizzando una leucotomia prefrontale, può intervenire su alcune connessioni nervose che trasmettono questa concentrazione della mente sul dolore implacabile di alcune malattie incurabili come il cancro. Dopo questa operazione il dolore esiste ancora, ma il paziente cessa di dirigere la mente verso di esso, e così smette di preoccuparsene. Questa è ancora un'incoscienza parziale provocata da mezzi puramente fisici, e non il vero oblio in senso spirituale. Il sonno è uno stato di incoscienza che concede una tregua temporanea dal logorio della vita, ma il sonno non è vero oblio in senso spirituale.

Tutta la filosofia della felicità e dell'infelicità si impernia sulla questione dell'oblio di un tipo o di un altro e del ricordo di un tipo o di un altro. Il ricordo è un attaccamento della mente a un'idea, una persona, una cosa o un luogo particolari, e l'oblio è il suo contrario. Quando ci si rende conto che il ricordo provoca dolore, se ne deduce che la sola cura è una forma di oblio, e questo oblio può essere positivo o negativo. L'oblio positivo è quello in cui la mente rimane consapevole degli stimoli esterni ma si rifiuta di reagire a essi. L'oblio negativo è o la mera incoscienza – un arresto della mente, come nel sonno profondo – o una sua accelerazione, come nella pazzia, che è stata definita come un modo di evitare il ricordo della sofferenza. Sia il sonno sia la pazzia possono essere indotti artificialmente in vari gradi attraverso l'uso di alcolici o droghe, ma anche questo è un modo negativo di superare il ricordo.

L'oblio positivo è quindi il rimedio, e il coltivarlo regolarmente sviluppa nell'uomo quell'equilibrio della mente che gli permette di esprimere tratti nobili quali la carità, il perdono, la tolleranza, l'altruismo e il servizio agli altri. Chi non possiede questo oblio positivo diventa un barometro dell'ambiente che lo circonda. Il suo equilibrio è turbato dal minimo sussurro di elogio o adulazione e dal più vago accenno di maldicenza o critica; la sua mente è come un giunco sottile che ondeggia alla più leggera brezza emotiva. Una persona del genere è costantemente in guerra con sé stessa e non conosce pace.

Nell'esercizio di questo oblio positivo, è essenziale non solo la non reazione alle circostanze avverse, ma anche la non reazione alle circostanze favorevoli e piacevoli. Di queste due la seconda è la più difficile e quella meno spesso descritta, nonostante sia altrettanto importante.

L'oblio positivo, sebbene sia alla radice stessa della felicità, non è per niente facile da acquisire. Tuttavia, una volta che si raggiunge questo stato della mente ci si eleva al di sopra del dolore e del piacere e si è padroni di sé stessi. Questo oblio, per essere pienamente efficace per la vita spirituale, deve diventare permanente, e tale permanenza è ottenuta solo attraverso la pratica costante durante molte vite. Alcune persone, come risultato dei loro sforzi per raggiungere l'oblio nelle vite passate, ne hanno degli sprazzi spontanei e temporanei in una vita successiva, e sono queste persone che danno al mondo il meglio della poesia, dell'arte e della filosofia e che fanno le scoperte scientifiche più grandi.

In questi momenti di vero oblio c'è un distacco mentale da tutto l'ambiente materiale nel quale il poeta permette alla sua immaginazione di prendere il volo. Un artista, quando dà forma a un ideale in cui dimentica completamente sé stesso e tutto l'ambiente irrilevante che lo circonda, crea un capolavoro. Il meglio della filosofia è espresso quando una persona esamina il problema della vita senza tener conto degli alti e bassi delle circostanze esclusivamente personali, e alcune delle più grandi scoperte scientifiche sono state fatte in questa disposizione mentale. Simili manifestazioni di oblio genuinamente spontaneo sono veramente molto rare e, sebbene si dica che poeti, artisti e filosofi si nasce e non si diventa, queste fasi passeggere di reale oblio sono il risultato di sforzi fatti in vite passate.

Nel tentativo di rendere la vita sopportabile, alcune persone sviluppano una lieve sorta di stoicismo – una specie di atteggiamento di "chi se ne importa" – e altre si immergono sconsideratamente nell'epicureismo. Il primo è l'apatica accettazione della sconfitta e il secondo lo sforzo di dimenticare la sconfitta nelle braccia del piacere. Nessuno dei due è vero oblio. Ma quando un uomo raggiunge il vero oblio entra nel regno spirituale e passa attraverso diversi gradi di oblio fino a raggiungere la Meta. Meher Baba ci dice: "L'oblio del mondo fa di qualcuno un pellegrino (*rahrav, sadhak*), l'oblio dell'altro mondo ne fa un santo, l'oblio di sé significa la Realizzazione, e l'oblio dell'oblio è la Perfezione".

## 3. Il primo piano (40)

Hafiz si riferisce evidentemente al primo piano quando dice:

*Kas nadānist kih manzilgah-i maqṣūd kujāst*
*In qadar hast kih bāng-i jarasī mīāyad.*

"Non si sa dove sia la vera dimora dell'Amato Divino; solo questo è chiaro, che odo il tintinnio delle campanelle (delle carovane in viaggio)."

Su questo tema del suono e dei piani Meher Baba dice:[3]
"Comunque, sappiate che il suono esiste in tutti i sette piani, differenziandosi nella sua espressione di sentimento, estasi e beatitudine.

Il suono, la vista o l'odore dei piani più elevati non possono, nemmeno con ogni sforzo di immaginazione, essere paragonati a ciò cui siamo abituati sul piano fisico… I nostri organi fisici dell'udito, della vista e dell'olfatto sono inutili per l'esperienza e il godimento dei piani più elevati. In questi è un occhio diverso che vede, un orecchio diverso che sente e un naso diverso che odora. Sapete già che ci sono sensi interni, le controparti dei sensi esterni dell'uomo, ed è con questi che si sperimentano i piani più elevati.

---

[3] "Questions Baba Answers", *Meher Baba Journal*, vol. 1, n. 3 (gennaio 1939), pp. 83-84.

196

Evitate l'errore di paragonare il suono dei piani più elevati a qualcosa di diverso dal suono del piano fisico per l'intensità e la frequenza delle vibrazioni; sappiate per certo che c'è effettivamente quello che si può chiamare 'suono' nei primi tre piani. La forma, la bellezza, la musica e la beatitudine di questo suono sono indescrivibili. Il *nad,* o musica celestiale, è caratteristico del primo piano, e Hafiz lo descrive come *bāng-i jarasī* (il tintinnio delle campanelle).

Come si è detto sopra, sebbene il suono sia presente in tutti i sette piani, è l'odore che è caratteristico del secondo e del terzo piano, mentre la vista appartiene al quinto e al sesto piano…

Il settimo piano è unico. Qui il suono, la vista e l'odore sono divini in essenza e non hanno paragone con quelli emanati dai piani inferiori. In questo piano non si ode, odora o vede ma si **diventa** suono, odore e vista simultaneamente, e se ne è divinamente coscienti."

## 4. Il secondo piano (40)

Hafiz si riferisce evidentemente al secondo piano quando dice:

*Cigūyamat kih bimaykhānih dūsh mast o kharāb*
*Surūsh-i 'ālam-i ghaybam cih muzhdihā dādast?*

"Come potrei rivelarti che ieri sera, alla taverna, ebbro e barcollante com'ero, una grande buona novella mi è stata portata dall'angelo del mondo nascosto?"

## 5. Il terzo piano (41)

Hafiz si riferisce al terzo piano con queste parole:

*Cih rāh mīzanad īn muṭrib-i muqām shinās*
*Kih dar miyān-i ghazal qūl-i āshinā āvard.*

"Quale turbamento e quale pena questo musico che conosce gli stati e gli stadi (spirituali) causa agli ascoltatori (amanti) inframmezzando la sua esecuzione con le parole dell'Amato Divino!"

## 6.  Lo stadio fra il terzo e il quarto piano (41)

Il viaggio fra il terzo e il quarto piano è allo stesso tempo difficile e pericoloso perché tra questi due piani c'è il punto di incanto (*muqam-e-hairat*). È molto difficile oltrepassare questo stato di incanto se il pellegrino vi si ferma, sebbene la maggior parte dei pellegrini passi direttamente dal terzo al quarto piano. A meno che il pellegrino non esca velocemente da questo stato e prosegua verso il quarto piano, il suo progresso sarà bloccato indefinitamente. Se un pellegrino entra in questo stato di incanto, resta così per giorni, mesi o anni. Non può né avanzare né retrocedere. Non è cosciente del grossolano né cosciente del sottile. E non si può nemmeno dire che sia **incosciente** perché è totalmente cosciente dell'incanto, ed è a causa di questa coscienza dell'incanto che vive questa morte vivente.

La condizione fisica del pellegrino profondamente incantato non è meno strana perché se si siede in una particolare posizione rimane in quella posizione per mesi o addirittura anni. Analogamente, se entra nell'incanto mentre è in piedi, continuerà a stare in piedi finché l'incanto non finirà. In breve, rimane fermo nella posizione in cui si trova quando entra nell'incanto e, sebbene possa sembrare una statua priva di vita, è di fatto più vivo dell'uomo comune del mondo.

È ben noto nel mondo sufi come una volta Ali Ahmed Sabir di Piran Kalyar, divenuto poi un Maestro Perfetto, rimase fermo in piedi vicino a un albero per anni. Durante questo periodo la mente di Sabir era assorta nell'incanto di questo *muqam-e-hairat* e ne fu liberato da un *Qutub*. Solo la morte naturale o l'aiuto divino da parte di un Maestro vivente possono aiutare un pellegrino incantato a uscire dal suo stallo spirituale. Un Maestro può aiutare un tale pellegrino riportandolo al terzo piano o spingendolo in avanti.

Hafiz pensa senza dubbio a questo stadio del pellegrino quando dice:

*Mastam kun ān cunān kih nadānam zi bīkhvudī*
*Dar 'arṣih khiyāl kih āmad kudām raft.*

"Rendimi così stordito ed ebbro che, grazie a questo stato di oblio, possa essere immemore di ciò che è entrato nella mia mente e di ciò che ne è uscito."

Meher Baba spiega che un pellegrino corre il rischio di entrare nel *muqam-e-hairat* (stato di incanto) quando passa dal terzo al quarto piano. Ci sono, dice, stati di incanto anche in altre parti del Sentiero, ma il più importante è quello tra il terzo e il quarto piano. Questo *hairat* (incanto) può essere forte o debole. Se non ci sono intoppi o fattori di disturbo nel momento in cui il pellegrino entra nell'incanto, allora l'*hairat* è profondo, o forte. Se c'è un fattore di disturbo in quel momento, allora l'*hairat* è debole. Se un pellegrino sperimenta un *hairat* forte o debole tra il terzo e il quarto piano ed è poi accidentalmente spinto in avanti a un piano più alto, si colloca invariabilmente tra il quinto e il sesto piano, di nuovo con lo stesso *hairat* forte o debole. Tali casi sono tuttavia molto rari. Ali Ahmed Sabir di Kalyar e Baba Abdur Rahman di Bombay furono entrambi catapultati da un *hairat* molto forte fra il terzo e il quarto piano a un *hairat* molto forte tra il quinto e il sesto piano, il primo per un dono di grazia da parte di un *Qutub* e il secondo per un dono di Dio sotto forma di caso fortuito.

Una completa immobilità di postura che dura fino alla morte, o finché è contattato un Maestro Perfetto, si vede solo in quei pellegrini che hanno un *hairat* molto forte. Un *mast* (ebbro di Dio) che rimase con Meher Baba per molti anni si trovava in questo *muqam-e-hairat* tra il terzo e il quarto piano quando fu portato da Meher Baba a Rahuri nel 1936; il suo *hairat* era tuttavia debole e, sebbene stesse molte ore di seguito in una posizione, questa posizione non era mantenuta permanentemente. L'incanto di Ali Ahmed Sabir, invece, era forte, e lui rimase nella stessa posizione finché fu infine liberato dall'incanto da un *Qutub*.

Questo stato di incanto non dovrebbe in nessun caso essere confuso con lo stupore catatonico di uno schizofrenico, sebbene possa apparire simile. Entrambi sono stati di incanto, ma sono agli antipodi.

## 7. Il pellegrino della sfera mentale (45)

Meher Baba dice che se un pellegrino della sfera mentale si trova in India e concepisce l'idea di vedere l'America, nel momento stesso del suo desiderio lui sarà lì, mentalmente o fisicamente come lo desidera. Ci si può chiedere come possa viaggiare veloce quanto il pensiero stesso. La risposta è che la mente è dappertutto e quindi il pellegrino della sfera mentale non ha bisogno di viaggiare. Può essere ovunque voglia senza usare i suoi organi grossolani o sottili. Può sapere qualsiasi cosa delle sfere grossolana, sottile e mentale fino al sesto piano, per il semplice fatto di volerla sapere. Cosa ancora più importante, può aiutare le anime meno avanzate e anche gli esseri umani comuni a progredire fino al suo stesso livello. Quando vuole aiutare qualcuno direttamente, il pellegrino del quinto piano può condurre un aspirante "per mano" lungo il

Sentiero. Quando lo fa, l'aspirante stesso avverte internamente la presenza continua del maestro del piano mentale (noto ai sufi come *"wali"*) e si sente inoltre effettivamente guidato da lui lungo il sentiero verso la perfezione. Hafiz, nel seguente distico, illustra in maniera evidente la particolare sensazione di chi è guidato in questo modo:

*Tū dastgū shū āy k̲h̲izr-i pay k̲h̲ujastih, kih man*
*Piyādih mīravam o hamrahān savārānand.*

"O augusto maestro, conducimi per mano perché sto percorrendo il Sentiero a piedi (senza aiuto) quando altri compagni lo percorrono a cavallo."

Generalmente, tuttavia, un *wali* (*mahapurush*) aiuta un aspirante fissandolo negli occhi, togliendo così il velo interiore dall'occhio reale interno. Questo influsso spirituale del *wali* attraverso la vista è noto ai sufi come *tawajjoh*. Il termine *tawajjoh* non si applica ai Maestri Perfetti. Nel loro caso è corretto il termine "volontà" perché possono anche dare questo aiuto senza il contatto fisico che è necessario nel caso dei maestri dei piani.

Meher Baba spiega che nel quinto piano il pellegrino a volte desidera avere la presenza divina, e a volte si occupa di compiti mondani. In realtà, per quel che riguarda la presenza divina nel quinto piano, Dio è sempre presente, ma il pellegrino può non sempre desiderare questa presenza quando rivolge la sua attenzione ai compiti mondani. Nel sesto piano il pellegrino desidera continuamente la presenza di Dio al cento per cento. Hafiz si riferisce chiaramente a quest'esperienza del quinto piano quando dice:

*Ḥuzūrī gar hamī k̲h̲vālū*
*Āzū g̲h̲āyib mashū Ḥāfiẓ.*

"O Hafiz, se desideri la presenza divina, non permetterti di essere assente."

## 8.  Il sesto piano (48)

Il viaggiatore che riesce a raggiungere questo piano ha il diritto di essere chiamato *pir* o *satpurush*. Non c'è una traduzione adeguata di queste parole. Ci sarebbe forse la parola "santo", che però risente dello svantaggio di un uso molto ampio.

Hafiz ricorda questo sesto piano nelle seguenti parole:

*Mā dar piyālih 'aks-i ru<u>kh</u>-i yār dīdih īm*
*Ay bī<u>kh</u>abar zi la<u>zz</u>at-i shurb-i mudām-i mā.*

"Abbiamo visto il volto dell'Amato riflesso nella coppa (della nostra mente o del cuore). O ignorante, non hai idea della felicità di cui ci imbeviamo."

## 9. La gnosi del sesto piano (48)

Riguardo alla gnosi del sesto piano Meher Baba ci dice: "Solo Dio esiste e, se qualcosa esiste a causa dell'ignoranza, la sua realtà è illusoria. Esiste allora come ombra di Dio, il che significa che Dio si trova sia nello stadio della Conoscenza sia in quello dell'ignoranza. Le seguenti quattro prospettive dell'unica esperienza, espresse nel linguaggio della gnosi sufi, sono differenti aspetti della gnosi delle anime nel sesto piano quando si trovano faccia a faccia con Dio, ma ancora nel dominio della dualità. Tutti questi aspetti sono sperimentati insieme contemporaneamente.

1. *Hama ust*  Ciò significa "Tutto è Lui", e per chi sperimenta questa gnosi solo Dio esiste.

2. *Hama az ust*  Ciò significa "Tutto viene da Lui", e per chi sperimenta questa gnosi tutti i fenomeni, le diversità e la molteplicità esistono come illusione quando prevale l'ignoranza.

3. *Hama ba ust*  Ciò significa "Tutto è con Lui", e per chi sperimenta questa gnosi Dio è sia senza attributi sia con attributi. I suoi attributi sono illimitati quando prevale la Conoscenza, e limitati quando prevale l'ignoranza. Il corpo, la mente e i tre mondi non esistono; ma se sembrano esistere, esistono come ombre.

4. *Hama dar ust*  Ciò significa "Tutto è in Lui", e per chi sperimenta questa gnosi persino l'ignoranza non ha realtà in sé. La sua esistenza, quando è espressa, proviene dalla Conoscenza infinita e incosciente di Dio; così tutto ciò che esiste nella dualità a causa dell'ignoranza ha avuto origine da Dio dove è eternamente esistito."

201

### 10. Il settimo piano (49)

Occorre rendersi conto che al momento di fondersi nel settimo piano tutti i vincoli con i corpi grossolano, sottile e mentale e con l'universo sono inevitabilmente spezzati. Nell'esistenza grossolana comune non ci sono equivalenti allo spezzarsi di queste lunghe connessioni vitali che legano l'individuo ai suoi tre corpi e all'universo. La morte fisica è, in confronto, una cosa insignificante, di un'importanza paragonabile allo strappo di uno spago. Di solito, nell'istante della morte il corpo sottile e la forza vitale si separano completamente dal corpo grossolano. Tuttavia, la mente mantiene la connessione con il corpo grossolano per i primi quattro giorni dopo la morte e, in misura minore, per gli altri sette giorni successivi. Nell'annientamento finale (*fana*), invece, la separazione non è tra corpo e mente; è l'annientamento effettivo della mente e di tutti i *nuqush-e-amal* (*sanskara*).

### 11. Differenti tipi di miracoli (62)

Meher Baba ci ha dato una spiegazione della differenza tra i miracoli di:
1. un Salvatore (*Avatar*)
2. un Maestro Perfetto (*Sadguru*)
3. un *pir* e un *wali* (che si trovano rispettivamente nel sesto e nel quinto piano)
4. coloro che sono nei piani inferiori (ossia primo, secondo, terzo e quarto).

In relazione a questi quattro tipi Meher Baba ci dice:
1. **I miracoli di un Salvatore** sono di carattere universale e sono compiuti quando sono universalmente necessari. Quando un Salvatore intende compiere un miracolo, si colloca temporaneamente nel sesto, quinto o quarto piano, come richiesto dalle circostanze. Quando è necessario che i miracoli siano molto potenti, si colloca temporaneamente nel quarto piano.

2. **I miracoli di un Maestro Perfetto** hanno una portata molto ampia, ma non coprono l'intero universo. Come i miracoli del Salvatore, sono compiuti solamente per il risveglio spirituale degli altri. Allo stesso modo del Salvatore, il Maestro Perfetto che intende compiere un miracolo si colloca temporaneamente nel sesto, quinto o quarto piano, e per un miracolo molto potente si colloca temporaneamente

nel quarto piano. Il *Majzoob-e-Kamil* del settimo piano non compie mai miracoli, per la semplice ragione che per una tale anima le tre sfere mentale, sottile e grossolana non esistono.

3. **I miracoli di un *pir* o di un *wali*** hanno una portata limitata. In realtà essi non compiono miracoli direttamente. Quei miracoli che tuttavia possono essere attribuiti a loro derivano dalla loro influenza mentale sui pensieri e sui sentimenti degli altri, e producono benefici sia spirituali sia materiali. Essi non scendono al quarto piano, il piano degli immani poteri spirituali.

4. **I pellegrini del primo, secondo e terzo piano** possono usare o dimostrare i poteri del proprio piano, come leggere la mente degli altri, materializzare oggetti dal nulla, recitare parole o passaggi da un libro senza vederlo, fermare treni, lasciarsi seppellire vivi per ore, levitare, ecc. Questi sono poteri effettivi acquisiti dal pellegrino nei differenti piani e in quanto tali non possono essere chiamati meri giochi di prestigio. I Maestri Perfetti e l'*Avatar* possono sottrarre a un pellegrino la capacità di usare i poteri dei piani più bassi, ossia il primo, il secondo e il terzo, e possono anche sottrarre gli immani poteri di chi è nel quarto piano. Una tale sottrazione dei poteri di chi si trova nei piani inferiori è nota ai sufi come *salb-e-wilayat*.

Nel quarto piano si trovano tutti gli immani poteri[4] che, se usati in modo improprio dal pellegrino, ne causano la rovina totale. Tali miracoli non hanno tuttavia un impatto negativo sul mondo perché il *Qutub-e-Irshad* – il capo della gerarchia spirituale dell'epoca – si occupa di rendere inefficaci queste azioni.

Meher Baba precisa inoltre che l'ostentazione indiscriminata di poteri da parte di un pellegrino dei primi tre piani comporta seri pericoli, ma che colui che abusa dei poteri del quarto piano ricade invariabilmente alla fase evolutiva più bassa, lo stato di pietra.

Kabir si riferisce a questi pericoli quando dice:

*Sāheba kā ghara dūra hai jaisī lambī khajūra*
*Caṛhe so cākhe prema-rasa gire cakanācūr.*

"La casa del Signore è alta, come la cima della più alta palma da datteri. Se qualcuno vi si arrampica, assapora il nettare dell'amore; se cade, si rompe il collo."

---

[4] Chi è nel quarto piano è conosciuto come *mahayogi* (un grande yogi).

*Eventi miracolosi coscienti e incoscienti*

I miracoli compiuti dai Salvatori e dai Maestri Perfetti hanno un motivo divino e possono essere volontari o involontari. I miracoli volontari di un Salvatore o di un Maestro Perfetto sono quelli che compie deliberatamente attraverso l'espressione e la forza della sua **volontà**, e quelli involontari sono quelli che avvengono indipendentemente dalla volontà del Salvatore o del Maestro Perfetto e sono compiuti per mezzo della forza sempre attiva che circonda questi grandi esseri. Nel secondo tipo di miracolo il Salvatore o il Maestro Perfetto è inconsapevole degli episodi miracolosi di cui lui stesso è la fonte e la causa prima. Entrambi i miracoli volontari e involontari di questi Esseri Perfetti sono comunque sempre diretti al risveglio spirituale del mondo.

*Perché i Salvatori e i Maestri Perfetti compiono miracoli?*

Le persone molto mondane sono spiritualmente ottuse, e a volte hanno bisogno di miracoli per salvare sé stesse o altre persone del tutto innocenti dagli effetti di questa insensibilità. La seguente analogia mostra che cosa si intende dire.

Supponiamo che un bambino tenga in mano un passerotto e che lo faccia con così poca cautela da essere sul punto di strangolarlo. Per salvare la vita del passerotto sarebbe sconsigliabile cercare di strappare l'uccellino dalla mano del bambino, perché il bambino probabilmente rafforzerebbe la presa sul passerotto e così lo ucciderebbe. Ma se al bambino si offre una moneta, quasi certamente allenterà la presa sul passerotto e così lo libererà. In tal modo si impedirà al bambino di uccidere l'uccellino per pura ignoranza di quel che sta facendo. I miracoli di un Maestro Perfetto fanno la stessa cosa; impediscono alle persone di fare del male a sé stesse e agli altri per pura ignoranza dei valori spirituali.

Se prendiamo l'oro per rappresentare i miracoli, si può dire che uno yogi dei piani inferiori abbaglia le persone mondane facendo ciondolare quest'oro davanti ai loro occhi in modo che siano impressionate dalla sua abilità. Se queste si affidassero a un tale yogi andrebbero infine incontro a una crudele disillusione. Ma quando il Salvatore o un Maestro Perfetto fa ciondolare quest'oro davanti agli occhi delle persone mondane, usa una forma di *Maya* per allontanarle da altre e più vincolanti forme di *Maya*, e così le attira verso il Sentiero che conduce al loro vero destino, la realizzazione del Sé.

Prendiamo un altro esempio e immaginiamo un uomo con una visione monocromatica a cui il mondo appare, diciamo, blu. I suoi occhi agiscono come occhiali blu, cosicché quando guarda attraverso di essi tutto sembra essere blu. Spiritualmente parlando il mondo è illusione e quindi non ha affatto colore. È incolore. Uno yogi che ostenta i suoi poteri miracolosi sostituisce semplicemente gli "occhiali" blu di quest'uomo con altri verdi o rossi cosicché lui vede tutto verde o rosso. Ai suoi occhi ignoranti, abituati a vedere il mondo blu, questo cambio improvviso al verde o al rosso è strabiliante e conferisce allo yogi un grande merito apparente.

Un Maestro Perfetto, sapendo che né il blu né il rosso né il verde sono il vero colore, ma che tutto è incolore (ossia nulla), non perde tempo a cambiare gli "occhiali", consentendo così all'uomo di vedere il mondo come realmente è: incolore, o nulla. Lo yogi e quei maestri inferiori che non sono perfetti sostituiscono semplicemente un'illusione con un'altra. Un Maestro Perfetto, invece, strappa via permanentemente il velo di tutta l'illusione e rivela la verità che la Creazione è immaginaria e che solo Dio è reale. Questa operazione del Maestro Perfetto è un processo lento e doloroso che non ha i colori del metodo spettacolare e fuorviante dello yogi, ed è per questa ragione che il lavoro del Maestro Perfetto è insondabile.

*Chi possiede i poteri con cui i miracoli sono compiuti?*

I poteri miracolosi di un Maestro Perfetto sembrano uguali a quelli di uno yogi del quarto piano, ma c'è l'importante differenza che i poteri di un Maestro Perfetto sono suoi propri, perché lui è Potere stesso. Gli basta volere una cosa e questa si compie. "Sia, e fu" (*Kun faya kūn*) si riferisce, secondo i sufi, alla manifestazione divina del potere.

I poteri degli yogi, invece, non sono loro propri ed essi devono dipendere da fonti esterne di potere per compiere miracoli. I poteri intrinseci dei Maestri Perfetti traboccano continuamente, e gli yogi e i pellegrini dei piani inferiori prendono in prestito questi poteri traboccanti per compiere miracoli. Questo è in completo accordo con la credenza sufi che i *wali* siano i testimoni del Profeta Muhammad e che tutti i loro miracoli, come le gocce che stillano da un otre colmo di miele, provengano da lui. Sostenuta dai musulmani ortodossi, questa credenza è tuttavia di portata limitata, perché è applicata solo alla personalità del Profeta Muhammad. L'universalità della sua applicazione è invece subito suggerita dalla credenza sufi che sin dall'inizio ci sia stato solo **un unico** *Rasul* che appare di tempo in tempo in differenti paesi con differenti nomi.

Chiarendo ulteriormente questo punto, Meher Baba ha spiegato: "In *fana-fillah* (lo stato di *Majzoob*) non ci sono miracoli, diretti o indiretti. Nell'Intersezione Divina (*turiya avastha* o *muqam-e-furutat*) il *Jivanmukta* (*Azad-e-Mutlaq*) non ha compiti e non compie miracoli. C'è però sempre una possibilità che i miracoli accadano tramite il *Jivanmukta* senza che lui ne sia consapevole. Gli agenti o i pellegrini dei piani inferiori molto spesso prendono in prestito i suoi poteri per compiere miracoli, ma ciò non diminuisce in alcun modo i poteri del *Jivanmukta*."

### Miracoli del Salvatore (Rasul o Avatar) e dei Maestri Perfetti (Sadguru)

Quando Dio diventa uomo, diventa un Salvatore (*Rasul* o *Avatar*) e quando l'uomo diventa Dio, diventa un *Majzoob* e, se ha un compito da svolgere per l'umanità, compie il secondo e il terzo viaggio divino e diventa un Maestro Perfetto (*Sadguru*). Sia il Salvatore sia il Maestro Perfetto sono spiritualmente perfetti, perché entrambi sono uno con Dio e, sebbene entrambi abbiano un compito verso l'umanità, quello del Salvatore è di tipo speciale.

I sufi affermano che la "relazione" (*qurbat*) con Dio del Salvatore è differente da quella del Maestro Perfetto, e vi si riferiscono rispettivamente con i termini di *qurb-e-farayiz* (vicinanza involontariamente necessaria) e *qurb-e-nawafil* (vicinanza volontaria). *Qurb-e-farayiz* appartiene quindi al Salvatore e *qurb-e-nawafil* ai Maestri Perfetti.

I sufi spiegano che quando i miracoli sono compiuti dal *Rasul* (l'*Avatar*), Dio è l'attore e l'uomo lo strumento, mentre nel caso di un Maestro Perfetto è il contrario: l'uomo è l'attore e Dio lo strumento. La nota vicenda del Profeta Muhammad che getta una manciata di polvere contro il nemico nella battaglia di Badr sconfiggendolo è un esempio di un Salvatore che compie un miracolo. Sebbene apparentemente fosse Muhammad come uomo a gettare la polvere, in realtà era Dio come Muhammad a gettare la polvere, e Muhammad come uomo a sconfiggere il nemico. Un miracolo come questo è perciò un esempio di *qurb-e-farayiz*.

I miracoli compiuti dai Maestri Perfetti sono invece esempi di *qurb-e-nawafil*, e il miracolo di Shams-i Tabriz di resuscitare i morti ne è una buona dimostrazione. Quando Shams pronunciò le parole *"Qum bi iznillah"* ("Alzati nel nome di Dio") il principe non tornò in vita, ma quando disse *"Qum bi izni"* ("Alzati nel mio nome") il principe tornò subito in vita. Qui Shams-i Tabriz come uomo diede l'ordine, e Dio come Shams-i Tabriz si rivestì dell'attributo di Sé stesso – in questo caso con l'attributo della vita – e così riportò il principe in vita. In *qurb-e-nawafil* l'uomo è l'attore e Dio lo strumento.

Occupiamoci per un momento della differenza tra l'atteggiamento dell'Oriente e quello dell'Occidente nei confronti dei miracoli. L'Oriente, che ha una lunga storia di familiarità con Maestri Perfetti e anime avanzate, è arrivato ad accettare che Dio, essendo infinito, non può essere compreso dalla mente finita. L'Oriente sa che l'intelletto umano, la cui portata è limitata, è utile solo fino a un certo punto per affrontare questioni metafisiche. Così canta il filosofo Dr. Iqbal:

*'Aql go āstān se dūr nahīn*
*Ūskī taqdīr maīn huzūr nahīn*

"L'intelletto, pur non lontano dalla soglia (dell'Amato) non è destinato a godere della Presenza Divina."

L'Oriente sa perciò che nel momento in cui l'intelletto abbandona i suoi sforzi di cimentarsi in ciò che è trascendente deve subentrare l'amore. L'Occidente attribuisce grande importanza all'approccio intellettuale, e ciò che si rifiuta di entrare nell'orbita dell'intelletto tende a essere negato o deriso. Quale effetto collaterale di questo atteggiamento occidentale possiamo menzionare l'uso totalmente improprio della parola "mistico" nell'inglese americano corrente.[5] L'ardente entusiasmo religioso dell'Europa medievale è stato quasi del tutto sostituito da un grande entusiasmo per la cultura e la scienza.

Le dottrine scientifiche sono tuttavia in parte fluide e il vero scienziato guarda in faccia la realtà, ma Meher Baba ha spesso dichiarato che nonostante il suo grande progresso la scienza è ancora lontana dal nucleo delle cose materiali, e ancora più lontana dalla frangia più esterna delle cose spirituali. Il cuore deve cooperare con la testa.

È possibile che alcune delle prodezze puramente fisiche degli yogi, che passano per miracoli agli occhi della moltitudine, trovino una spiegazione da parte della medicina. Ma i veri miracoli, e in particolare i miracoli dei Maestri Perfetti, non ammettono una spiegazione

---

[5] Nell'inglese americano, *mistico* ha piuttosto il significato di "magico, occulto, esoterico". [N.d.T.]

scientifica. Molti dei miracoli compiuti da Salvatori, Maestri Perfetti e santi sono custoditi nelle leggende e nei classici spirituali di tutti i popoli e di tutte le religioni, e la gerarchia spirituale eternamente attiva accresce quotidianamente il numero di questi miracoli. I fatti ci sono: Gesù e altri Esseri Perfetti hanno ridato la vita ai morti e hanno guarito malattie. Ma anche se qualcuno dovesse vedere un miracolo accadergli davanti agli occhi, e anche se fosse convinto che si tratta di un miracolo e non di un inganno, non sarebbe mai in grado di darne una spiegazione razionale, perché i miracoli sono ben oltre la portata della spiegazione intellettuale. Sono un mistero profondo quanto la vita stessa.

Forse però questa incapacità non è del tutto senza ragione, poiché il mondo in generale ha raramente un'idea dell'attività dei Maestri Perfetti e, per la verità, la maggior parte di quest'attività è gelosamente custodita nel cuore di pochi compagni intimi e iniziati meritevoli, al sicuro e al riparo da ogni curiosità. Il famoso sufi Abdul Hasan Kharqani ha detto: "Se solo alcune gocce di ciò che è sotto la pelle di un Maestro Perfetto dovessero uscire dalle sue labbra, tutte le creature del cielo e della terra cadrebbero nel panico."

Nonostante l'interesse generale per i miracoli e le affermazioni dei maestri spirituali, anche l'Oriente, come l'Occidente, è molto cauto nel suo atteggiamento verso di essi. Si può tuttavia dire a suo favore che l'Oriente ha imparato attraverso una lunga esperienza a non **negare** le azioni della gerarchia spirituale, anche se non riesce a trovare il modo di accettarle o di credere in esse. Uno dei primi sufi ha dichiarato: "I miracoli sono solo una delle mille tappe nel cammino verso Dio", e l'*Avatar* di questo ciclo, Meher Baba, afferma che il più grande miracolo che un Maestro Perfetto possa compiere è rendere un altro uomo spiritualmente perfetto come lui.

## 12. Tipi di poteri (62)

Spiritualità e spiritismo sono due cose differenti. La spiritualità non ha niente a che fare con alcun tipo di potere in nessuna forma. La spiritualità è il sentiero dell'amore per Dio e dell'obbedienza e della resa al Maestro Perfetto.

Quando si percorre il Sentiero, ci si imbatte nei poteri dei piani di coscienza. Coloro che si trovano nei primi quattro piani sono a volte tentati di mostrare questi poteri.

Ci sono tre tipi di poteri:

1. I poteri divini del quarto piano.
2. I poteri occulti dei primi tre piani di coscienza, che sono chiamati poteri mistici.
3. Altri poteri occulti.

1. **I poteri divini** del quarto piano sono gli immani poteri di Dio. Sono la fonte di tutti i poteri, che siano mistici o altri poteri occulti.

   I poteri mistici e altri poteri occulti sono infinitamente insignificanti in confronto ai poteri divini.

   I poteri divini rimangono sempre gli stessi perché Dio è sempre Uno e lo stesso. I poteri occulti, che siano dei piani oppure no, sono di tipi diversi e variano nell'espressione.

   I miracoli compiuti attraverso la manifestazione dei poteri divini dall'*Avatar* e dal *Qutub* sono chiamati *mojezat*. Sono compiuti per il bene di tutti, su scala limitata dal *Qutub* e su scala universale dall'*Avatar*. Tuttavia, possono essere compiuti per qualsiasi individuo in stretta relazione con l'*Avatar* o con il *Qutub*.

   I miracoli compiuti indirettamente da coloro che si trovano nel quinto e sesto piano con l'aiuto dei poteri divini sono chiamati *karamaat*.

   L'esibizione dei poteri mistici da parte di coloro che si trovano nei primi tre piani non può di fatto essere chiamata miracolo. Tale esibizione non è altro che un'ostentazione dei poteri in cui si imbattono mentre attraversano i piani; questa esibizione di poteri è chiamata *shobada*.

   Quando chi si trova nel quarto piano fa un buon uso dei poteri divini e compie un miracolo, ciò può essere definito *karamat-e-mojeza*; quando ne fa un cattivo uso, ossia abusa dei poteri divini del quarto piano, ciò è definito *mojeza-e-shobada*.

   Il quarto piano è considerato la "soglia" della sfera mentale, e così l'abuso dei poteri divini nel quarto piano comporta una "caduta" fino allo stato di pietra e la disintegrazione della coscienza.

2. **I poteri occulti** dei primi tre piani, chiamati poteri mistici, **non possono** essere usati in modo improprio dagli aspiranti di questi piani, sebbene essi siano a volte tentati di esibirli. Questi poteri mistici sono di tipi diversi e variano nell'espressione; ne sono un

esempio leggere la mente altrui, recitare parole o passaggi da un libro senza vederlo, lasciarsi seppellire vivi per ore, ecc.

I poteri dei piani non sono indotti. Questi poteri sono sempre accessibili a coloro che sono nei piani, all'interno del loro ambiente limitato, e come tali non richiedono intensi sforzi per essere esibiti. Questa esibizione di poteri non dovrebbe essere confusa con le dimostrazioni di chi legge la mente o di chi inscena spettacoli.

Chi è nel terzo piano di coscienza può resuscitare creature sub-umane ma non può mai riportare in vita un essere umano. Può farlo per la prossimità e il "calore" dei poteri divini del quarto piano.

Invece, chi si trova nel quarto piano può resuscitare i morti, compresi gli esseri umani, attraverso l'uso dei poteri divini del quarto piano.

Chi si trova nel terzo piano può cambiare la sua forma fisica a piacimento, e chi lo fa è noto come *abdal*. Questo atto è anch'esso un'esibizione dei poteri mistici, ma non l'abuso dei poteri. Questo atto non dovrebbe però essere confuso con la smaterializzazione o materializzazione delle forme umane da parte dei *tantrici*.

3. **Gli altri poteri occulti** non hanno niente a che fare con la spiritualità o con i poteri mistici dei piani.

    Questi poteri occulti sono di due tipi:
    a. poteri occulti superiori
    b. poteri occulti inferiori.

    Chi possiede questi poteri occulti può farne buono o cattivo uso. Un buon uso dei poteri occulti aiuta a entrare nei piani del Sentiero e può addirittura rendere qualcuno un *mahayogi*. Un cattivo uso di questi poteri occulti fa soffrire intensamente nella forma umana successiva. Un buon uso dei poteri occulti superiori porta la persona al quinto piano di coscienza dopo quattro vite (reincarnazioni).

    a. I tipi superiori di poteri occulti derivano da esercizi *tantrici* come il *chilla-nashini* o la ripetizione di certi *mantra*, ecc.

       Chi detiene questi poteri può compiere i cosiddetti miracoli come la levitazione, volare e fluttuare nell'aria o la smaterializzazione e la materializzazione, ecc.

b. I tipi inferiori di poteri occulti non richiedono nessun esercizio *tantrico* o speciale. Si acquisiscono attraverso i *sanskara* di vite passate. Ad esempio, se qualcuno ha compiuto delle buone azioni molte volte nel passato, nella sua incarnazione successiva può avere la facoltà di esercitare poteri occulti inferiori senza sottoporsi a faticosi esercizi. I suoi *sanskara* gli danno la facoltà di esercitare poteri occulti inferiori quali la chiaroveggenza, la chiarudienza, la guarigione, la materializzazione di dolci o denaro apparentemente dal nulla, ecc.

Tutte queste capacità fanno parte del tipo più basso o inferiore di poteri occulti.

Se qualcuno fa buon uso del tipo inferiore di poteri occulti, ottiene il tipo superiore di poteri occulti nella sua vita successiva senza sottoporsi ad alcun esercizio *tantrico*. Analogamente, colui che fa buon uso della sua facoltà di ipnotismo acquisisce il tipo superiore di poteri occulti nella sua vita successiva.

## 13. Meditazione (63)

*Uno schema per principianti basato su uno studio*
*del Tema Divino di Meher Baba*

La meditazione è stata spesso fraintesa come un processo meccanico con cui si forza la mente a concentrarsi su qualche idea o oggetto. È quindi del tutto naturale che la maggior parte delle persone trovi molto difficile tentare di forzare la mente in una particolare direzione o fissarla su un particolare oggetto. Qualsiasi manipolazione puramente meccanica della mente non è solo fastidiosa ma è anche destinata al fallimento.

Il primo principio che l'aspirante dovrebbe perciò ricordare è che la mente può essere controllata e diretta nella meditazione solo secondo le leggi intrinseche alla natura della mente stessa, e non attraverso l'impiego di un qualsiasi atto di semplice forza di volontà.

Molte persone che non "meditano" in senso tecnico si ritrovano spesso profondamente e intensamente assorte in una riflessione sistematica e chiara su un qualche problema pratico o un soggetto teorico. In un certo senso il loro processo mentale è molto simile alla meditazione, in quanto la mente è assorta in un'intensa riflessione su una particolare questione ed esclude tutte le cose irrilevanti. La ragione per cui la meditazione è spesso facile e spontanea in un processo mentale del genere è che la mente si sofferma su un soggetto a cui è interessata e che comprende sempre di più. Ma la tragedia spirituale dei comuni ragionamenti è che non sono diretti verso cose che contano realmente. Il tema della meditazione deve perciò sempre essere scelto con attenzione e deve essere spiritualmente importante. Per meditare efficacemente dobbiamo non solo portare la mente a interessarsi alle questioni o alle verità divine, ma dobbiamo anche cominciare a cercare di capirle e apprezzarle. La meditazione intelligente è un processo naturale della mente che evita la rigidità e la regolarità monotone della meditazione meccanica. Diventa così non solo spontanea e ispirata, ma anche facile ed efficace.

Poiché la meditazione intelligente consiste nel riflettere approfonditamente su un particolare tema, il modo migliore di meditare sarebbe quindi fare una breve e chiara esposizione di un tema appropriato. A questo scopo non può esserci nulla di meglio del Tema Divino, con i suoi grafici, che è riprodotto nel prossimo capitolo.

Il processo di meditazione che Meher Baba raccomanda ha tre stadi:

1. Nel primo stadio l'aspirante leggerà il Tema Divino quotidianamente, studiando anche i grafici e riflettendovi a fondo.

2. Nel secondo stadio, quando l'aspirante conoscerà l'intero argomento a menadito, la lettura stessa diverrà superflua, ma l'oggetto dell'esposizione sarà ripassato mentalmente con l'aiuto dei grafici se necessario.

3. Nel terzo stadio, che si svilupperà naturalmente dal secondo, sarà del tutto superfluo per la mente ripassare le parole o i pensieri dell'esposizione separatamente e consecutivamente, o anche fare riferimento ai fatti, e tutto il ragionamento deduttivo sull'argomento terminerà. A questo stadio di meditazione la mente non sarà più occupata da ragionamenti ma avrà una chiara comprensione delle verità sublimi espresse nell'esposizione.

## 14. Il Tema Divino (63)
*di Meher Baba*

*L'evoluzione, la reincarnazione e il Sentiero verso la Realizzazione*
*(Introduzione ai Grafici)*

Un'anima diventa perfetta[6] dopo essere passata attraverso l'evoluzione, la reincarnazione e il processo di realizzazione. Per raggiungere la piena coscienza, acquisisce sempre più *sanskara* nel processo di evoluzione finché nella forma umana ottiene la piena coscienza, come pure tutti i *sanskara* grossolani.

Nel processo di reincarnazione, quest'anima conserva la piena coscienza e cambia (ossia sperimenta alternativamente) i diversi *sanskara* dentro di sé; nel processo di realizzazione, quest'anima conserva la piena coscienza, ma i suoi *sanskara* si indeboliscono sempre di più finché scompaiono del tutto e solo la coscienza rimane. Mentre si indeboliscono, i *sanskara* grossolani diventano *sanskara* sottili, i *sanskara* sottili diventano *sanskara* mentali e alla fine scompaiono del tutto.

Fino alla forma umana, il processo di avvolgimento dei *sanskara* si intensifica sempre di più durante il processo di evoluzione. Nella forma umana, durante il processo di reincarnazione l'avvolgimento mantiene tutta la sua intensità, ma durante il processo di realizzazione i *sanskara* si svolgono gradualmente finché, nello stato di Dio, sono completamente svolti.

Solo Dio, l'Anima Universale, è reale. Nulla esiste tranne Dio. Le differenti anime sono nell'Anima Universale e una cosa sola con essa. I processi di evoluzione, reincarnazione e realizzazione sono tutti necessari per permettere all'anima di acquisire la coscienza del sé. Nel processo di avvolgimento i *sanskara* diventano determinanti per l'evoluzione della coscienza, benché creino anche vincoli *sanskarici*; nel processo di svolgimento gli attaccamenti *sanskarici* sono annientati, sebbene la coscienza che è stata acquisita sia pienamente conservata.

Nel processo di avvolgimento dei *sanskara* l'anima attraversa sette stadi di **discesa**, e nel processo di svolgimento l'anima attraversa sette stadi di **ascesa**. Ma i fenomeni di discesa e di ascesa sono entrambi illusori. L'anima è ovunque ed è indivisibilmente infinita; non si muove, e non discende né ascende.

---

[6] Vedi Grafico IX. L'anima "A" diventa anima "Z".

Le anime di tutti gli uomini e di tutte le donne, di tutte le nazionalità, caste e credi sono realmente una cosa sola, e le loro esperienze di bene e male, di lotta e aiuto reciproco, di stato di guerra e tempo di pace fanno tutte parte dell'illusione e dell'inganno, perché tutte queste esperienze sono acquisite attraverso corpi e menti, che di per sé sono nulla.

Prima che il mondo delle forme e della dualità venisse all'esistenza, non c'era nient'altro che Dio, ossia un oceano indivisibile e senza confini di Potere, Conoscenza e Beatitudine. Ma questo oceano era incosciente di sé stesso. Immaginate questo oceano come assolutamente immobile e calmo, incosciente del suo Potere, della sua Conoscenza e della sua Beatitudine e incosciente di essere l'oceano. I miliardi di gocce che sono nell'oceano non hanno alcuna coscienza; non sanno di essere gocce né di essere nell'oceano né di essere una parte dell'oceano. Questo rappresenta lo stato originario della Realtà.

Questo stato originario della Realtà viene disturbato da un impulso a conoscersi. Questo impulso è sempre stato latente nell'oceano, e quando comincia a esprimersi dota le gocce di individualità. Quando questo impulso fa muovere le acque immobili, appaiono immediatamente numerose bolle, o forme, intorno alle gocce, e sono queste bolle che conferiscono individualità alle gocce. Le bolle non dividono e non possono dividere realmente l'oceano indivisibile; non possono separare le gocce dall'oceano; danno semplicemente a queste gocce un sentimento di separatezza o individualità limitata.

Esaminiamo adesso la vita di un'anima-goccia attraverso i suoi differenti stadi. A causa della comparsa della bolla, l'anima-goccia che era completamente incosciente è investita di individualità (o un sentimento di separatezza), come pure di una coscienza molto esigua. Questa coscienza che è apparsa nell'anima-goccia non è di sé stessa né dell'oceano ma è della bolla, o forma, che in sé è nulla. A questo stadio, questa bolla imperfetta è rappresentata dalla **forma** di una pietra. Dopo qualche tempo questa bolla, o forma, scoppia e al suo posto appare un'altra bolla, o forma. Ora, quando una bolla scoppia, succedono due cose: (1) c'è un aumento di coscienza e (2) c'è un attorcigliamento, o consolidamento, delle impressioni, o *sanskara*, accumulate durante la vita della bolla precedente. La coscienza dell'anima-goccia è adesso leggermente aumentata, ma l'anima-goccia è ancora cosciente solo di questa nuova bolla, o forma, e non di sé stessa né dell'oceano. Questa nuova bolla è rappresentata dalla forma del metallo. Anche questa nuova bolla, o forma, scoppia a tempo debito e simultaneamente c'è un ulteriore aumento di coscienza e un nuovo attorcigliamento, o consolidamento, di *sanskara*, che provoca la comparsa di un altro tipo di bolla o forma.

Questo processo continua per tutto il corso dell'evoluzione, che comprende gli stadi delle pietre, dei metalli, dei vegetali, dei vermi, dei pesci, degli uccelli e degli animali. Ogni volta che la bolla o forma precedente scoppia, acquisisce più coscienza e aggiunge un attorcigliamento ai *sanskara* già accumulati, finché raggiunge la bolla o forma umana in cui la coscienza sempre maggiore diviene piena e completa. Il processo di avvolgimento dei *sanskara* consiste in questi attorcigliamenti regolari, e sono questi attorcigliamenti che mantengono la coscienza, acquisita dall'anima-goccia, rivolta e fissata verso la bolla, o forma, invece che verso il suo Sé reale, anche quando la coscienza è pienamente sviluppata nella forma umana.

Con l'acquisizione della forma umana comincia il secondo processo, il processo di reincarnazione. A questo punto, il processo di avvolgimento dei *sanskara* giunge al termine. L'anima-goccia assume numerose forme umane una dopo l'altra, e queste forme ammontano a un numero esatto di ottantaquattro *lakh*. Queste forme umane sono a volte di uomo e a volte di donna e cambiano nazionalità, aspetto, colore e credo. Attraverso le incarnazioni umane, l'anima-goccia sperimenta sé stessa a volte come un mendicante e a volte come un re, e così acquisisce le esperienze degli opposti di felicità o infelicità a seconda dei suoi *sanskara* buoni o cattivi. Nella reincarnazione (ossia nelle sue diverse forme umane consecutive) l'anima-goccia conserva la sua piena coscienza ma continua ad avere esperienze alterne di *sanskara* opposti finché comincia il processo di realizzazione. Durante questo processo di realizzazione i *sanskara* si svolgono. Nelle reincarnazioni c'è un consumo di *sanskara*, ma questo consumo è alquanto differente dallo svolgimento dei *sanskara* che avviene durante il processo di realizzazione. Il consumo stesso di *sanskara* crea nuovi *sanskara* che vincolano l'anima, mentre lo svolgimento dei *sanskara* non crea di per sé nuovi *sanskara* ed è volto a sciogliere la fortissima presa dei *sanskara* in cui l'anima è imprigionata.

Fino alla forma umana, l'avvolgimento dei *sanskara* si rafforza sempre di più durante il processo di evoluzione. Nelle forme umane della reincarnazione, l'avvolgimento continua a operare come un fattore limitante, ma a ogni cambiamento della bolla o forma umana gli stretti attorcigliamenti acquisiti durante il processo di avvolgimento si allentano durante ottantaquattro *lakh* di scossoni[7] prima di essere pronti a svolgersi nel processo di realizzazione.

Adesso comincia il terzo processo di realizzazione, che è un processo di ascesa. Qui inizia per l'anima-goccia il graduale svolgimento dei *sanskara*. Durante questo processo di svolgimento i *sanskara* diventano sempre più deboli e contemporaneamente la coscienza dell'anima-goccia si rivolge sempre di più verso sé stessa; così l'anima-goccia passa attraverso i piani sottili e mentali finché tutti i *sanskara* scompaiono completamente, permettendole di diventare cosciente di sé stessa come oceano.

Nell'oceano infinito dell'Anima Universale voi siete la goccia, o l'anima. Siete l'anima nello stato ordinario, e usate la vostra coscienza per vedere e sperimentare la bolla, o forma. Attraverso lo strato grossolano della bolla sperimentate quella parte dell'enorme bolla grossolana che è la terra. Dimorate eternamente nell'Anima Universale e siete indivisibilmente una cosa sola con essa, ma non lo sperimentate. Nello stadio avanzato, fino al terzo piano compreso, usate la vostra coscienza per vedere e sperimentare l'enorme bolla sottile chiamata mondo sottile attraverso la bolla o forma sottile chiamata corpo sottile, ma non vedete né sperimentate l'Anima Universale nella quale siete, perché la vostra coscienza non è ancora rivolta verso l'Anima Universale. Nello stadio avanzato del quarto, quinto e sesto piano usate la vostra coscienza per vedere e sperimentare l'enorme bolla mentale, che è chiamata mondo mentale, attraverso la bolla o forma mentale che è chiamata corpo mentale, ma neanche adesso sperimentate l'Anima Universale. Nello stato di realizzazione di Dio, invece, usate continuamente la vostra coscienza per vedere e sperimentare l'Anima Universale, e allora sapete che tutte le forme non sono altro che bolle.

Ora immaginatevi come l'anima-goccia, alloggiata nell'Anima Universale, dietro cinque strati dopo il corpo grossolano. Voi, l'anima-goccia, guardate adesso il corpo grossolano e attraverso di esso il mondo grossolano. Quando guardate il secondo strato e attraverso di

---

[7] Molti lettori non sanno che Meher Baba ha abitualmente descritto il ciclo della vita come: evoluzione, reincarnazione, involuzione e **processo** di realizzazione.

Temendo che l'affermazione nel testo qui sopra potesse sembrare contraddittoria rispetto a quella nel paragrafo 6, a pagina 169, abbiamo chiesto a Eruch Jessawala un chiarimento.

Lui ha risposto: "Una volta che si è nei piani di coscienza, si può dire che il processo di reincarnazione sia giunto agli sgoccioli. Nel Sentiero che conduce all'Amato Dio, l'impazienza di 'vederlo' e di essere Uno con Lui è intensa. Tali reincarnazioni, sebbene siano necessarie a causa delle impressioni che gravano sulla coscienza, non sono praticamente nulla se paragonate agli ottantaquattro *lakh* di scossoni." [N.d.C.]

esso, il primo strato vi appare come nient'altro che un semplice strato e così, guardando dietro ogni strato, scoprite che tutti questi strati sono solo le vostre cortine d'ombra; alla fine, quando voi (ossia l'anima-goccia) guardate l'Anima Universale e vi fondete con essa, realizzate che solo voi eravate reali e che tutto quello che avevate visto e sperimentato fino a quel momento non era nient'altro che la vostra stessa ombra.

*Spiegazione dei Grafici IX e X*

*Grafico IX*

Il grande semicerchio nel Grafico IX rappresenta l'Anima Universale, che contiene ogni cosa nell'universo. La vita di una singola anima individuale è raffigurata nei tre principali stadi di evoluzione, reincarnazione e processo di realizzazione. "A" indica l'anima individuale. Prima di raggiungere la forma umana, attraversa sette stadi di ciascuno dei seguenti tipi di esistenza: pietra, metallo, vegetale, verme, pesce, uccello e animale. Al settimo stadio, ossia proprio prima di entrare in un nuovo tipo di esistenza, noterete il disegno di un attorcigliamento, o nodo, che rappresenta un consolidamento dei *sanskara* precedentemente acquisiti. Il cerchio rosso esterno intorno all'anima individuale "A" rappresenta i *sanskara* accumulati durante il processo di evoluzione, e l'appendice blu di "A" rappresenta la coscienza, che si sviluppa simultaneamente. L'anima "A" diventa anima "Z" dopo essere passata attraverso l'evoluzione, la reincarnazione e il processo di realizzazione. È solo nello stato di Dio che la coscienza è libera dai *sanskara*.

Ognuno dei mondi grossolano, sottile e mentale (ossia *anna bhumi*, *pran bhumi* e *mano bhumi*) è raffigurato da un grande cerchio sul lato destro. Poiché la coscienza del mondo grossolano non è pienamente sviluppata negli stadi evolutivi preumani, le linee che collegano le anime pietra, metallo, vegetale, verme, pesce, uccello e animale, attraverso le loro rispettive forme di pietra, metallo, vegetale, verme, pesce, uccello e animale, sono raffigurate in modo da toccare il mondo grossolano solo parzialmente; invece, poiché nella forma umana la coscienza è pienamente sviluppata, è raffigurata (attraverso linee corrispondenti) come in grado di capire l'intero mondo grossolano in tutti i suoi differenti aspetti.

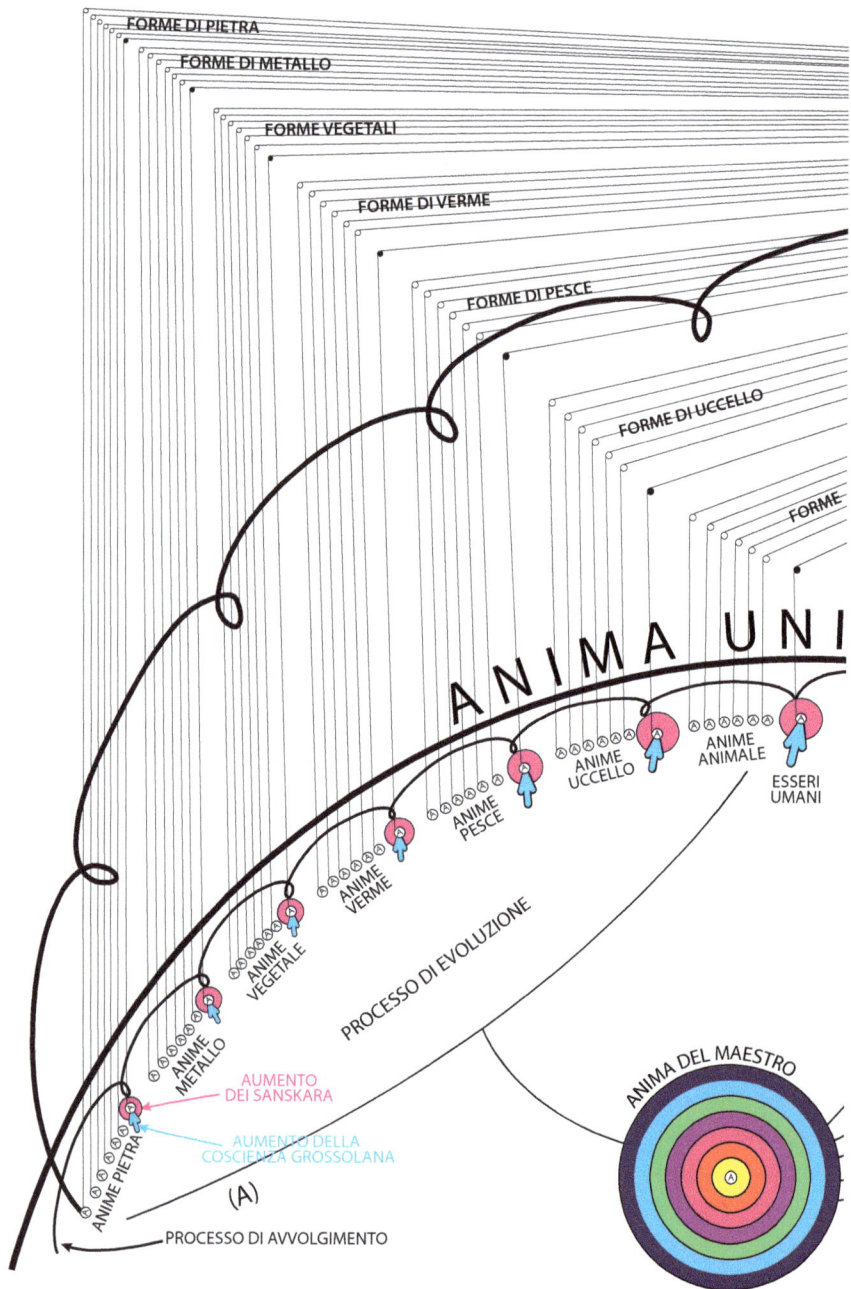

FORME DI PIETRA

FORME DI METALLO

FORME VEGETALI

FORME DI VERME

FORME DI PESCE

FORME DI UCCELLO

FORME

ANIMA UNI

ANIME
ANIMALE

ANIME
UCCELLO

ESSERI
UMANI

ANIME
PESCE

ANIME
VERME

ANIME
VEGETALE

PROCESSO DI EVOLUZIONE

ANIME
METALLO

AUMENTO
DEI SANSKARA

AUMENTO DELLA
COSCIENZA GROSSOLANA

ANIMA DEL MAESTRO

ANIME PIETRA

(A)

PROCESSO DI AVVOLGIMENTO

218

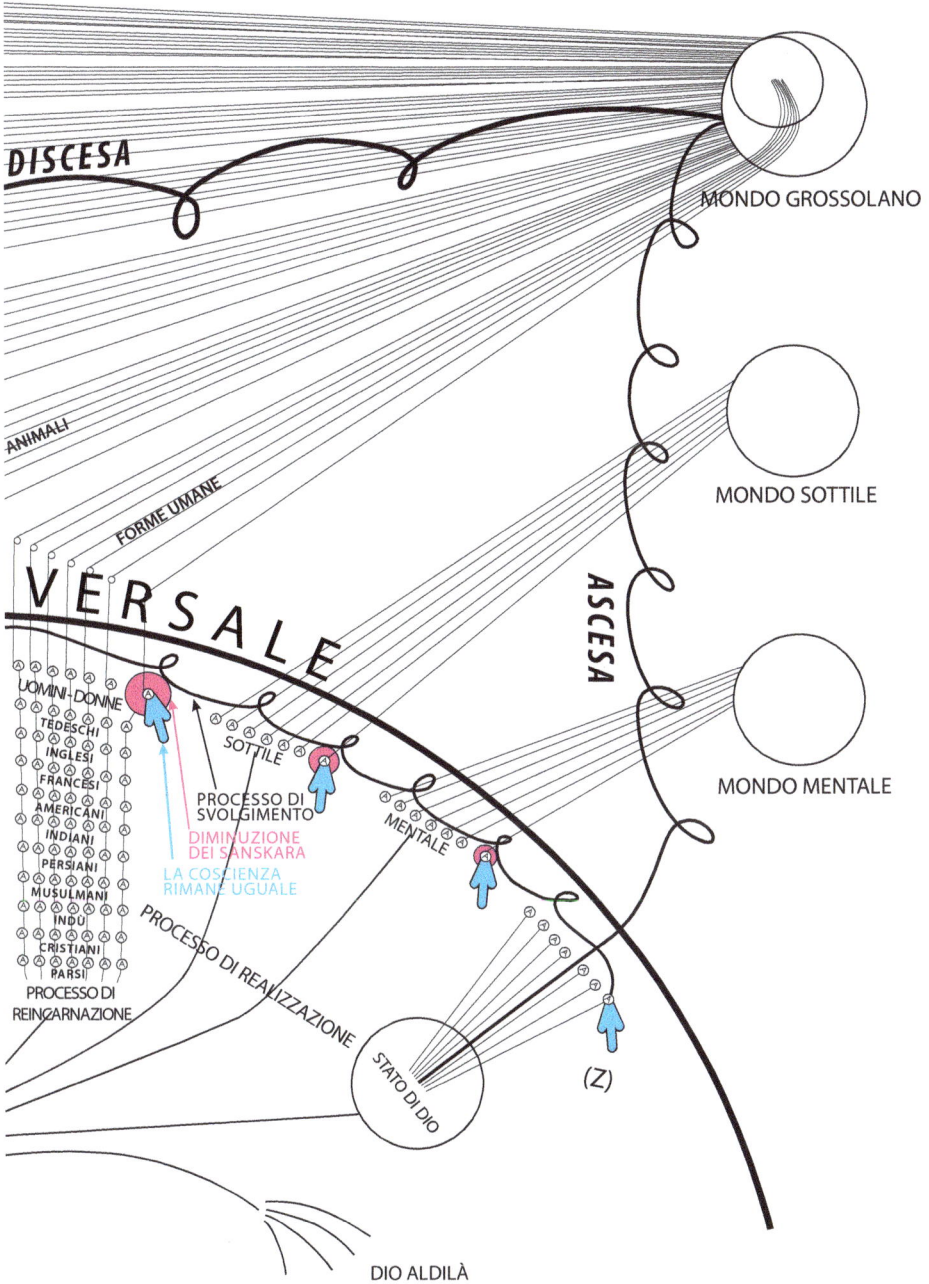

# IL TEMA DIVINO

di MEHER BABA
17 maggio 1943

GRAFICO IX

DISCESA

MONDO GROSSOLANO

ANIMALI

FORME UMANE

MONDO SOTTILE

VERSALE

ASCESA

UOMINI-DONNE
TEDESCHI
INGLESI
FRANCESI
AMERICANI
INDIANI
PERSIANI
MUSULMANI
INDÙ
CRISTIANI
PARSI

SOTTILE

MONDO MENTALE

PROCESSO DI
SVOLGIMENTO

DIMINUZIONE
DEI SANSKARA

MENTALE

LA COSCIENZA
RIMANE UGUALE

PROCESSO DI
REINCARNAZIONE

PROCESSO DI REALIZZAZIONE

STATO DI DIO

(Z)

DIO ALDILÀ

Nel processo delle reincarnazioni, l'anima può assumere una forma maschile o femminile, e può appartenere a qualsiasi nazionalità, credo o religione. Dal punto di vista della conoscenza di sé, il processo fino al raggiungimento delle forme umane rappresenta un'effettiva discesa, sebbene sembri un'ascesa, e il processo di realizzazione rappresenta un'effettiva ascesa, sebbene sembri una discesa. Questi due processi sono rispettivamente rappresentati da una linea (che rappresenta la discesa) di nodi di *sanskara* in avvolgimento che **sale** dallo stadio di pietra al mondo grossolano, e da una linea (che rappresenta l'ascesa) di nodi di *sanskara* in svolgimento che **scende** dal mondo grossolano allo stato di Dio. Il processo delle reincarnazioni comuni comincia dopo che l'avvolgimento è completo e continua fino all'inizio dello svolgimento.

Nel processo di realizzazione, le anime avanzate dei primi tre piani sono coscienti solo del mondo sottile attraverso i loro corpi sottili. Sono consapevoli delle anime comuni che sono coscienti del grossolano e possono agire su di loro nel mondo sottile, ma fanno tutto questo attraverso il corpo sottile e nel mondo sottile, e non hanno connessione con il mondo grossolano attraverso il corpo grossolano. Allo stesso modo, le anime avanzate del quarto, quinto e sesto piano sono consapevoli delle anime coscienti del grossolano e coscienti del sottile, ma agiscono su di loro nel mondo mentale attraverso il corpo mentale, e non hanno connessione con il mondo grossolano attraverso il corpo grossolano, né con il mondo sottile attraverso il corpo sottile. Di conseguenza, le linee nel grafico collegano le anime coscienti del sottile solo con il mondo sottile, e le linee corrispondenti collegano le anime coscienti del mentale solo con il mondo mentale.

Nello stato di Dio, nel quale tutti i sanskara sono svolti, la coscienza è rivolta solo a Dio; questo è lo stato dei *Majzoob-e-Kamil*, che non hanno nessuna connessione con i mondi grossolano, sottile o mentale. Ma alcune anime che godono dello stato di Dio scendono e recuperano la coscienza dell'intera Creazione. Queste sono le anime dei Maestri. L'anima del Maestro è rappresentata da sette anelli concentrici colorati.[8] Si dovrebbe prestare particolare attenzione ai seguenti punti (che sono stati evidenziati da linee di connessione): (1) l'anima del Maestro è connessa con Dio Aldilà, che è *vidnyan* o la dimora dei Maestri, (2) è connessa con lo stato di Dio e (3) è connessa non solo con tutti i tre

---

[8] Per il loro significato vedi Grafico X.

mondi ma anche con tutte le anime, che siano coscienti del mentale, coscienti del sottile o esseri umani che si reincarnano (coscienti del grossolano) o anime nello stadio evolutivo preumano.

## Grafico X

Il Grafico X mette in luce i dettagli inerenti al processo di evoluzione fino alla forma umana e al processo di realizzazione fino allo stato di un essere che ha realizzato Dio. Il cerchietto più interno che è indicato con "A" rappresenta l'anima individuale. L'anima è mostrata con un crescente numero di cerchi intorno a sé fino allo stadio umano, ed è poi rappresentata sempre con tutti questi cerchi. Il secondo cerchio, vicino all'anima, rappresenta la coscienza, che continua ad aumentare fino alla forma umana ma che in seguito rimane costante. Durante l'evoluzione, i vegetali acquisiscono l'istinto più sottosviluppato, ma non il corpo sottile,[9] che emerge in una forma non sviluppata nei vermi e nei rettili. Questo corpo sottile continua a svilupparsi finché è pienamente sviluppato nella forma umana. Il corpo sottile e l'istinto si sviluppano simultaneamente fianco a fianco. L'intelletto, sviluppato solo parzialmente, fa la sua prima apparizione allo stadio degli animali, ma il corpo mentale appare solo all'ultimo stadio rappresentato dalla forma umana.

Nella forma umana, il primo cerchio più interno rappresenta l'**anima** individuale, il cerchio successivo verso l'esterno rappresenta la **piena coscienza** e gli altri cerchi esterni (nell'ordine in cui sono disegnati) rappresentano rispettivamente: (1) la sede dell'individualità, (2) i *sanskara* o desideri inespressi, (3) l'intelletto, (4) i desideri provati dal corpo mentale, (5) il corpo sottile (in cui c'è una parziale espressione dei desideri) e (6) il corpo grossolano (in cui i desideri sono pienamente espressi). Tutti i cerchi intorno al cerchio più interno dell'anima, eccetto il primo cerchio della coscienza, sono **strati** di coscienza. Di questi strati, il cerchio più esterno e il cerchio vicino a esso rappresentano rispettivamente i corpi grossolano e sottile, mentre gli altri quattro strati intorno alla coscienza rappresentano quattro funzioni dell'unico corpo mentale. Di queste quattro funzioni del corpo mentale, due (ossia

---

[9] Tuttavia, nella forma gassosa, di pietra, di metallo o di vegetale l'anima si identifica, **sebbene inconsciamente**, anche con la sua forma sottile più finita e la sua forma mentale più finita. (Vedi p. 30 del testo. [N.d.C.])

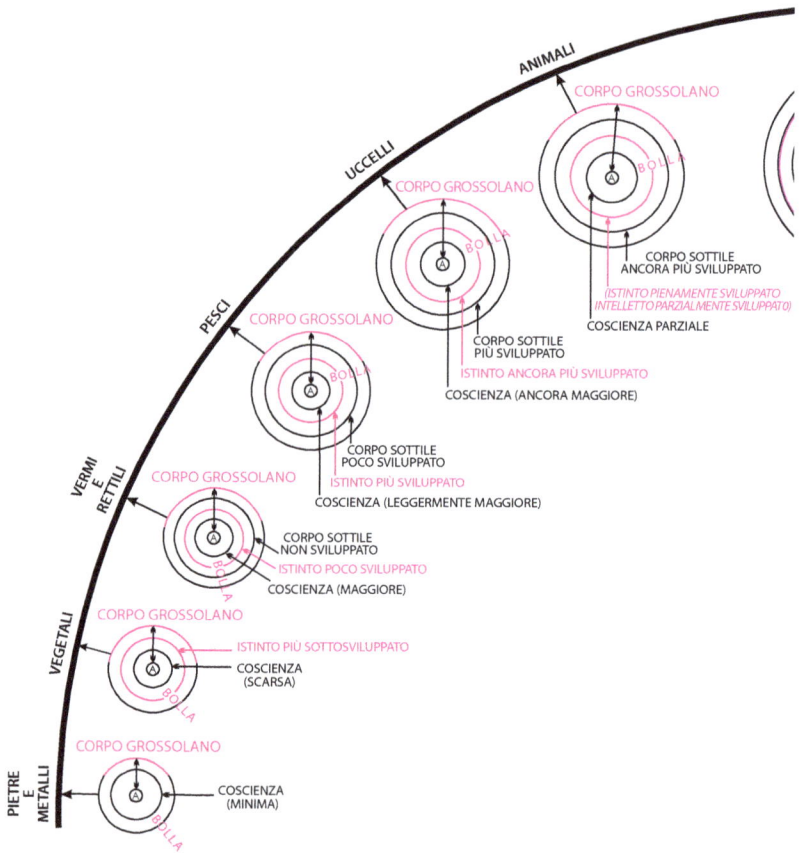

ANIMALI

CORPO GROSSOLANO

BOLLA

CORPO SOTTILE
ANCORA PIÙ SVILUPPATO

*(ISTINTO PIENAMENTE SVILUPPATO*
*INTELLETTO PARZIALMENTE SVILUPPATO)*

COSCIENZA PARZIALE

UCCELLI

CORPO GROSSOLANO

BOLLA

CORPO SOTTILE
PIÙ SVILUPPATO

ISTINTO ANCORA PIÙ SVILUPPATO

COSCIENZA (ANCORA MAGGIORE)

PESCI

CORPO GROSSOLANO

BOLLA

CORPO SOTTILE
POCO SVILUPPATO

ISTINTO PIÙ SVILUPPATO

COSCIENZA (LEGGERMENTE MAGGIORE)

VERMI
E
RETTILI

CORPO GROSSOLANO

BOLLA

CORPO SOTTILE
NON SVILUPPATO

ISTINTO POCO SVILUPPATO

COSCIENZA (MAGGIORE)

VEGETALI

CORPO GROSSOLANO

ISTINTO PIÙ SOTTOSVILUPPATO

COSCIENZA
(SCARSA)

BOLLA

PIETRE
E
METALLI

CORPO GROSSOLANO

COSCIENZA
(MINIMA)

BOLLA

222

# IL TEMA DIVINO di MEHER BABA

17 maggio 1943

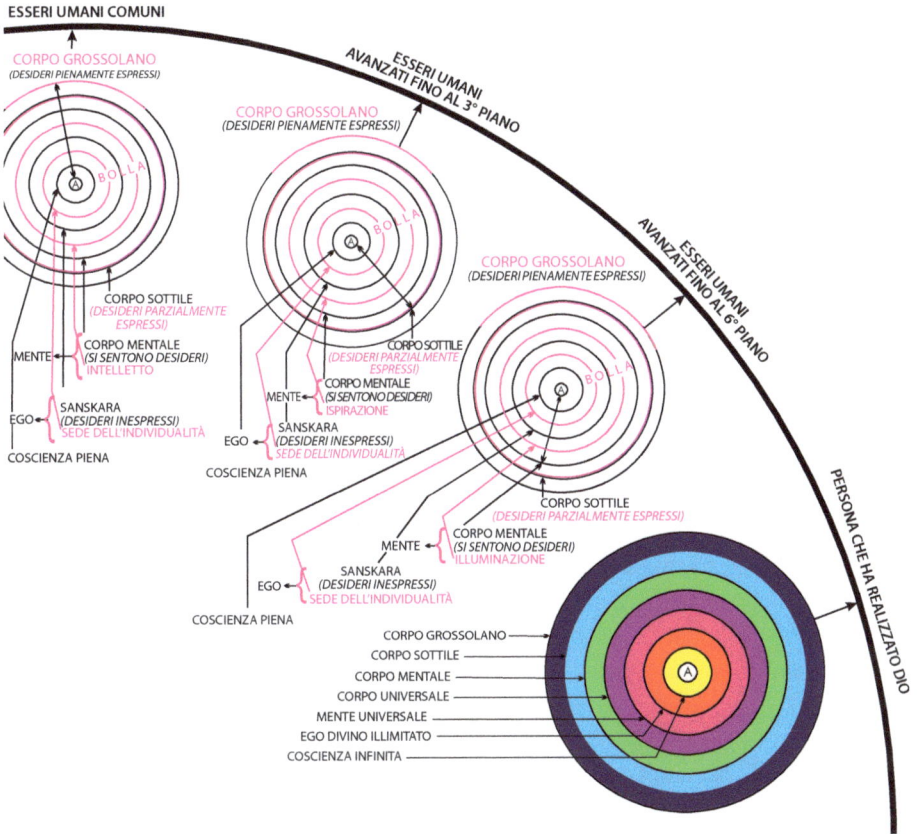

ESSERI UMANI COMUNI

CORPO GROSSOLANO
(DESIDERI PIENAMENTE ESPRESSI)

BOLLA

CORPO SOTTILE
(DESIDERI PARZIALMENTE ESPRESSI)

MENTE

CORPO MENTALE
(SI SENTONO DESIDERI)
INTELLETTO

EGO

SANSKARA
(DESIDERI INESPRESSI)
SEDE DELL'INDIVIDUALITÀ

COSCIENZA PIENA

ESSERI UMANI AVANZATI FINO AL 3° PIANO

CORPO GROSSOLANO
(DESIDERI PIENAMENTE ESPRESSI)

BOLLA

CORPO SOTTILE
(DESIDERI PARZIALMENTE ESPRESSI)

MENTE

CORPO MENTALE
(SI SENTONO DESIDERI)
ISPIRAZIONE

EGO

SANSKARA
(DESIDERI INESPRESSI)
SEDE DELL'INDIVIDUALITÀ

COSCIENZA PIENA

ESSERI UMANI AVANZATI FINO AL 6° PIANO

CORPO GROSSOLANO
(DESIDERI PIENAMENTE ESPRESSI)

BOLLA

CORPO SOTTILE
(DESIDERI PARZIALMENTE ESPRESSI)

MENTE

CORPO MENTALE
(SI SENTONO DESIDERI)
ILLUMINAZIONE

EGO

SANSKARA
(DESIDERI INESPRESSI)
SEDE DELL'INDIVIDUALITÀ

COSCIENZA PIENA

PERSONA CHE HA REALIZZATO DIO

CORPO GROSSOLANO

CORPO SOTTILE

CORPO MENTALE

CORPO UNIVERSALE

MENTE UNIVERSALE

EGO DIVINO ILLIMITATO

COSCIENZA INFINITA

223

i desideri provati e l'intelletto) sono di solito inclusi nella mente, e gli altri due (ossia i *sanskara* o desideri inespressi e la sede dell'individualità) sono inclusi nell'ego. Così, allo stadio umano l'anima, con la sua coscienza, ha **tre corpi** ma **sei strati** (compreso lo strato grossolano conosciuto come corpo grossolano).

Quando (dopo le reincarnazioni) l'anima umana intraprende il processo di realizzazione, l'intelletto è sostituito dall'ispirazione, che trova la sua espressione dal primo al terzo piano; dal quarto al sesto piano questa ispirazione si trasforma in illuminazione.

Gli anelli o cerchi concentrici colorati rappresentano l'anima di una persona che ha realizzato Dio, con tutti i veicoli a sua disposizione. Riguardo a questo schema, si dovrebbe fare molta attenzione ai punti seguenti: (1) I tre anelli esterni rappresentano rispettivamente i corpi grossolano, sottile e mentale. Troviamo tutti questi corpi anche negli esseri umani comuni. (2) Nella persona che ha realizzato Dio è emerso un nuovo corpo spirituale, conosciuto come corpo universale o *mahakarana sharir*, che è la sede della mente universale. Così come l'acqua è contenuta in un bicchiere, si può dire che la mente universale è contenuta nel corpo universale. Pertanto, sebbene il corpo universale e la mente universale siano rappresentati da due cerchi differenti, sono inseparabili l'uno dall'altra. (La mente universale del Maestro, che agisce attraverso il suo corpo universale, è in contatto diretto con i corpi mentali di tutte le anime individuali nella Creazione e può, attraverso questi corpi mentali, apportare qualsiasi cambiamento nei mondi mentale, sottile o grossolano. Sebbene il Maestro abbia un corpo mentale come gli esseri umani comuni, agisce sempre solo attraverso la sua mente universale.) (3) Nell'anima del Maestro l'ego limitato dello stadio umano è trasmutato nell'Ego illimitato, ossia il sentimento di separatezza e di individualità ristretta è sostituito dalla realizzazione dell'esistenza illimitata, indivisibile e onnicomprensiva. (4) L'anima del Maestro è dotata di coscienza infinita. La piena coscienza allo stadio umano non rivela o esprime l'infinità dell'anima a causa delle limitazioni dei *sanskara*, ma nella persona che ha realizzato Dio questa piena coscienza non è limitata da alcun *sanskara* e perciò rivela o esprime l'infinità dell'anima.

## 15. Le cinque sfere descritte da Meher Baba (65)

Meher Baba afferma che ci sono cinque sfere: (1) grossolana, (2) sottile, (3) mentale, (4) composita e (5) Reale. Le prime quattro riguardano le esistenze relative e la quinta è composta dalla sola e unica Esistenza Reale.

La questione dei dettagli è ancora più importante quando un argomento è al di là dell'esperienza umana comune. Da un lato, più dettagli confondono di più e, dall'altro, meno dettagli spiegano meno le cose. Ciò dà origine a una varietà di termini ed espressioni per un uso da differenti punti di vista e in differenti contesti. In assenza di un'esperienza di base, le descrizioni della stessa unica cosa suonano spesso contraddittorie. Ma alla luce delle esperienze relative o della realizzazione finale della Verità, le contraddizioni stesse si rivelano espressioni complementari della stessa unica Verità. I fatti e la realtà dei fatti alla base delle cinque sfere lo confermeranno.

La prima, la sfera grossolana, sebbene dipenda interamente per la sua esistenza dal sottile, è sotto moltissimi aspetti nettamente diversa dal sottile. La sfera grossolana è costituita da innumerevoli mondi, soli, lune, stelle e di fatto da ogni cosa materiale, dalla più grezza alla più fine. Alcuni dei mondi della sfera grossolana contengono solo minerali e vegetali, altri contengono anche innumerevoli esseri incarnati e in alcuni sono inclusi gli esseri umani. Il punto di primaria importanza nella sfera grossolana è il nostro mondo (la Terra). Qui, fra tutti gli altri esseri che sono coscienti in misura maggiore o minore del grossolano, l'uomo con la sua piena coscienza è superiore a tutti gli altri esseri di tutti i mondi grossolani.[10] Ma finché l'uomo **qui** non si risveglia al sottile, la sua piena coscienza rimane pienamente occupata dal grossolano, anche quando legge e pensa a temi spirituali come quello trattato qui.

---

[10] Questo significa anche spiritualmente superiore a tutti gli esseri umani della sfera grossolana. Meher Baba ci rivela che, dei tre mondi della sfera grossolana abitati da esseri umani, il nostro (la Terra) è quello in cui l'uomo è più elevato spiritualmente. Meher Baba spiega che, mentre su questa Terra l'uomo ha nella sua personalità pari misura di testa e cuore (50% di testa e 50% di cuore), l'uomo negli altri due mondi ha rispettivamente il 100% di testa, e il 75% di testa e il 25% di cuore. L'uomo, nel corso delle sue reincarnazioni, nasce in uno qualsiasi dei tre mondi, ma alla fine deve prendere forma e reincarnarsi su questa Terra per completare il suo destino divino che è la realizzazione di Dio. Nella sfera grossolana, la Terra è l'ultima tappa verso il Sentiero e la più vicina a esso. Gli altri due mondi sono molto simili alla Terra quanto a modello ambientale. In totale ci sono 18 000 mondi in cui esiste la vita, ma questi due mondi e la Terra sono simili per quanto riguarda il modello di vita umana.

La seconda, la sfera sottile, è la sfera dell'energia e, sebbene sia divisa in sette parti, è un mondo a sé stante. La sua sussistenza dipende dalla sfera mentale ma la sua esistenza è completamente indipendente dalla sfera grossolana. In termini di tempo e spazio, il dominio della sfera grossolana con il suo spazio infinito che comprende universi di innumerevoli soli, pianeti e mondi, inclusa la nostra Terra, non è che un granello rispetto alla sfera sottile.

Il sentiero della realizzazione del Sé, il *rah-e-tariqat* dei sufi e l'*adhyatmic marga* dei vedantisti, costituito da sette piani (*muqam* o *sthan*), è il solo e unico ponte tra la prima sfera del grossolano e la quinta, la sfera Reale. I primi tre piani del sentiero sono nel sottile, ossia la seconda sfera.

La sfera sottile, attraverso la sua energia, i suoi angeli e soprattutto attraverso la parziale e piena coscienza sottile dell'uomo (la coscienza umana parzialmente o pienamente liberata **dal** grossolano, **nel** grossolano), pervade la sfera grossolana e contemporaneamente anche lo spazio infinito con i suoi soli, stelle, pianeti e, di fatto, ogni cosa e ogni essere in tutti i mondi all'interno della sfera grossolana.

La varietà e l'intensità illimitate delle visioni, dei suoni, dei sentimenti e dei poteri sottili non hanno paragoni nella sfera grossolana, salvo l'energia, che diventa limitata dentro i confini del grossolano, e la coscienza umana, che è circondata da limiti grossolani.

La terza, la sfera mentale, è la sfera delle sfere. È assolutamente indipendente sia dalla sfera sottile sia dalla sfera grossolana ed è sostenuta in maniera indipendente dalla Divinità. La sfera mentale è la vera dimora della Mente, individuale, collettiva e universale. La Mente pervade la propria sfera tanto quanto la sfera sottile e quella grossolana.

Questa sfera della Mente include tutto ciò che riguarda l'intelletto, l'intuizione, la perspicacia e l'illuminazione. In essa si trovano anche i piani più elevati del Sentiero, il quinto e il sesto. Il quarto piano è solo una congiunzione tra il terzo piano della sfera sottile e il quinto piano della sfera mentale.

Tuttavia, la sfera mentale non tocca e non può toccare la Sfera Reale, poiché nulla può toccarla eccetto la sua stessa Realtà, cosciente di sé stessa nell'eterno stato di "Io sono Dio" di Dio.

La quarta, la sfera composita, è la più nominata e la meno compresa. È composta di ventun sotto-sfere e in quanto tale è nel contempo una sfera e non è di per sé una sfera.

I ventun collegamenti sono composti di sette sfere sub-grossolane e sub-sottili tra la sfera grossolana e quella sottile, sette sfere sub-sottili e sub-mentali tra la sfera sottile e quella mentale, e sette sfere sub-mentali e sub-sovramentali tra la sfera mentale e la Sfera Reale.

La natura e la posizione particolari della sfera composita potrebbero essere comprese più facilmente grazie alle due seguenti tabelle:

*Tabella I*

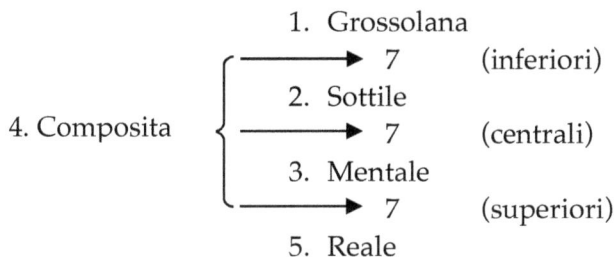

*Tabella II*

1. La sfera grossolana (prima sfera)
   Sette sotto-sfere **inferiori**
        della
   4. Sfera composita (quarta sfera)

2. La sfera sottile (seconda sfera)
   Sette sotto-sfere **centrali**
        della
   4. Sfera composita (quarta sfera)

3. La sfera mentale (terza sfera)
   Sette sotto-sfere **superiori**
        della
   4. Sfera composita (quarta sfera)

5. La Sfera Reale (quinta sfera)

Le sette sotto-sfere inferiori sono spiritualmente superiori alla sfera grossolana e toccano il grossolano, mentre le sette sotto-sfere superiori non sono spiritualmente superiori alla sfera mentale né possono mai toccare la Sfera Reale, come diverrà chiaro dai dettagli che seguono.

Da un lato, l'importantissimo Sentiero, il solo e unico ponte tra l'uomo e Dio, attraversa le due sfere del sottile e del mentale e, dall'altro, ci sono innumerevoli cose ed esseri in queste due sfere e tra le sette sotto-sfere inferiori e le sette superiori, e ognuna delle cose e ognuno degli esseri sono direttamente o indirettamente vitali per il Sentiero.

Dalle sette sotto-sfere inferiori alle sette sotto-sfere centrali, inclusa la sfera sottile, si trovano, tra altre cose, le dimore delle anime disincarnate (spiriti) e delle anime non incarnate (angeli). Dalle sette sotto-sfere centrali alle sette sotto-sfere superiori, inclusa la sfera mentale, si trova, tra altre cose, la dimora degli arcangeli.

Gli spiriti (anime disincarnate), sia buoni sia cattivi, devono rimanere nello "stato d'attesa", sia prima sia dopo aver sperimentato gli stati di piacere e di dolore, stati comunemente conosciuti come paradiso e inferno. (37)

Gli angeli (anime non incarnate) sono meri automi al servizio della volontà di Dio e non fanno nulla che non sia desiderato o sollecitato da Dio. Questi desideri non sono che mere espressioni del potere e dell'attività divini che pervadono ogni cosa. In breve, gli angeli sono puri e non contaminati dall'incarnazione fisica. In questo sono superiori all'uomo la cui coscienza non si è estesa oltre i limiti del grossolano (ossia un uomo non ancora nel Sentiero). Paradossalmente l'uomo, inferiore, che è riuscito a essere contaminato dall'incarnazione fisica, è in realtà superiore per la forza delle potenzialità latenti in lui. Sperimentando le sue imperfezioni, i suoi limiti e le sue debolezze, è potenzialmente maturo per realizzare la sua forza e la sua purezza reali, che sono ben al di sopra anche di quelle degli arcangeli e al di là della loro portata.

Gli arcangeli sono gli strumenti per l'espressione dei principali attributi divini di Dio, che sono la creazione, la preservazione e la distruzione della vita limitata su scala illimitata, e la comunicazione della Conoscenza illimitata su scala limitata. Gli arcangeli sono entità che sono sempre felici e non soffrono mai.

La dimora degli arcangeli, ossia le sfere sub-sovramentali della quarta sfera, la sfera composita di cui si parla qui, si trova dopo la terza – la sfera mentale – ed è vicinissima alla quinta, la Sfera Reale. Questo è vero, ma non è tutta la verità, perché nonostante la sua vicinanza non può toccare la Sfera Reale. Un arcangelo, dalla più alta sfera sub-sovramentale, non può mai vedere Dio, mentre l'uomo nel sesto piano della terza sfera, la sfera mentale, può vedere e vede Dio faccia a faccia dappertutto e in ogni cosa. L'ultimo punto dell'ultima delle sfere sub-sovramentali è quello che i sufi chiamano *sadrat-ul-muntaha* (l'ultimo limite), oltre il quale, come nella popolare e corretta credenza dei musulmani, nemmeno l'arcangelo Gabriele può andare.

L'uomo ha superato e supererà (perché solo l'uomo può) gli ultimi sette collegamenti delle esistenze relative, in realtà inesistenti, di tutte le quattro sfere, fino a entrare in quella realmente sua, la quinta, la Sfera Reale. In breve, gli angeli devono necessariamente cessare di essere angeli e diventare uomini prima di poter raggiungere la Realtà accessibile all'uomo. E quando l'uomo cessa di essere uomo ed entra nello stato di "Io sono Dio" realizza che gli angeli e gli arcangeli sono di fatto, in un modo o nell'altro, i suoi stessi attributi.

Infine, la dissoluzione delle sette sotto-sfere superiori della quarta sfera – la sfera composita – è il fenomeno chiamato *qiamat* o *mahapralaya*, e quando ciò avviene l'intera esistenza inesistente della Creazione, con tutte le sue sfere e sotto-sfere, come un albero manifesto, si ritira nella forma di seme immanifesto dell'inesistenza inesistente, solo per manifestarsi di nuovo nell'istante immediatamente successivo dell'eternità.

La quarta, la sfera composita, è comunemente inclusa nelle prime tre sfere nel modo seguente:

1. La sfera grossolana più parte della quarta, la sfera composita, è l'*alam-e-nasut* dei sufi e l'*anna bhuvan* dei vedantisti.

2. La sfera sottile più parte della quarta, la sfera composita, è l'*alam-e-malakut* dei sufi e il *pran bhuvan* dei vedantisti.

3. La sfera mentale più parte della quarta, la sfera composita, è l'*alam-e-jabrut* dei sufi e il *mano bhuvan* dei vedantisti.

Questi ultimi chiamano anche l'insieme delle tre sfere (compresa la quarta) *tribhuvan* (triplice sfera), mentre i sufi lo chiamano *do alam* (due sfere), indicando da una parte il grossolano e dall'altra il sottile e il mentale (compresa la sfera composita).

La quinta, la Sfera Reale, è anche il settimo piano del Sentiero, il piano della piena supercoscienza che, in parole semplici, significa la piena coscienza umana completamente liberata da ogni vestigio o traccia di dualità intrinseca, in misura diversa, in tutte le quattro sfere dell'esistenza relativa. Non sarebbe sbagliato dire che la quinta sfera, o settimo piano, non è né una sfera né un piano ma la Realtà del vero Sé di Dio, a cui l'umanità si riferisce con il nome di *Allah*, *Paramatma*, Dio Onnipotente, *Yezdan*, e così via. Secondo i differenti stati dello stesso unico Dio, da "è" a "Io sono Dio" e da "Io sono Dio" a "Io sono tutto", ci sono differenti termini per i differenti stadi o aspetti della Sfera Reale, quali *alam-e-hahut* e *alam-e-lahut* dei sufi o *vidnyan bhumika* e *vidnyan*.

## 16. I tipi di convinzione e di conoscenza (67)

Secondo i sufi, la vita spirituale consiste di quattro stadi, e la vita dell'uomo sulla terra in tutti i suoi aspetti non è altro che una preparazione, cosciente o incosciente, ai regni in continuo dispiegamento della conoscenza e dell'illuminazione che portano alla realizzazione di Dio. Questi quattro stadi sono *shariat* (*dharma shastra*), *tariqat* (*adhyatma marga*), *haqiqat* (realizzazione di Dio o *aikya*) e *marefat-e-haqiqat* (Gnosi o *satyanubhuti*).

L'Imam Muhammad Ghazali ha paragonato questi quattro stadi a una noce, che è costituita da quattro parti: l'involucro esterno o guscio, l'involucro interno o pellicola, il gheriglio e l'olio che vi è contenuto. Per rendere l'analogia più esplicita, possiamo dire che *shariat* è il guscio esterno, *tariqat* la pellicola interna, *haqiqat* il gheriglio, e *marefat-e-haqiqat* l'olio.

Quando l'aspirante avanza attraverso questi quattro stadi, acquisisce un grado sempre crescente di certezza riguardo alla Verità. Queste certezze durature sono note ai sufi come:

1. *Ilm-ul-yaqin*
2a. *Yaqin-ul-yaqin*
2b. *Ain-ul-yaqin*
3. *Haqq-ul-yaqin*
4. *Urf-ul-yaqin*

1. *Ilm-ul-yaqin*, o certezza intellettuale (convinzione), deriva da una fede solida come la roccia.

2a. *Yaqin-ul-yaqin*, o certezza percettiva attraverso la consapevolezza di Dio, deriva da sensazioni interiori, visioni o esperienze spirituali lungo il Sentiero. È la convinzione dell'anima nei primi cinque piani.

2b. *Ain-ul-yaqin*, o certezza visiva (ossia convinzione per visione), è l'esperienza di vedere effettivamente Dio dappertutto e continuamente, che è *antar drishti*.

3. *Haqq-ul-yaqin*, o certezza della Realizzazione (ossia convinzione per esperienza effettiva), è raggiunta dall'anima nel settimo piano del viaggio spirituale, che è *haqiqat*. Qui l'anima realizza sé stessa attraverso sé stessa. Questo stato è *aikya* (unione con Dio).

4. *Urf-ul-yaqin*, o certezza della gnosi, riguarda la perfezione della divinità nell'uomo tramite la quale l'uomo che vive la vita di Dio

conosce tutti i misteri del Sé e dell'universo. La facoltà che entra in gioco qui è la mente universale (*sarvabhaumic manas* o *aql-e-kull*), che è la sede di tutto il discernimento divino.

Per illustrare maggiormente questi tipi di convinzione, supponiamo che un uomo venga a sapere che in un recipiente c'è del latte. Avere fede implicita in questa conoscenza attraverso l'intelletto e la percezione intuitiva è *ilm-ul-yaqin* e *yaqin-ul-yaqin*. Se l'uomo non è soddisfatto di questa convinzione intellettuale e intuitiva e si prende effettivamente la briga di andare fino al recipiente e vedere il latte con i propri occhi, convincendosi così che la realtà collima con la sua conoscenza intellettuale e intuitiva, sperimenta la certezza conosciuta come *ain-ul-yaqin*. Bere il latte, e diventare a tutti gli effetti uno con esso, gli dà l'esperienza di *Haqq-ul-yaqin*; trovare dentro di sé la conoscenza di tutto quello che esprime e rappresenta il latte, come lo zucchero, l'acqua, il grasso, le vitamine, ecc., ed essere in grado di descriverlo e descrivere i vari usi del latte agli altri nei dettagli è la certezza della conoscenza o gnosi, ossia *urf-ul-yaqin*, che è lo stadio di *marefat-e-haqiqat*.

## Cinque tipi di conoscenza

Secondo i sufi, ci sono cinque tipi di conoscenza che riguardano gli esseri umani.

Il primo è la conoscenza del mondo, che si limita al raggiungimento del benessere materiale.

Il secondo è la conoscenza di *shariat*, che è per lo più usata da coloro che l'hanno acquisita per rovesciare i propri oppositori con la guerra verbale della logica e dell'argomentazione. Questa conoscenza è quella dei teologi essoterici.

Il terzo tipo di conoscenza è quello del Sentiero spirituale, e si trova in coloro che hanno intrapreso seriamente una disciplina interiore e sono fuggiti dalla società degli essoterici. In questa conoscenza l'ego permane ancora e la coscienza del bene e del male è ancora aggrappata all'anima. La conoscenza dei filosofi e dei pensatori è al confine tra il secondo e il terzo tipo di conoscenza.

Il quarto tipo di conoscenza è quello di Dio, il Sé (*haqiqat*). Chi arriva a questa conoscenza è ormai privo di qualsiasi traccia di falso ego e ogni vestigio di dualità scompare.

Il quinto tipo di conoscenza è la gnosi reale, il *marefat* di *haqiqat*, che, come spiega Meher Baba, è una conoscenza completa di Dio e una conoscenza completa dell'universo. Questa è la conoscenza della Perfezione del *Rasul* (Avatar) e del *Qutub* (*Sadguru*).

A meno che un'anima non attraversi tutti i differenti stadi di conoscenza, lo stadio più elevato di *tasawwuf* (Saggezza) che è *suluk* (ritorno alla coscienza normale) non potrà mai essere raggiunto. Arrivare a questo stadio di gnosi dà a una persona il diritto di essere chiamata un sufi perfetto (Maestro Perfetto). Esistono tuttavia casi di persone che hanno raggiunto il quarto stadio di conoscenza senza attraversare gli stadi intermedi, ma sono piuttosto eccezionali e avvengono solo quando tali persone sono guidate da un Maestro Perfetto.

Meher Baba divide tutte le anime spiritualmente avanzate in cinque tipi fondamentali: fuso in Dio (Perfetto), ebbro di Dio, assorto in Dio, in comunione con Dio e folle di Dio. Il lettore è rinviato al Capitolo I, pagine 21-37, del libro *The Wayfarers* del Dr. William Donkin, che illustra come Baba ha trattato questo tema.

## 17. *Paramatma* è Infinito e Tutto (74)

*Paramatma* è Infinito e Tutto.

Tutte le *atma* sono **in** *Paramatma*.

Alcune *atma* sperimentano il mondo grossolano, alcune il mondo sottile, alcune il mondo mentale e alcune sperimentano *Paramatma*.

Poiché tutte le *atma* sono **in** *Paramatma*, hanno anche queste differenti esperienze **in** *Paramatma*. Quelle che sperimentano (sperimentatori) e le esperienze stesse sono tutte **in** *Paramatma*. Sebbene sperimentatori ed esperienze siano **in** *Paramatma*, non sono **di** *Paramatma*! Sono del Nulla.

*Paramatma* è il Tutto, e il Nulla è nel Tutto.

Così, le *atma* che sono coscienti solamente di *sharir*, *pran* o *manas* non sono coscienti del Sé. In altre parole, tali *atma* sono coscienti del Nulla e non del Tutto. Tali *atma* sperimentano i mondi grossolano, sottile o mentale e non sperimentano *Paramatma*, ossia sperimentano il Nulla e non sperimentano il Tutto. Di conseguenza si può dire che le *atma* che sono **in** *Paramatma* non sono coscienti del Sé e non sperimentano *Paramatma*, ma sono coscienti del Nulla, sono del Nulla e sperimentano il Nulla.

Queste *atma* si identificano con il Nulla in modo così realistico che diventano apparentemente Nulla.

Ogni essere è Nulla personificato.

Tutti gli esseri e le cose sono personificazioni del Nulla, che è nel Tutto.

## 18. Cinque realtà spirituali (100)

| | | |
|---|---|---|
| 1. | Essere umano comune | L'uomo, come uomo, vede sé stesso in tutti e in tutto. |
| 2. | *Pir* nel sesto piano | L'uomo, come uomo, vede Dio in tutti e in tutto. |
| 3. | *Majzoob* nel settimo piano | Dio, come Dio, vede Sé stesso in tutti e in tutto. |
| 4. | *Qutub* | Dio, come uomo, vede Sé stesso simultaneamente in tutti e in tutto. |
| 5. | Salvatore | Dio, come Dio e uomo, vede Sé stesso simultaneamente in tutti e in tutto. |

– Meher Baba

## 19. Nascita reale e morte reale (104)

C'è un'unica nascita reale e un'unica morte reale. Si nasce una volta e si muore realmente una volta sola.

Che cos'è la nascita reale?

È la nascita di una goccia nell'oceano della Realtà. Che cosa si intende per nascita di una goccia nell'oceano della Realtà? È l'avvento dell'individualità, nata dall'indivisibilità attraverso un barlume della prima coscienza più-finita, che ha trafitto l'Illimitato con la conoscenza della limitatezza.

Che cosa si intende per morte reale?

È la coscienza che si libera da tutti i limiti. La libertà da tutti i limiti è la morte reale. È realmente la morte di tutti i limiti. È la liberazione. Tra la nascita reale e la morte reale non esiste una realtà come le cosiddette nascite e morti.

Ciò che accade realmente nello stadio intermedio conosciuto come nascite e morti è che i limiti della coscienza svaniscono gradualmente finché la coscienza è libera da tutti i limiti. Alla fine la coscienza, completamente libera da tutti i limiti, sperimenta eternamente la Realtà illimitata. Morire realmente significa vivere realmente. Perciò sottolineo: morite per Dio e vivrete come Dio.

Si è prima bambini. Poi si invecchia e si lascia il corpo, ma non si muore mai e non si è mai nati. In Oriente, i vedantisti credono nella reincarnazione e in un certo numero di nascite e morti fino al raggiungimento della Divinità. I musulmani credono in un'unica nascita e in un'unica morte. I cristiani e gli zoroastriani hanno la stessa credenza. Tutti hanno ragione. Ma Gesù, Budda, Muhammad, Zoroastro intendevano tutti quello che intendo io per nascita reale e morte reale. Io dico che si nasce una volta e si muore una volta.

Tutte le cosiddette nascite e morti sono solo sonni e risvegli. La differenza tra il sonno e la morte è che dopo aver dormito ci si risveglia e ci si ritrova nello stesso corpo, mentre dopo la morte ci si risveglia in un corpo differente. Non si muore mai. Solo i beati muoiono e diventano uno con Dio.

## 20. *Fana* e *fana-fillah* (120)

*Fana* è lo stato della Coscienza incosciente.

In *fana-fillah* l'anima è incosciente di tutto tranne del Sé che è Dio.

Prima che l'anima perda il suo stato umano e acquisisca lo stato divino di *nirvikalpa*, deve sperimentare lo stato di vuoto di *nirvana*.

*Nirvana* è il vuoto infinito, uno stato in cui l'anima è pienamente cosciente del Nulla reale, e se nello stato di *nirvana* si abbandona il corpo umano si passa nello stato di beatitudine infinita di Dio.

In alcuni casi *nirvana* è immediatamente e inevitabilmente seguito da *nirvikalpa* o *fana-fillah*, in cui l'anima è pienamente cosciente del Tutto reale. *Nirvana* e *nirvikalpa* sono legati così strettamente che si può dire che entrambi sono la meta divina;

| falso nulla | = | falso tutto |
| Nulla reale | = | né tutto né nulla |
| Tutto reale | = | Dio l'Infinito. |

Il falso nulla porta al falso tutto, e il Nulla reale porta al Tutto reale. Il falso nulla è legato al falso tutto, e il Nulla reale è legato al Tutto reale. Alla fine il falso nulla termina nel falso tutto, e il Nulla reale termina nel Tutto reale. Nella dualità il falso nulla è il falso tutto. Nell'unità il Nulla reale e il Tutto reale sono uno.

Meher Baba ha anche precisato i seguenti punti:

1. La meta reale è realizzare Dio nella forma umana, ma per coloro che lasciano il corpo prima di ottenere la realizzazione di Dio (ossia coloro che lasciano il corpo nello stato di *nirvana* prima di raggiungere lo stato di *nirvikalpa*) la meta è la liberazione (*mukti*) dal ciclo di rinascita. Essi sperimentano solo beatitudine infinita.

2. L'individualità di chi raggiunge lo stato di *nirvikalpa* è conservata come infinita e illimitata anche dopo l'abbandono del corpo umano e c'è un'esperienza continua di "Io sono Dio". Ma colui che raggiunge *mukti* (liberazione) sperimenta "Io sono *anand*" (Io sono beatitudine infinita) e questo limita la sua esperienza di individualità illimitata di "Io sono Potere-Conoscenza-Beatitudine infiniti" simultaneamente.

3. La conoscenza infinita è l'aspetto più importante della natura trina di Dio quando un individuo realizza Dio nella forma umana. La beatitudine infinita resta l'aspetto importante dell'esperienza di chi ha lasciato il corpo nello stato di *nirvana* e raggiunge *mukti*, ossia la liberazione come meta.

4. Il *Majzoob-e-Kamil* sperimenta Conoscenza-Potere-Beatitudine infiniti simultaneamente, e quando discende alla coscienza normale, ossia quando è cosciente anche della dualità e non è più nello stato di *Majzoob-e-Kamil*, non solo sperimenta Conoscenza-Potere-Beatitudine ma li usa anche mentre è nel corpo umano.

## 21. La concezione sufi di *fana* e *baqa* (124)

Questo è un breve studio dei termini *fana* e *baqa* come intesi dai sufi. Ogni piano ha un *fana* e un *baqa* propri. Si deve ricordare che il *fana* dei piani non è il *fana* del settimo piano, e che il *baqa* dei piani non è il *baqa* dello stato di *Qutub*, lo stato di perfezione.

Quelli che seguono sono alcuni dei punti principali di confronto nella gnosi sufi, e si vedrà che la loro esposizione è principalmente in relazione al settimo piano e che i loro termini hanno, ovviamente, un'applicazione trascendentale.

*Fana* significa letteralmente cancellazione o annientamento. È uno stato che non è permanente.

*Baqa* significa letteralmente permanenza ed è uno stato che dura per sempre.

*Fana* significa la fine del viaggio **verso** Dio.

*Baqa* significa l'inizio del viaggio **in** Dio.

*Fana* non deve essere considerato un attributo; non è come la dissoluzione dello zucchero nell'acqua. Secondo Hujwiri, non significa la scomparsa dell'essenza.

*Baqa* rappresenta ciò che non era inesistente prima, e non sarà inesistente dopo, come l'essenza di Dio.

*Fana* è la scomparsa della cognizione di *ghair* (l'altro, ossia la dualità).

*Baqa* è la conoscenza di Dio che si acquisisce dopo la scomparsa di *ghair*.

*Fana,* secondo Mahmud Shabistari in *Gulshan-e-Raz*, è la morte della passione, della volontà individuale e dell'ego che sfocia nel risveglio spirituale alla vita eterna (*baqa*). Significa anche l'oblio del falso ego (*khudi*) che per tanto tempo ha celato all'uomo la sua realtà (Dio). Se succede che l'aspirante è cancellato dal sé, si tratta di un difetto. Lo stato più alto è essere cancellato dalla cancellazione.

*Fana* è di due tipi, esteriore e interiore.

*Fana* esteriore. Questo è il *fana* delle azioni e la gloria delle azioni divine. Il possessore di questo *fana* è così immerso nelle azioni divine che si dimentica di sé stesso e di ogni cosa salvo il desiderio e la volontà di Dio. Alcuni aspiranti santi hanno raggiunto questo *muqam* in cui sono così indifferenti alle necessità fisiche che Dio incarica qualcuno di accudirli.

*Fana* interiore. Questo è il *fana* delle qualità in *zat* (Realtà). Il possessore di *hal* (esperienza) nella rivelazione degli attributi di Dio è immerso a volte nel *fana* delle sue stesse qualità, e a volte nella manifestazione dell'influenza (*asar*) e della gloria (*tajalli*) di Dio.

Il *fana* esteriore è destinato ai signori del cuore e ai compagni di *hal*.

Il *fana* interiore è caratteristico delle anime nobili che hanno superato l'influenza di *hal* e hanno trapassato il velo del cuore, e che dalla comunità degli uomini del cuore si sono unite alla comunità di Colui che converte i cuori (Dio).

Il *baqa* che è in relazione con il *fana* esteriore è questo: dopo il *fana* del desiderio e della volontà, Dio trasforma lo schiavo in un padrone del desiderio e della volontà e gli dà il controllo assoluto delle redini di guida.

*Il baqa* in relazione al *fana* interiore è questo: l'anima non diventa né Dio come velo della Creazione né la Creazione, il velo di Dio. In *fana* Dio è il velo della Creazione, e per coloro che non hanno raggiunto lo stato di *fana* la Creazione è il velo di Dio.

236

## 22. L'involuzione della coscienza (127)

Meher Baba osserva ulteriormente:
"La piena coscienza, che è completa appena la prima forma umana è assunta, si ritrae gradualmente, piano dopo piano. Questa involuzione della coscienza (coscienza che è già completa) comincia per la prima volta quando le impressioni grossolane dure si diradano. La coscienza sperimenta così il primo piano. Con l'ulteriore diradarsi delle impressioni, la coscienza si ritrae (si involve) ancora di più e sperimenta il secondo piano, e così via fino al raggiungimento del settimo piano.

La ritrazione della coscienza significa che all'inizio la coscienza, che era completa, era incentrata sulle impressioni grossolane e lontana dall'essere incentrata sul Sé. In seguito, nel processo di involuzione, man mano che le impressioni si diradano gradualmente sempre di più grazie alle diverse esperienze di opposti, la coscienza sposta anche nello stesso tempo gradualmente la sua attenzione verso il Sé. Nel settimo piano la coscienza non è più coscienza impressionata, e la naturale conseguenza è che la coscienza si incentra sul suo Sé. Ciò significa che la coscienza si identifica con il Sé poiché tutte le impressioni sono svanite."

## 23. Cinque definizioni algebriche (129)

1.  DIO      = Esistenza Infinita + Conoscenza Infinita + Beatitudine Infinita meno Incoscienza
    = *sat* + *chit* + *anand* meno incoscienza
    = *satchitanand* meno incoscienza

2.  Maestro Perfetto = *Qutub* = *Sadguru*
    = Esistenza Infinita + Conoscenza Infinita + Beatitudine Infinita + Coscienza
    = Cosciente di essere infinito e cosciente del finito simultaneamente.

3.  Salvatore = Uomo Perfetto = *Insan-e-Kamil* = *Puratan Purush* = Budda = *Saheb-e-Zaman* = *Rasul* = *Avatar* = Cristo Vivente
    = Esistenza Infinita + Conoscenza Infinita + Beatitudine Infinita + Coscienza
    = Cosciente di essere infinito e cosciente di essere finito simultaneamente.

237

4. Uomo
   o
   *jiv-atma*   } = Corpo + Energia + Mente + Coscienza + Anima
   o
   *insan*

5. *Majzoob-e-Kamil*  = "Io" Divino
                      = Coscienza Divina meno coscienza finita

## 24. I quattro tipi di *mukti* o liberazione (130)

Alcuni termini ben noti che descrivono vari tipi di perfezione saranno ora brevemente illustrati affinché il cercatore possa inserirli nel contesto del tema della realizzazione di Dio. Nel descrivere questi tipi di perfezione, la parola chiave *mukti*, che significa letteralmente "liberazione", è usata qui per definire quattro tipi di liberazione.

Nella tabella seguente, tutti i quattro tipi di liberazione (*mukti*) dell'anima appartengono al settimo piano.

1. *Mukti* ordinaria (*moksha* ordinaria)
2. *Videh mukti*
3. *Jivanmukti*
4. *Param mukti*

1. La ***mukti* ordinaria** *(najat)* è raggiunta solo dopo la morte da alcune anime buone, eccezionalmente timorate di Dio e amanti della Verità; questa *mukti* giunge normalmente da tre a cinque giorni dopo che l'anima ha lasciato il corpo. Poiché questa *mukti* è raggiunta senza il corpo, l'anima individuale gode solo della beatitudine (*anand*) e, sebbene potere e conoscenza siano presenti, un tale *Mukta* non può sperimentarli. Una tale anima liberata è cosciente solo della beatitudine dell'Unione e per lei la Creazione non esiste più, il che mette fine al ciclo continuo delle nascite e delle morti.

   *Nirvikalpa samadhi* non deve essere confuso con questa *mukti* ordinaria o stato di *moksha*. Se un'anima raggiunge lo stato di *mukti*, lo fa **dopo** la morte del corpo fisico. Una tale anima raggiunge Dio, ma ciò accade solo dopo la morte. C'è quindi un'importante differenza tra *mukti* ordinaria da una parte e *nirvikalpa samadhi* dall'altra, perché quest'ultimo è sperimentato mentre l'anima conserva il corpo e diventa così *Videh Mukta*.

2.  Alcune anime che hanno realizzato Dio note come **Videh Mukta**
    conservano il corpo per tre o quattro giorni dopo la realizzazione. La
    loro coscienza è completamene fusa nel loro Sé Reale (Dio) e non
    sono quindi coscienti dei loro corpi o della Creazione. Sperimentano
    costantemente la beatitudine, il potere e la conoscenza infiniti di Dio,
    che adesso è il loro stesso Sé, ma non possono usarli coscientemente
    nella Creazione, né aiutare altri a ottenere la liberazione. Tuttavia, la
    loro presenza sulla terra per i pochi giorni in cui vi rimangono è un
    centro di irradiazione del potere, della conoscenza e della beatitudine
    infiniti di Dio, ecoloro che le avvicinano, le servono e le venerano ne
    traggono immensi benefici. Altre anime conservano il corpo per anni
    secondo la forza del loro *"prarabdha"*. Il *Videh Mukta* è il *Brahmi Bhoot*,
    o il *Majzoob-e-Kamil* dei sufi, e sperimenta la natura trina di Dio – *sat-
    chit-anand* – automaticamente.

3.  Il *Jivanmukta* (*Azad-e-Mutlaq*) in *turiya avastha* (*fana-ma-al-baqa*)
    gode di Beatitudine Totale, Conoscenza Totale e Potere Totale, e la
    sua coscienza è quella dello stato di "Io sono Dio" e anche quella
    delle tre sfere – grossolana, sottile e mentale – ma non avendo
    compiti non usa la beatitudine, la conoscenza e il potere per gli altri.

4.  Il **Param Mukta**, che è conosciuto come Maestro Perfetto, *Qutub* o
    *Sadguru*, ritorna alla coscienza normale dopo la realizzazione di
    Dio, ed è simultaneamente cosciente dello stato di "Io sono Dio",
    delle tre esistenze relative e delle loro sfere corrispondenti. Non
    solo gode del Potere Totale, della Conoscenza Totale e della
    Beatitudine Totale, ma li usa anche in tutti i piani di esistenza attra-
    verso la mente universale e il corpo universale.

    Tali *Param Mukta* sono coscienti di sé stessi come Dio, nei Suoi
    aspetti sia immanifesti sia manifesti. Sanno di essere sia immutabile
    essenza divina (*zat*) sia infinita varietà di manifestazioni (*sifat*).
    Sperimentano sé stessi come Dio fuori dalla Creazione; come Dio il
    Creatore, Preservatore e Distruttore, e come Dio che ha accettato e
    trasceso i limiti della Creazione. Questo significa che un *Param
    Mukta* è cosciente di ognuno dei dieci stati di Dio mostrati nel
    Grafico VIII a pagina 152 e 153.

    Il *Param Mukta* sperimenta e usa costantemente la pace e la
    perfezione assolute della natura trina di Dio: *sat-chit-anand*.
    Sperimenta pienamente il piacere e la sofferenza del gioco divino
    della Creazione. Sa di essere Dio in ogni cosa ed è quindi in grado
    di aiutare spiritualmente chiunque, e può far sì che altre anime

realizzino Dio come uno o l'altro dei quattro tipi di *Mukta*. È in effetti l'aiutante dell'umanità in particolare e della Creazione in generale.

## 25. Riassunto dei quattro tipi di *mukti* (130)

Meher Baba riassume così questi quattro tipi di *mukti*:

| Tipo di *mukti* | Coscienza | Compiti nella dualità |
|---|---|---|
| *Mukti* ordinaria | *Anand* (beatitudine) solamente; nessuna coscienza di "Io sono Dio" o della dualità. | No |
| *Videh mukti* | "Io sono Dio" (*sat-chit-anand* o Conoscenza, Potere e Beatitudine) senza coscienza della dualità. | No |
| *Jivanmukti* | "Io sono Dio" (*sat-chit-anand*) con coscienza della dualità. | No |
| *Param mukti* | Simultaneamente "Io sono Dio" (*sat-chit-anand*) con dualità e divinità in azione. | Sì |

Vedi anche tabella riassuntiva, pp. 268-269 [N.d.C.]

## 26. Segni di Perfezione (134)

In risposta alla domanda di un discepolo che chiedeva un metodo infallibile per riconoscere un Maestro Perfetto, Meher Baba ha spiegato: "Un uomo comune può non essere in grado di distinguere adeguatamente i differenti stadi di avanzamento spirituale fino al sesto piano. Può essere in grado di riconoscere che tali anime sono avanzate, ma non di conoscere il grado del loro avanzamento. Ma quando un cercatore della Verità sincero e paziente entra in contatto con qualcuno che è spiritualmente perfetto nota certi segni esteriori che sono indissolubilmente legati alla perfezione spirituale interiore.

I più importanti di questi segni sono tre. Il primo è che la Perfezione non è solo l'"Unità con Dio', ma anche l'esperienza continua e ininterrotta dell'"Unità in tutto'. Un Maestro Perfetto sperimenta e realizza continuamente, senza interruzioni, il proprio Sé come Sé in tutto. Questa esperienza interiore si manifesta oggettivamente nella spontaneità dell'amore che un tale individuo sente o esprime verso tutta la Creazione. Per lui niente è attraente o repulsivo. Bene e male, santo e peccatore, bellezza e bruttezza, saggezza e stoltezza, salute e malattia sono tutte modalità della sua stessa manifestazione. Quando la Perfezione incarnata ama, accarezza o nutre qualsiasi creatura vivente, sente e gioisce come se stesse amando, accarezzando o nutrendo il suo stesso Sé. In questo stadio non rimane nessuna traccia di 'alterità'.

Il secondo segno è l'atmosfera di beatitudine che la Perfezione irradia nelle sue immediate vicinanze, un'atmosfera che un estraneo che ne è alla ricerca non può fare a meno di sentire. Un Maestro Perfetto non solo gode di beatitudine infinita ma sperimenta anche la sofferenza universale. L'acutezza della sofferenza è tuttavia annullata o attenuata dall'immenso sentimento di beatitudine. La Perfezione può così apparire beatamente calma di fronte a ogni tipo di sofferenza e persecuzione.

Il terzo segno della Perfezione è la sua facoltà di adattarsi a ogni livello di umanità. Può essere tanto disinvolta su un trono quanto nei bassifondi. Può essere, con molta naturalezza, parca con i poveri, prodiga con i ricchi, regale con i re, saggia con i colti e semplice con gli illetterati e gli ignoranti. Così come un professore di lettere insegna la lingua in modo diverso a studenti principianti o a laureati, anche un Maestro Perfetto si adatta al livello di coloro che vuole elevare spiritualmente."

Una volta Ghaus Ali Shah Qalander, discorrendo sulla perfezione spirituale (*faqiri*), disse: "Dare la perfezione a un discepolo è questione di una frazione di secondo. Una parola all'orecchio è sufficiente per elevare istantaneamente un uomo dalla finitezza all'infinità, e tale trasformazione non dipende da preghiere o digiuni."

Maulana Rumi disse:

*Dād-i ūrā qābilīyat-i sharṭ nīst*
*Balkih sharṭ-i qābilīyat dād-i ūst.*

"La Grazia Divina non è limitata da condizioni di capacità. La capacità, in realtà, è condizionata dalla Grazia Divina."

Udendo questo, uno dei discepoli osservò: "Signore, se la realizzazione è così facile da raggiungere, allora perché i discepoli devono immancabilmente sopportare un lungo periodo di prove e austerità?". In risposta, Ghaus Ali Shah raccontò l'aneddoto seguente:

"Un uomo che aveva due recipienti incrostati di ruggine e sporcizia vecchie di molti anni decise di farli pulire. Diede un recipiente a un esperto del mestiere che promise di pulirlo in quaranta giorni, e l'altro a un uomo che s'impegnò a fare il lavoro in un solo giorno. L'esperto cominciò a lavorare metodicamente al suo recipiente. Lo sottopose a molti processi diversi per un periodo di quaranta giorni e rese il recipiente non solo lucido come uno specchio ma anche utilizzabile.

Il secondo uomo, che aveva promesso di finire il lavoro in un giorno, adottò il drastico procedimento di bruciare il recipiente nel fuoco vivo. Ciò pulì il recipiente rapidamente e completamente, ma lo rese fragile e inutile. Si può quindi vedere che, sebbene entrambi i recipienti fossero stati puliti, solo quello sottoposto al lungo processo era utilizzabile."

Il Maestro aggiunse che era per questa ragione che un Maestro Perfetto dava raramente la realizzazione istantanea a un aspirante, ma lo conduceva a essa lentamente, in modo che potesse diventare un recipiente robusto e utile per il lavoro di Dio.

A questo riguardo, una volta Meher Baba disse ai suoi discepoli: "La Realizzazione può essere data a chiunque in un secondo. Essa sarà allora solo a vantaggio personale, senza alcun beneficio per gli altri. Il periodo di austerità, di abnegazione e di privazioni che si attraversa con un Maestro genera potere e conferisce l'autorità di usare la Realizzazione, una volta raggiunta, per il risveglio spirituale degli altri."[11]

## 27. *Hal* e *muqam* (134)

Ecco una sintesi di *hal* (esperienza) e *muqam* (stadio) alla luce della gnosi sufi. Alcuni sufi credono che non ci sia una differenza apprezzabile tra *hal* e *muqam*; sostengono che ogni *muqam* è *hal* al principio e che si sviluppa in *muqam* alla fine. Ciò vale per tutti i piani compresi nelle sfere sottile e mentale. Tuttavia molti fanno una distinzione tra *hal* e *muqam*.

Secondo Abdullah Haris Muhasibi di Bassora:

*hal* è il dono di Dio; è fugace come il lampo ed è assicurato dalla pratica (*mujahida*).

*Muqam* è il risultato del pentimento, ed è assicurato dalla costante ombra di *hal*.

L'autore di *Awarif-ul-Maarif* afferma che:

*hal* significa un evento nascosto che discende dal mondo superiore al cuore del pellegrino, e continua ad andare e venire finché l'attrazione

---

[11] Vedi anche Meher Baba, "Perfection", *Discourses*, pp. 78-82, per comprendere la differenza tra la perfezione spirituale e la perfezione relativa che appartiene al dominio della dualità. [N.d.C.]

divina lo porta dal livello più basso a quello più alto.

*Muqam* è la stazione del Sentiero alla quale il pellegrino arriva. Diventa il luogo della sua permanenza finché non avanza ulteriormente.

*Hal* non è sotto il controllo del pellegrino; il pellegrino è controllato da esso.

*Muqam* è nelle mani del viandante.

*Hal* è un dono (*maohib*).

*Muqam* è un'acquisizione (*kasb*).

*Hal* non può mai esistere se non in relazione con *muqam*.

*Muqam* non può mai esistere se non in relazione con *hal*.

Lo sceicco Mohammed Ibrahim, noto anche come Ghazur-e-Ilahi, nel suo *Irshadat* dice:

"Quando *hal* continua, diventa *muqam*. Chiunque riceva *hal* una volta è un principiante, e chiunque continui in esso diventa un esperto."

Meher Baba spiega che:

nel senso generale del termine, *hal* è l'esperienza interiore (che include l'estasi, sia controllata sia incontrollata) delle esistenze relative nei primi sei piani (stadi) del Sentiero. Nel senso specifico, *hal* è lo stato di estasi divina ed è sempre sperimentato in gradi di potenza secondo il suo relativo *muqam*. Nel Vedanta *hal* è chiamato *bhav* e *muqam* è chiamato *sthan*.

*Muqam* è la permanenza del pellegrino in un determinato piano, in quel particolare *hal*.

*Hal* e *Muqam* avanzano insieme fino al sesto piano compreso. *Hal* domina sempre *muqam*.

*Hal* e *muqam* non esistono nel settimo piano.

Dove c'è *hal* c'è dualità. Quando qualcuno scende dal settimo piano alla coscienza normale e si stabilisce in uno dei piani per adempiere dei doveri, allora quel particolare piano diventa il suo *muqam*. Così per il *Qutub* (*Sadguru*) non c'è *hal*, c'è solo *muqam*. Gli uomini comuni, che sono per natura emotivi, possono godere di un *hal* ordinario mentre ascoltano musica, ma questo è uno pseudo-*hal* e non deve essere paragonato all'*hal* spirituale di un pellegrino sul Sentiero.


## 28. L'avvento dell'*Avatar* (141)

Alla domanda se l'Avatar sia o no la prima anima individuale ad aver realizzato Dio, Meher Baba ha risposto:

"È Dio che per primo è divenuto infinitamente cosciente (vedere la spiegazione nello Stato II-B di Dio). Ciò significa che Dio ha realizzato

Sé stesso per primo. Simultaneamente, Dio nel Suo Stato II-A è infinitamente incosciente (vedere la spiegazione nello Stato II-A di Dio). Gli altri stati di Dio e tutti gli status divini sono il prodotto dello Stato II-A di Dio, che aspira eternamente ad acquisire coscienza infinita.

In conseguenza di tutto ciò, scopriamo che l'uomo diventa Dio.

Il *Sadguru* è l'Uomo-Dio (ossia l'uomo che diventa Dio) ed è dovuto passare attraverso il processo di evoluzione e involuzione, mentre l'*Avatar* è il Dio-Uomo; in altre parole, Dio diventa direttamente uomo senza passare attraverso il processo di evoluzione e involuzione.

I cinque *Sadguru* (*Qutub*, Maestri Perfetti) provocano l'avvento dell'*Avatar* (*Rasul*, Cristo, Budda) sulla terra e perciò l'avvento del primo *Avatar* sulla terra non sarebbe stato possibile se non ci fossero stati prima i cinque *Sadguru* a provocare tale venuta. Pertanto, all'inizio, prima i cinque Maestri Perfetti hanno realizzato Dio e poi ha avuto luogo il primo avvento dell'*Avatar* sulla terra.

Che ci siano stati ventisei *Avatar* a partire da Adamo o un *lakh* e ventiquattromila Profeti come a volte si sostiene, che Gesù Cristo sia stato l'ultimo e l'unico Messia o Muhammad l'ultimo Profeta è del tutto irrilevante e insignificante se si considerano l'eternità e la Realtà. Ha pochissima importanza discutere se ci siano stati dieci o ventisei o un milione di *Avatar*. La verità è che l'*Avatar* è sempre uno e lo stesso, e che i cinque *Sadguru* provocano l'avvento dell'*Avatar* sulla terra. Ciò si è ripetuto ciclo dopo ciclo, e milioni di tali cicli devono essere passati e continueranno a passare senza influenzare minimamente l'eternità."

## 29. La gnosi del settimo piano (141)

Meher Baba descrive la gnosi di "Io sono Dio" del settimo piano, che appartiene rispettivamente a un *Majzoob*, a un *Azad-e-Mutlaq*, a un *Qutub* e al *Rasul*[12] come segue:

1. *Majzoob* (*Brahmi Bhoot*)
   *Anal Haqq* – che significa "Io sono Dio" (infinitamente).
2. *Azad-e-Mutlaq* (*Jivanmukta*)
   *Anal Haqq*, con
   *Hama ba man ast* – che significa "Tutto è con Me".

---

[12] Dopo la disincarnazione (morte fisica) la gnosi di tutti loro continua a essere infinitamente "Io sono Dio".

3. *Qutub* (*Sadguru*)

> *Anal Haqq*, simultaneamente a
> *Hama man am* – che significa "Tutto è Me".
> *Hama dar man ast* – che significa "Tutto è in Me".
> *Hama az man ast* – che significa "Tutto viene da Me".

4. *Saheb-e-Zaman* (*Avatar*)[13]

> *Anal Haqq*, simultaneamente a
> *Man hama am* – che significa "Io sono tutto".
> *Man dar hama am* – che significa "Io sono in tutto".
> *Hama az man ast* – che significa "Tutto viene da Me".
> *Hama dar man ast* – che significa "Tutto è in Me".

## 30. L'*Avatar* e il *Sadguru* (142)

Il concetto che Meher Baba vuole trasmettere è il seguente: "Quando si dice che un *Sadguru* è in buona salute o è malato, lo si dice, lo si vede e lo si percepisce da esseri umani comuni. Dal punto di vista del *Sadguru*, la verità fondamentale è che né la salute né la malattia né qualsiasi altra cosa influenza (tocca) minimamente il suo essere (infinità), perché egli è perfettamente cosciente (pienamente consapevole) dell'Illusione come illusoria ed è perciò pienamente consapevole che la salute e la malattia sono entrambe illusorie (ossia sono il prodotto del Nulla).

Come potrebbe mai il Nulla toccarlo? Il *Sadguru* ha superato le impressioni del Nulla attraverso il processo di evoluzione, reincarnazione e involuzione, e ha realizzato di essere il Tutto (che naturalmente include il Nulla). Sebbene il *Sadguru* rimanga all'interno della legge della Creazione, la legge stessa non lo tocca.

'*Sadguru*' significa che l'uomo è diventato Dio. Di conseguenza, quando l'uomo è **diventato** Dio non può più **essere** uomo, e se deve vivere come uomo deve agire, comportarsi o apparire come un uomo mettendo spontaneamente in azione, ossia mostrando, tutte le tendenze naturali dell'uomo.

Essendo un Maestro Perfetto, il *Sadguru* recita la parte (o interpreta il ruolo, o lo vive) così perfettamente su tutti i livelli e in tutti i piani che, in tutte le circostanze e sotto tutti gli altri aspetti, **appare** agli esseri

---

[13] Segnalando la sottile differenza tra la gnosi del *Qutub* e quella del *Saheb-e-Zaman* (*Avatar*), Meher Baba ha ulteriormente spiegato che la gnosi del *Qutub* è "Io sono Dio e Dio è Tutto", mentre la gnosi del *Saheb-e-Zaman* è "Io sono Dio e Io sono Tutto". [N.d.C.]

umani comuni come un uomo in mezzo agli uomini del mondo grossolano. **Appare** anche come uno degli uomini dei piani sottili a coloro che
sono nei piani sottili, e come un uomo dei piani mentali a coloro che
sono in questi piani.

Il *Sadguru* è simultaneamente al livello del più basso e a quello del
più alto. Da una parte è stabilito nell'infinito (Realtà) e dall'altra è il
maestro dell'Illusione. Perciò il *Sadguru* ha in suo potere i due estremi,
e la riconciliazione tra i due estremi può essere stabilita e mantenuta in
tutti gli stadi e stati intermedi solo se il *Sadguru* **agisce** su tutti i piani e
su tutti i livelli simultaneamente.

Nel caso dell'*Avatar*, la questione è alquanto differente. Tutta la
differenza sta nel fatto che *Sadguru* significa uomo che diventa Dio,
mentre *Avatar* significa Dio che diventa uomo. È molto difficile af-
ferrare l'intero significato della parola '*Avatar*'. Per l'umanità è semplice dichiarare che l'*Avatar* è Dio e che ciò significa che Dio diventa
uomo. Ma questo non è tutto quello che la parola '*Avatar*' significa o
trasmette.

Sarebbe più appropriato dire che l'*Avatar* è Dio e che Dio diventa
uomo per tutta l'umanità e simultaneamente diventa anche un passero
per tutti i passeri della Creazione, una formica per tutte le formiche
della Creazione, un maiale per tutti i maiali della Creazione, un
granello di polvere per tutte le polveri della Creazione, una particella
d'aria per tutta l'aria della Creazione, e così via per qualsiasi cosa che
esiste nella Creazione.

Quando i cinque *Sadguru* attuano la presentazione della Divinità di
Dio nell'Illusione, questa Divinità pervade di fatto l'Illusione e si
presenta in innumerevoli varietà di forme – grossolane, sottili e
mentali. Pertanto, nei periodi *avatarici* Dio si mescola con l'umanità
come uomo e con il mondo delle formiche come formica, e così via. Ma
l'uomo del mondo non può rendersene conto e quindi dice semplicemente che Dio è diventato uomo e rimane soddisfatto di questa
spiegazione nel suo mondo degli uomini.

Qualsiasi cosa l'uomo capisca, rimane il fatto che l'*Avatar* **diventa** e
il *Sadguru* **recita**.

La malattia dell'*Avatar* non ha niente a che fare con l'assunzione del
*karma* degli individui. Poiché l'*Avatar* è Dio che è diventato uomo sotto
tutti gli aspetti, non c'è ragione per cui non dovrebbe essere soggetto a
tutte le tendenze naturali di un essere umano. Dopo tutto,
Dio è diventato uomo ed **è** effettivamente uomo. Ma sebbene l'*Avatar*
di fatto si ammali come un uomo che si ammala, bisogna ricordare che

dispone simultaneamente anche del Suo potere, della Sua conoscenza e della Sua beatitudine infiniti.

L'*Avatar* non si assume mai il *karma* degli individui ma la Sua Divinità funziona universalmente."

## 31. Azione e inazione (142)

1. Nello stato di Aldilà dell'Aldilà di Dio c'è inazione incosciente.

2. Nello stato di realizzazione di Dio c'è inazione cosciente. Questo è lo stato di perfezione ma **non** del Maestro Perfetto.

3. Nello stato intermedio (tra 1 e 2) c'è azione cosciente.
   Le azioni promuovono i *sanskara* (impressioni). I *sanskara* a loro volta generano più azioni e creano legami. In questo stato c'è schiavitù.

4. Nello stato del *Majzoob* del settimo piano c'è azione incosciente.

5. Nello stato dei Maestri Perfetti c'è inazione **attiva** cosciente.
   I Maestri Perfetti sono liberi da *sanskara*. Non hanno impressioni. Di conseguenza, non ci può essere spazio per azioni proprie. Le loro vite sono di inazione, ma sono rese attive a causa delle circostanze ambientali. Le azioni dei Maestri Perfetti sono indotte dall'ambiente, da qualsiasi atmosfera regni in quel momento.

*Esempi*

1. Lo stato di Aldilà dell'Aldilà di Dio può essere paragonato a quello di un bambino profondamente addormentato in una culla. È un esempio di inazione incosciente.

2. Lo stato della persona che ha realizzato Dio (non un Maestro Perfetto) può essere paragonato a quello di un bambino ben sveglio ma ancora nella culla. Questo è un esempio di inazione cosciente.

3. Lo stato tra 1 e 2 può essere paragonato a quello di un bambino sveglio e fuori dalla culla. È un esempio di azione cosciente.

4. Lo stato del *Majzoob* del settimo piano può essere paragonato a quello di un sonnambulo. Il sonnambulo cammina o compie altre azioni nel sonno senza essere consapevole di ciò che fa in quello stato. Analogamente, il *Majzoob* del settimo piano compie azioni e non ne è cosciente. La sua è azione incosciente: mangia, beve, parla, ecc., ma tutto questo è la sua azione incosciente.

5. Lo stato di un Maestro Perfetto può essere paragonato a quello di un bambino ben sveglio ma dentro la culla, continuamente dondolata dall'umanità. È inazione **attiva** cosciente. L'inazione è essere dentro la culla e l'inazione attiva è il dondolamento della culla da parte di altri.

## 32. La gerarchia secondo Meher Baba (142)

Meher Baba dice: "In ogni ciclo di tempo,[14] che dura da 700 a 1400 anni, ci sono undici epoche che durano da 65 a 125 anni ciascuna. Dall'inizio alla fine di ogni ciclo, ci sono in totale 55 Maestri Perfetti e questo significa che ogni epoca[14] ha solo cinque (5) Maestri Perfetti. Nell'ultima epoca, l'undicesima di ogni ciclo, è presente anche l'*Avatar* (*Saheb-e-Zaman*). Oltre ai 55 Maestri Perfetti e all'*Avatar* ci sono anche 56 *Majzoob-e-Kamil* in ogni ciclo. Questi *Majzoob*, che sperimentano lo stato di *fana-fillah*, sono i compagni 'dormienti' o 'inattivi' nella conduzione del gioco divino (*lila*) della Creazione."

| Maestri Perfetti (*Sadguru*) | | Perfetti (*Majzoob-e-Kamil*) | |
|---|---|---|---|
| 1ª epoca | 5 | 7 | di cui 4 lasciano il corpo immediatamente dopo la Realizzazione |
| 2ª epoca | 5 | 3 | |
| 3ª epoca | 5 | 7 | di cui 4 lasciano il corpo immediatamente dopo la Realizzazione |
| 4ª epoca | 5 | 3 | |
| 5ª epoca | 5 | 7 | di cui 4 lasciano il corpo immediatamente dopo la Realizzazione |
| 6ª epoca | 5 | 3 | |
| 7ª epoca | 5 | 7 | di cui 4 lasciano il corpo immediatamente dopo la Realizzazione |
| 8ª epoca | 5 | 3 | |
| 9ª epoca | 5 | 7 | di cui 4 lasciano il corpo immediatamente dopo la Realizzazione |
| 10ª epoca | 5 | 3 | |
| 11ª epoca | 5 | 6 | di cui 3 lasciano il corpo immediatamente dopo la Realizzazione |
| Avatar | 1 | | |
| | 56 | 56 | |

---

[14] Nel Vedanta un ciclo di tempo è chiamato *yuga* e un'epoca è chiamata *kal*; i sufi chiamano un ciclo *daor* o *zaman* e un'epoca *waqt*.

Nell'esaminare questa tabella bisogna ricordare che:

1. Un ciclo dura da circa 700 a circa 1400 anni ed è costituito da 11 epoche. Ogni epoca dura da 65 a 125 anni circa; la sua durata, come la durata di un ciclo, dipende dalle circostanze materiali, spirituali e universali.

2. In ogni epoca la gerarchia in funzione è costituita da 7000 esseri spirituali (avanzati o perfetti). Gli esseri avanzati sono nei primi sei piani o tra di essi, e i Perfetti sono *Sadguru* o *Majzoob*. In ognuna delle prime dieci epoche ci sono cinque *Sadguru* (*Qutub*), uno dei quali è il *Qutub-e-Irshad*.

3. Nell'undicesima e ultima epoca di un ciclo il *Qutub-e-Irshad* depone la sua funzione non appena l'*Avatar* (*Saheb-e-Zaman* o Salvatore) in persona assume la propria funzione cristica (*muqam-e-Muhammadi*). Così il numero di cinque *Sadguru* in ogni epoca rimane costante.

4. I *Majzoob* Perfetti si alternano in numero in ogni epoca successiva, ossia ce ne sono sette nella prima epoca, tre nella seconda, sette nella terza, e così via. Nell'undicesima epoca ci sono tuttavia sei *Majzoob-e-Kamil*.

Nelle epoche in cui ci sono più di tre *Majzoob*, ossia nella prima, terza, quinta, settima, nona e undicesima epoca, quelli in soprannumero lasciano il corpo **immediatamente** dopo la Realizzazione (*Majzoob-e-Kamil*). Questo significa che nella prima, terza, quinta, settima e nona epoca, quattro dei sette *Majzoob* muoiono subito dopo la Realizzazione e che nell'undicesima e ultima epoca, in cui ci sono sei *Majzoob* perfetti, tre muoiono subito dopo la Realizzazione.

Il risultato è che in ogni data epoca **solo** tre *Majzoob* rimangono nel corpo. Così, dal punto di vista della gerarchia **in funzione** ci sono in realtà solo tre *Majzoob* in ogni epoca.

Meher Baba suddivide i 7000 membri della gerarchia **in funzione** per una particolare epoca nei sette piani spirituali e tra di essi nel seguente modo:

Nel primo piano, e anche tra il primo e il secondo, tra il secondo e il terzo, tra il terzo e il quarto, tra il quarto e il quinto, tra il quinto e il sesto e tra il sesto e il settimo . . . . . . . . . . . . . . . . . . . . . . . . . . . . 5 600
Nel secondo piano . . . . . . . . . . . . . . . . . . . . . . . . . . . . . . . . . . . 666
Nel terzo piano . . . . . . . . . . . . . . . . . . . . . . . . . . . . . . . . . . . . . . 558
Nel quarto piano . . . . . . . . . . . . . . . . . . . . . . . . . . . . . . . . . . . . 56
Nel quinto piano . . . . . . . . . . . . . . . . . . . . . . . . . . . . . . . . . . . . 56
Nel sesto piano . . . . . . . . . . . . . . . . . . . . . . . . . . . . . . . . . . . . . . 56
Nel settimo piano (ossia *Majzoob* nel corpo) . . . . . . . . . . . . . . 3
Maestri Perfetti (*Sadguru*) . . . . . . . . . . . . . . . . . . . . . . . . . . . . . 5
                                                                                              7 000
L'*Avatar*, nell'undicesima epoca di ogni ciclo,
porta il numero a . . . . . . . . . . . . . . . . . . . . . . . . . . . . . . . . . . . . 7 001

Ci sono sempre, in ogni momento e in tutte le epoche, cinquantasei anime che hanno realizzato Dio, o *Shiv-Atma*, in forma umana sulla terra. Tra queste cinquantasei, solo otto sono riconosciute pubblicamente e agiscono come membri attivi della gerarchia spirituale **in funzione**, costituita da 7000 membri che svolgono i compiti spirituali assegnati su vari piani di coscienza in base al loro avanzamento spirituale o alla loro perfezione.

I rimanenti quarantotto che hanno realizzato Dio non fanno parte della gerarchia spirituale in funzione di 7000 membri. Rimangono appartati e la gente non è a conoscenza della loro divinità, sebbene tutti e quarantotto abbiano la stessa esperienza e godano dello stesso stato divino di "Io sono Dio" degli altri otto. Questi quarantotto sono per così dire in lista d'attesa, pronti ad aiutare in qualsiasi evenienza spirituale che dovesse presentarsi quando uno o più membri in funzione abbandonano il corpo.

Tra le otto anime che hanno realizzato Dio e che sono a capo della gerarchia spirituale in funzione di 7000 membri, cinque sono Maestri Perfetti. Questi, oltre ad avere un ampio riconoscimento pubblico, hanno un compito da svolgere per rendere servizio e beneficio spirituale a tutta l'umanità. Gli altri tre sono *Majzoob* che, nonostante abbiano raggiunto la Divinità e rimangano nel corpo fisico, non hanno nessun compito spirituale da svolgere per l'umanità. Tuttavia sono fonte di beneficio spirituale per tutti quelli che entrano in contatto con loro.

Così si potrebbe dire che, mentre i cinque Maestri Perfetti rendono un servizio spirituale all'umanità nel suo insieme, i tre *Majzoob* portano un beneficio spirituale ai **pochi** che entrano in contatto con loro e li servono. I quarantotto che hanno realizzato Dio rimangono invece in disparte da ogni riconoscimento e funzione finché non si crea un vuoto nella gerarchia attiva, quando uno o più degli otto che hanno realizzato Dio abbandonano il corpo fisico.

## 33. L'avvento di Dio come *Avatar* (143)

L'universo è scaturito da Dio. Dio non è scaturito dall'universo. L'Illusione è scaturita dalla Realtà. La Realtà non è scaturita dall'Illusione. Solo Dio è reale; l'universo in sé è illusione.

La vita di Dio vissuta nell'Illusione, come *Avatar* e come Maestro Perfetto, non è illusoria, mentre la vita di Dio vissuta nella Creazione come ogni essere animato e inanimato è sia reale sia illusoria. L'Illusione, la vita illusoria e la vita di Dio nell'Illusione non sono e non possono essere la stessa cosa. L'Illusione non ha vita e non può avere vita. L'Illusione è illusione ed è di per sé nulla. La vita illusoria significa vita nell'Illusione, con Illusione, circondata da Illusione e, sebbene sia vita (come sperimentata dall'anima nella Creazione), è vita illusoria. Ma la vita di Dio vissuta nell'Illusione non è illusoria perché, nonostante viva la vita illusoria, Dio rimane cosciente della propria Realtà.

Dio è assolutamente indipendente, e l'universo è completamente dipendente da Dio. Tuttavia, quando i Maestri Perfetti provocano la discesa di Dio sulla terra come *Avatar* rendono la Realtà e l'Illusione interdipendenti l'una dall'altra. E così coloro che sono immersi nell'Illusione attingono eternamente dalla Sua misericordia infinita e dal Suo amore sconfinato.

Tra Dio e l'universo, la misericordia infinita e l'amore sconfinato fungono da collegamento preminente, eternamente usato dagli uomini che diventano Dio (*Sadguru*, Maestri Perfetti o *Qutub*) e da Dio che diventa uomo (*Avatar*, Cristo o *Rasul*), e così l'universo diventa l'eterno compagno di giochi di Dio. Attraverso questo collegamento preminente, l'*Avatar* non solo ha stabilito la vita nel suo gioco divino, ma ha anche stabilito la legge nell'Illusione. E questa legge, essendo stata stabilita dal Dio-Uomo o *Avatar*, è la legge dell'Infinito senza legge ed è eternamente reale e allo stesso tempo illusoria. È questa legge che governa l'universo e tutti i suoi alti e bassi. Costruzione e devastazione sono guidate da questa legge.

Nel periodo ciclico, l'Assolutezza indipendente di Dio viene fatta agire su questa legge dal Dio-Uomo come volontà di Dio, e questo significa che tutto ciò che l'*Avatar* vuole è ordinato da Dio.

## 34. *Tauhid* o lo stato unitario di Dio (154)

Il principio di *tauhid*, o lo stato unitario di Dio, è incontestabile. È il fondamento di base di tutte le religioni conosciute e la meta della disciplina spirituale sia nel sufismo sia nel Vedanta. Accettare *tauhid* in teoria è prerogativa delle masse, ma dedicarsi alla sua ricerca è la specialità di pochi eletti. È insieme facile e difficile. *Tauhid* è apparentemente così facile che se ne parla universalmente da pulpiti e tribune, e tuttavia così difficile da raggiungere che tutti gli sforzi possibili non producono altro che stupore e disorientamento.

L'unità di Dio, nel suo aspetto trascendente, è il *tauhid-e-tanzihi* (Unità Assoluta) del sufismo, e l'*advaita* del Vedanta. Il problema di *tauhid* presenta molteplici aspetti, come dimostra la vecchia storia di alcuni ciechi che esaminano un elefante. Ognuno di loro tocca una parte diversa dell'animale e se ne fa un'idea diversa. L'approccio individuale all'oggetto in questione è relativamente vero e incontestabile, tuttavia l'elefante nel suo insieme è qualcosa di alquanto diverso e incomprensibile per un cieco. Quelle che seguono sono alcune affermazioni di eminenti sufi riguardo a *tauhid* e agli aspetti che ritengono importanti:[15]

> *Tauhid* è quella realtà in cui le impressioni (*nuqush*) sono cancellate, la conoscenza appare e Dio rimane immacolato e puro come lo era prima.
>
> – Junayd di Baghdad

---

[15] Le apparenti contraddizioni nelle parole dei sufi sono dovute puramente ai limiti dei mezzi per esprimere le verità sperimentate e per descrivere la Verità realizzata in differenti contesti, in differenti circostanze e da differenti punti di vista che si uniscono sempre in una singola esperienza o nella realizzazione nel suo insieme. Meher Baba dice che tali differenze verbali non contraddicono ma completano le espressioni delle verità sperimentate e realizzate che sono alla base di tali contraddizioni. Dovrebbero quindi essere sempre tenute presenti le spiegazioni a questo riguardo che sono già state date nelle pagine precedenti, ossia:

Pagina 188: L'approccio alla Verità è individuale e così, per quanto riguarda i dettagli, molto dipende dalla tendenza spirituale, dalla predisposizione fisica e dalle circostanze esterne individuali.

Pagina 192: Ci possono essere mille cercatori che godono di altrettante esperienze spirituali, ma c'è un solo Sentiero della Gnosi.

Pagina 201: Nonostante i differenti aspetti delle esperienze dell'Esperienza, tutti gli aspetti sono sperimentati insieme contemporaneamente.

Pagina 225: Da un lato, più dettagli confondono di più e, dall'altro, meno dettagli spiegano meno le cose. Ciò dà origine a una varietà di termini ed espressioni per un uso da differenti punti di vista e in differenti contesti. In assenza di un'esperienza effettiva, le descrizioni della stessa unica cosa suonano spesso contraddittorie. Ma alla luce delle esperienze relative o della realizzazione finale della Verità, le contraddizioni stesse si rivelano espressioni complementari della stessa unica Verità.

*Tauhid* è la conoscenza di Dio e questa conoscenza permette allo gnostico di distinguere tra l'essere originale (*qadim*) e quello contingente (*hadas*). Lo stato trascendente di *tauhid* comprende la negazione di *tauhid*.

– Junayd di Baghdad

*Tauhid* è la cancellazione dell'amante negli attributi dell'amato.

– Jehangir Samnani

*Tauhid* ha due aspetti: uno è lo stato e l'altro è la sua descrizione. L'aspetto descrittivo di *tauhid* appartiene alla missione dei Profeti nel mondo, e il suo stato implica l'oceano infinito e senza confini. L'aspetto descrittivo dipende dalla strumentalità della parola, della vista, dell'udito e della cognizione, e tutti questi richiedono una conferma separata. Confermare sulla base di prove estrinseche significa suggerire dualità, e *tauhid* è libero da ogni traccia di dualità. Nell'uomo la fede cammina sulla strada affollata della dualità, e non si può fare a meno del tutto di questo stadio.

Il *tauhid* descrittivo è come una lampada, mentre il *tauhid* in sé e di per sé è il sole. Quando il sole appare, la luce della lampada svanisce nel nulla. Il *tauhid* descrittivo è mutevole, mentre lo stato di *tauhid* è immutabile ed eterno. Le parole pronunciate dalla lingua sono annullate dal cuore. Quando nel viaggio spirituale si giunge alla stazione del cuore la lingua muore e ammutolisce. In seguito anche il cuore è scavalcato dallo spirito (*jan*), e a questo stadio il viandante parla con Lui. Questo dialogo non è in relazione all'essenza ma in relazione al suo attributo. L'attributo cambia, ma non l'essenza (*ayn*). Quando il sole riscalda l'acqua, l'attributo cambia ma non l'acqua. Per questo "il tentativo stesso di affermare *tauhid* è deteriorare la purezza originaria di *tauhid*" ('*Aṣbat ut-tauḥīd, fāsidūn fīt-tauḥīd*).

Per l'unitariano (*mawahid*), *tauhid* vela la bellezza dell'Unità Assoluta (*jamal-e-ahadiyat*). Per questo motivo *tauhid* è sospetto, perché il desiderio che ne avete proviene da voi stessi.

Chi scrive su *tauhid* è un *mulhid* (razionalista); chi lo indica è un dualista; chi lo arguisce è un idolatra; chi ne parla è irresponsabile; chi ne tace è ignorante; chi pensa di averlo realizzato si autoinganna; chi ne immagina la vicinanza ne è distante; chi lo pesa con l'intelletto e se ne fa delle idee indulge in fantasticherie; e chi lo trova senza cercarlo è perduto.

– Abu Bakr Shibli

Parlare di *tauhid* in relazione all'assolutismo (*tanzeeh*) vuol dire qualificarlo, e riferirsi a esso come qualificato (*tashbeeh*) è renderlo limitato e finito. Tuttavia, equilibrare i due estremi è perfetto e proprio ciò che è auspicabile.

– Muhyuddin Ibn Arabi

*Tauhid* è essenzialmente l'oblio di *tauhid*. Coloro che ritornano alla coscienza normale devono necessariamente avere del lavoro sul piano materiale. Di conseguenza *tauhid* può essere paragonato a un creditore che non può mai essere adeguatamente e pienamente ripagato in vita.

– Quduntul-Kubra

*Tauhid*, lo stadio unitario di Dio, non ammette quindi nessun linguaggio, poiché in questo stato trascendente non c'è nessuno a cui rivolgersi.

I sufi hanno classificato *tauhid* in cinque categorie principali, rispettando o connotando i differenti stadi dell'evoluzione spirituale dell'uomo. Sono conosciuti come:

1. *Tauhid-e-aqwali* – l'unità verbale di Dio.
2. *Tauhid-e-afa'ali* – l'unità attiva di Dio.
3. *Tauhid-e-ahwali* – l'unità senziente di Dio.
4. *Tauhid-e-sifati* – l'unità di Dio negli attributi.
5. *Tauhid-e-zati* – l'unità di Dio nell'essenza.

1. **Tauhid-e-aqwali** appartiene alla maggioranza dell'umanità che crede in uno dei Profeti (*Avatar*) e ha fede nel Suo messaggio. A questo stadio la mera accettazione verbale di Dio o dell'unità di Dio e l'adempimento dei relativi doveri imposti dal legislatore sono considerati sufficienti quale preparazione agli stadi successivi della vita spirituale. Ciò è anche conosciuto come *tauhid-e-shariat*.

2. **Tauhid-e-afa'ali** riguarda coloro che sono stati effettivamente iniziati al Sentiero. L'espressione dell'unità di Dio con tali iniziati della sfera sottile (*alam-e-malakut*) simula intrinsecamente la vita delle anime pure, gli angeli. A questo stadio la convinzione spirituale che nasce da dentro è che dietro ogni cosa, buona o cattiva, c'è il potere motivante di Dio.

3. **Tauhid-e-ahwali** appare nelle anime avanzate del quinto piano della sfera mentale. A questo stadio l'anima si trova avvolta nell'irradiazione diretta della Divinità e dà coscientemente o inconsciamente un immenso aiuto alle altre anime nelle sfere sottile e grossolana.

4. **Tauhid-e-sifati** appartiene al sesto piano della stessa sfera (mentale). Tutti gli aspetti di materialità del piano grossolano e di sottigliezza dei piani sottili, ancora attaccati all'anima, vengono completamente eliminati e si dissolvono come la luce delle stelle che svanisce davanti al sole. Entrambi i *tauhid* 3 e 4 appartengono alla stessa sfera mentale *(alam-e-jabrut)* e tutti e tre i *tauhid* 2, 3 e 4 sono anche chiamati collettivamente *tauhid-e-tariqat*.

5. **Tauhid-e-zati** è la realizzazione di Dio nella quinta sfera Reale di *haqiqat*, che comprende i differenti stadi o aspetti di *marefat-e-haqiqat*, ossia *halat-e-Muhammadi* nello stadio di *lahut*, e *haqiqat-e-Muhammadi* nello stadio di *hahut* della sfera della Realtà.

I sufi sono unanimi nel dire che tra i vari aspetti inerenti alla realizzazione, o *tauhid-e-zati*, il più perfetto è l'accentuazione della differenza di *ubudiyat* (servitù) tra uomo e Dio. Questo fatto spirituale è stato frainteso e impropriamente applicato dalla Chiesa, che ha affermato che l'uomo è uomo e Dio è Dio, e che l'uomo non può mai diventare Dio né Dio mai trasformarsi in uomo. La verità alla base della questione è invece che dopo la realizzazione di *tauhid-e-zati* l'enfasi su *ubudiyat* (servitù) connota il terzo viaggio dei *Salik* chiamato *seyr-e-ma Allah*, il ritorno alla coscienza normale **con** Dio.

I vari stadi e aspetti di *tauhid* esaminati sopra sono riportati nella tabella qui sotto:

| Stadi | Aspetti | Sfere |
|---|---|---|
| *Tauhid-e-Aqwali* | *Waqif* (cosciente del grossolano) | *Alam-e-Nasut* (Prima sfera) |
| *Tauhid-e-Afa'ali* | *Wasif* (lodatore) | *Alam-e-Malakut* (Seconda sfera) |
| *Tauhid-e-Ahwali* | *Arif* (conoscitore) | *Alam-e-Jabrut* (Terza sfera) |
| *Tauhid-e-Sifati* | *Ashiq* (amante) | |
| *Tauhid-e-Zati* | 1. *Ashiq-o-Mashuq* (amante e amato in uno) <br><br> 2. *Ashiq* (amante) e *Mashuq* (amato) simultaneamente | 1. *Alam-e-Lahut* <br><br> 2. *Alam-e-Hahut* (Quinta sfera) |

*Wujudiyyah e Shuhudiyyah*

Tra le varie correnti unitariane (*ahl-e-tauhid*), le più importanti e controverse sono le due scuole di pensiero conosciute come *Wujudiyyah* e *Shuhudiyyah*.

Muhyuddin Ibn Arabi è il più grande fautore della scuola *Wujudiyyah*, che sostiene *wahdat-ul-wujud* (unità dell'esistenza), che nel Vedanta è l'Advaitismo, sostenuto dal suo maggior esponente Sankaracharya. Secondo Ghazur-e-Ilahi, Ibn Arabi riteneva che l'esistenza (*wujud*) non è più di una, è l'esistenza stessa e si manifesta a sé stessa tramite sé stessa, come l'acqua che si manifesta a sé stessa sotto forma di ghiaccio attraverso la limitazione. Quando nello stato di *fana* la limitazione (forma) scompare, l'Assoluto rimane e diviene *Hu Hu* (Lui, Lui).

Lo Sceicco Shahabuddin Suhrawardi, uno dei principali patrocinatori della scuola *Shuhudiyyah*, che definisce la sua filosofia come *wahdat-ul-shuhud* (apparentismo o *Vishistadvaita* del Vedanta) sostiene che in *fana*, *bandah* (il limitato) diventa *kaanahu Hu* (come Lui) e non *Hu Hu* (Lui, Lui), come il ferro nel fuoco che diventa come il fuoco ma non il fuoco stesso, poiché la realtà del ferro è completamente diversa da quella del fuoco. Gli *Shuhudiyyah* definiscono due esistenze (*zat*) diverse e percepiscono due cose distinte: ferro e fuoco. Il ferro diventa fuoco temporaneamente e poi il ferro è ferro e il fuoco è fuoco.

Mirza Jan Janan afferma che la relazione tra l'aspetto immanifesto e l'aspetto manifesto di Dio è quella che esiste tra l'oceano, le onde e le bolle. Questa molteplicità non influisce in alcun modo sull'Unità della Realtà né interferisce con essa. Questo è *wahdat-ul-wujud* (identitismo). Per contro, l'altra posizione che determina la relazione tra Dio e il creato, come quella dell'originale e la sua ombra o del sole e i suoi raggi, è *wahdat-ul-shuhud* (apparentismo).

Il *wahdat-ul-wujud* di Muhyuddin Ibn Arabi proviene dalle altezze di *ahadiyat* (unità cosciente), e la gnosi relativa a questo stadio è pertanto "*Hama ust*" (Tutto è Lui).

Il *wahdat-ul-shuhud* dello Sceicco Shahabuddin Suhrawardi, noto anche come *Mujaddid*, proviene dalle stesse altezze della Realtà (*haqiqat*), ma la gnosi espressa è "*Hama az ust*" (Tutto viene da Lui).

Le due dottrine e le conseguenti controversie sono uno sviluppo successivo avvenuto all'inizio del presente *daor-e-qalandari* (ciclo di maestria), e non sono quindi apparse durante la vita del Profeta arabo. La dottrina dei *Wujudiyyah* è basata sull'esperienza e la ragione e quella degli *Shuhudiyyah* sull'esperienza e gli aspetti coranici di interesse comune.

Ibn Arabi nega la trascendenza e l'immanenza, che implicano dualità. Sostiene che Dio è uno e che solo Lui esiste. Tutte le altre cose che sembrano esistere sono Sue manifestazioni o *tajalliyat*. Perciò Dio è identico a *sifat* (attributi), e tutti i nomi divini sono identici al nominato, che è *Allah*. I santi che appartengono alla scuola di pensiero *Wujudiyyah* hanno lo sguardo rivolto all'unità dell'esistenza (*wahid-ul-wujud*), la prima *tajalli* (manifestazione) di Dio, dallo stadio di *ahadiyat*; di conseguenza le devoluzioni successive (ossia i mondi mentale, sottile e grossolano) sono come un'ombra (*zil*) che è nulla e come tale costituisce un offuscamento di *zat* (essenza divina). L'ombra (*zil*), tuttavia, deve la sua esistenza a Dio, che è infinito ed eterno, ed è dipendente da Lui. Così anche l'ombra **è**, nel senso che i *Wujudiyyah* considerano tutto come Dio, anche le ombre (i mondi mentale, sottile e grossolano) che non hanno esistenza indipendente.

Gli *Shuhudiyyah*, come già detto, hanno due *zat*, una di realtà e l'altra di non-realtà, una di Dio e l'altra di *bandah*. La *zat* di *bandah* è zero (*adum*) e questo *adum* (nullità) è relazionale (*izafi*), e non è reale (*haqiqi*). Se si considera il nulla (*adum*) come un'essenza (Realtà), allora ci saranno due *zat*, il che comporta dualismo. L'*adum-e-izafi* è solo relativamente un *adum* (nulla). È semplicemente zero. Se un qualsiasi numero di zeri è aggiunto a uno zero, il valore del numero non cambia. *Adum* è quindi un simbolo nella conoscenza di Dio. Poiché la perfezione appartiene a *zat*, Dio è la Perfezione stessa. L'imperfezione è relativa ad *adum* e perciò "il male" è la manifestazione di *adum* (esistenza non esistente). I *Mujaddid* hanno solo riaffermato e rienfatizzato la dottrina di *wahdat-ul-shuhud* (apparentismo), originariamente fondata da Abdul Karim al-Jili, l'autore di *Al-Insan-ul-Kamil*.

Tuttavia, la realtà spirituale è che la filosofia *Wujudiyyah* è di un genere più elevato e non ammette alcuna considerazione di convenienza o compromesso. La gnosi di Meher Baba è ugualmente applicabile a entrambi questi approcci alla Verità e per seguirla così com'è presentata nei "Dieci stati di Dio" sarebbe d'aiuto al cercatore una certa familiarità con il modo sufi di delineare i *tanazzulat* – le devoluzioni dell'Assoluto – attraverso stadi consecutivi di manifestazioni, chiamati nel mondo sufi *khamsa wujudat* (Cinque Esistenze).

La Gnosi di tutti i Sufi Perfetti implica che Dio nello stato di Aldilà dell'Aldilà è inconoscibile e indefinibile. Nel comprendere questo stato di Dio (*Wara-ul-Wara*) che è Al di là dell'Aldilà, le ali del pensiero e dell'immaginazione sono paralizzate. Nello stato di Aldilà dell'Aldilà, Dio Assoluto (*Wujud-e-Mutlaq*) **è**.

I sufi hanno descritto questo stato trascendente di Dio in molti modi: *Ghaib-ul-Ghaib* (il Nascosto del Nascosto).

*Majhul-un-Nat* (l'Inconoscibile e Indefinibile). È in questo stato che *zat* non ha conoscenza di Sé stessa.

*Munqata-ul-Izharat* (lo stato in relazione al quale ogni indicazione è abbandonata).

*Al Ama* (la Nebbia Oscura), che implica uno stato di potenzialità latente di Dio in relazione al suo aspetto interiore di Aldilà dell'Aldilà e nel suo aspetto esteriore di *ahadiyat* (Unità cosciente) in cui *zat* è consapevole della sua Unità trascendente.

Meher Baba spiega che sebbene Dio dallo stato di Aldilà (Unità cosciente) non possa tornare allo stato di Aldilà dell'Aldilà, sa che **era** ed **è** Esistenza Infinita, Conoscenza Infinita e Beatitudine Infinita e da ciò sa che il Suo stato originario era lo stato di Aldilà dell'Aldilà (*Zat-al-Baht*).

Tuttavia, allo scopo di rendere il tema comprensibile ai cercatori, i sufi hanno trattato il Tema Divino in termini di devoluzioni o manifestazioni di cinque tipi differenti:

*Khamsa wujudat o Cinque tipi di Esistenza*

1. *Wahid-ul-wujud* (Esistenza unitaria) è la prima manifestazione o *tajalli-e-avval* nell'*alam-e-lahut* della Sfera Reale e comprende lo stadio di *ahadiyat* (Unità cosciente).

2. *Arif-ul-wujud* (Esistenza conoscente) è lo stadio associato con *haqiqat-e-Muhammadi* (Realtà di Muhammad) o *nur-e-Muhammadi* (Luce di Muhammad),[16] lo stadio di *hahut* nella Sfera della Realtà. Questo è lo stadio di *wahdiyat* cosciente di *wahidiyat* (Unità cosciente, cosciente dell'Unità-nella-molteplicità). È la seconda manifestazione, il *tajalli-e-dovvom*.

3. *Mumtan-ul-wujud* (Esistenza negativa) è il terzo stadio di manifestazione (*tajalli-e-sevvom*). È *alam-e-jabrut* (la sfera mentale), il punto in cui comincia lo stadio di *wahidiyat* (Unità nella molteplicità).

---

[16] *Haqiqat-e-Muhammadi*: La Parola originaria di Dio realizzata.
*Nur-e-Muhammadi*: La Parola originaria di Dio espressa.
*Haqiqat-e-Muhammadi* include *nur-e-Muhammadi*, ma *nur-e-Muhammadi* **non** include *haqiqat-e-Muhammadi*.

4. *Mumkin-ul-wujud* (Esistenza possibile) comprende tra le altre cose il mondo degli angeli e degli spiriti, ed è conosciuto come *alam-e-malakut* (la sfera sottile), che è la sfera dell'Energia. Rappresenta *tajalli-e-chaharom*, il quarto stadio di manifestazione.

5. *Wajib-ul-wujud* (Esistenza necessaria) comprende ogni cosa relativa all'esistenza grossolana. È noto ai sufi come *alam-e-nasut* (la sfera grossolana), il quinto aspetto di manifestazione, il *tajalli-e-panjom*.

Questi rappresentano le cinque devoluzioni di Dio dallo stato di Aldilà, note come *tajalliyat-e-khamsa* (cinque manifestazioni) o *khamsa wujudat* (cinque esistenze).

Tratteremo ora ciascuna di esse in successione ascendente cominciando con *wajib-ul-wujud* (Esistenza necessaria) e terminando con *wahid-ul-wujud* (Esistenza unitaria).

Nel dominio di *shariat* (legge), *wajib-ul-wujud* (Esistenza necessaria) significa per i teologi il Dio Assoluto da cui tutti i gradi di esistenza traggono il loro essere. I sufi invece usano il termine per indicare ogni cosa grossolana e materiale. Qui *wujud* significa corpo, poiché non si può dire che l'anima in evoluzione nella forma di pietra, vegetale, animale e umana si evolve senza i mezzi grossolani composti da cinque elementi. Questa esistenza grossolana nello stadio di *wajib-ul-wujud* è una grande benedizione data da Dio, poiché senza di essa il raggiungimento degli stadi di Perfezione, santità e comando sarebbero impensabili.

Il corpo grossolano è un meccanismo meraviglioso e unico che ha in sé tutte le altre quattro esistenze relative e reali: sottile, mentale e sub-sovramentale e Dio Stesso. Perciò il corpo umano è chiamato dai sufi *alam-e-saghir* (Microcosmo), che è la personificazione di *alam-e-kabir* (Macrocosmo) che comprende tutte le cinque esistenze, il cui mistero non può essere svelato da nessuno senza l'aiuto della mente universale di un Maestro Perfetto o del Salvatore.

*Wajib-ul-wujud* (Esistenza necessaria, o sfera grossolana) trae la sua esistenza, o ne è il riflesso, da *mumkin-ul-wujud* (sfera sottile). La relazione tra Dio e la Creazione a questo stadio è quella del signore e dello schiavo. La coscienza o la mente in evoluzione di questo stadio è chiamata *nafs-e-ammara* (sé cattivo) e ha la tendenza naturale a godere di ogni cosa che sia grossolana. Qui l'idea della relazione di Dio con l'uomo è conosciuta come *tauhid-e-aqwali* (unità verbale di Dio) che riconosce oralmente l'esistenza di Dio.

*Mumkin-ul-wujud* (Esistenza possibile, o sfera sottile) trae la sua esistenza da *mumtan-ul-wujud* (sfera mentale). Qui la relazione tra Dio e i Suoi attributi manifesti è del tipo che esiste tra padre e figli. Qui Dio è gentile, misericordioso e vigile verso i Suoi figli che sono spensierati, non pensano a punizione o ricompensa e non hanno nessun desiderio di conoscenza e nessuna sete di conquiste spirituali. Tali entità sono comunemente conosciute come angeli. La coscienza di questa sfera (*alam-e-malakut*) è detta *nafs-e-lawaama* (sé biasimevole) e la cognizione di Dio a questo stadio è chiamata *tauhid-e-afa'ali* (unità d'azione), che significa che le entità di questo mondo sono impegnate esclusivamente nel compito assegnato loro di ricordare Dio.

*Mumtan-ul-wujud* (Esistenza negativa, o sfera mentale) comprende il quinto e il sesto piano del Sentiero che a questo stadio raggiunge *wahidiyat* (Unità nella molteplicità). *Wahidiyat* comincia nel quinto piano, raggiunge l'apice nel sesto e ha espliciti in sé tutti i dettagli della Creazione, inclusi i piani sottile e grossolano. Questo è l'*alam-e-jabrut* che trae la sua esistenza, e ne è il riflesso, da *arif-ul-wujud* (lo stadio di *haqiqat-e-Muhammadi*). È chiamato *mumtan-ul-wujud*, o Esistenza Negativa, per la semplice ragione che *mumtana* significa ciò che è inesistente, e *wujud* significa la forma o il corpo di esistenza. Pertanto, la parola *mumtan-ul-wujud* significa che qui la forma è inesistente. Questo stadio è simile al seme che contiene in sé il potenziale per le radici e i rami dell'albero, che quando sono pienamente sviluppati e manifesti rappresentano i piani sottile e grossolano. I sufi lo conoscono come *la makan*, in cui tutte le idee di tempo e spazio convergono in un punto.

La coscienza della sfera mentale è chiamata dai sufi *nafs-e-mutmainna*, che significa sé beatificato o soddisfatto, nel quinto piano, e *nafs-e-mulhima*, che significa sé ispirato, nel sesto piano. Qui la relazione tra Dio e la Creazione è quella dell'Amato e dell'amante, e l'idea di Dio in questi stadi è nota ai sufi come *tauhid-e-ahwali* (unità di sentimento). Questo è lo stadio conosciuto come *haqiqat-e-insani* (Realtà dell'uomo) in cui l'uomo si trova faccia a faccia con Dio, ma non ha ancora abbandonato il suo ego ed è ancora nel dominio della dualità.

*Wahid-ul-wujud* (Esistenza unitaria) nello stadio di *alam-e-lahut* della Sfera della Realtà è lo stato in cui Dio per la prima volta è diventato cosciente del Suo *ahadiyat* (Unità cosciente), e *arif-ul-wujud* nello stadio di *alam-e-hahut* della stessa sfera della Realtà è lo stato di *wahdiyat-e-wahidiyat* (Unità cosciente dell'Unità-nella-molteplicità) anche chiamato *haqiqat-e-Muhammadi*.

Nello stato di *Wara-ul-Wara*, Dio, secondo i sufi, era un tesoro nascosto e voleva essere conosciuto. Non appena "il tesoro nascosto" espresse il desiderio di conoscere sé stesso, divenne consapevole di sé stesso come Luce (*nur*), o *nur-e-Muhammadi*, che ha implicita e latente in sé l'esistenza di tutta la Creazione e del mondo manifesto. È in relazione a questo che il Profeta Muhammad ha detto: "Dio ha creato prima la mia luce, e dalla mia luce è nato l'universo". Questo è l'aspetto di *jamal* (bellezza) nella conoscenza di Dio incluso in *tauhid-e-zati* (Unità dell'Essenza). Qui la relazione che esiste tra Dio e la Creazione è quella che esiste tra l'Amante e l'amato. Qui l'Amante è Dio e Muhammad è l'amato. Qui Dio ha la completa consapevolezza sia di Sé stesso sia della Creazione.

*Wahid-ul-wujud* (Unità di Esistenza) è la prima limitazione di Dio nello stato di Aldilà dell'Aldilà ed è uno degli stadi della quinta sfera noto come *lahut*. Questo è lo stadio dell'Assolutismo cosciente che, quando è usato dall'*arif-ul-wujud* (Esistenza conoscente), gli dà l'esperienza sia di *fana* sia di *baqa*. Questo stadio, come tutti gli altri stadi del Sentiero, è al di là della mente e dell'intelletto e non può essere racchiuso in parole; include *tajalli-e-jamali* (epifania della bellezza) e *tajalli-e-jalali* (epifania della beatitudine). *Tajalli-e-jalali* è ciò che conferisce a un'anima l'esperienza di *fana* (annientamento completo) e *tajalli-e-jamali* la dota ancora una volta della coscienza della normalità, nota ai sufi come *baqa* (permanenza). *Tajalli-e-jalali* è anche *ashqiyyat*, in cui Dio è l'Amato e l'uomo è l'amante, e *tajalli-e-jamali* è *mashuqiyat*, in cui Dio è l'Amante e l'uomo è l'amato. Quest'ultima è la manifestazione spirituale più alta, conosciuta come *faqr* o *faqiri*.

Così in *alam-e-lahut* e *alam-e-hahut* della quinta sfera, la Sfera Reale, ci sono gli stadi di Perfezione nei rispettivi aspetti di *ashiq-o-mashuq* (Amante e Amato in Uno) e *ashiq* (Amante) e *mashuq* (Amato) simultaneamente. In *alam-e-jabrut* (sfera mentale) ci sono gli stadi di *ashiq* (amante) e *arif* (gnostico), in *malakut* (sfera sottile) c'è lo stadio di enumeratore di attributi, e in *nasut* (la sfera grossolana) c'è lo stadio di *waqif* (individuo cosciente del grossolano). Descrivendo questi stadi in ordine ascendente, quando *waqif*, colui che è cosciente, diventa più cosciente, entra nello stadio di *wasif* (attributi). Da *wasif* arriva allo stadio di *irfan* (gnosi) e da *irfan* raggiunge il dominio dei misteri di Dio (*maarif*). Dallo stadio di *maarif* ha il dono della visione di Dio che gli conferisce lo status di amante, e quando infine diviene AMORE scopre che lui stesso era il fine ultimo di tutto. In questo stadio di *Huyat* tutto è dissolto nello stato di "Io sono Dio" di Dio.

## 35. *Maya*[17] (163)

La forza che mantiene un uomo spiritualmente cieco, sordo, ecc., è la sua stessa ignoranza che è governata dal principio dell'ignoranza cosmica generalmente conosciuto come *Maya*.[18]

Capire *Maya* è capire l'universo. Tutti i falsi valori e le false credenze sono dovuti alla morsa di *Maya*. È soprattutto l'intelletto che fa il gioco di *Maya*, perché l'intelletto non è in grado di raggiungere quella coscienza che realizza che Dio è Verità. Si può conoscere la Verità solo dopo aver trasceso l'illusione cosmica che appare reale a causa di *Maya*.

*Maya*, il principio di ignoranza, può essere trascesa solo quando l'aspirante spirituale è in grado di realizzare che *Maya* è l'ombra di Dio e in quanto tale è nulla. L'enigma di *Maya* si scioglie solo dopo la realizzazione del Sé.

## 36. Meher Baba dice (182)

*Paradosso spirituale*

"Fintanto che l'ignoranza non è eliminata e la Conoscenza acquisita (la Conoscenza per la quale la vita divina è sperimentata e vissuta) tutto ciò che riguarda lo spirituale sembra paradossale: di Dio, che non vediamo, diciamo che è reale, e del mondo, che vediamo, diciamo che è irreale. Nell'esperienza, ciò che esiste per noi non esiste realmente, e ciò che non esiste per noi, esiste realmente.

Dobbiamo perderci per trovarci; così la perdita stessa è guadagno. Dobbiamo morire a noi stessi per vivere in Dio; così la morte significa vita. Dobbiamo svuotarci completamente dentro per essere completamente posseduti da Dio; così il vuoto totale significa pienezza assoluta. Dobbiamo spogliarci dell'individualità diventando nulla per essere assorbiti nell'infinità di Dio; così il nulla significa Tutto."

*L'esistenza è sostanza e la vita è ombra*

"L'Esistenza è eterna, mentre la vita è peritura.

Comparativamente, l'Esistenza è ciò che il corpo è per l'uomo, e la vita è come l'abito che riveste il corpo. Lo stesso corpo cambia abito

---

[17] Meher Baba, "Maya", da *In Quest of Truth*, Irene Conybeare, Kakinada, A.P., India, Swami Satya Prakash Udaseen, pp. 274-275. [N.d.C.]

[18] Vedi anche Meher Baba, "Maya", *Discourses*, pp. 370-387. [N.d.C.]

secondo le stagioni, il tempo e le circostanze, così come l'unica ed eterna Esistenza è sempre presente in tutti gli innumerevoli e svariati aspetti della vita.

Avvolta fino a essere irriconoscibile nel manto della vita con le sue molteplici pieghe e i suoi svariati colori, l'Esistenza è immutabile. È la veste della vita con i suoi veli della mente, dell'energia e delle forme grossolane che 'adombra' e si sovrappone all'Esistenza, presentando l'Esistenza eterna, indivisibile e immutabile come transitoria, varia e sempre mutevole.

L'Esistenza è onnipervadente, ed è l'essenza fondamentale di tutte le cose, animate o inanimate, reali o irreali, varie nella specie o uniformi nella forma, collettive o individuali, astratte o concrete.

Nell'eternità dell'Esistenza non c'è tempo. Non c'è passato e non c'è futuro, solo l'eterno presente. Nell'eternità niente è mai accaduto e niente mai accadrà. Tutto accade nell'ADESSO senza fine.

L'Esistenza è Dio, mentre la vita è illusione.

L'Esistenza è Realtà, mentre la vita è immaginazione.

L'Esistenza è eterna, mentre la vita è effimera.

L'Esistenza è immutabile, mentre la vita è in continua mutazione.

L'Esistenza è libertà, mentre la vita è un vincolo.

L'Esistenza è indivisibile, mentre la vita è multipla.

L'Esistenza è impercettibile, mentre la vita è ingannevole.

L'Esistenza è indipendente, mentre la vita è dipendente dalla mente, dall'energia e dalle forme grossolane.

L'Esistenza **è**, mentre la vita sembra essere.

L'Esistenza, perciò, non è la vita.

La nascita e la morte non segnano l'inizio o la fine della vita. Mentre i numerosi stadi e stati della vita che costituiscono le cosiddette nascite e morti sono governati dalle leggi dell'evoluzione e della reincarnazione, la vita nasce **una volta sola**, con l'avvento dei primi tenui raggi di coscienza limitata, e soccombe alla morte **una volta sola** quando raggiunge la coscienza illimitata dell'Esistenza infinita.

L'Esistenza, Dio onnisciente, onnipotente, onnipresente, è al di là di causa ed effetto, al di là di tempo e spazio, al di là di tutte le azioni.

L'Esistenza tocca tutto, tutte le cose e tutte le ombre. Nulla può mai toccare l'Esistenza. Anche il fatto stesso di essere non tocca l'Esistenza.

Per realizzare l'Esistenza, la vita deve essere abbandonata. È la vita che pone dei limiti al Sé illimitato. La vita del sé limitato è sostenuta dalla mente che crea impressioni, dall'energia che alimenta la spinta ad accumulare e dissipare queste impressioni attraverso le espressioni, e dalle forme grossolane e dai corpi che funzionano come strumenti attraverso i quali queste impressioni sono consumate, rafforzate e infine esaurite attraverso le **azioni**.

La vita è strettamente legata alle azioni. La vita è vissuta attraverso le azioni. La vita è apprezzata attraverso le azioni. La sopravvivenza della vita dipende dalle azioni. La vita consapevole è fatta di azioni – azioni opposte per natura, azioni positive e negative, azioni costruttive e distruttive.

Perciò, lasciare che la vita soccomba alla sua morte finale è lasciare che tutte le azioni abbiano fine. Quando le azioni terminano completamente, la vita del sé limitato sperimenta spontaneamente sé stessa come Esistenza del Sé illimitato. Una volta realizzata l'Esistenza, il processo di evoluzione e involuzione della coscienza è completo, l'illusione svanisce e la legge della reincarnazione non vincola più.

Desistere semplicemente dal compiere azioni non metterà mai fine alle azioni. Significherebbe soltanto mettere in atto ancora un'altra azione, quella dell'inattività.

Fuggire le azioni non è il rimedio per sradicare le azioni. Al contrario, ciò permetterebbe al sé limitato di rimanere ancora più coinvolto nell'atto stesso della fuga, creando così più azioni. Le azioni, sia buone sia cattive, sono come nodi nel filo aggrovigliato della vita. Più gli sforzi per sciogliere i nodi dell'azione sono persistenti, più i nodi si stringono e più il filo si aggroviglia.

Solo le azioni possono annullare le azioni, così come il veleno può contrastare gli effetti del veleno. Una spina profondamente conficcata può essere estratta con l'aiuto di un'altra spina o di un altro oggetto appuntito simile, come un ago, usati con competenza e cautela. Analogamente, le azioni vengono totalmente sradicate da altre azioni se sono compiute da un agente attivante diverso dal 'sé'.

*Karma yoga, dnyan yoga, raj yoga* e *bhakti yoga* fungono da importanti cartelli indicatori lungo il cammino della Verità e dirigono il cercatore verso la meta dell'Esistenza eterna. Ma la morsa della vita, alimentata dalle azioni, è così stretta sull'aspirante che, nonostante l'aiuto di questi cartelli ispiratori, non riesce a farsi guidare nella giusta direzione. Finché il Sé è vincolato dalle azioni, l'aspirante – o persino il pellegrino sul sentiero verso la Verità – perderà sicuramente la strada perché si autoinganna.

In ogni epoca, *sadhu* e cercatori, saggi e santi, *muni* e monaci, *tapasavi* e *sanyasi*, yogi, sufi e *talib* hanno lottato per tutta la loro vita, attraversando indicibili difficoltà nello sforzo di districarsi dal labirinto delle azioni e realizzare l'Esistenza eterna prevalendo sulla vita.

I loro sforzi sono vani perché più combattono il loro 'sé', più la morsa della vita si rafforza sul sé attraverso azioni intensificate da austerità e penitenze, da ritiri e pellegrinaggi, da meditazione e concentrazione, da affermazioni dogmatiche e contemplazione silenziosa, da intensa attività e inattività, da silenzio e verbosità, da *japa* e *tapa*, e da tutti i tipi di *yoga* e *chilla*.

L'emancipazione dalla morsa della vita e la libertà dai labirinti delle azioni sono possibili per tutti e raggiunte dai pochi che si avvicinano a un Maestro Perfetto, *Sadguru* o *Qutub* e invocano la sua grazia e la sua guida. L'invariabile consiglio del Maestro Perfetto è di abbandonarsi completamente a lui. Quei pochi che abbandonano tutto ciò che hanno – mente, corpo, possedimenti – in modo da abbandonare coscientemente, con il loro completo abbandono, anche il proprio 'sé' al Maestro Perfetto, mantengono tuttavia cosciente il proprio essere per compiere azioni che ora sono attivate solo dagli ordini del Maestro.

Tali azioni, dopo l'abbandono del proprio 'sé', non sono più azioni proprie. Di conseguenza, queste azioni sono in grado di sradicare tutte le altre azioni che alimentano e sostengono la vita. La vita diventa allora gradualmente senza vita e infine soccombe, per grazia del Maestro Perfetto, alla sua morte finale. La vita, che una volta impediva all'aspirante perseverante di realizzare l'Esistenza perpetua, non può più mettere in atto il proprio inganno.

L'ho sottolineato nel passato, lo dico adesso, ed era dopo era lo ripeterò in eterno: lasciate cadere il manto della vita e realizzate l'Esistenza che è eternamente vostra.

Per realizzare questa verità dell'Esistenza immutabile, indivisibile e onnipervadente, il modo più semplice è abbandonarvi a me completamente, così completamente da non essere nemmeno coscienti del vostro abbandono, coscienti solo di obbedirmi e di agire come e quando ve lo ordino.

Se volete vivere eternamente, allora anelate alla morte del vostro sé ingannevole attraverso un completo abbandono a me. Questo *yoga* è l'essenza di tutti gli *yoga* in uno."

### I quattro viaggi

"Dio è infinito e anche la Sua ombra è infinita. L'ombra di Dio è lo spazio infinito che accoglie la sfera grossolana infinita che, con la presenza di milioni di universi, dentro e fuori la portata della conoscenza umana, è la Creazione scaturita dal punto di finitezza nell'Esistenza infinita che è Dio.

In questi milioni di universi ci sono molti sistemi con pianeti. Alcuni sono allo stato gassoso, altri in stato di solidificazione, alcuni sono di pietra e metallo e altri hanno anche vegetazione. Alcuni hanno anche sviluppato forme di vita quali vermi, alcuni anche pesci, certi anche uccelli, altri anche animali e pochi hanno anche esseri umani.

Così, tra miriadi di universi ci sono pianeti sui quali i sette regni dell'evoluzione sono manifesti e l'evoluzione della coscienza e delle forme è completa.

È però solo sul pianeta Terra che gli esseri umani si reincarnano e iniziano il cammino involutivo verso la realizzazione del Sé.

La Terra è il centro di questa infinita sfera grossolana di milioni di universi perché è il Punto nel quale tutte le anime con coscienza umana devono migrare per iniziare il cammino involutivo.

Questo cammino involutivo ha sette stazioni e l'arrivo alla settima stazione completa il primo viaggio verso Dio.

Benché il completamento di questo viaggio sia la Meta di tutte le anime umane, solo pochissime a un certo punto lo intraprendono. L'arrivo alla fine di questo viaggio è l'annegamento dell'individualità nell'Oceano della coscienza infinita, e il completamento del viaggio è l'assorbimento dell'anima nello stato di 'Io sono Dio' con piena coscienza e l'anima, in quanto Dio, sperimenta Potere, Conoscenza e Beatitudine infiniti.

Di tutte le anime che completano il primo viaggio, pochissime intraprendono il secondo viaggio. Questo viaggio non ha stazioni. È un viaggio istantaneo, il viaggio della coscienza infinita che viene scossa dal suo assorbimento in "Io sono Dio" per dimorare in Dio come Dio. In questo stato l'individualità è riacquisita, ma l'individualità è ora infinita e questa infinità comprende la coscienza grossolana; così, come uomo e Dio, l'anima sperimenta Potere, Conoscenza e Beatitudine infiniti nel mezzo della massima finitezza – l'Anima illimitata conosce la Sua illimitatezza nel mezzo della limitazione.

Il terzo viaggio è intrapreso solo da coloro che hanno completato il secondo viaggio e il cui destino è di portare il fardello dell'esercizio del Potere, della Conoscenza e della Beatitudine infiniti e così vivere la vita di Dio come uomo e Dio simultaneamente.

Ci sono solo cinque di questi maestri che vivono sulla terra in ogni momento e controllano il movimento degli universi e le vicende dei mondi degli uomini. Solo quando uno di questi cinque Maestri Perfetti abbandona il corpo, uno di coloro che dimorano in Dio come Dio può avanzare e completare il terzo viaggio per occupare il posto vacante.

È il compito di questi cinque Maestri Perfetti precipitare l'avvento dell'Antico (*Avatar*) e consegnargli la responsabilità della Sua Creazione.

Quando abbandonano il loro corpo, tutti coloro che vivono la vita di Dio sulla terra e tutti coloro che dimorano in Dio come Dio sulla terra lasciano per sempre anche il loro veicolo sottile e mentale e trapassano completamente come Dio, conservando individualità infinita e sperimentando Potere, Conoscenza e Beatitudine infiniti. Questo è il quarto viaggio.

In realtà questi quattro viaggi non avvengono mai, poiché Dio non può andare da nessuna parte. Egli è senza inizio e senza fine. E tutto ciò che ha l'apparenza di essere è apparso da Ciò che non ha inizio e ritorna a Ciò che non ha fine."

## 37. Il mondo dell'astrale (228)

Non esiste un mondo astrale in quanto tale. Il mondo astrale non è una parte del mondo sottile. Tuttavia, tra il mondo grossolano e il mondo sottile ci sono sette guaine che formano il cosiddetto mondo dell'astrale, che funge da collegamento tra gli altri due mondi.

Si può dire che un'anima cosciente del grossolano ha un corpo astrale che collega il grossolano con il sottile. L'astrale può essere chiamato l'impronta del sottile sul grossolano, impronta che non è né grossolana né sottile.

Nel sonno, nello stato di sogno comune, si sperimentano subcoscientemente le impressioni del mondo grossolano con il corpo sottile, e **non** con il corpo astrale. Tutte le esperienze nel mondo dell'astrale avute per mezzo del corpo astrale sono insignificanti quanto i sogni.

Dopo la disincarnazione, l'anima sperimenta il mondo dell'astrale nel corpo astrale. Questo si può definire il viaggio astrale dell'anima. Quando l'anima si incarna, lascia il corpo astrale e con il nuovo corpo grossolano assume un nuovo corpo astrale; ma per il tempo in cui non è incarnata, i suoi corpi sottile e mentale attraversano le esperienze dello stato di paradiso o inferno per mezzo del corpo astrale, secondo le impressioni accumulate durante lo stato di incarnazione.

Il Sentiero spirituale comincia solo con l'involuzione della coscienza quando l'anima comincia a sperimentare il primo piano del mondo sottile, e non quando ha semplicemente accesso ai fenomeni astrali dal mondo grossolano. Nello stadio in cui l'anima sperimenta pienamente il primo piano del mondo sottile, la guaina astrale che collegava il sottile con il grossolano è spezzata definitivamente.

## La Realizzazione di Dio da parte dell'uomo
### (L'uomo che diventa eternamente Dio)

La Sfera della Realtà

La gnosi di "Io sono Dio" è comune a ciascuno e non finisce con la morte fisica.

| Termine | Status | Stato | Stadio o aspetto | Gnosi |
|---|---|---|---|---|
| Sufi | *Majzoob-e-Kamil* | *Jam o Halat-e-Muhammadi* | *Alam-e-Lahut* | *Anal Haqq* |
| Vedantico* | *Brahmi Bhoot* | *Nirvikalpa Samadhi* | *Vidnyan* | *Aham Brahmasmi* |
| Mistico | Perfetto | Fuso in Dio | Supercoscienza | Io sono Dio |
| Sufi | *Majzoob-Salik* o *Salik-Majzoob* | *Jam* alternativamente con o senza *Farq* | *Fana-ma-al-Baqa* | *"Anal Haqq"* alternativamente con o senza *"Hama ba man ast"* |
| Vedantico | *Paramhansa* | *Nirvikalpa Samadhi* alternativamente con o senza la coscienza di *Tribhuvan* | *Turiya Avastha* | *Shivoham* alternativamente con o senza *Jivoham* |
| Mistico | Superuomo Divino | Coscienza di Dio alternativamente con o senza coscienza della Creazione | Intersezione Divina | "Io sono Dio" alternativamente con o senza "Tutto è con Me" |

268

| | | | | |
|---|---|---|---|---|
| Sufi | Azad-e-Mutlaq o Saheb-e-Jamo-Farq | Jam con Farq | Fana-ma-al-Baqa | "Anal Haqq" con "Hama ba man ast" |
| Vedantico | Jivanmukta | Sahaj Samadhi con la coscienza di Tribhuvan | Turiya Avastha | Shivoham con Jivoham |
| Mistico | Incarnato liberato | Coscienza di Dio con coscienza della Creazione | Intersezione Divina | "Io sono Dio" con "Tutto è con Me" |
| Sufi | Qutub | Jam-ul-Jam o Baqa-Billah o Farq-ba-dul-Jam | Muqam-e-Muhammadi | "Anal Haqq", "Hama man am", "Hama dar man ast" e "Hama az man ast" simultaneamente |
| Vedantico | Sadguru | Sahaj Samadhi o Atmapratisthapana con il compito di Tribhuvan | Vidnyan Bhumika | Shivoham e Sarvoham simultaneamente |
| Mistico | Maestro Perfetto | Uomo-Dio | Coscienza di Dio e coscienza della Creazione simultaneamente | "Io sono Dio" e "Tutto è Me, in Me e da Me" simultaneamente |

Nota: *Jam* è la coscienza di unione con Dio.
*Farq* è la coscienza della separatezza da Dio. *Farq* perciò implica la coscienza di una o di tutte e tre le sfere – grossolana, sottile e mentale.
*Hal* (l'esperienza interiore dell'esistenza relativa) esiste solo nei primi sei piani. Non c'è *hal* nel settimo piano.

\* Termini vedantici e simili

269

# Epilogo

Dio è dappertutto e **fa** tutto.
Dio è dentro di noi e **sa** tutto.
Dio è fuori di noi e **vede** tutto.
Dio è al di là di noi ed **È** tutto.
Dio solo **È**.

# Glossario

Questo glossario è una raccolta dei termini usati da Meher Baba quando ha dettato *Dio parla*. I termini orientali traggono origine, per la maggior parte, dalla tradizione sufi o da quella vedantica. Quasi tutti provengono dall'arabo, dal persiano o dal sanscrito. Mentre dettava *Dio parla* sulla tavola alfabetica mantenendo il suo silenzio, Meher Baba usava anche parole di ben quattro lingue differenti in un'unica frase per risparmiare tempo nel trasmetterne il senso preciso. D'altra parte, a volte usava una parola in un senso un po' diverso, diciamo, dal suo significato preciso nella dottrina vedantica. In tal caso, la definiva attraverso il contesto in cui la usava.

Le definizioni di questo glossario sono date nel senso in cui la parola è usata da Meher Baba. La lettera (S) dopo una parola significa che è di origine sufi e proviene dall'arabo o dal persiano. La lettera (V) significa che è una parola sanscrita, la cui definizione corrisponde solitamente, ma non sempre, all'uso nella tradizione vedantica. L'origine da altre lingue di alcune parole (come hindi o marathi) è indicata tra parentesi. I nomi propri e i termini nella nostra lingua non sono in corsivo.

L'ortografia di tutti i termini orientali nel testo di *Dio parla* è quella comunemente usata da Meher Baba e dai suoi *mandali*. I termini sono elencati nel glossario secondo quest'ortografia.[1] Per nostra fortuna, prima di abbandonare il corpo Meher Baba ha riesaminato e approvato questo glossario dopo che glielo avevo inviato.

Ludwig H. Dimpfl, 5 aprile 1971

---

[1] L'unico termine che è stato italianizzato è Rasul. [N.d.T.]

*abdal* (S): Un maestro che ha la caratteristica di poter cambiare a piacimento, e lo fa, uno dei suoi corpi fisici con un altro.

*abrar* (S): Un santo del quinto piano. V: *mahapurush (sant)*.

Adamo: La prima anima che ha completato il ciclo di evoluzione (da pietra a uomo) e involuzione (da uomo di ritorno a Dio). Tradizionalmente, il primo uomo. Anche il primo *Avatar*.

*adhyatma marga* (V): Il Sentiero spirituale. S: *tariqat, rah-e-tariqat*.

*adhyatmic marga* (V): = *adhyatma marga*.

*adum* (S): Nullità.

*advaita* (V): Unità assoluta. Uno senza secondo. S: *tauhid-e-tanzihi*.

Advaitismo: La scuola "non-dualista" del Vedanta fondata da Sankaracharya. Punti di vista analoghi nella *Wujudiyyah* sufi.

*afrad* (S): Pellegrino esperto del sesto piano. V: *satpurush*.

*Afridgar* (S): Il Creatore. V: *Brahma*.

*ahadiyat* (S): lett., Unità. Unità cosciente. La coscienza più elevata. S: *halat-e-Muhammadi*. V: *vidnyan*.

*Aham Brahmasmi* (V): "Io sono Dio." S: *Anal Haqq*.

*ahl-e-tauhid* (S): Membri di scuole mistiche che si occupano di *tauhid*, l'unità di Dio. *Wujudiyyah* e *Shuhudiyyah*.

*Ahuramazda* (Zoroastriano): Dio Onnipotente. S: *Allah*. V: *Paramatma*.

*aikya* (V): Unione. S: *haqiqat, vasl*.

*ain-ul-yaqin*: Vedi *yaqin*.

*akhyar* (S): Un pellegrino avanzato nel Sentiero. V: *mahatma*.

*Akmal* (S): Un Essere perfettissimo. Un raro tipo di *Salik* in *baqa-billah* che ha realizzato Dio e che ha compiti nella Dualità, ma non un cerchio di discepoli. Anche chiamato *Salik-e-Akmal*.

*al-*: (L'articolo arabo non è in ordine alfabetico.)

*alam-e-hahut* (S): La sfera della Maestria. L'aspetto della quinta sfera (Reale) da cui il *Qutub* e l'*Avatar* dirigono l'universo. V: *vidnyan bhumika*.

*alam-e-jabrut* (S): La sfera mentale, che comprende il quinto e il sesto piano di coscienza. V: *mano bhuvan*.

*alam-e-kabir* (S): Il macrocosmo, che comprende i cinque tipi di esistenza, *khamsa wujudat*.

*alam-e-lahut* (S): La sfera della Perfezione. V: *vidnyan*.

*alam-e-malakut* (S): La sfera sottile, che comprende i primi quattro piani di coscienza. V: *pran bhuvan*.

*alam-e-nasut* (S): La sfera grossolana. Il mondo della materia, l'unico di cui la maggior parte degli esseri umani è cosciente. V: *anna bhuvan*.

*alam-e-saghir* (S): Il microcosmo. Il corpo umano.

*Allah* (S): Dio nello stato di Aldilà. Dio Onnipotente. V: *Paramatma*. Zoroastriano: *Ahuramazda, Yezdan*.

*al Ama* (S): La Nebbia Oscura. Una designazione dello stato di Aldilà dell'Aldilà di Dio.

*Anal Haqq* (S): "Io sono Dio." V: *Aham Brahmasmi*.

*anand* (V): Beatitudine. S: *musarrat*.

*anant* (V): Infinito. S: *la mahdood*.

*anna* (Hindi): Una monetina, un sedicesimo di rupia.

*anna bhumi* (V): Il mondo grossolano. S: *alam-e-nasut*.

*anna bhumika* (V): Il piano grossolano.

*anna bhuvan* (V): La sfera grossolana. S: *alam-e-nasut*.

*antar drishti* (V): lett., "Visione" interiore (vedere Dio). Convinzione per visione. S: *ain-ul-yaqin*. Vedi *yaqin*.

*anwar* (S): pl. di *nur*, cfr. Vedi anche sotto *tajalli*.

*aql-e-kull* (S): La Mente Universale. Acquisita dai Maestri Perfetti. V: *sarvabhaumic mana*.

*arif* (S): lett., Conoscitore. Un'anima nel quinto piano di coscienza.

*arif-ul-wujud*: Vedi *wujud*.

*arsh-e-ala* (S): lett., L'alto trono. Lo stato spirituale più elevato, ossia quello dell'*Avatar* e dei Maestri Perfetti. V: *vidnyan bhumika*.

*asan* (V): Postura, come per la meditazione.

*asar* (S): L'influenza (di Dio sperimentata da chi riceve *hal*).

*ashiq* (S): lett., Amante. Un'anima nel sesto piano di coscienza.

*ashiq-o-mashuq* (S): Amante e Amato in Uno, l'aspetto di Dio nella sfera della Perfezione, *alam-e-lahut*.

*ashqiyyat* (S): Lo stato di essere un amante. L'epifania della gloria nella prima manifestazione, in cui Dio è l'Amato e l'uomo l'amante.

*asman* (S): Piano. V: *bhumika*.

*atma* (V): (anche *atman*) L'anima. S: *jan o ruh*.

*atmapratisthapana* (V): = *sahaj samadhi*. Vedi *baqa-billah*.

Attar, Sceicco Fariduddin. Di Nishapur. Autore di *Mantiq-ut-Tayr* (*Il verbo degli Uccelli*). Ucciso nel saccheggio di Nishapur dai mongoli nel 1229.

*Avatar* (V): Il Cristo, il Salvatore, l'Antico. S: *Rasul, Saheb-e-Zaman*.

*awagawan* (Hindi): Vedi *rij'at*.

*Awarif-ul-Maarif* (S): *I Doni della Gnosi*, trattato del tredicesimo secolo dello Sceicco sufi Suhrawardi.

*ayn* (S): (o *ain*) L'Essenza, sinonimo di *zat*. Anche l'occhio, o la vista.

*Azad-e-Mutlaq* (S): L'Incarnato Liberato. Dio nel nono stato. V: *Jivanmukta*.

*Azl-ul-Azal* (S): L'Eternità delle eternità. Una designazione dello stato di Aldilà dell'Aldilà di Dio.

*bandah* (S): lett., Schiavo, servo. L'anima limitata vincolata nell'illusione.

*baqa* (S): Dimorare. Vedi *fana-baqa*.

*baqa-billah* (S): Dimorare in Dio alla fine del secondo viaggio divino. V: *atmapratisthapana, sahaj samadhi*.

*baqa-ul-baqa* (S): Lo stato di Dio che diventa Dio-Uomo (Dio che conosce Sé stesso come *Avatar*).

*ba sifat ba surat* (S): Qualificato e manifesto nella forma. V: *saguna sakar*.

*bhav* (V): Estasi. Forma di devozione (in relazione alla Divinità). Trance. S: *hal*.

*bhumika* (V): Piano. Stadio. S: *asman*.

*bihoshi* (S): lett., Incoscienza. Un'involontaria perdita d'interesse verso il mondo causata da contrarietà o da una tragedia personale. Di scarso valore spirituale.

*bikhudi* (S): Oblio di sé. Nei primi passi sul Sentiero.

*Brahma* (V): Il Creatore. S: *Afridgar*.

*Brahman* (V): Realtà. S: *Haqq*.

*brahmand* (V): Il cosmo. L'universo illusorio.

*Brahmi Bhoot* (V): L'anima fusa in Dio. Dio nello Stato VIII. S: *Majzoob-e-Kamil*.

Budda: L'*Avatar* i cui insegnamenti ci giungono attraverso la religione buddista. Nacque a Magadha (Bihar, India) intorno al 568 a.C. e morì intorno al 477 a.C.


*chilla* (S): Il periodo di quaranta giorni (di austerità).

*chilla-nashini* (S – Hindi): La pratica di quaranta giorni di austerità.

*chit* (V): Conoscenza Divina. S: *marefat*.

*crore* (Hindi): 100 *lakh*. Dieci milioni (10 000 000).


*daor* (S): = *zaman*. Un ciclo di tempo compreso tra 700 e 1400 anni, che comincia ogni volta che l'*Avatar* appare. V: *yuga*.

*daor-e-Qalandari* (S): Il ciclo di Maestria.

*darshan* (V): lett., Vista, udienza. La comparsa del Maestro in alcune occasioni per dare la benedizione ai devoti, a volte in forma di *prasad* (cfr.).

*dharma shastra* (V): Il sentiero essoterico. Ortodossia. S: *shariat*.

Dio-Uomo: Il Cristo. Il Messia. S: *Rasul*. V: *Avatar*.

*Discorsi:* Una raccolta di articoli di Meher Baba pubblicati dal 1938 al 1944.

*divan* (S): Uno dei principali stili della poesia persiana. Molti poeti hanno scritto in questo stile. Una raccolta di poesie di un autore in questo stile è chiamata *Divan*. Vedi Hafiz. Esempi di altri importanti stili sono *masnavi* (cfr.) e *rubaiyyat*.

*dnyan* (V): Gnosi. S: *irfan*.

*do alam* (S): Due sfere, ossia quella grossolana (*duniya*) e quella sottile / mentale (*uqba*), compresa anche la quarta sfera (composita). V: *tribhuvan*.

Donkin, Dr. William: (1911-1969) Medico inglese, discepolo di lunga data di Meher Baba. Primo incontro a Londra nel 1933. Autore di *The Wayfarers* (I Viandanti).

*duniya* (S): Vedi *do alam*.


*fana*, Il finale (S): Annientamento della Mente (sé). V: *manonash (nirvana)*.

*fana-baqa* (S): Può riferirsi a uno dei tre tipi di esperienze di annientamento-dimora tra i quali possono essere tracciati dei paragoni: (1) l'andare a dormire e il risvegliarsi quotidiano dell'essere umano comune, (2) l'annientamento (*fana*) di alcuni aspetti del falso sé che precede l'entrata in ogni piano del Sentiero e la vita (*baqa*) in quel piano, e (3) il *fana-fillah* reale del *Majzoob-e-Kamil* e il *baqa-billah* del *Jivanmukta* e del *Sadguru*.

*fana-fillah* (S): Lo stato di "Io sono Dio" del Perfetto. V: *nirvikalpa samadhi*.

*Fanakar* (S): Il Distruttore. V: *Shiva, Mahesh*.

*fana-ma-al-baqa* (S): Il nono stato di Dio all'Intersezione Divina. V: *turiya avastha*.

*fana-ul-fana* (S): Lo stato di Dio che diventa uomo (discesa diretta di Dio sulla Terra come *Avatar*).

*faqiri* (S): lett., Povertà. La vita di un derviscio. Anche la più alta manifestazione spirituale. Perfezione.

*faqr* (S): = *faqiri*.

*farq* (S): Separatezza cosciente da Dio.

*farq-ba-dul-jam* (S): = *baqa-billah*, cfr.

*Al Futuhat-al-Makkiyya* (S): Vedi Ibn Arabi.


Gesù: Di Nazareth, il Cristo.

*Ghaib-ul-Ghaib* (S): Il nascosto del nascosto. Una designazione dello stato di Aldilà dell'Aldilà di Dio.

*ghair* (S): lett., L'altro. Dualità.

Ghazali, Imam Muhammad: Importante teologo islamico e scrittore di sufismo. Nato a Tus (Khorasan) intorno al 1059 e morto nel 1111.

*ghunghat* (Hindi): lett., Il velo femminile. Simbolicamente, il velo dell'Ignoranza.

*Gulshan-e-Raz* (S): *Il Roseto del Mistero,* un poema sufi del tredicesimo secolo di Maulana Shabistari.

*guna* (V): Vedi *sifat.*

*hadas* (S): Ciò che è contingente, o derivato. Confrontare *qadim.*

Hafiz, Shamsuddin Muhammad: Maestro Perfetto del quattordicesimo secolo di Shiraz. Noto per il suo *Divan.* Il poeta preferito di Meher Baba.

*hahut* (S): Maestria.

*hairat* (S): Incanto.

*hal* (S): Una trance spirituale che comporta estasi, sperimentata entrando in una nuova stazione o piano. V: *bhav.*

*halat-e-Muhammadi* (S): = *ahadiyat.* L'unità cosciente delle anime che hanno realizzato Dio.

*hama az man ast* (S): Tutto viene da Me.

*hama az ust* (S): Tutto viene da Lui.

*hama ba man ast* (S): Tutto è con Me.

*hama ba ust* (S): Tutto è con Lui.

*hama dar man ast* (S): Tutto è in Me.

*hama dar ust* (S): Tutto è in Lui.

*hama man am* (S): Tutto è Me.

*hama ust* (S): Tutto è Lui.

*haqiqat* (S): Verità. Realtà.

*haqiqat-e-insani* (S): La Realtà dell'uomo. Lo stato del santo del sesto piano che vede Dio faccia a faccia.

*haqiqat-e-Muhammadi* (S): La Realtà di Muhammad. Maestria Perfetta. Il decimo stato di Dio.

*haqiqi* (S): Reale. Confrontare *izafi.*

*Haqq* (S): lett., Verità. Realtà. Dio. V: *Brahman.*

*Haqq-ul-yaqin*: Vedi *yaqin.*

*Hu* (S): lett., Lui. Dio.

Hujwiri, Ali ben Uthman: Autore di *Kashf-al-Mahjub (La Rivelazione del Velato).* Nato a Ghazna intorno al 1000 e morto intorno al 1075.

*Huwal akher* (S): Lui è l'ultimo.

*Huwal awwal* (S): Lui è il primo.

*Huwal batin* (S): Lui è l'interno.

*Huwal zaher* (S): Lui è l'esterno.

*Huyat* (S): lett., Ipseità. Dio che conosce sé stesso come Sé stesso. Divinità.

Ibn Arabi, Muhyuddin: Maestro Perfetto, nato in Spagna nel luglio del 1165 e morto a Damasco nell'ottobre del 1240. La sua illustrazione del sufismo è nella sua opera principale, *Al-Futuhat-al-Makkiya*.

Ignoranza: Conoscenza dell'Illusione, senza una conoscenza spirituale più elevata. Lo stato di conoscenza dell'anima cosciente del grossolano.

Illusione: La creazione di *Maya*, gli universi, che l'anima cosciente del grossolano scambia per la Realtà.

*ilm-ul-yaqin*: Vedi *yaqin*.

*insan* (S): Essere umano. L'individuo. V: *manava*.

*Insan-e-Kamil* (S): L'Uomo Perfetto (ossia che ha realizzato Dio). V: *Shiv-Atma*.

*Al-Insan-ul-Kamil* (S): *L'Uomo Perfetto*, trattato di Abdul Karim al-Jili, sufi del quattordicesimo secolo.

Iqbal, Dr. Muhammad: poeta e filosofo pachistano, nato nel 1873 a Sialkot, Punjab.

*irfan* (S): Gnosi. La conoscenza dell'*arif*; anche la conoscenza di coloro che sono nel sesto e settimo piano. V: *dnyan*.

*irteqa* (S): Evoluzione. V: *utkranti*.

*Israfeel* (S): L'arcangelo Raffaele.

*izafi* (S): Relazionale, o relativo. Confrontare *haqiqi*.

*Izraeel* (S): L'arcangelo Israele.

*jalal* (S): Gloria. Beatitudine.

Jalaluddin Rumi, Maulana: Il Maestro Perfetto del tredicesimo secolo. Fondatore dei dervisci ("rotanti") Mevlevi. Autore del *Masnavi*.

*jam* (S): lett., Coppa. Unione cosciente con Dio. Realizzazione di Dio.

*jamal* (S): Bellezza.

*Jamal-e-ahadiyat* (S): La bellezza dell'Unità Assoluta.

*jam-ul-jam* (S): = *baqa-billah*, cfr.

*jan* (S): L'anima. V: *atma* o *atman*.

*jan-e-jismi* (S): Vedi *jiv-atma*.

*janan* (S): L'Amato.

*japa* (V): Ripetizioni, generalmente di *mantra* o preghiere.

*Jibraeel* (S): L'arcangelo Gabriele.

al-Jili, Abdul Karim: Autore di *Al-Insan-ul-Kamil (L'Uomo Perfetto)* e fondatore della scuola sufi dell'apparentismo *(wahdat-ul-shuhud)*. Morto intorno al 1408.

*jism-e-altaf* (S): Il corpo mentale. V: *karan sharir*.

*jism-e-kasif* (S): Il corpo grossolano. V: *sthul sharir*.

*jism-e-latif* (S): Il corpo sottile. V: *sukshma sharir*.

*Jivanmukta* (V): Essere Perfetto. S: *Azad-e-Mutlaq, Saheb-e-jamo-farq, Salik-e-Kamil.* Vedi anche *Mukta.*

*jivanmukti*: Vedi *mukti.*

*jiv-atma* (V): L'anima incarnata. L'individuo. S: *jan-e-jismi.*

*jivoham* (V): "Io sono un individuo."

Junayd di Baghdad: Il celebre Sceicco sufi del nono secolo. Morto intorno al 910.

*kaanahu Hu* (S): lett., Esattamente Lui. Come Lui. Descrizione data dalla scuola *Shuhudiyyah* di ciò che diventa l'anima nel *fana* finale.

Kabir: Il Maestro Perfetto di Benares del quindicesimo secolo, 1435-1518.

*kal* (V): Un'epoca di durata compresa tra 65 e 125 anni. Ci sono undici epoche in ogni ciclo. S: *waqt.*

*Kamil* (S): = *Salik-e-Kamil.* Vedi *Salik.*

*karamat* (S): (pl. *karamaat*) Miracolo compiuto da coloro che si trovano nel quinto e sesto piano.

*karan sharir* (V): Il corpo mentale. S: *jism-e-altaf.*

*karma* (V): lett., Azione. Destino. Gli avvenimenti naturali e necessari nella vita di un individuo, predeterminati dalle vite passate.

*karma kanda* (V): Vedi *shariat.*

*kasb* (S): Acquisizione, come in un acquisto o uno scambio. Confrontare *maohib.*

*Kashf-al-Mahjub* (S): Vedi Hujwiri.

*khamsa wujudat* (S): I cinque tipi di esistenza. Le cinque devoluzioni di Dio nello stato di Aldilà dell'Aldilà fino all'uomo. Vedi *wujud.*

*khudi* (S): Il falso ego.

Krishna: L'*Avatar* la cui storia è raccontata nel poema epico indiano *Mahabharata.* Il suo discorso al guerriero Arjuna proprio prima della battaglia è noto come la *Bhagavad Gita.*

*lahar* (Hindi, Marathi): lett., Increspatura, onda, fantasia, capriccio. Il Capriccio di Dio, che ha causato la Creazione.

*lahut* (S): Perfezione.

*lakh* (Hindi): 100 000. V: *laksha.*

*la mahdood* (S): Infinito. V: *anant.*

*la makan* (S): lett., Senza luogo; "nessun" punto. Il "seme" nella sfera mentale in cui tutte le idee di tempo e spazio convergono in un punto e da cui emanano i mondi sottile e grossolano.

*la sifat la surat* (S): Senza attributi e senza forma. V: *nirguna nirakar.*

*lila* (V): Il "Gioco Divino" della Creazione. Il "gioco" che Dio gioca, che manifesta l'Universo.

*maarif* (S): Il dominio dei misteri di Dio (il dominio della Conoscenza Divina).

*mahachaitanya* (V): Supercoscienza. Piena coscienza pienamente involuta come Coscienza cosciente.

*mahakarana sharir* (V): Il Corpo Universale.

*mahapralaya* (V): Immensa dissoluzione dell'universo alla fine di un'era cosmica. S: *qiamat*.

*mahapurush* (V): Santo del quinto piano. S: *wali, abrar*.

*mahatma* (V): Grande anima. S: *akhyar*.

*mahayogi* (V): Yogi del quarto piano.

*Mahesh* (V): = *Shiva:* il Distruttore. S: *Fanakar*.

*Majhul-un-Nat* (S): L'inconoscibile e indefinibile. Una designazione dello stato di Aldilà dell'Aldilà di Dio.

*majzoob* (S): lett., Assorto in. Chi è assorto in un piano della coscienza in involuzione.

*Majzoob-e-Kamil* (S): L'anima fusa in Dio (del settimo piano). V: *Brahmi Bhoot*.

*majzoobiyat* (S): L'ottavo stato di Dio, quello del *Majzoob-e-Kamil*.

*Majzoob-Salik* (S): Essere perfetto le cui qualità di *Majzoob* sono dominanti. V: *Paramhansa*.

*mana* (Marathi o Hindi): lett., Mente; anche il corpo mentale. S: *jism-e-altaf*. V: *manas*.

*manava* (V): Vedi *insan*.

*mandali* (Hindi): I membri del cerchio di Meher Baba. V: *mandala* = cerchio.

*man dar hama am* (S): Io sono in tutto.

*man hama am* (S): Io sono tutto.

*mano bhumi* (V): Il mondo mentale. S: *alam-e-jabrut*.

*mano bhumika* (V): Il piano mentale.

*mano bhuvan* (V): La sfera mentale. S: *alam-e-jabrut*.

*manonash* (V): Annientamento della Mente (sé). S: il *fana* finale.

*Mantiq-ut-Tayr* (S): *Il verbo degli uccelli,* racconto allegorico dello Sceicco sufi del secolo XI-XII Fariduddin Attar.

*mantra* (V): Un nome o una frase sacri dati da un maestro al suo discepolo come disciplina spirituale. S: *wazifa*.

*maohib* (S): Donato; dono. Confrontare *kasb*.

*marefat* (S): Conoscenza Divina. V: *chit, dnyan*.

*marefat-e-haqiqat* (S): La Gnosi della Realtà. La gnosi del Maestro Perfetto o *Avatar*, che ha compiti nella Dualità. V: *satyanubhuti*.

*mashuq* (S): Amato

*mashuqiyat* (S): lett., Lo stato di essere l'amato. L'epifania della bellezza nella prima manifestazione (*tajalli-e-avval*), in cui Dio è l'Amante e l'uomo l'amato.

*Masnavi, il* (S): La maggiore opera letteraria di Jalaluddin Rumi. Vedi anche *divan*.

*mast* (S): Anima ebbra di Dio sul Sentiero.

*masti* (S): Vedi *suluk*.

*mawahid* (S): Unitariano, uno degli *ahl-e-tauhid*.

*Maya* (V): lett., Illusione. Falso attaccamento. Ciò che fa apparire il Nulla come tutto. La radice dell'Ignoranza. Ombra di Dio. S: *mejaz*.

*mejaz* (S): = *Maya*.

*Mevlevi* (S): Vedi Jalaluddin Rumi.

*Mikaeel* (S): L'arcangelo Michele.

*mojeza* (S): (pl. *mojezat*) Miracolo compiuto dall'*Avatar* o dal *Qutub*.

*moksha* (V): Vedi *mukti*.

Muhammad (Maometto): Il Profeta, 570-632.

Muhasibi di Bassora, Abdullah Haris: uno dei primi autori a scrivere su *hal* e *muqam*. Morto nell'857.

*mujaddid* (S): Apparentisti. Seguaci della dottrina di *wahdat-ul-shuhud*.

*mujahida* (S): Pratica, sforzo, impresa. V: *sadhana*.

*Mukammil* (S): Il Supremamente Perfetto. Il Maestro Perfetto. Anche chiamato *Salik-e-Mukammil, Qutub*. V: *Sadguru*.

*Mukta* (V): Chi è Liberato (dal ciclo di rinascita).
> *Videh Mukta*: L'anima fusa in Dio = *Brahmi Bhoot*. S: *Majzoob-e-Kamil*.
> *Jivanmukta*: L'Incarnato Liberato. S: *Azad-e-Mutlaq, Salik-e-Kamil*.
> *Param Mukta*: Il Maestro Perfetto = *Sadguru*. S: *Qutub, Salik-e-Mukammil*.

*mukti* (V): Liberazione. Uscita dal ciclo delle nascite e delle morti (reincarnazione).
> *mukti* ordinaria = *moksha*. La liberazione ottenuta dalla maggior parte delle anime. S: *najat*.
> *videh mukti*: Stato di "Io sono Dio" senza coscienza della dualità.
> *jivanmukti*: Stato di "Io sono Dio" con coscienza della dualità.
> *param mukti*: Stato di "Io sono Dio" con coscienza di Dio e coscienza della Creazione simultaneamente.

*mulhid* (S): Ateo. V: *nastik*.

*mumkin-ul-wujud*: Vedi *wujud*.

*mumtan-ul-wujud*: Vedi *wujud*.

*muni* (V): lett., Chi pratica silenzio. Santo, eremita, asceta.

*Munqata-ul-Izharat* (S): Lo stato in relazione al quale ogni indicazione è abbandonata. Una designazione dello stato di Aldilà dell'Aldilà di Dio.

Munsiff, Dr. Abdul Ghani: Discepolo di lunga data di Meher Baba. Morto il 20 agosto 1951.

*muqaddar* (S): Vedi *prarabdha*.

*muqam* (S): (pl. *muqamat*) Stazione, o piano, del Sentiero.

*muqam-e-furutat* (S): L'Intersezione Divina. V: *turiya avastha*.

*muqam-e-hairat* (S): Il Punto d'Incanto. Una stazione intermedia del Sentiero tra il terzo e il quarto piano, dove l'avanzamento spirituale dell'aspirante può essere a lungo ritardato.

*muqam-e-Muhammadi* (S): Stato di coscienza di Dio e coscienza della Creazione simultaneamente. V: *vidnyan bhumika*.

*musarrat* (S): Beatitudine. V: *anand*.

*mutawassit* (S): Anima avanzata. V: *sadhu*.

*nad* (V): Suono. La musica celestiale. La PAROLA originaria.

*nafs* (S): Il sé; il falso ego.

*nafs-e-ammara* (S): Il sé bramoso. La coscienza del mondo (o sfera) grossolano.

*nafs-e-lawaama* (S): Il sé biasimevole. La coscienza della sfera sottile.

*nafs-e-mulhima* (S): Il sé ispirato. La coscienza dell'anima nel sesto piano.

*nafs-e-mutmainna* (S): Il sé beatificato. La coscienza dell'anima nel quinto piano.

*najat* (S): Liberazione. V: *mukti* ordinaria, cfr.

*nastik* (V): Ateo. S: *mulhid*.

*nirakar* (V): Senza forma. S: *la surat*.

*nirguna* (V): Senza attributi. S: *la sifat*.

*nirvana* (V): Il primo stadio del *fana* Reale. In alcuni casi è immediatamente seguito dal secondo stadio, il *fana-fillah*.

*nirvikalpa samadhi*: Vedi *samadhi*.

Nulla, il: L'ombra infinita di Dio, Che è il Tutto.

*nuqush-e-amal* (S): lett., Le impressioni delle azioni. V: *sanskara*, cfr.

*nur* (S): (pl. *anwar*) Fulgore.

*nur-e-Muhammadi* (S): La luce di cui Dio divenne al principio consapevole come conseguenza del desiderio (il Capriccio) di conoscere Sé stesso.

*Om* (V): Dio. Anche la prima Parola, il suono originario all'inizio dell'Inizio della Creazione. Vedi anche *nad*.

*Paramatma* (V): (o *Paramatman*) Dio Onnipotente. S: *Allah*. Zoroastriano: *Ahuramazda, Yezdan*.

*Paramhansa* (V): Essere Perfetto, a volte "annegato" in Dio, nel qual caso è chiamato *Majzoob-Salik*, e a volte anche cosciente della Creazione, nel qual caso è chiamato *Salik-Majzoob*.

*Param Mukta*: Vedi *Mukta*.

*param mukti*: Vedi *mukti*.

*Paratpar Parabrahma* (V): Lo stato (primo) di Aldilà dell'Aldilà di Dio. S: *Wara-ul-Wara, Ghaib-ul-Ghaib*.

*Parvardigar* (S): Il Preservatore o Sostenitore. V: *Vishnu*.

*pir* (S): Maestro del sesto piano. V: *satpurush*.

*pran* (V): lett., Energia vitale. Il corpo sottile. Anche Respiro di tutta la vita.

*pran bhumi* (V): Il mondo sottile. S: *alam-e-malakut*.

*pran bhumika* (V): Il piano sottile.

*pran bhuvan* (V): La sfera sottile. S: *alam-e-malakut*.

*prarabdha* (V): I vincoli *sanskarici* che non solo determinano la durata del tempo in cui una persona rimane nel corpo, ma determinano anche il corso stesso della vita. Destino inevitabile. S: *muqaddar*.

*prasad* (V): Un piccolo dono, di solito commestibile, dato dal Maestro come espressione concreta del suo amore. Quando è ingerito agisce come un seme che alla fine diventerà un amore pienamente sbocciato. Un benevolo dono del Maestro.

*punar janma* (V): Reincarnazione. S: *rij'at*.

*Puratan Purush* (V): Essere Perfetto. S: *Insan-e-Kamil*.

*qadim* (S): Ciò che è originale (antico). Confrontare *hadas*.

*qiamat* (S): La grande dissoluzione (finale) dell'universo. V: *maha-pralaya*.

*qudrat* (S): Potere Divino. V: *sat*.

*qurbat* (S): lett., Vicinanza. Relazione con Dio.

*qurb-e-farayiz* (S): Vicinanza involontaria (necessaria): la relazione dell'*Avatar* con Dio.

*qurb-e-nawafil* (S): Vicinanza volontaria: la relazione del Maestro Perfetto con Dio.

*Qutub* (S): lett., Il fulcro o l'asse. Maestro Perfetto. V: *Sadguru*.

*Qutub-e-Irshad* (S): Il capo dei cinque *Qutub* viventi che dirige le questioni dell'universo. In epoca *avatarica* questa funzione è assunta dall'*Avatar*.

*qutubiyat* (S): Maestria Perfetta. Il decimo stato di Dio.

*rah-e-tariqat* (S): Vedi *tariqat*.

*rahrav* (S): Chi percorre il Sentiero. V: *sadhak*.

Rama: L'*Avatar* la cui vita è il soggetto del poema epico indù *Ramayana*.

*Rasul* (S): Il Salvatore, il Cristo. V: *Avatar*.

*rij'at* (S): Reincarnazione. V: *punar janma, awagawan*.

*ruh* (S): = *jan*. Anima. V: *atma*.


*Sadguru* (V): Maestro Perfetto. S: *Qutub*.

*sadhak* (V): Chi percorre il Sentiero. S: *rahrav*.

*sadhana* (V): Vedi *mujahida*.

*sadhu* (V): Pellegrino. Anima avanzata. S: *mutawassit*.

*sadrat-ul-muntaha* (S): L'ultimo limite. Il punto nella quarta sfera (composita) al di là del quale nessuna anima non incarnata (come un angelo o un arcangelo) può andare per avvicinarsi a Dio.

*saguna* (V): Con attributi, qualificato. S: *ba sifat*.

*sahaj samadhi*: Vedi *samadhi*.

*sahavas* (Hindi): Raduno tenuto dal Maestro affinché i suoi devoti possano godere della sua compagnia, ossia della sua presenza fisica.

*Saheb-e-jamo-farq* (S): = *Azad-e-Mutlaq*: L'Incarnato Liberato; Essere Perfetto. Anima nel nono stato di Dio. V: *Jivanmukta*.

*Saheb-e-Zaman* (S): = *Rasul*, cfr.

*sakar* (V): Con forma. S: *ba surat*.

*salb-e-wilayat* (S): La sottrazione dei poteri miracolosi a un'anima in uno dei primi quattro piani da parte di un Maestro Perfetto o dell'*Avatar*.

*Salik* (S): Chi ha coscientemente l'esperienza divina di uno qualsiasi dei sei piani. Reale *Salik* = Uomo in quanto Dio che sperimenta lo stato di *baqa-billah*.

*Salik-e-Akmal* (S): Un essere Perfettissimo.

*Salik-e-Kamil* (S): Un essere Perfetto. V: *Jivanmukta*.

*Salik-e-Mukammil* (S): Un essere Supremamente Perfetto = *Qutub*. V: *Sadguru*.

*Salik-Majzoob* (S): Vedi *Paramhansa*.

*samadhi* (V): Trance, indotta dalla meditazione spirituale.

> *nirvikalpa samadhi*: Lo stato di "Io sono Dio" dell'Essere Perfetto. La Divinità in espressione. S: *fana-fillah*.

> *sahaj samadhi*: Lo stato senza sforzo e continuo di Perfezione del Maestro Perfetto e dell'Avatar. La Divinità in azione. S: *baqa-billah*.

Sankaracharya: Maestro Perfetto indù, fondatore della scuola *Advaita* del Vedanta, 686-718.

*sanskara* (V): Impressioni. Anche impressioni che sono rimaste nell'anima come ricordi di vite precedenti e che determinano i desideri e le azioni di un individuo nella vita presente. S: *nuqush-e-amal*.

*sant* (Hindi): Santo. S: *abrar, wali*. V: *mahapurush*.

*sanyasi* (V): Coloro che hanno rinunciato al mondo.

*sarvabhaumic manas* (V): La Mente Universale. S: *aql-e-kull*.

*Sarvoham* (V): "Io sono Tutto." S: *hama man am*.

*sat* (V): Potere Divino. S: *qudrat*.

*satpurush* (V): Santo del sesto piano. S: *pir, afrad*.

*satyanubhuti* (V): La Gnosi della Realtà. S: *marefat-e-haqiqat*.

*seyr-e-ma Allah* (S): lett., Escursione con Dio. Il terzo viaggio divino.

Shabistari, Maulana Mahmud: Il sufi del tredicesimo secolo autore di *Gulshan-e-Raz*.

*shakti* (V): Potere.

Shams-i Tabriz: Maestro Perfetto, derviscio errante e maestro spirituale di Jalaluddin Rumi. Morto nel 1246.

*shariat* (S): Il sentiero essoterico; ortodossia. V: *dharma shastra, karma kanda*.

*sharir* (V): lett., Corpo. Il corpo grossolano.

Shibli, Abu Bakr: Un discepolo di Junayd di Baghdad. Morto nel 946.

*Shiva* (V): = *Mahesh:* Il Distruttore. Anche Dio. S: *Fanakar*.

*Shiv-Atma* (V): (anche *Shivatman*) Anima perfetta che ha realizzato Dio. S: *Insan-e-Kamil*.

*Shivoham* (V): "Io sono Dio." *Aham Brahmasmi*. S: *Anal Haqq*.

*shobada* (S): Esibizione di poteri da parte di chi si trova nei primi tre piani.

*Shuhudiyyah* (S): La scuola apparentista del sufismo. La scuola vedantica corrispondente è la *Vishistadvaita*.

*siddhi* (V): Poteri Divini; anche poteri occulti. S: *tajalliyat*.

*sifat* (S): Gli attributi di Dio, contrapposti alla Sua essenza divina *(zat)*. V: *guna*.

*sthan* (V): Una stazione. S: *muqam*.

*sthul sharir* (V): Il corpo grossolano. S: *jism-e-kasif*.

sufi (S): I mistici le cui origini affondano in Medio Oriente. I loro inizi si perdono nell'antichità. Esistevano al tempo di Zoroastro e furono rivitalizzati da Muhammad. Esistono oggi in tutte le parti del mondo.

Suhrawardi, Sceicco Shahabuddin: 1145-1234. Autore di *Awarif-ul-Maarif*. Esponente dell'Apparentismo *(wahdat-ul-shuhud)*.

*sukshma sharir* (V): Il corpo sottile. S: *jism-e-latif*.

*suluk* (S): In contrapposizione a *masti*. Il ritorno alla coscienza normale (della Creazione) dopo la realizzazione di Dio, sperimentato realmente dai Reali *Salik* in *baqa-billah*.

*sulukiyat* (S): Il *sulukiyat* finale è lo stato del Reale *Salik* in *baqa-billah*.

*tajalli* (S): (pl. *tajalliyat*) lett., Manifestazione. La Gloria di Dio com'è sperimentata dall'aspirante sul Sentiero spirituale.
  1. La manifestazione di Dio come Sua Creazione illusoria.
  2. Poteri dei primi tre piani del mondo sottile.
  3. Poteri divini del quarto piano *(anwar-o-tajalliyat)*.

*tajalli-e-avval* (S): La prima manifestazione, *wahid-ul-wujud*.

*tajalli-e-chaharom* (S): La quarta manifestazione, *mumkin-ul-wujud*.

*tajalli-e-dovvom* (S): La seconda manifestazione, *arif-ul-wujud*.

*tajalli-e-jalali* (S): L'epifania, o manifestazione, della gloria, che conferisce all'anima l'esperienza di *fana, ashqiyyat*.

*tajalli-e-jamali* (S): L'epifania, o manifestazione, della bellezza, che conferisce di nuovo all'anima che ha realizzato Dio la coscienza della normalità, *mashuqiyyat*.

*tajalli-e-panjom* (S): La quinta manifestazione, *wajib-ul-wujud*.

*tajalli-e-sevvom* (S): La terza manifestazione, *mumtan-ul-wujud*.

*tajalliyat* (S): pl. di tajalli, cfr.

*tajalliyat-e-khamsa* (S): Le cinque manifestazioni = *khamsa wujudat*, i cinque tipi di esistenza. Vedi *wujud*.

*talib* (S): Cercatore.

*tanazzulat* (S): Le devoluzioni dell'Assoluto attraverso i cinque tipi di esistenza.

*tantrici*: Coloro che sono diventati esperti in poteri occulti attraverso esercizi tantrici. Gli esercizi tantrici sono basati su testi noti come *tantra*. I *tantra* prescrivono pratiche (secondo la leggenda, originariamente scritte dal Signore Shiva) che portano a tali poteri.

*tanzeeh* (S): Assoluto. Trascendente.

*tapa* (V): Austerità.

*tapasavi* (V): Asceti.

*tariqat* (S): Il Sentiero spirituale. Il sentiero esoterico dell'avanzamento spirituale. V: *adhyatmic marga*.

*tasawwuf* (S): La Saggezza spirituale.

*tashbeeh* (S): Simile. Qualificato. Collegato. Comparato.

*tauba* (S): Pentimento. Abbandono della vita dei sensi per volgersi a Dio, che nasce da un desiderio spontaneo. Il primo degli stadi spirituali, o *muqamat*.

*tauhid* (S): Lo stato unitario di Dio.

*tauhid-e-afa'ali* (S): L'unità attiva di Dio; l'unificazione raggiunta da un'anima nei piani sottili.

*tauhid-e-ahwali* (S): L'unità sensibile di Dio; l'unificazione raggiunta da un'anima nel quinto piano.

*tauhid-e-aqwali* (S): L'unità verbale di Dio; l'unificazione raggiungibile dalla maggioranza dell'umanità, che non è ancora entrata nel Sentiero.

*tauhid-e-shariat* (S): L'unificazione della legge = *tauhid-e-aqwali*.

*tauhid-e-sifati* (S): L'unità di Dio negli attributi; l'unificazione raggiunta da un'anima nel sesto piano.

*tauhid-e-tanzihi* (S): Unità Assoluta. V: *advaita*.

*tauhid-e-tariqat* (S): L'unificazione di coloro che sono sul Sentiero spirituale. Comprende *tauhid-e-afa'ali, ahwali* e *sifati*.

*tauhid-e-zati* (S): L'unità di Dio nell'essenza. Il *tauhid* dell'anima che ha realizzato Dio.

*tawajjoh* (S): lett., Influenza. Lo strappo dei veli dall'occhio interiore di un aspirante da parte di un *wali* che guarda fisso negli occhi fisici dell'aspirante.

*Tema Divino:* Lo schema di Meher Baba del tema centrale di *Dio parla,* pubblicato per la prima volta nel 1943 *(Divine Theme).* È ora inserito in *Dio parla* come punto 14 del Supplemento.

*tribhuvan* (V): La triplice sfera. L'universo creato, che consiste delle sfere grossolana, sottile e mentale, e comprende la quarta sfera (composita). S: *do alam (duniya* e *uqba).*

*turiya avastha* (V): Lo stato dell'Intersezione Divina. S: *fana-ma-al-baqa* a *muqam-e-furutat*.

Tutto, il: Dio l'Infinito. Il Tutto, essendo tutto, include il Nulla.

*ubudiyat* (S): Servitù. Il ruolo dei Reali *Salik* che sono tornati alla coscienza normale per il bene dell'umanità nella schiavitù.

Uomo-Dio: Maestro Perfetto. S: *Qutub*. V: *Sadguru*. Vedi anche Dio-Uomo.

*uqba* (S): Vedi *do alam*.

*urf-ul-yaqin*: Vedi *yaqin*.

*utkranti* (V): Evoluzione. S: *irteqa*.

*vairagya* (V): Rinuncia permanente (irrevocabile).

*vaitag* (Marathi): Rinuncia temporanea dovuta a frustrazione.

*vasl* (S): Vedi *aikya*.

Vedantisti (V): Coloro che praticano la filosofia del Vedanta che è basata non solo sull'essenza dei quattro Veda ma anche su libri sacri scritti dopo i Veda, incluse le Upanishad.

*Videh Mukta*: Vedi *Mukta*.

*videh mukti*: Vedi *mukti*.

*vidnyan* (V): Unità Cosciente. La più alta coscienza divina. S: *ahadiyat*. Lo stadio supercosciente dell'Essere Perfetto. S: *alam-e-lahut*.

*vidnyan bhumika* (V): Stato di coscienza di Dio e coscienza della Creazione simultaneamente; la coscienza dei Maestri Perfetti. (Il *Majzoob-e-Kamil* è solo cosciente di Dio in *vidnyan bhumika*.) S: *muqam-e-Muhammadi*.

*Vishistadvaita* (V): La scuola vedantica che ha vedute paragonabili alla *Shuhudiyyah*. Apparentisti.

*Vishnu* (V): Il Preservatore. S: *Parvardigar*.


*wahdat-ul-shuhud* (S): lett., Unità di testimonianza. Apparentismo.

*wahdat-ul-wujud* (S): lett., Unità di esistenza. Identitismo.

*wahdiyat* (S): Unità Cosciente.

*wahdiyat-e-wahidiyat* (S): Unità Cosciente cosciente dell'Unità nella Molteplicità. Questa è la coscienza di *haqiqat-e-Muhammadi* nell'*alam-e-hahut* (sfera della Maestria).

*wahidiyat* (S): Unità cosciente della molteplicità. Il *tauhid* dell'Illusione.

*wahid-ul-wujud*: Vedi *wujud*.

*wajib-ul-wujud*: Vedi *wujud*.

*wali* (S): lett., Amico. Chi possiede *wilayat*, cfr. Frequentemente usato in un senso più stretto per indicare un santo nel quinto piano. V: *mahapurush*.

*wali Allah* (S): lett., Amico di Dio. Un *wali*.

*waqif* (S): lett., Chi conosce. Anima cosciente del grossolano.

*waqt* (S): Un'epoca di durata compresa tra 65 e 125 anni. Ci sono undici epoche in ogni ciclo. V: *kal*.

*Wara-ul-Wara* (S): Dio nello Stato I. Lo Stato di Aldilà dell'Aldilà di Dio. V: *Paratpar Parabrahma*.

*wasif* (S): lett., Lodatore. Anima cosciente del sottile.

*Wayfarers, The:* Un libro di William Donkin, che descrive il lavoro di Meher Baba con i *mast*. Pubblicato nel 1948 in India da Adi K. Irani.

*wazifa* (S): Un *mantra*, cfr.

*wilayat* (S): lett., Amicizia (con Dio). Lo stato di un'anima nel quinto e nel sesto piano.

*wujud* (S): lett., Esistenza.

> *arif-ul-wujud:* Conoscitore dell'esistenza (esistenza conoscente). Descrive il *Qutub* nella sfera della Maestria (*alam-e-hahut*). Corrisponde alla seconda manifestazione (*tajalli-e-dovvom*).
>
> *mumkin-ul-wujud:* Esistenza possibile, di un'anima nella sfera sottile (*alam-e-malakut*). Corrisponde alla quarta manifestazione (*tajalli-e-chaharom*).
>
> *mumtan-ul-wujud:* Esistenza negativa, di un'anima nella sfera mentale (*alam-e-jabrut*). Corrisponde alla terza manifestazione (*tajalli-e-sevvom*).
>
> *wahid-ul-wujud:* Esistenza unitaria, l'unità cosciente (*ahadiyat*) sperimentata dal Majzoob nella sfera della perfezione (*alam-e-lahut*). Corrisponde alla prima manifestazione (*tajalli-e-avval*).
>
> *wajib-ul-wujud:* Esistenza necessaria, dell'individuo comune cosciente del grossolano nella sfera grossolana (alam-e-nasut). Corrisponde alla quinta manifestazione (*tajalli-e-panjom*).

*wujudat* (S): Esistenza.

> *khamsa wujudat: I cinque tipi di esistenza. Vedi wujud.*

*Wujud-e-Mutlaq* (S): L'Esistenza Assoluta.

*Wujudiyyah* (S): La scuola sufi dell'Identitismo, le cui vedute sono paragonabili a quelle della scuola *Advaita* del Vedanta.


*yaqin* (S): Certezza. Convinzione.

> *ain-ul-yaqin:* Convinzione per visione, che giunge vedendo Dio faccia a faccia nel sesto piano. *V: antar drishti.*
>
> *Haqq-ul-yaqin:* La certezza della Realizzazione.
>
> *ilm-ul-yaqin:* Convinzione intellettuale basata su una fede solida come la roccia.
>
> *urf-ul-yaqin:* La certezza della Gnosi dell'Avatar e dei Maestri Perfetti, che usano la loro Conoscenza per aiutare le anime in schiavitù.
>
> yaqin-ul-yaqin: Convinzione delle anime nei primi cinque piani.

*Yezdan* (Zoroastriano): Dio Onnipotente. V: *Paramatma.* S: *Allah.*

*yoga* (V): lett., Unione. Lo stato di un individuo quando la sua vita d'azione e di pensiero è totalmente in armonia con la vera fonte del suo essere. Ci sono diversi tipi di *yoga,* quali:

> *bhakti yoga,* lo *yoga* dell'amore o della devozione.
>
> *dnyan yoga:* Lo *yoga* della conoscenza.
>
> *karma yoga:* Lo *yoga* dell'azione.
>
> *raj yoga: Yoga* tramite meditazione e contemplazione.

yogi (V): = *sadhak:* Chi percorre il Sentiero. S: *rahrav.*

*yuga* (V): Un ciclo di tempo di una durata compresa tra 700 e 1400 anni, che comincia ogni volta che l'*Avatar* appare. S: *daor, zaman.*

*zaman* (S): = *yuga.*

*zat* (S): L'essenza divina di Dio.

*Zat-al-Baht* (S): L'essenza pura. Una designazione dello stato di Aldilà dell'Aldilà di Dio.

*zil* (S): lett., Nota a piè di pagina, appendice, conclusione. La manifestazione illusoria di Dio.

Zoroastro: (anche Zarathustra) L'antico *Avatar* che visse in Iran, uno dei primi di cui si hanno testimonianze.

# TERMINI MISTICI, SUFI E VEDANTICI RELATIVI AI

Schema di Ludwig Dimpfl,

**Né senza attributi o forma, né con attributi e forma**
*Na La Sifat La Surat-Na Ba Sifat Ba Surat / Na Nirguna Nirakar / Na Saguna Sakar*

## Dio nello Stato di Aldilà dell'Aldilà

| Il Nascosto del Nascosto | L'Essenza Pura | L'Inconoscibile e Indefinibile |
|---|---|---|
| *Ghaib-ul-Ghaib* | *Zat-al-Baht* | *Majhul-un-Nat* |

## Dio nello Stato di Aldilà

*Allah — Paramatma — Allah — Paramatma*

**7 — Realtà / Haqiqat**

Colonne verticali:
- Con attributi e forma — *Ba Sifat Ba Surat / Saguna Sakar*
- Senza attributi o forma — *La Sifat La Surat / Nirguna Nirakar*
- Sfera Reale — *Alam-e-Hahut / Vidnyan Bhumika*
- Sfera Reale — *Alam-e-Lahut*
- *Paramatma / Allah*
- Gnosi della Realtà — *Marefat-e-Haqiqat*
- *Satyanubhuti*
- Dimorare in Dio — *Sahaj Samadhi / Atma Pratisthapana*
- *Baqa-Billah*
- Stato di Muhammad — *Halat-e-Muhammadi*

| | |
|---|---|
| Funzione di Muhammad (Stato cristico) — *Muqam-e-Muhammadi* | Salvatore — *Rasul / Avatar* |
| Realtà di Muhammad — *Haqiqat-e-Muhammadi* | Maestro Perfetto — *Qutub / Sadguru* |
| Luce di Muhammad — *Nur-e-Muhammadi* | Essere Supremamente Perfetto — *Salik-e-Mukammil* |
| L'Alto Trono — *Arsh-e-Ala* | |

- Essere Perfettissimo — *Salik-e-Akmal*
- Essere Perfetto — *Salik-e-Kamal*
- Incarnato liberato — *Azad-e-Mutlaq / Jivanmukta*
- *Fana-ma-al-Baqa* — Intersezione Divina — *Turiya Avastha*
- Superuomo divino — *Salik-Majzoob / Majzoob-Salik / Paramhansa*
- Divinamente assorto — *Majzoob-e-Kamil / Brahmi Bhoot*

(Fine del primo viaggio divino)

| *Fana Fillah* | - - - Realizzazione di Dio - - - | *Nirvikalpa* |
|---|---|---|
| Il *Fana* finale | Annientamento della mente (sé) | *Manonash* |

Colonna destra verticale: Corpo universale — *Mahakarana Sharir* / Mente universale — *Sarvabhaumic Manas* / Ego divino — *Aqi-e-Kull*

---

| Piano | SFERA | IL SENTIERO DELL'EBBREZZA *MASTI* | *SULUK* — *Mashghul Allah* Assorto in Dio | IL SENTIERO DELLA SOBRIETÀ — *Ma Allah* In comunione con Dio |
|---|---|---|---|---|

Colonne di sinistra: Il Sentiero — *Adhyatma Marga / Tariqat* ; Religione — *Dharma Shastra / Karma-Kanda / Shariat*

**6** — Sfera mentale — *Alam-e-Jabrut / Mano Bhuvan*
- Ebbro di Dio — *Mast Allah*
- Pellegrini sul Sentiero - Viandanti — *Sadhak / Rahravan*
- I pellegrini assorti in Dio non sono mai nel sesto piano.
- Pellegrini esperti
- Esperto — *Afrad / Pir / Satpurush*

**5** — Sfera mentale
- I pellegrini assorti in Dio nel quinto piano completano successivamente il loro viaggio spirituale come *mast.*
- Santo — *Abrar / Wali / Mahapurush*

**4** — Sfera sottile — *Alam-e-Malakut / Pran Bhuvan*
- I pellegrini assorti in Dio non sono mai nel quarto piano.
- Grande Anima — *Abdal / Akhyar / Mahatma*

**3 / 2 / 1** — Sfera sottile
- Pellegrini avanzati
- Pellegrini iniziati

*MAST* — TIPO DEL *SALIK* — PELLEGRINI (diagonali)

Colonna destra: Corpo mentale — *Jism-e-Altaf / Karan Sharir* ; Corpo sottile — *Jism-e-Latif / Sukshma Sharir* ; Corpo grossolano — *Jism-e-Kasif / Sthul Sharir*

**0** — Sfera grossolana — *Alam-e-Nasut / Anna Bhuvan*
- Folle di Dio — *Divana Allah*
- *Talib* — Cercatore
- *Hawa* — Chi non è sul Sentiero ma non è lontano da esso.

Ⓐ Ⓐ Ⓐ

La maggior parte dell'umanità (anime vincolate nell'Illusione)

---

LEGENDA: I termini appaiono in orizzontale alla destra del numero del piano al quale corrispondono.
Le categorie dei temi, per le colonne verticali, sono elencate in orizzontale tra i piani 6 e 7.
Lo stile e i colori indicano l'origine dei termini, ossia: mistico, sufi, vedantico o simile.

# PIANI DI COSCIENZA COME USATI IN *DIO PARLA*

approvato da Meher Baba

| | | | | |
|---|---|---|---|---|
| | *Paratpar Parabrahma* | | | |
| Aldilà dell'Aldilà | La Nebbia Oscura | Lo Stato in relazione al quale ogni indicazione è abbandonata | | Latente |
| *Wara-ul-Wara* | *Al Ama* | *Munqata-ul-Izharat* | | |

*Sat-Chit-Anand*

| | | | | |
|---|---|---|---|---|
| | Dio Padre | | | Incosciente |
| *Allah* | *Paramatma* | *Allah* | *Paramatma* | |

| Certezza della Gnosi | Esistenza conoscente | La seconda manifestazione | Unificazione dell'Essenza | Unità cosciente cosciente dell'unità nella molteplicità | Amante e Amato simulta-neamente | Sperimenta, gode e usa coscientemente per aiutare coloro che sono vincolati nell'Illusione. |
|---|---|---|---|---|---|---|
| *Urf-ul-Yaqin* | *Arif-ul-Wujud* | *Tajalli-e-Dovvom* | | *Wahdiyat-e-Wahidiyat* | *Ashiq / Mashuq* | |
| Certezza della Realizzazione | Esistenza unitaria | La prima manifestazione | *Tauhid-e-Zati* | Unità | Amante e Amato in Uno | Sperimenta e gode coscientemente. Cosciente anche dell'Illusione. Non usa Potere-Conoscenza-Beatitudine nell'Illusione. |
| *Haqq-ul-Yaqin* | *Wahid-ul-Wujud* | *Tajalli-e-Avval* | | *Ahadiyat* | *Ashiq-o-Mashuq* | |
| | | | | | | Sperimenta e gode coscientemente ma non ne fa uso. |

*Qudrat-Marefat-Musarrat*

II

| *Anal Haqq* | "Io Sono Dio" | *Aham Brahmasmi* |
|---|---|---|
| Stato di vuoto assoluto | | *Nirvana* |

| CERTEZZE | ESISTENZE | MANIFESTAZIONI | UNIFICAZIONI | SÉ | ASPETTO | POTERE CONOSCENZA BEATITUDINE |
|---|---|---|---|---|---|---|
| Certezza della visione | Esistenza impossibile o negativa | La terza manifestazione | Unificazione degli attributi | Sé ispirato | Amante | Manifestazioni del mondo mentale |
| *Ain-ul-Yaqin* | | | *Tauhid-e-Sifati* | *Nafs-e-Mulhima* | *Ashiq* | |
| Certezza sul Sentiero nei primi cinque piani | *Mumtan-ul-Wujud* | *Tajalli-e-Sevvom* | Unificazione dei sentimenti | Sé beatificato | Conoscitore | Creatore e padrone dei pensieri e dei sentimenti |
| | | | *Tauhid-e-Ahwali* | *Nafs-e-Mutmainna* | *Arif* | (Nessun potere) |
| | Esistenza possibile | La quarta manifestazione | Unificazione delle azioni | Sé biasimevole | Lodatore | Manifestazioni del mondo sottile |
| *Yaqin-ul-Yaqin* | | | | | | |
| | *Mumkin-ul-Wujud* | *Tajalli-e-Chaharom* | *Tauhid-e-Afa'ali* | *Nafs-e-Lawaama* | *Wasif* | (Potere) |
| Certezza intellettuale | Esistenza necessaria | La quinta manifestazione | Unificazione della parola | Sé cattivo | Benefattore o donatore | Manifestazioni grossolane |
| *Ilm-ul-Yaqin* | *Wajib-ul-Wujud* | *Tajalli-e-Panjom* | *Tauhid-e-Aqwali* | *Nafs-e-Ammara* | *Waqif* | Es. felicità umana, conoscenza umana, calore o energia atomica |

*Potere, Conoscenza e Beatitudine infiniti*

II

La versione originale di questo schema realizzato da L. Dimpfl fu spedita a Meher Baba il 25 ottobre 1964. Rivista e corretta da Meher Baba, fu rispedita a L. Dimpfl da Eruch B. Jessawala il 12 aprile 1969.

www.ingramcontent.com/pod-product-compliance
Lightning Source LLC
Chambersburg PA
CBHW040412110426
42812CB00033B/3362/J